中国社会信用体系建设的理论与实践

主编 // 焦国成

中国人民大学出版社
· 北京 ·

主编： 焦国成

撰稿：（排名以章为序）

第一章　葛晨虹　赵爱玲
第二章　曹　刚
第三章　郭清香
第四章　焦国成
第五章　肖群忠　林贵长
第六章　战　颖
第七章　龚　群
第八章　易　军
第九章　李　萍　王　硕
第十章　吴瑾菁　胡启勇　张　霄
　　　　曲　蓉　刘莉萍　李朝辉

目录

第一章　信用概念及其历史演变 …………………………………… 1
　第一节　信用的解读及其产生的社会基础 ……………………… 1
　第二节　信用思想的发展演变 ………………………………… 11
　第三节　马克思的信用理论 …………………………………… 18
　第四节　当代中国的信用制度理论 …………………………… 33

第二章　诚信的个体维度 ………………………………………… 39
　第一节　诚信与做人 …………………………………………… 40
　第二节　诚信与信用 …………………………………………… 49
　第三节　诚信与人格 …………………………………………… 61

第三章　诚信的社会维度 ………………………………………… 71
　第一节　诚信的关系维度 ……………………………………… 72
　第二节　诚信的规范维度 ……………………………………… 81
　第三节　诚信的制度维度 ……………………………………… 91
　第四节　诚信的技术维度 ……………………………………… 102
　第五节　诚信的教育维度 ……………………………………… 110

第四章　诚信和信用的伦理定位 ………………………………… 119
　第一节　诚信和信用行为的评判 ……………………………… 119
　第二节　不诚信或非信用行为的评判 ………………………… 124

第三节　涉及诚信和信用行为的道德价值的定位原则 …… 129
第四节　诚信和信用定位的制度保障 …… 132
第五节　社会现代规则信用与公民规则意识 …… 139

第五章　公共生活信用研究 …… 148
第一节　公共生活及其信用问题概述 …… 148
第二节　公共场所中的信用 …… 157
第三节　虚拟生活中的信用 …… 167
第四节　高校生活中的信用 …… 188

第六章　经济信用研究 …… 201
第一节　经济学视阈和社会经济生活中的信用 …… 201
第二节　经济与经济信用 …… 213
第三节　经济转轨时期的信用缺失及其引发的经济秩序混乱 …… 226
第四节　经济信用体系建设 …… 244
第五节　信用、生态经济与和谐社会 …… 254

第七章　政治信用研究 …… 261
第一节　政治信用的本体：合法性与合规范性 …… 262
第二节　公共权力与信用 …… 282

第八章　政府信用问题研究 …… 316
第一节　政府信用及其具体形态 …… 316
第二节　立法信用及其重要意义 …… 323
第三节　立法信用缺失的典型形态 …… 326
第四节　行政信用缺失的典型形态 …… 345
第五节　加强行政机关规则信用建设的对策 …… 359

第九章　信任在文化领域的展开 …… 365
第一节　信任的文化意义 …… 366
第二节　信任在群众文化中的落实 …… 374
第三节　信任在文化产业中的展开 …… 384

第四节　信任在文化事业管理中的实现 …………………… 393
第五节　文化视阈下的传媒与信任 ………………………… 401

第十章　社会信用指标体系研究 ………………………… 411
第一节　社会信用指标体系 ………………………………… 411
第二节　政府信用评价指标 ………………………………… 414
第三节　市场信用评价指标 ………………………………… 420
第四节　传媒信用评价体系 ………………………………… 425
第五节　公共服务部门（医疗卫生与教育部门）
信用评价指标体系 ………………………………… 428
第六节　社会风气信用评价指标体系 ……………………… 434

后记 ………………………………………………………………… 446

第一章 信用概念及其历史演变

我国自开始建立社会主义市场经济体制以来，经济发展便驶入了快车道，成就巨大，世所瞩目。但是，由于搞社会主义市场经济是前所未有的创举，社会主义市场经济和以往的市场经济有什么不同，应该具有什么样的模式，其所运行的规律及应遵守的规范是什么，这一切都有赖于在改革实践中探索和逐步完善。在这个探索过程中，避免不了会不断遇到需要进一步完善的新问题，诚信建设就是这样一个在社会主义市场经济发展中亟待解决的问题。相对于社会发展中的物质资源、人力资源，信用可以算是一种社会资源。对于今天中国加入国际竞争、进一步发展市场经济来说，信用这种道德资源是一种比物质资源、人力资源更为重要和宝贵的社会资源。建设一个充满信用的社会，首先要研究信用体系，而研究信用最首先的问题是厘清信用概念及其产生、演变的历史脉络。

第一节 信用的解读及其产生的社会基础

信用作为一种社会观念、社会规范和社会运行系统，其产生有一定的社会基础和思想基础，其概念也具有丰富的社会内涵。在不同的学科、不同的文化思路中，对于信用有着不同的解说和把握。

一、信用的语义解读

诚信在中国文化中是占有核心地位的一个道德范畴。诚、信两个字在中国传统文化中的理解，本义上是相同的，许慎《说文解字》说诚信："诚，信也"；"信，诚也"。"诚"的本义是真实无妄，"信"的本义为"人言"，"人言为信"，其含义也是诚实不欺。可见诚和信二字在意义上是相通的。信用作为中国传统思想体系中的重要道德规范和范畴，有其产生的深刻的社会背景和思想根源。

《说文解字》中曰："信，诚也，从人从言。"《易传·系辞上》曰："言出乎身。"《释名》曰："信，申也，相申述使不相违也。"《新书》卷九曰："君子言必可行也，然后言之。"意思都是说人说话要兑现，身体力行才是信，言行要一致，言行要相符，说话要算话，不能欺人之信。所以古人一再强调信的重要性，孔子说"言忠信，行笃敬，虽蛮貊之邦行矣；言不忠信，行不笃敬，虽州里行乎哉?"(《论语·卫灵公》)荀子也特别强调"信"的重要性，他说，"言无常信，行无常贞，唯利所在，无所不倾，若是则可谓小人矣。"(《荀子·不苟》)还说，"故用国者，义正而王，信立而霸，权谋立而亡，三者明主之所以谨择也"(《荀子·强国》)。"政令信者强，政令不信者弱"(《荀子·议兵》)。与孔、孟一样，荀子把"信立与否"不仅当做道德修养高低的标准，而且也视作君主治国之要略。此外，法、墨、道思想家们也都重视"信"。管子曰："忠信者，交之度也"(《管子·戒》)；"出言必信，则令不穷矣"(《管子·小匡》)；"刑赏信必，则善劝而奸止"(《管子·版法解》)。韩非子把信引入与法权相并列的治国之政中，并指出："小信成则大信立，故明主积于信。赏罚不信则禁令不行"(《韩非子·外储说左上》)。墨子十分推崇忠信之士，把信作为人的重要的道德规范。他说："志不强者智不达，言不信者行不果"(《墨子·修身》)。老子在谈到信用和信任的关系时也说："信不足焉，有不信焉"(《老子》第十七章)。由此可见，信的意义在古代也是十分丰富的，当然其内容有一个不断发展的过程。综合看来，基本内涵可以表达为如下几点：

首先，信是立身之本。没有诚信，一个人在社会上就无法立足，无法做人。诚信是一个人品质修养的必具要义。古人强调"言必信，行必果"，如果不讲信用，就不是君子而是小人了。孔子更是把信视为做人的三大德之首要："人所以立，信、智、勇也。"

诚信是人之为人的本质体现，人的尊严、人格都是建立在诚信基础之上的。不诚实、不守信的人没有信誉，也无人格可言。

其次，信又是人伦交往的基本准则。不论是人伦交往，还是其他社会交往，都应该以信义为本。朋友有信是中国传统文化历来主张的一个原则，“与朋友交，言而有信”。在社会生活中，诚实守信才会有持久的人际关系，而社会人际关系在现代已成为一种事业成功的重要社会资源，一般而言，一个人的社会资源、事业能力、政治与经济地位，往往和他的信誉程度联系在一起。关于这一点，古人也是这样认为的：“人先信而后求能。”

此外，诚信还是治理国家的基本准则。国“无信不立”。社会的诚信危机会导致社会风气败坏，民心散失，最终导致国家的无序和混乱。当年学生问孔子如何治理政事时，回答是：“足食，足兵，民信之矣。”当学生问不得已而必须去掉一个，先去哪一个时，孔子曰，“去兵。”当问不得已再去掉一个，去哪一个时，孔子曰：“去食。自古皆有死，民无信不立。”（《论语·颜渊》）信，国之宝也。可见对于治理国家来讲，“信”是重之又重的。

“用”，简要地理解，是指措施或行动。“信”、“用”连用，可理解为建立在信任基础上的行动。关于信用的含义，目前学术界的解释也存在某些不一致。《辞海》对“信用”的解释是：“诚实、不欺；遵守诺言、实践成约，从而取得别人的信任”。这是从伦理学的角度所作的一种广义理解。《中国大百科全书》将“信用”解释为：“借贷活动，以偿还为条件的价值活动的特殊形式”，这是对信用概念狭义的理解，“它表现的是在商品交换或其他经济活动中，交易双方所实行的以契约（合同）为基础的资金借贷、承诺、履约的行为”。狭义的信用概念主要属于经济学、法学的范畴。

从西文看，“信用”最早起源于拉丁文“crdeo”，它的本义是信托、信誉、相信。在《新帕尔格雷夫经济学大辞典》中，对“信用”的解释是“提供信贷（credit）意味着把对某物（如一笔钱）的财产权给以让渡，以交换在将来的某一特定时刻对另外的物品（如另外一部分钱）的所有权。”《牛津法律大辞典》的解释是“信用（credit），指在得到或提供货物或服务后并不立即而是允诺在将来付给报酬的做法”。

可以看出，东西方在关于“信用”的理解上都有广义和狭义之分。广义的信用，通常表现为一个伦理学范畴，主要是指参与社会和经济活动的当事人之间建立起来的以诚实守信为道德基础的践约行为，即人们通常所说的“讲信用”、“守信用”、“言必信，行必果”之意，它是一种普遍的处理人际关系的道德准则。狭义的信用，则主要是一个经济学、法学范畴。它表现的是在商品交换或其他经济活动中，交易双方所实行的以契约（合同）为基础的资本借贷、承诺、履约的行为。这里的信用关系双方即是借贷关系双方：授信人（借出方）和受信人（贷入方）。实质是指在商品交换或其他经济活动中，授信人在充分信任受信人能够实现其承诺的基础上，用契约关系向受信人放贷并保障自己所贷的本金能够汇流和增值的价值运动。

综合而言，信用是一个起源于商品交换，与货币、信任紧密相伴的概念，货币、利息、信任与信心等是构成信用不可分割的重要组成部分，同时也是信用产生的社会和思想基础。

二、信用产生的社会及思想基础

信用的产生有其深刻的社会基础和思想基础。

首先，信用是随着社会分工的深化和商品交换的扩大而产生的，商品货币关系是信用产生的社会经济基础。

原始社会晚期，随着社会分工和剩余产品的出现，商业交往日益频繁。商业活动的最大特点在于其给交易活动的双方带来相应利润的同时也伴随着相应的风险，这种风险有相当一部分来源于对所立契约的不信守。如果对另一方契约的履行信用缺乏信任，其结果必会促使人们减少交易动机或者增加交易的成本。于是，信用在当时就逐渐成为约束和控制商品生产和交换秩序的一项约定俗成的重要规则。

就具体历史过程来看，最初的商品交换多是实物交易，货币的介入使交易较之物物交换更容易达成。但是“一手交钱、一手交货”的要求也常常造成不便，为了克服这种不便，卖主往往同意买主在未来的约定时间再行付款，即进行赊账。赊账意味着一方对另一方未来付款承诺给以信任，赊账的方式就是建立在信用的基础上。这就使商品转让使用和商品交易的完成出现了时空差距。这种差距意味着卖者要先让渡商品，然后再获得商品出卖的价值，而买者则可以先拥有商品的使用价值，未来再支付货币，由此形成了卖者作为债权人和买者作为债务人的债权—债务关系。这样，便出现了最早的信用关系。

随着交易的发展，信用超出了商品买卖的范围，作为支付手段的货币（信用货币）本身也变成了交易的对象，于是就出现了借贷活动。贷款意味着债权人给予债务人未来还款付息的承诺以信任。借贷活动也是建立在信用基础之上。

为了协调市场经济自由状态所致的矛盾和冲突，规范人们在市场竞争中由于自由行为形成的社会秩序，近代资本主义兴起后，商品经济的飞跃发展使西方在相应立法中秉承并发展了罗马法的信用准则。与此同时，一些反映市场经济本质的原则与理念被民事诉讼法所汲取，形成了民事诉讼法的独特原则与制度。其中包括诚信原则、诉讼当事人平等原则、处分原则等。可见，近代以来，诚信准则被法律化并成为商品交易、市场经济发展的必然要求和历史前提。

总之，货币的产生和使用是信用得以产生的重要元素，也是信用观念和规则产生的社会经济基础。

其次，尊重和维护产权是信用产生的社会法律基础。

在以私有制为基础的商品经济或市场经济中，保护私人产权是宪法的基本要义。不同的财产所有者在交换其财产时，必须实行等价交换的原则。如果是价值的单方面转移，必须用契约的形式约定偿还的时间和条件，以保证财产的权利。正如著名经济学家厉以宁先生所说，“信用是对交易合法权利的尊重和维护”。经济生活中每个交易者都有自己的权益，还要和其他交易者有来往，所以信用所涉及的不仅是目前的交易，还有未来的交易。信用是对对方合法权利的维护和尊重，也是对自身合法权利的维护和尊重，所以对信用的破坏最终也会使自己的利益遭到损失。而保证财产权利的实质是以私有制或保护产权为根本的。《新帕尔格雷夫经济学大辞典》解释说：“产权是一种通过社会强制而实现的对某种经济物品的多种用途进行选择的权力。”它是一系列权利的组合，包括所有权、占有权、使用权、支配权、索取权、继承权和不可侵犯权。权利义务要实现得尽量美善，不仅是一个法律问题，而且是一个道德问题，关键在于做到诚实信用，所以，《法国民法典》第 1134 条规定：“契约应以善意履行之”；《德国民法典》第 242 条规定：“债务人有义务依诚实和信用，并参照交易习惯，履行给付”；《日本民法典》第 1 条规定：“权利行使及义务履行应遵守信义，且诚实为之”；《瑞士民法典》第

2 条规定："任何人都必须以诚实信用的方式行使其权利和履行其义务"。信用关系是产权关系的延伸，债务人不履行合同就是对债权人财产权利的侵犯，也就是违背了宪法和法律。对产权的保护方式在深层次上，实际是国家功能与产权的关系问题。从这个意义上说，尊重和维护交易双方的合法权利是信用关系得以存在的根本。正如马克思指出的那样："一个人实际拥有的或公众认为他拥有的资本本身，只是成为信用这个上层建筑的基础。"① 因此，我们说，建立在对私有产权保护的基础上的严格的信用关系，既是信用产生的经济基础，也是它产生的法律基础。

最后，人际依赖与信任是信用产生的社会认知基础。信用（credit 或 trust）表达人们之间贷款或取得货物的经济能力，也意味着债权人对债务人具有偿还债务能力的信赖与信任。人际依赖与信任是信用产生的认知基础。

一方面，人际依赖是人类真实存在的初始性道德要求。人是群居动物，人的本质在于人的社会性。社会性这一概念强调的是人与人之间的相互依赖和联系，是在情感、信息、社会资源上的交流和交换。个人依赖于他人、依赖于社会，个人希望他所依赖的他人、社会不是虚假的，而是真实的。人既需要他人和社会的真实性，也需要了解他人和社会的真实存在状态，为此，人们必然拒斥虚假，拒斥他人和社会的虚假存在状态，这是由于人类对真实的存在有依赖性，而对虚假的存在不仅无依赖性，而且有排斥性，这必然使真实和虚假两个概念和人的存在状态紧密联系在一起。人的生存依赖于真实性，排斥虚假性，人的这种本真状态的生存需要在长期的人类进化过程中沉淀、积累，成为人类的心理积淀、情感积淀和文化积淀，诚实信用作为道德规范，正是对这一生存需求的表达。人际依赖是使诚实信用这一道德原则可普遍化的初始性道德要求。

另一方面，信用是与赊购、信贷等交易活动紧密联系的范畴，而交易活动中的赊购、信贷等则以信任为前提。《牛津法律大词典》将信用解释为："一方是否通过信贷与另一方做交易，取决于他对债务人的特点、偿债能力和提供的担保的估计。"在借贷活动中，授信人与受信人双方根据各自的利益要求——授信人通常是为了收回本

---

① 《马克思恩格斯全集》，中文 1 版，第 25 卷，496 页，北京，人民出版社，1974。

金和获得利息，受信人通常是为了获得自己所缺乏的经营成本，按照契约（或合同）规定的条件、范围、时间进行资金借贷运动，就是信用活动。如果双方都能够按照契约（合同）履行自己的承诺，那么他们的行为过程就是履行信用。从这个意义上说，所谓信用，是指在商品交换或其他经济活动中，授信人在充分信任受信人能够实现其承诺的基础上，用契约关系向受信人放贷并保障自己所贷的本金能够汇流和增值的价值运动，这种价值运动是以授信人对于受信人在行为活动过程中所作承诺和能力给予信任作为基础的。正是从这个意义上说，作为一种特殊的交换或交易方式的信用实质是一种人际依赖与信任，人际依赖与信任是信用产生的社会认知基础。

三、多维视野中的信用概念

信用是一个内涵极为丰富的范畴，不同学科领域对其有不同的阐释。从伦理学角度来说，它是信守诺言的社会道德；从法学角度来说，它是法定的义务和公正的契约理念与准则；从经济学角度来说，它是最低廉的市场交易成本和最公平、最有效率的交易规则；从社会学、金融学、心理学等角度看，它又有着其他相应的内涵。

1. 信用的伦理学释义

信用的原始含义是道德意义上的。信用道德，是一个人在信用方面所具备的思想品德和观念素质，体现为道德行为主体对其应履行义务所持的态度。信用的道德内涵旨在以道德的力量提升全社会的信用意识，使诚实守信成为行为主体自觉自愿的行为。故而在东西方人类思想史上，都把信用作为一种极其重要的优良品德，为人处世之道以及社会良序发展的必要条件。我国先秦儒家思想代表孔子说："民无信不立"，他强调人不可以无信，"人而无信，不知其可也。大车无輗，小车无軏，其何以行之哉?"（《论语·为政》）北宋哲学家程颐也说："人无忠信，不可立于世。"这些都是对信用、言行一致、说到做到等道德内涵的鲜明揭示。孔子还说："言忠信，行笃敬，虽蛮貊之邦行矣"（《论语·卫灵公》）。这揭示出讲究信用足以教化民众，进而形成良好风俗，使国家强盛的重要思想。从西方来说，伊斯兰教一直把诚实信用作为道德规范的核心，不仅强调穆斯林信士要把诚实信用作为坚定不移的信念、信仰，而且尤其要身体力行。《古兰经》中说："信士们啊！为什么你们高谈阔论而不实干呢？真主看来空谈而不实干极为可恨”（《古兰经》61章：2—3）。在真主看来，空谈而不实干极为可恨。这无疑是从道德意义上肯定和倡导信用准则。

2. 信用的经济学释义

诚实信用既是传统美德，也是历代经商之道；既是一个伦理学范畴，也是一个经济学范畴。信用作为一个古老的经济学范畴，是信用道德在经济领域的延伸和表现形式，是道德伦理的社会性外延之一。信用的经济学内涵旨在说明其作为商品生产和经营过程中的经营信条、经营之道，理应凸显其真诚待人、诚实敬业、恪守信用、讲求信誉、货真价实、童叟无欺等价值要求，同时对弄虚作假、欺骗顾客、不履行契约等背信行为承担相关责任。我国古代有“以义制利”的信用典范，经由“轻财尚义，业商而无市井”之气的晋商得以活用，墨家也以其特有的思路表达出“利人者，人必利之”等以“交利”为核心的信用理念，法家则强调“陈其所畏以禁其衺，设其所恶以防其奸”的信用准则。西方主流经济学家往往把信用定义为“不同交易者之间商品交换中的赊购赊销、延期付款和货币借贷行为等，是以偿还为条件的价值运动的特殊形式”，或是以牟取高额利息为特征的借贷活动。在前资本主义社会里，高利贷活动的贷者是商人，特别是专门从事货币兑换的商人、宗教机构、职业军人等。高利贷资本的主要特点是高利率、非生产性和保守性。诚实信用要求正是为防止和避免商品交易之间的弄虚作假、欺骗顾客、不履行契约等背信行为而作的。

3. 信用的法学释义

现代文明意义上的“信用”概念，除继承东西方传统思想中的“为人处世的道德准则”这一内涵外，还赋有法律属性，即赋有法律规定的属性，它要求民事主体从事民事活动、行使民事权利和履行民事义务时，都应本着诚实、信用、善意、和谐的态度，努力维持、实现双方的利益平衡，以及当事人利益和社会利益平衡的法律要求。

法学意义上的信用，最早出现在古罗马法中。古罗马法中的诚信契约和诚信诉讼，充分体现了诚实信用原则，欧洲近代立法继承了罗马法规范体系中的这一优良传统，成为一种规避和改造人们违法行为的法定义务和社会控制机制；而在现代市场经济中，信用已经演化成一种基本的行为准则、市场准入的资格。这是对法学意义的信用的基本要义的合理诠释。

4. 信用的社会学释义

信用是发生在授信人和受信人之间的一种社会关系。随着商品货币关系的发展，信用内涵及其表现形式愈加丰富，信用作为一种社会关系也愈加复杂。可以说，在现代社会，信用关系逐步深入到社会生活的每一个角落。在这个由错综复杂的信用关系编织而成的巨大网络体系中，信誉卓著对授信或受信任何一方都具有举足轻重的意义。信誉是一个法人或者自然人对于其所处市场环境而言的，但它可以被扩大到其所处的周边社会环境，而且突破经济范畴，成为一个对社会而言的概念。从这个意义上说，信用不仅是一个伦理学和经济学、法学范畴，也具有社会学意义，这使得信用概念在宏观层面上具有更广阔的市场潜力。社会学中的信用内涵，用美国社会学家福山的话说就是："在一个社团之中，成员对彼此常态、诚实、合作行为的期待，基础就是社团成员共同拥有的规范，以及个体隶属于那个社团的角色。"① 这里，福山是把诚实信用当做社会活动总成本——人力资本、货币资本以外的一个组成部分，或者说把信用当做是由特定社会成员之间的信任普及程度所构成的社会资本而言的。这揭示出，随着现代社会的发展，经济学意义上的信用和社会学意义上的信用变得越来越密不可分，从发展趋势来看，单独研究某一部分是不够的，应把社会、经济、哲学几方面结合起来进行研究，把信用与文化、信用与效益、信用与信誉、信用与法律联系起来综合考虑，在更大的范围内建立科学的信用价值体系，从而使社会可以保持稳定和合作的固定秩序。

5. 信用的哲学释义

信用具有伦理的、经济的、法律的、社会的等多重属性。在哲学上可以从四个方面对之进行本质把握。

首先，信用具有隐在契约的性质。信用包含一种内在的、隐性的但又是人们自然遵守的约定俗成的非正式制度，包括隐性的制度、习俗、交易习惯、意识价值等。信用是长期演化形成的一种商品交往和社会交往的契约意识。

---

① ［美］弗兰西斯·福山：《信任：社会德性与繁荣的创造》，李宛容译，35页，台北，立绪文化事业有限公司，2004。

其次，信用是一种交换方式。信用是从属于商品和货币关系的一个经济范畴，不是任何特定社会形态的专利。与货币不同，信用是一种有条件限制的交易媒介，即它是一种以偿还为条件的价值活动的特殊形式。在商品交换和货币流通存在的条件下，债权人以有条件让渡形式贷出货币或赊销商品，债务人则按约定的日期偿还借贷或偿还货款，并支付利息。在商品生产和经营活动过程中广泛存在的信用关系渗透到人们社会生产、生活和交换的每一个角落。它使交易双方在交易的内容、数量、空间、时间等方面都得到了极大的拓展，如个人信用、企业信用、国家信用等。此外，还有人把信用界定为一种支付方式，是与现金支付方式相对而言的一种占据主导地位的支付方式，如信用结算（票据、担保）、信用卡、信用证等。

再次，信用是一种主体能力。信用是两个经济主体或多个经济主体之间，为了某种交易和经济生活的需要，建立在诚信基础上的履约能力，一种不用立即付款就可获取资金、物资、服务的能力。这种能力受到两个条件的约束，一是时间的要素，即受信方在其应允的时间期限内为所获得资金、物资、服务而付款，这个时间期限必须得到提供资金、物资、服务的授信方的认可；二是信任的要素，即授信方对受信方的付款承诺必须相信，且对信用风险做出了判断。信用的根据是获得财、物或服务的一方所做出的给付承诺，而承诺是否兑现，即承诺的可靠性，完全靠授信或赊销方自行判断。从这个意义上说，信用是指在商品交换过程中，交易一方以将来偿还的方式获得另一方的财、物或服务的能力。

最后，信用是一种独特的价值运作形式。马克思在分析生息资本在贷出者和借入者之间的运动时，明确强调信用是具有独特形式的价值运动。他说，“这个运动——以偿还为条件的付出——一般地说就是贷和借的运动，即货币或商品的只是有条件的让渡的这种独特形式的运动”①。这说明，由信用引起的价值运动与一般的商品流通不同，在一系列的借款、偿还、支付过程中，货币或商品的所有权没有发生转移，只是使用权发生变化。在借贷过程中，价值单方面转移，借者到期归还本金时，还要支付利息。

---

① 《马克思恩格斯全集》，中文1版，第25卷，390页。

第二节　信用思想的发展演变

信用作为社会道德规范体系中的重要范畴，在东西方思想演变过程中有着共同的价值取向，但由于彼此各异的社会文化土壤，使得信用思想演变经历着不同的发展形态与路径。

一、我国信用思想的发展演变

我国信用思想经历了从诚信道德、商业信用，再到法律法规诚信、社会信用的发展和演变过程。

中国传统道德中的“信”概念，与我们所说的守信、忠信概念大体相当，内含着守信、遵守诺言或“守命（教令或道）不渝”之意。它不仅是一种伦理信念，行礼必备的品德，而且是一种社会与文化机制，是德行巩固的保证。《老子》第八十一章曰：“信言不美，美言不信。”遵守诺言就要首先忠于自己的诺言，所谓“忠能达信”是也，“忠能达信”则要求在许诺时必须实事求是，心中有数，始终坚持以一种真诚之心来许诺，也就是说，许诺时绝无欺骗之心，绝无食言之想，坚决要许真诚之诺。据此，对于守信的人来说，真诚是必备条件。反过来说，只有立足于真诚，才能守信。这就是在中国古代，忠、诚、守信三者相通的道理。在中国古代伦理思想史上，由于信与诚往往具有同等的意义，因而人们常常把诚与信联系在一起使用，或者认为诚与信是互训的，如程颐所说：“诚则信矣，信则诚矣”（《河南程氏遗书》卷二十五）。或者认为，诚是信的基础和前提，是实现和贯通信的枢纽：“诚善于心之谓信”（《张载集・正蒙・中正》）；“夫欲上下之信，惟至诚而已”（《周易程氏传》卷二）。或者认为诚信复词同义，都有诚实不欺、真诚不妄的意思。《管子・枢言》曰：“先王贵诚信，诚信者，天下之结也。”这样，诚信便被提到了制约人道、通于天道的本根地位，不仅是交友之道、夫妇之道、治国之道，也用于生活的其他领域，而且成为人们所必须遵守的基本准则。

在《春秋繁露・王道通三》中，董仲舒把天之五行与人的五常相比附，提出了“天人合类”的思想，其中“以信配金”是把信放在五常之首的地位进行强调的。东汉王充继承了《管子》中“仓廪实，则知礼节；衣食足，则知荣辱”的思想，认为“让生于有余，争起于不足。谷足食多，礼义之心生”（《论衡·治期》），并以此批评孔子“去食存信”、信义重于衣食的思想。他认为，“去信存食，虽不欲信，信自生矣；去食存信，虽欲为信，信不立矣”（《论衡·问孔》）。这些观点具有朴素唯物主义的某些合理性，但仍然是一种机械唯物主义的观点。

南北朝时期的佛教伦理思想则把其“五戒”（去杀、盗、淫、妄言、饮酒）比附于儒家的“五常”；其中，“信”是众生信守“五戒”的道德基础，这是建立在对佛教教义绝对“信服”的基础上的。这里的“信”是指对佛教的坚定信仰，具有这一信仰的人们也被称为信众。早期佛教注重个人的身心修养和解脱，信众以“五戒”和“十善”（不杀生、不偷盗、不邪淫、不妄语、不两舌、不恶口、不绮语、不贪欲、不瞋怒、不邪见）为基本信条。

北宋周敦颐建立了“以诚为本”的道德本体论的形而上学体系。在他看来，“诚”既是宇宙的精神本体，又是道德的本原。这种“诚”的理论特点，是把伦理准则上升为宇宙本体，既使人道伦理具有天道的本体性，又赋予天道本体以人道的伦理性，于是天道与人道便相互沟通，合而为一。这是对先秦儒家天道与人道关系的继承和创造性发挥。古典儒家只说到人道是天道的根据，天之道借人之道而立，并没有系统地论证天之道怎样成为人之道的根据，周敦颐着力论证了这一方面。根据这种“由天及人”的天人合一的新思路，背离了“诚”则不仅违背了人性，而且违背了天道，于是名教纲常便获得了至上性与绝对性。

后来的理学家正是抓住这一根本精神，把这两种思维路线加以综合，先“由人及天”，把纲常规范上升为本体；然后再“由天及人”，以伦理化的天道论证纲常规范的至上性与神圣性，从而建构了完整的理学体系，使成熟意义上的“天人合一”伦理精神模式最终确立。

在现代社会中，诚信不仅仅是一个哲学伦理范畴，它已由道德意义上的诚信向法律意义上的诚信转型或者是由道德意义上的诚信向道德意义与法律意义相结合的诚信转型。作为法学范畴的诚信，指的是一种法律原则或准则，它强调法律行为主体在经济活动中讲究信用、恪守诺言、诚实不欺，在不损害他人利益的前提下追求自己的利益，该原则被民法奉为“帝王条款”，在西方则被称为“万民法”。我国自1986年《中华人民共和国民法通则》确立诚实信用原则为民事活动的基本原则以来，至今为止，民法界就诚信原则在民法中的地位、功能及其法律保障和完善措施等作了相关研究。2001年《公民道德建设实施纲要》之所以把“明礼诚信”作为二十字规范之主要条目，十六大报告的第六部分之所以强调“以诚实守信为重点”加强社会主义道德体系建设，这是党和国家敢于正视问题、敢于解决问题的鲜明体现。1999年《中华人民共和国合同法》第6条进一步明确规定：“当事人行使权利、履行义务应当遵循诚实信用原则”，这标志着中国合同法诚实信用原则立法的现代化的完成。目前，我国已经制定的与信用有关的法律如《担保法》、《刑法》、《票据法》、《消费者权益保护法》、《反不正当竞争法》等，都从法律角度强调了诚实守信的法律原则，其中《刑法》中还有对诈骗等犯罪行为处以刑罚的规定。此外，2003年新颁布的《行政许可法》、2004年出台的《全面推进依法行政纲要》、2005年2月首次公开的《国务院工作规则》、2005年4月公布的《中华人民共和国公务员法》等，都把诚实信用作为法律规则或原则，这从一定意义上透射出现代社会中的信用形态正由道德型向法律型或向道德与法律结合型转变，并力求转化为一种诚实信用的理念和行为习惯的过程。

二、西方近代信用思想的发展演变

西方近代信用思想经历了从法律法规中的诚实信用的原则和概念到成熟的信用产品、信用契约，再到严格完整的信用中介，最后上升为一种诚实信用的理念和行为模式的过程。

西方的信用概念和思想起源于古罗马私法中的诚信契约和诚信诉讼，在古罗马法里，根据诚信契约，债务人不仅要承担契约规定的义务，而且必须承担诚实、善意的补充义务。如契约所未规定的事项，按通常人的看法应由债务人履行时，债务人就应当履行；如就诚信契约发生纠纷，也应按诚信诉讼处理。这一诚信原则，在当时的罗马成为最普遍的商业和司法原则，同时也成为人们法律行为的基本准则之一。由此可见，西方的诚信从一开始就建立在商品交易基础上，深深扎根于经济生活的土壤中。它强调的是经济因素和个人品质，且往往与效益成本联系在一起，其实质在于维护法律关系主体的真实义务，以实现主体之间的利益平衡。

中世纪的商人法传承古罗马诚信契约和诚信诉讼的优良传统，把诚实信用作为行为的基本原则，但中世纪的商人法不属于国王或国家管理而制定的法，事实上只是一种习惯，一种行为的规范和标准。符合了这种习惯，就是诚实信用；不符合这种习惯，哪怕是出于善意的行为，也不属于诚实信用。所以，在西方，诚实信用概念和思想在长期的发展过程中，只是逐渐被纳入普遍法律规范的范围。

近代以来，尽管在英美法中一直贯穿着诚实信用的理念和思想，却始终未把诚实信用作为基本原则加以贯彻实施。直到19世纪末，在制定《货物买卖法》时，出现了“默示的条款”①。“默示的条款”的作用和诚实信用原则有很多相似的地方。意即即使在信息不对称的情况下，但作为卖方应当承担一个起码的默示义务，实际是一个法律的起码要求。美国法律体系中，在20世纪40年代至50年代同英国一样仍没有诚实信用原则，直到50年代美国在商法典中才第一次引入了诚实信用原则，它包括两个内涵：其一指诚实地做事、去履行；其二指按照商人之间的习惯和惯例去履行。诚实信用原则列入法国法典最早，但该原则只是一个死规则，在法国的判例中并未使用过。第二次世界大战时期，德国首先正式确立使用了诚实信用原则，这影响到其后美、澳、英等国的法律制定，但德国的诚实信用原则是具有偶然性的，它实际上是纳粹时期的产物，是有污点的。

可以看出，西方信用思想的发展经历了信用的商业化和契约化阶段。信用的商业化发展阶段，是将信用记录当做一种“信息商品”进入市场，像所有信息商品那样可以买卖，采用信用中介的资信调查、信用评级、商账追收、信用服务等多种渠道，推动人们遵诚守信。信用的契约化阶段是指由原来一个或两个担保人来承担的贷款信用，采用大众来担保，由大众担保实质是通过与大众签合同、契约，买保险等方式来分担风险。现代社会，信用的契约化为信用的发展建立了一个更有效率的机制。信用好的大型金融机构，可以以

① 指1893年英国制定的《货物买卖法》中，出现了明示的条款和默示的条款的说法。

较低的成本发行债券进行融资，然后，再将以较低成本获得的资金转给融资成本较高的小型公司。信用的契约化实质上就是采用市场的方法，将信用担保的履行变成了依靠市场来保障，而不是基于个别金融机构或个别人的道德水平和偿付能力。

当代社会，西方国家在征集、运用信用数据时，突出强调对公民信用意识的培育，把信用立法与强化行业自律有机结合起来。在20世纪60年代至70年代的美国经济繁荣期，银行和企业的失信行为导致大量的呆账，致使很多企业经营陷入困境；政府开始启动信用立法，形成了以《公平信用报告法》为核心的一系列法律，与此同时，也非常注重加强信用道德建设，力求形成健全的信用法律法规体系以及较强的遵诚守信的意识和理念，最终创建诚实信用的社会风尚和行为模式。“安然”、“安达信”之类的失信事件则有力地推动了西方国家道德信用建设的进程。

三、中西诚信思想的异同

从以上对东西方信用思想发展大致脉络的梳理可以看出，东西方信用思想发展有一定的共同性或相近性。从学理上看，二者近似的地方在于基本含义和价值取向相近，东西方都强调尊重事实，信守承诺。同时学界也普遍认为，中西方信用在侧重角度、维系载体、社会机制等方面都表现出很强的差异性。

首先，诚信在中国传统文化中，更多的是一个修身养性的根本原则，是区分君子和小人的人格标准。在“仁、义、礼、智、信”伦理五常中，诚信被看做仁、义德性的自然延伸。诚信在中国传统伦理中，和德治文化相联系，更多的是一种德政和德性品质要求。受中国血缘宗法社会历史及其德性文化影响，传统文化中的诚信属于一种由人格信任、亲缘（熟人）信任构成的德性范畴。相对来说，西方的信用概念更多的是建立在人们的契约法律关系和观念之上的，可以说守信的概念就起源于现实中的契约利益关系。也就是说，中国人重视熟人基础上的人格信任，西方人强调法律关系上的契约信任；由于历史发展道路的不同，西方社会进入奴隶制国家时冲破了血缘关系，建立了个体契约关系社会。作为契约，个体双方或多方在立约时就约定，大家都出让一部分权利和利益，同时又交换回自己的权利和利益得到实现的保证。在这种契约关系中，大家都必须信守承诺，如果我违背了使对方利益得到实现的承诺保证，对方也就会取消我的利益实现的权利保证，结果就是两败俱伤。于是在利益交换的现实生活中，人们发现合作最符合他们的长期利益，于是成员之间自愿同意遵守社会契约。自我利益，加上契约的法律机制，就会弥补社会成员之间所欠缺的互相信任。①

其次，和中国血缘根基上生长出的亲缘信任机体不同的是，契约成员群体完全可以由陌生人组成，在利益实现的认同基础上，任何时候都可以运用契约规则组成团体。所以，中国人的诚信重感情、重情理，西方人则往往重法理，以法律为依托，追求契约平等；在这个意义上，西方的守信更多出于一种对自我利益的追求而不是人格追求，在本质上是一种外在规则守信而不是内在德性诚信。西方的诚信观念和西方的契约关系紧密联系在一起。信用是建立在利益互惠的基础之上的。中国人的诚信建设缺乏有效的机制和制度保障，而西方人的诚信有足够的法律和制度作为支撑。

再次，中国传统的德性诚信机理和西方契约性质的互惠信诺机理不同，造成了东西方"诚信"概念的另一个差异。由于中国的诚信规范建立在人格自律基础之上，守信还是不守信更多依赖于人格良心，相对来说，缺少必要的外在利益制约力量保证。即使一定的人际群体会构成一定的外在制约，但从根本上说，那也只是亲缘关系基础上亲友、熟人的一种非强制性的情感制约和道德制约。这在根本上是不同于西方外在契约的制度性强制制约的。孙中山在谈到信义问题时曾说过："中国古时对于邻国和对于朋友都是讲信的。""中国人交易，没有什么契约，只要彼此口头说一句话，便有很大的信用。"② 中国人的诚信往往诉诸主体的主动实践，仅仅是隐藏着一种希望得到回报的期待，希望良心上的心安理得。而西方人借助契约，强调双方能够平等地履行契约，追求切身利益的获得。

最后，中西方的诚信制约机制也有不同。西方的信诺观念受制于外在利益关系和契约法律关系，同时还和西方基督教上帝制裁观念联系在一起。如果说中国人的诚信本质上是以道德为支撑，那么

---

① 参见葛晨虹：《诚信是一种社会资源》，载《江海学刊》，2003 (3)。

② 《孙中山选集》，下卷，651 页，北京，人民出版社，1956。

西方人则是以法律和基督教文化为基础；上帝要人们信守承诺，在《圣经》中到处都可以看到人与上帝立约。如果违反约定，就要受到上帝制裁。上帝成了外在强制力量的最高权威代表，上帝无所不在、无所不察，是最高的外在权威。如果说在中国传统文化中，诚信规范要求人们要有“慎独”的自律精神，而在西方传统文化中，守信的品质更多受制于他律的利益、法律制约和上帝的外在制裁力量。中国传统文化中的诚信建设缺乏有效的机制和制度保障，而西方传统社会的诚信很注重法律、制度和上帝等外在制约力量的支撑。

造成中西诚信观差异的原因主要体现在以下方面：

第一，中西方信用产生的社会历史传统不同。中国自古以来的重农轻商传统，使得人们的交往范围狭小，局限于家族或一定的地域界限内，是熟人间的信任或信用；而西方自古以来的商品经济、商业贸易发达状况使得契约诚信出现具有充分的条件。

第二，中西方信用产生的理论基础不同。西方人多从人性恶的角度设计规范，中国人则多从人性善的角度设计规范。这就造成中西方在信用、信仰和法制文化等方面的明显差异。

第三，中西方信用内容的侧重点不同。中国传统社会侧重家族血缘关系的维持，注重群体血缘关系，一定意义上会比较忽略个体存在，影响个体之间形成浓厚的契约观念。西方的信用侧重利益实现的认同基础，更多注重以法律为依托，追求契约平等。

第四，中西方信用制度与机制有一定的差异。主要表现在借贷消费理念与信用风险的理念的不同。西方国家自 19 世纪中叶起，已开始采用分期付款的方式推动消费信用的发展，到目前为止，消费信贷已成为西方国家的基本消费方式。西方的信用风险打包（packed）制、信用评级公司、金融担保机构及许多相关专业公司都成了信用链条上的关键环节。与此同时，对失信者的惩戒制度与机制也不同。西方国家把对失信者的惩戒作为其信用制度的重要组成部分。一是清晰核定和保存失信记录，通过相关部门提供的信用调查报告，把失信者在经济生活中发生的失信行为，扩大为失信方与全社会的矛盾；二是对失信者的处罚有明确的规定和司法监督机制，使失信者在一定期限内付出惨痛代价。相反，到目前为止，我国对失信者的惩戒机制还有待进一步完善，失信者的成本代价不足以使失信者望而生畏。这正是当前我国信用缺失已成为一种社会公害的症结之一。

第三节　马克思的信用理论

马克思对信用理论有非常深入的研究，在《资本论》中，他结合19世纪英国信用制度丰富的历史记述来阐明其信用理论，既论述了信用的产生、概念与特征，也揭示出资本主义信用制度的功能、本质和秘密。需要说明的是，马克思特别强调信用的社会意识形态意义，他认为信用不仅反映着公民对一国信用货币的信任，而且体现着一国公民对社会的某种信念，这种信念可以说是人们社会信仰的一部分。

一、关于资本主义信用的产生

偶然的实物借贷是一个先于货币出现的概念，但实物借贷绝非马克思所论述的具有典型意义的信用产生的途径。相反，马克思认为，普遍意义上的商品货币关系的发展才是信用制度产生和存在的基础。

1. 私有制和分工是信用产生的前提条件

生产资料私人占有制决定了每个人不能随意占有他人的生存资料，同时自然分工又决定了每个劳动者只能拥有某一种劳动产品。这就自然产生了一个突出的矛盾：劳动生产（产品所有）的单一性与生活需求（商品）的多样性之间的矛盾，即所谓“你的是你的，我的是我的，我不能随便得到你的，你不能随便得到我的，但我必须得到你的，你也必须得到我的”。解决这一矛盾的办法必然是——交换。但若你有（钱）我无（货），或我有（货）你无（钱）的情况下，交换则不能实现，互通有无的唯一办法就只有借贷了，直接借贷是信用及信用关系产生的最早渊源，也是最早的信用形式。

2. 货币支付手段职能是信用存在的必要条件

马克思认为，普遍意义上的、更深刻地反映经济生活的信用产生的途径是：货币执行支付手段职能。换句话说，信用产生于货币与商品交换，或者更进一步说，信用和“信用货币的自然根源是货币作为支付手段的职能"[1]。一方面，货币作为"一般等价物"的出现有效地解决了物物交换中"需求的双重巧合"问题。而货币作为价值尺度并因而以自身或通过代表作为流通手段来执行职能的商品，大大地促进了简单商品交换的发展进程。但是，在商品流通的直接形式中，交易的双方必须在同一时间与空间，一手交钱、一手交货，"同一价值量总是双重地存在着，在一极上是商品，在另一极上是货币。所以，商品占有者只是作为现存的互相等价的物的代表来接触"[2]。

另一方面，以货币为媒介的商品流通的发展使商品买卖在时间上和空间上发生了分离。而货币执行支付手段的职能，则促使商品价值的实现在时间上分离开来的关系发展起来。这是因为，在商品流通的直接形式中，如不能满足同一时空、钱货相交的前提，则交换无法成功。只有货币职能的进一步衍生和扩张，才能不断地克服自身的束缚，促进商品交换的发展。因此，随着商品流通的发展，使商品的让渡同商品价格的实现在时间上分离开来的关系，如预付和赊销等买卖方式也发展起来了。"就这类通过出售而在形式上让渡使用价值和在实际上向买者转让使用价值在时间上互相分开的商品来说，买者的货币通常执行支付手段的职能。"[3] 在商品的赊购或货币的预付中，商品的卖者先让渡商品而后才得到商品价值的支付，商品的买者只是作为未来货币的代表而赊购商品，即卖者作为债权人向债务人提供信用即授信，而买者作为债务人接受债权人的信用即受信，这种货币形式即债权—债务关系一经出现，信用就同时产生了。债权—债务关系本质上就是信用关系。据此，马克思认为，信用关系不是为资本主义生产方式所特有，而是为商品货币经济关系所共有。商品货币关系是信用制度产生和存在的基础。

二、关于信用的概念与特征

马克思研究了19世纪英国信用制度的历史，对信用作了较为全面而完备的概括。一方面，他认为信用是经济上的一种借贷行为，是以偿还和付息为条件的价值运动的特殊形式，主要体现在货币的

---

① 《资本论》，第1卷，149页，北京，人民出版社，2004。

② 同上书，158页。

③ 同上书，202页。

借贷和商品交易的赊销和预付两个方面，是从属于商品货币关系的一个经济范畴。他在《资本论》第三卷中指出："这个运动——以偿还为条件的付出——一般地说就是贷和借的运动，即货币和商品的只是有条件的让渡的这种独特形式的运动。"① 按照马克思的意思，信用是价值运动的特殊形式，是社会产品分配的特定形式。用马克思的原话说就是"信用制度是作为对高利贷的反作用而发展起来的"②。高利贷资本能够在生产资料分散的地方，把货币财富集中起来，同时通过货币职能的转化，为资本主义生产提供必要的财富和劳动力，从而为资本的再生产创造了条件。毋庸讳言，随着生产资料越来越集中在少数私人资本家手里，信用制度就演变成一种"资本本身扬弃的运动形式"。当然，生产的发展和社会的变革，要求扩大再生产，要求在更大范围内进行资本的相互运动，这样，原有信用制度的私人性质就必然促使它转换成同社会再生产相适应的性质。

另一方面，马克思对信用概念的理解也不仅仅局限于经济学领域，而是把信用、诚恳当做一般人最宝贵的品德。他对亚伯拉罕·林肯的道德评价最能反映他的这一思维理路。马克思指出，林肯是历史上有独特之处的人物，他"从不首倡什么，从不表现激情，从不装出姿态，从不使用历史帷幔。最重大的行动，他也总是使之具有最平凡的形式。"③ 马克思通过肯定道德品质来肯定商业道德的逻辑在恩格斯的论著中得到了印证，恩格斯在《〈英国工人阶级状况〉1892 年德文第二版序言》中关于资本主义"商业道德"的分析，与马克思的分析有异曲同工之妙。"我从来没有看到过一个阶级像英国资产阶级那样堕落，那样自私自利到不可救药的地步"，"在资产阶级看来，世界上没有一样东西不是为了金钱而存在的，连他们本身也不例外，因为他们活着就是为了赚钱，除了快快发财，他们不知道还有别的幸福，除了金钱的损失，也不知道还有别的痛苦"④。这种以金钱衡量一切事物的价值观，使得资产阶级为了"赚钱"而千

① 《马克思恩格斯全集》，中文 1 版，第 25 卷，390 页。

② 《资本论》，第 3 卷，678 页，北京，人民出版社，2004。

③ 《马克思恩格斯全集》，中文 1 版，第 15 卷，586 页，北京，人民出版社，1963。

④ 《马克思恩格斯全集》，中文 1 版，第 2 卷，564 页，北京，人民出版社，1957。

方百计地采用欺诈手段剥削无产阶级。恩格斯考察英国工人阶级状况的一个目的，就是揭示“各个资产者如何各自冒着风险来剥削工人的情形”①。然而，当1892年恩格斯写作该书的德文第二版序言时，资本主义社会发生了重大变化，马克思所预言的生产力的大发展和世界市场的逐渐形成已变为现实，资本主义的生产和经营方式也随之发生了重大变化。这种变化，从伦理的角度来说，就是恩格斯所戏言的：“大工业看起来也变得讲道德了。”② 在生产领域，资本家事业的发展，不允许再使用那些低劣的谋取金钱的手段，“拥资百万的工厂主有比在这些小算盘上浪费时间更为重要的事情要做”③，资本家对工人早年那种小气的额外勒索不但已经毫无意义，“而且成了大展宏图的严重障碍”④。在商业流通领域，“资本主义生产越发展，它就越不能采用作为它早期阶段的特征的那些小的哄骗和欺诈手段”⑤。恩格斯甚至将此视为“现代政治经济学的规律之一”⑥。恩格斯以波兰犹太人和德国人为例，说明在大工业时代，过去那些在商业发展最低阶段的小气的骗人伎俩，已经陷入了困境，而“先给人家送上好的样品，再把蹩脚货送去”的基本守则，也已经声誉扫地了。恩格斯的结论是：“的确，这些狡猾手腕在大市场上已经不合算了，那里时间就是金钱，那里商业道德必然发展到一定的水平”⑦。这不是由于资本主义大工业有了“道德”，也不是出于“伦理的狂热”，“而纯粹是为了不白费时间和辛劳”⑧。

综合以上论述，马克思的信用概念具有以下特征：

第一，信用是一种关系准则，具有脆弱性。信用是美好的，但却是脆弱的。信用之所以脆弱，是因为任何信用都是关系，而这种关系实质上就是两种不同的情感方向。恰如恩格斯曾指出的那样：“在社会历史领域内进行活动的，是具有意识的、经过思虑或凭激情行动的、追求某种目的的人；任何事情的发生都不是没有自觉的意图，没有预期的目的的”。然而，“人们所预期的东西很

---

① 《马克思恩格斯全集》，中文1版，第2卷，569～570页。

②③ 《马克思恩格斯选集》，2版，第4卷，420页，北京，人民出版社，1995。

④ 同上书，421页。

⑤⑥⑦⑧ 同上书，419页。

少如愿以偿，许多预期的目的在大多数场合都互相干扰，彼此冲突，或者是这些目的本身一开始就是实现不了的，或者是缺乏实现的手段的”①。

第二，信用是一个实现过程，具有风险性。信用是一个关系范畴，它既向社会或他人承诺，又向社会或他人作要求。因为承诺在前，兑现在后，承诺容易兑现难，所以信用作为一个实现过程，有很大的风险性。正如马克思所说：“真正的信用货币不是以货币流通（不管是金属货币还是国家纸币）为基础，而是以汇票流通为基础”②，而汇票“不过是流通的信用符号”③。马克思认为，不论资本主义如何进步，也不论人们对资本主义信仰的形式如何变化，它的性质并没有改变。它仍然只能是以物的形式和异化的形式来表现人与人的关系，信用关系和信用制度的出现并没有也不可能恢复人与人之间的合理的天然关系，不可能实现人与人之间以及人与社会之间的相互信任。马克思写道：“在**信用业**——它的完善的表现是**银行业**——中出现一种假象，似乎异己的物质力量的权力被打破了，自我异化的关系被扬弃了，人又重新处在人与人的关系之中。被这种**假象**所迷惑的**圣西门主义者**把货币的发展、汇票、纸币、纸的货币代表、**信贷**、**银行业**看作是逐渐扬弃人同物、资本同劳动、私有财产同货币、货币同人的分离的各个阶段，看作是逐渐扬弃人同人的分离的各个阶段。因此，他们的理想是组织起来的**银行业**。但是，这种扬弃异化、人向自己因而也向别人**复归**，仅仅是一个**假象**；何况这是**卑劣的**和**极端的**自我异化，非人化，因为它的要素不再是商品、金属、纸币，而是**道德的**存在、**社会的**存在、人自己的**内在生命**，更可恶的是，在人对人的**信任**的假象下面隐藏着极端的**不信任**和完全的异化。”④

第三，信用是一种人格主张，具有信仰性。信用是一种关系准则，一个实现过程，更是一种人格主张。马克思早在《资本论》中对信用做过清晰阐释：“信用，在它的最简单的表现上，是一种适当

---

① 《马克思恩格斯选集》，2版，第4卷，247页。

② 《马克思恩格斯全集》，中文1版，第25卷，451页。

③ 《资本论》，第3卷，454页。

④ 《马克思恩格斯全集》，中文1版，第42卷，21～22页，北京，人民出版社，1979。

的或不适当的信任，它使一个人把一定的资本额，以货币形式或以估计为一定货币价值的商品形式，委托给另一个人，这个资本额到期后一定要偿还。”[①] 这本质上就是一种信任，也是一种对资本主义市场经济运行规则的信仰，“资本主义本质上是天主教的；信用主义本质上是基督教的。‘苏格兰人讨厌金子’。作为纸币，商品的货币存在只是一种社会存在。信仰使人得救。这是对作为商品内在精神的货币价值的信仰，对生产方式及其预定秩序的信仰，对只是作为自行增值的资本的人格化的生产当事人个人的信仰。但是，正如基督教没有从天主教的基础上解放出来一样，信用主义也没有从货币主义的基础上解放出来”[②]。在马克思看来，从贵金属到纸币，再到信用，也就是说从货币主义到信用主义的转变，是一个进步，支撑这个转变的是一种精神力量，即人们对商品内在价值和货币价值的信仰。这种信仰其实就是一种隐蔽着的对于资本主义生产方式和社会制度的信仰。

三、关于信用制度的功用

马克思在《资本论》中用很大篇幅论述了信用制度的双重作用，并重点阐述了信用在资本主义生产中的积极效应。

1. 信用制度的积极效应理论

马克思认为，信用制度作为规范信用活动的一系列规则，旨在消除信用活动中的失信、违信行为，是实现国民经济增长的一个重要的制度保证。这主要表现在以下方面：

第一，信用制度可以节约流通费用，加速资本周转，推动利润率平均化趋势的发展。资本主义信用制度是在资本主义生产方式对高利贷资本的扬弃的过程中产生、在产业资本积聚的基础上发展起来的，主要包括商业信用和银行信用两大类。商业信用是“从事再生产的资本家相互提供的信用，这是信用制度的基础”。它的作用是加速商品价值的实现过程，减少商品的储存量和与此有关的商品保管费用，节约货币。银行信用是借贷资本的运动形式，“把资本放出即贷出一定时期，然后把它连同利息（剩余价值）一起收回”。在银行信用制度下，企业之间的债权—债务可以在银行信用基础上通过转账结算方式进行

① 转引自《马克思恩格斯全集》，中文1版，第25卷，452页。
② 中央编译局：《马克思恩格斯列宁斯大林研究》，2000（2），34页。

清算，不需要现金结算。马克思指出，一切节省流通手段的方法等都是以信用为基础的，“但这种汇票的存在本身又是以工商业者互相提供的信用为基础”①。在信用制度基础上产生的信用流通工具（商业票据、支票、银行券等）代替金属货币流通，节省了流通费用。马克思说，社会信用的最大作用就是节约流通费用。通过信用，货币以三种方式得到节约：“A. 相当大的一部分交易完全用不着货币。B. 流通手段的流通加速了。……一方面，这种加速是技术性的；也就是说，在现实的、对消费起中介作用的商品流转额保持不变时，较小量的货币或货币符号，可以完成同样的服务。这是同银行业务的技术联系在一起的。另一方面，信用又会加速商品形态变化的速度，从而加速货币流通的速度。C. 金币为纸币所代替。”② 同样，信用也会作为媒介，从而提高通货的速度。信用的作用导致了资本主义竞争的加剧，并使资本能够更自由、更迅速地在各生产部门和各企业之间进行转移，进而推动了利润平均化趋势的发展。

第二，信用制度是资本积聚的强大因素，是促进资本转移的强大杠杆。马克思在考察资本积累的一般规律时指出：“信用事业，随同资本主义的生产而形成起来。起初，它作为积累的小小的助手不声不响地挤了进来，通过一根根无形的线把那些分散在社会表面上的大大小小的货币资金吸引到单个的或联合的资本家手中；但是很快它就成了竞争斗争中的一个新的可怕的武器；最后，它转化为一个实现资本集中的庞大的社会机构。”③ 他在论述信用和虚拟资本时又指出，以银行的发展为条件，信用制度越完备越扩大，产业资本家和商人对社会各阶层的货币储蓄的支配权力也就会不断增大。而且，这些储蓄会不断集中起来，直至达到能够作为货币资本发挥作用的数量而为资本家使用。“银行一方面代表货币资本的集中，贷出者的集中，另一方面代表借入者的集中。”④ 因此，信用能使单个资本家超过其实有资本的限制来扩大自己企业的规模和扩大生产，他自己所拥有的资本仅仅是取得支配别人资本和劳动的基础。从资本

① 《资本论》，第 3 卷，589 页。

② 《马克思恩格斯选集》，2 版，第 2 卷，515～516 页，北京，人民出版社，1995。

③ 《资本论》，第 1 卷，722 页。

④ 《马克思恩格斯选集》，2 版，第 2 卷，513～514 页。

的集中来说，由于大资本家具有较强的经济实力和较高的信誉，能够比较容易获得银行贷款，追加投资，因而他们能够借助信用增强竞争力量。这样，便加速了大资本剥削中小资本的过程，实现资本集中。信用工具在促进产权流动和资本集中的过程中起着非常重要的作用。不论是股票、债券这些传统的金融工具，还是基金和其他金融衍生产品，其共同点就是使产权流动突破在时间和空间上的限制，使得产权的转移更为便利，使得资本集中的进度更为迅速，从而成为促进产权流动的有力杠杆。

第三，信用制度是股份公司产生和发展的主要基础。股份公司是在19世纪初西方资本主义发达国家出现的一种新型企业组织形式。马克思在分析信用对资本主义生产的作用时指出："信用制度是资本主义的私人企业逐渐转化为资本主义的股份公司的主要基础。"① 股份公司是通过发行股票的方式建立起来的。股票要发行出去，必须有大量的投资者购买股票，即人们能够利用信用方式运用自己的货币资金。同时，股票是没有偿还期的，必须借助于信用方式保持其流动性，这样使得短期资金也能购买股票。由于股份公司是面向社会筹集资本，因此它的资本金都比较大。信用聚集资本，扩大投资规模的作用通过股份公司的形式得到了充分的发挥。股份公司的出现极大地促进了资本主义经济的发展。马克思说，股份公司的成立，使生产规模惊人地扩大了，个别资本不可能建立的企业出现了。另外，资本主义股份公司还使得资本主义的生产关系发生了重大变化。首先，在企业的性质和内容上，"那种本身建立在社会生产方式的基础上并以生产资料和劳动力的社会集中为前提的资本，在这里直接取得了社会资本（即那些直接联合起来的个人的资本）的形式，而与私人资本相对立"②，这是作为私人财产的资本在资本主义生产方式本身范围内的扬弃。其次，在企业的管理上，资本所有权和使用权的分离，实行执行职能的资本家转换为单纯的经理，即别人资本的管理人，而资本的所有者则转化为单纯的所有者，即单纯的货币资本家。这些分析，对现代企业制度的建立有一定指导意义。

---

① 《马克思恩格斯全集》，中文1版，第25卷，498页。

② 《资本论》，第3卷，494页。

总之，信用加速了资本社会化的过程，使得生产规模不再受资本最小规模和额度的限制，从而加速了资本集中和产业的社会化。特别是股票、债券等信用凭证的发展，冲破了时间和空间的界限，使资源的配置可以在一个更大的范围内进行。正如马克思所说："假如必须等待积累使某些单个资本增长到能够修建铁路的程度，那么恐怕直到今天世界上还没有铁路。但是，集中通过股份公司转瞬之间就把这件事完成了。"①

2. 信用制度的消极效应理论

马克思在论述信用对资本主义社会生产起加速作用的同时，也分析了信用在一定程度上具有的延缓社会生产的消极影响。

第一，信用潜藏着经济危机发生的危险性。在经济发展中，由于信用突破需求的制约，拉动需求增加，造成对商品的虚假需求，表现为虚假信用，这样在再生产过程中全部联系都是以信用为基础的生产制度，一旦经济发展中泡沫破裂，整个社会债务链破裂，只有现金支付才有效，就不可避免地引发经济支付危机，大量债权会因此而损失，从而爆发经济危机。马克思在对信用的这一作用进行总的概括时指出："信用制度加速了生产力的物质上的发展和世界市场的形成；使这二者作为新生产形式的物质基础发展到一定的高度，是资本主义生产方式的历史使命。同时，信用加速了这种矛盾的暴力的爆发，即危机，因而加强了旧生产方式解体的各种要素。"②"银行家资本的最大部分纯粹是虚拟的，是由债权（汇票），国家证券（它代表过去的资本）和股票（对未来收益的支取凭证）构成的。""这种虚拟的银行家资本，大部分并不是代表他自己的资本，而是代表公众在他那里存入的资本（不论有利息，或者没有利息）。"③ 马克思指出，信用"促使每个生产领域不是按照这个领域的资本家自有资本的数额，而是按照他们生产的需要，去支配整个资本家阶级的资本"④，这就既为生产的扩大创造了条件，也为虚假需求乃至生产过剩即需求不足的危机奠定了基础。此外，信用方式

---

① 《资本论》，第 1 卷，724 页。

② 《马克思恩格斯全集》，中文 1 版，第 25 卷，499 页。

③ 同上书，532 页。

④ 《马克思恩格斯全集》，中文 1 版，第 26 卷（Ⅱ），233～234 页，北京，人民出版社，1973。

自身的发展，更衍生出许多与实物资本无关的“无中生有”的虚拟资本，如股票、债券、期货合同等。这些虚拟资产在经济景气时会助长持有者的信心，产生所谓的“财富效应”，造成虚假繁荣；一旦这种经济泡沫最终破灭，虚拟资本就会严重“缩水”，从而对持有者造成严重打击，使国民经济一蹶不振。银行资本就是靠虚拟资本和少量代表现实价值的资本，来反复进行投机和欺诈活动。同时，对于贷款方来说，也不惜拿着别人的货币去冒险。这深刻地反映出资本主义信用的消极影响。

第二，信用容易导致资源配置的失灵。马克思认为，随着信用制度的推广和在经济生活中的应用，在一定的发展阶段上，商品生产者为了获得信用，甚至把挥霍作为展现个人财富和取得信贷的手段，这样就出现债务人不是把债务用于生产、创造财富，而仅把它用于消费，于是，就会出现许多应该是产业资本却在人们迅速的致富的心理驱使下造成资本浪费的现象。

第三，信用加速了资本主义经济危机的总爆发。资本主义信用不仅潜藏着经济危机发生的危险性，而且会加速资本主义经济危机的总爆发。马克思关于信用表现为“生产过剩和商业过度投机的主要杠杆”的论述，正是从这个意义上讲的。马克思指出：“全部信用制度，以及与之相联系的交易过度、投机过度等，就是以必然要扩大和超越流通的界限和交换领域的界限为基础的。这一点表现在各民族间的关系上比表现在个人间的关系上规模更大，更典型。”“信用又使买和卖的行为可以互相分离较长的时间，因而成为投机的基础。”① 马克思还分析了信用导致投机的基本条件，即“信用为单个资本家或被当做资本家的人，提供在一定界限内绝对支配别人的资本、别人的资产，从而别人的劳动的权利”。这些人办起事来不是小心谨慎，而是赌博欺诈，这样，就会造成生产过剩、商业过度危机，从而加速资本主义危机的爆发。

鉴于以上论述，马克思把信用的作用概括为信用制度固有的二重性。他说：“信用制度固有的二重性质是：一方面，把资本主义生产的动力——用剥削别人劳动的办法来发财致富——发展成为最纯粹最巨大的赌博欺诈制度，并且使剥削社会财富的少数人的人数越

---

① 《马克思恩格斯选集》，2版，第2卷，516页。

来越减少；另一方面，又是转到一种新生产方式的过渡形式。”① 其第一重性是指信用制度为资本的投机、欺诈、赌博创造条件，如证券交易所是信用制度高度发达的产物，是竞争的场所，“在这里，成功和失败同时导致资本的集中，从而导致最大规模的剥夺”，使社会财富越来越集中于少数人手里；其第二重性是指信用制度为公有制的生产方式的诞生准备了物质条件。正如他说：“正是这种二重性质，使信用的主要宣扬者，从约翰·罗到伊萨克·贝列拉，都具有这样一种有趣的混合性质：既是骗子又是预言家。”②

四、关于资本主义信用的一般形式和运行过程

马克思认为，信用从奴隶社会开始就以古老的生息资本的形式——高利贷资本存在，但信用真正大范围的发展和运用是到了资本主义社会。在资本主义条件下，高利贷资本让位于借贷资本，并在这个基础上建立起资本主义信用制度。可见，资本主义信用制度不仅是在资本主义生产方式对高利贷资本的扬弃的过程中产生的，也是借贷资本本身运动产生的结果。

借贷资本运动形式，是资本主义信用的基本形式。马克思在《资本论》第三卷中引用英国经济学家托马斯·图克的话说：“信用，在它的最简单的表现上，是一种适当的或不适当的信任，它使一个人把一定的资本额，以货币形式或以估计为一定货币价值的商品形式，委托给另一个人，这个资本额到期后一定要偿还。如果资本是用货币贷放的，也就是用银行券，或用现金信用，或用一种对顾客开出的支取凭证贷放的，那末，就会在还款额上加上百分之几，作为使用资本的报酬。如果资本是用商品贷放的，而商品的货币价值已经在当事人之间确定，商品的转移形成出售，那末，要偿付的总额就会包含一个赔偿金额，作为对资本的使用和对偿还以前所冒的危险的报酬。这种信用通常立有文据，记载着确定的支付日期。这种可以转移的债券或凭据成了一种手段，借助这种手段，当贷款人在他们持有的汇票到期以前，发现有机会可以在货币形式上或在商品形式上利用他们的资本时，他们多半可以按较低的条件借到货币或较便宜地买到商品，因为他们自己的信用由于有了第二个人在汇

①② 《马克思恩格斯选集》，2版，第2卷，521页。

票上签字而得到加强。”① 而“汇票”是“信用货币”的“虚拟化”，它既是有价证券等一切所有权证书一定量资本的代表，也是真正的信用货币的基础。为此，虚拟资本运动形式，成为资本主义信用发展的崭新形式。相比较于职能资本与借贷资本，虚拟资本不是用实际的货币资本而是用有价证券形式存在的能够定期带来收入的资本，其具体形式一般包括股份公司的股票、国家发行的公债券、企业债券等，它们不是现实资本，只是资本的所有权证书，是“现实资本的纸制复本”②。各种形式的有价证券，一方面，由于它们可以保证取得一定的收益，而且可以通过把它们出售得到它们的资本价值的补偿，所以它们能当做资本；另一方面，它们和以货币资本、生产资本和商品资本形式存在的职能资本不同，和以货币形式存在的借贷资本不同，它们本身没有价值，也不能作为价值的符号，更不能在资本主义的直接生产过程中发生作用。因此，“它们所代表的资本的货币价值也完全是虚拟的，是不以它们至少部分地代表的现实资本的价值为转移的；既然它们只是代表取得收益的要求权，并不是代表资本，那么，取得同一收益的要求权就会表现在不断变动的虚拟货币资本上”③。可以看出，虚拟资本和借贷资本有区别，它不是用实际的货币资本而是用票证作为生息资本，是以生息资本为基础的，是生息资本发展的必然结果，为此，也是资本主义借与贷的信用形式。

马克思在论述信用发展的一般形式的基础上，对资本主义信用的运行过程进行了充分概括。他在《资本论》第三卷中引用法国经济学家沙·科凯兰的话说：“在任何一个国家，多数信用交易都是在产业关系本身范围内进行的……原料生产者把原料预付给加工制造的工厂主，从他那里得到一种定期支付的凭据。这个工厂主完成他那一部分工作以后，又以类似的条件把他的产品预付给另一个要进一步对产品进行加工的工厂主。信用就是这样一步步展开，由一个人到另一个人，一直到消费者。批发商人把商品预付给零售商人，他自己则向工厂主或代理商人赊购商品。每一个人都是一只手借入，

① 转引自《马克思恩格斯全集》，中文1版，第25卷，452页。
② 《资本论》，第3卷，540页。
③ 同上书，532页。

另一只手贷出。借入和贷出的东西有时是货币，但更经常的是产品。这样，在产业关系之内，借和贷不断交替发生，它们互相结合，错综复杂地交叉在一起。正是这种互相借贷的增加和发展，构成信用的发展；这是信用的威力的真正根源。"①

马克思对图克和科凯兰关于资本主义信用制度的运行机制所作的描述的引用表明了他对以上论述的认可态度，但马克思并不局限于对材料的罗列，而是更加准确和细致地剖析资本主义商业信用的运转流程。马克思指出，商业信用"即从事再生产的资本家互相提供的信用。这是信用制度的基础。"② 在这个链接中，汇票是信用制度的代表，汇票可以取代货币进行商业结算，马克思指出，"真正的信用货币不是以货币流通（不管是金属货币还是国家纸币）为基础，而是以汇票流通为基础"③。"例如，纺纱业者 A 要向棉花经纪人 B 兑付一张汇票，棉花经纪人 B 要向进口商人 C 兑付一张汇票。现在如果 C 又出口棉纱（这是十分常见的现象），他就可以凭这张汇票购买 A 的棉纱，纺纱业者 A 又可以用这张由 C 支付而得到的、要经纪人 B 自己兑付的汇票，来偿付经纪人 B。在这里，至多只有差额要用货币支付。"④ 马克思对商业信用的运转流程的描述，表明了他对资本主义信用一般形式和运行过程的基本认识。

五、关于信用的本质与秘密

通过对资本主义信用制度一般形式和运行过程的考察，马克思揭示出资本主义信用制度的本质和秘密。

1. 马克思的信用本质理论

马克思把资本主义信用看做是借贷资本运动形式的论断，深刻地揭示出资本主义信用的本质。他首先肯定信用制度在资本积累和集中过程中发挥着重要的作用，"一种崭新的力量——信用事业，随同资本主义的生产而形成起来。起初，它作为积累的小小的助手不声不响地挤了进来，通过一根根无形的线把那些分散在社会表面上的大大小小的货币资金吸引到单个的或联合的资本家手中；但是很快它就成了竞

① 转引自《马克思恩格斯全集》，中文 1 版，第 25 卷，452 页。
② 同上书，542 页。
③ 同上书，451 页。
④ 同上书，542～543 页。

争斗争中的一个新的可怕的武器；最后，它转化为一个实现资本集中的庞大的社会机构”①。马克思认为，信用在资本主义条件下，无论是在借者手里，还是在贷者手里，都是作为资本，通过借贷活动而使资本增值的。而资本增值的真正原因，是由于职能资本家把借入的资本在生产中加以运用，产生剩余价值，职能资本家把剩余价值的一部分，以利息形式分给借贷资本家。因此，资本主义信用的本质，就是整个资本家阶级对工人阶级的剥削关系，以及借贷资本家与职能资本家共同瓜分剩余价值的矛盾。这是因为，信用作为一种借贷行为，是以偿还和付息为条件的价值的特殊运动形式，这种信用形式受特定的生产方式所制约，又反映着一定的生产关系，这就是信用的本质。

2. 马克思的信用秘密理论

马克思通过考察信用发展的“自然基础”揭示出，资本主义的信用制度只是资本主义生产方式的必然结果和表现形式。资本主义信用制度的“自然基础”，在于货币充当支付手段的职能，这一职能，使得商品经营者之间债权人和债务人的关系随着简单商品流通而形成，“随着商业和只是着眼于流通而进行生产的资本主义生产方式的发展，信用制度的这个自然基础也在扩大、普遍化和发展”②。这里，信用制度的基础仍然在于货币的支付职能，而且这种职能在资本主义商品生产中，发展到一定阶段，则会被“虚拟化”，成为“信用货币”——汇票。因此，马克思说，“真正的信用货币不是以货币流通（不管是金属货币还是国家纸币）为基础，而是以汇票流通为基础”③。因为在商品交换的这个阶段上，商品不是为取得货币而卖，而是为取得定期支付的凭据而卖。这是货币的支付职能从简单商品经济发展到资本主义商品经济即资本主义市场经济的必然结果。

不过，马克思在《资本论》第三卷中谈论“信用”问题时，着力点在经济领域的信用，而不是泛泛而谈的普遍性的信用，马克思分析资本主义信用制度的目的，主要不是为了考察资本主义的道德状况和资本家的道德品质，而是为了考察资本主义制度及其运行的

---

① 《资本论》，第1卷，722页。

② 《马克思恩格斯全集》，中文1版，第25卷，450页。

③ 同上书，451页。

规律，特别是为了揭示资本主义发生、演变和衰亡的规律。诚如马克思本人所说的，“我们不打算详细分析信用制度和它为自己所创造的工具（信用货币等等）。我们在这里只着重指出为说明资本主义生产方式的特征所必要的少数几点。因此，在这里，我们只研究商业信用和银行信用。这种信用的发展和公共信用的发展之间的联系，不属于我们考察的范围”①。

马克思揭示出，资本主义市场经济中信用制度的运行，从其约束作用来看，表现为法律（合同、契约等）和道德（信誉、诚信），但这只是现象，或者说只是“流”，而不是本质，不是“源”。信用制度的建立，信用转化为法律和道德、契约和诚信，根本的动力是资本主义生产方式的运动。生产力的极大发展和形成世界市场，“使这二者作为新生产形式的物质基础发展到一定的高度，是资本主义生产方式的历史使命”②。而信用制度的出现，正是适应了加速生产力的物质上的发展和世界市场的形成的客观需要。正是在这个意义上说，资本主义信用制度是与资本主义市场经济紧密相连的，它的产生是资本主义生产方式运动的必然结果，是不以人的意志为转移的。

因此，资本主义信用制度的建立，资本主义商业道德的发展，资本主义大工业的“道德”化，这一切的根源，都在于资本主义生产方式运动的目标，在于赚取更大的剩余价值和更多的金钱。不是道德决定经济，而是经济决定道德，资本主义的信用、诚信，资本主义的商业道德，都是资本主义市场经济的上层建筑，它们因资本主义市场经济而必然产生和发展，其功能是为资本主义市场经济的有效运转提供服务。正如马克思 1843 年引述《经济学家》周刊中的一段话所说的：“资本与其说是任何一种商业交易的界限，不如说是用来建立良好信用的基础。”③ 这句话表明，信用制度与资本主义市场经济是血肉相连的，信用制度已成为资本主义市场经济秩序的一个有机组成部分，没有资本主义的信用制度，资本主义的市场经济甚至都不可能正常运转。在资本主义市场经济中，不仅时间就是金

① 《马克思恩格斯全集》，中文 1 版，第 25 卷，450 页。
② 同上书，499 页。
③ 转引自上书，496 页。

钱，而且信用也是金钱；资本是信用的基础，而信用则可以带来新的资本、新的金钱。这正是资本主义市场经济中信用制度的秘密所在。

第四节　当代中国的信用制度理论

当代中国的社会信用制度是社会诚信规范体系的重要组成部分，也是社会主义道德规范体系建设的重要内容。认识和把握当代中国的信用制度理论对于加强与社会主义市场经济相适应的社会主义思想道德体系建设，推动社会诚信规范体系建设具有重要的理论和现实意义。

一、信用需求是当代中国信用制度发生的前提

中国特色社会主义市场经济是信用经济。信用经济就是一种建立在信用基础之上，以信用为纽带维系生产、交换、分配、消费诸环节的经济组织形式。在市场经济中，任何一个经济主体都必须依靠信用与其他主体发生联系。信用无处不在，每一个经济部门（政府部门、企业部门、居民部门以及金融部门）乃至每一个经济主体都产出自己的信用，同时也接受别人的信用。社会越是进步，信用的维系作用就越是重要。信用是市场经济赖以生存发展的制度基础。

信用推动和促进中国特色社会主义市场经济的发展过程是有条件的，只有在信用关系各方都按照约定条件行为时，信用才能有效地推动和促进市场经济的发展。在社会主义市场经济过程中，即使是熟人，如果没有诚信的品格，没有偿付的能力，就不应该和他发生信用关系；相反，即使是从未谋面的陌生人，如果有良好的信誉，具有偿还的能力，就应该在信用上给予支持，否则，就有可能影响信用活动的正常进行，破坏市场的正常秩序，阻碍经济的正常发展，从而推卸自己对社会应尽的责任。这也是现代工业文明和法制文明为主体的现代经济社会文化特质对社会信用的迫切需要和根本保证。正是在这个意义上说，对信用产品经久不竭的需求，是支撑信用公司生产、加工和销售信用“产品”的原动力，是巩固发展现代信用体系的深厚市场基础，也是信用产品不断创新的基本前提。

二、当代中国信用制度现状

在当代中国社会，不仅仍然存在着商品货币关系，而且正在建立和完善社会主义市场经济体制，其信用和信用制度的存在和发展具有客观必然性。但是，由于我们在由计划经济体制向社会主义市场经济体制转轨过程中，并没有充分注意和深刻领会信用发展与信用制度建设以及发挥其积极作用的必要性和重要性，就不可避免地造成了信用制度的缺损，从而大大削弱和制约了市场经济的发展。当前，我国信用制度缺失的主要表现为：

第一，缺乏一个富有效率的社会信用体系。一个有效的社会信用体系应当包括政府信用、企业信用、个人信用三个层次的构建。从政府信用来看，政府经济职能的强化，诚信是基础，由于政企分开，政府经济职能还没有完全到位，因此其信用还未能完全建立起来，其中最突出的表现是有效的政策供给显得不足，利己主义、官僚主义、形式主义一定程度的盛行，虚假浮夸，沽名钓誉，许多承诺无法兑现；从企业信用来看，信用缺失具体表现为伪劣商品充斥市场、坑蒙拐骗横行、企业间相互拖欠严重、逃废银行债务和偷税漏税惊人、证券市场违规事件迭起等；从个人信用来看，人与人之间缺乏基本的信任，卖假售假，说假行假，诚实信用、与人为善的基本要求遭到怀疑和贬斥，个人消费信贷建设刚刚起步，而且发展缓慢，如此等等。

第二，与信用管理直接相关的法律法规尚待建立健全。在立法方面，我国只是在已颁布的《民法通则》、《合同法》和《反不正当竞争法》中规定了诚信守法的法律原则，《刑法》中虽有对诈骗等犯罪行为处以刑罚的规定，但缺少与信用制度直接相关的立法，因此难以对社会经济中各种失信行为形成强有力的法律规范和约束氛围。

第三，对失信行为惩罚不力，失信成本偏低。在现实经济生活中，由于缺乏严格有效的法律法规和失信惩罚机制，使失信的行为不能受到应有的惩罚。比如，有的国有企业欠贷款不还，银行没有办法处罚；有的不了了之，造成失信者有利可图，即失信成本偏低。尤其是对那些诚实经营的企业或个人，由于社会尚缺乏相应的信用风险评级机制，信用好的企业与信用差的企业无法区分，也没有区别，最终使守信收益不公。这对当前社会信用缺失问题起了一种不良的诱导作用。

第四，社会维信意识差，信用中介市场发育不足。我国目前还属于非征信国家，1997 年中国人民银行批准了 9 家信用评级公司，才掀开了信用评级的始页。就信用服务的供给来说，目前国内中介服务的市场化程度很低，成熟度比较差，尚缺少有实力、能提供高质量信用产品的机构或企业。加之当前市场社会和企业对使用信用产品的意识普遍淡薄，企业社会及其他主体大多缺乏利用信用产品来保护经济交往中的利益的理念，故而信用产品的需求亦十分有限，导致整个信用中介服务行业的培育和滋润缺少健康发展的供需双向环境。

总之，在我国目前的经济生活中，信用不力已成为一种严重的公害。如果任其发展下去，必然导致市场经济秩序被扰乱、市场经济得不到健康发展，将影响到整个国民经济的发展，为此，尽快整肃信用秩序、重建社会信用不仅是建立和完善社会主义市场经济体制的迫切需要，更是当前保证国民经济持续、协调、健康发展的当务之急。

三、加强社会主义信用体系建设的若干理论

社会信用体系的建设是一项复杂的系统工程，加强全社会信用体系建设已成为举国上下的共识。建立一个既内含传统诚信美德、又孕育现代市场经济要求的新的信用机制是新时期社会各个群体、各个层面的强烈呼唤。

第一，全面推进社会信用体系建设的时机已经成熟。在我国进入“十五”计划发展的重要时期和加入 WTO 的背景下，社会信用体系发育程度低和信用缺失问题不仅引起社会各界对社会诚信问题的普遍关注，而且引起党中央、国务院对加强社会信用制度建设的高度重视。2000 年初召开的中央金融工作会议和 2001 年召开的中央经济工作会议以及 2002 年召开的九届人大五次会议，都把这个问题摆在了十分重要的位置。党的十六届三中全会《关于完善社会主义市场经济体制若干问题的决定》及十届人大二次会议审议通过的《政府工作报告》，均已明确指出：建立健全社会信用体系，是建设现代市场经济的必要条件，也是规范市场经济秩序的治本之策。同时要求各级政府、企事业单位和个人要把诚实守信作为基本行为准则。党中央、国务院的这两个重要文件，已把信用建设提到了十分突出的位置，这为我国信用体系建设上升为基本国策奠定了坚实的思想和理论基础，同时标志着全面推进社会信用体系建设的条件已基本具备，时机也已经成熟。

第二，完善现代市场经济体制，必须同步建设社会信用体系。恩格斯指出，现代政治经济学的规律之一，就是资本主义生产愈发展，它就愈不能采用作为它早期特征的那种琐碎的哄骗和欺诈手段。恩格斯把“哄骗和欺诈”概括为市场经济发展的早期特征表明，随着市场经济的发展，随着市场调节、法律调节、道德调节的共同发挥作用，市场经济将会逐步走上健康、有序、诚信的轨道。完善的市场经济必将是一种信用经济、契约经济和法治经济。公平合作、守信践诺是对一切社会经济活动主体的规范和要求，信用制度是现代市场经济体制的题中应有之义。实践证明，凡是讲信用、重信誉的市场主体，就会受到市场的欢迎，就能获得更大的效益；相反，凡是搞坑蒙拐骗的市场主体，最终必然会受到市场的惩罚甚至遭受被抛弃的命运。不诚实守信，就没有资格搞市场经济。正是在这个意义上，江泽民同志在 2001 年年底的中央经济工作会议上指出：“没有信用，就没有秩序，市场经济就不能健康发展。”尤其在我国经济利益和经济成分多样化、社会生活方式多样化、社会组织形式多样化、就业岗位和就业方式多样化日趋明显，不同利益主体的矛盾等都发生了复杂而深刻的变化的情况下，诚实信用不仅是建立和完善社会主义市场经济体制的关键因子，也是促进中国特色社会主义市场经济顺利发展不可或缺的重要因素。

第三，重视信用法制建设与信用道德文化建设相结合。当代中国，社会信用体系是一种意在把道德信用上升为法律信用和制度信用的努力过程，其实质是当代中国信用伦理建设与制度建设交相互融的建设诉求。这是由德与法的辩证关系、德治与法治在国家治理上的功能互补性决定的。我国宋代思想家朱熹曾深刻论证德和法的一致性，他说：“德与政非两乎”，这表明法律条文中应体现道德的精神，道德规范中应蕴涵法律的精神和要求。德与法你中有我、我中有你的辩证关系不仅昭示着当代社会信用体系建设应遵循德治与法治建设相结合的根本路径，而且应积极推动德治与法治的紧密配合，真正体现二者“相辅相成、缺一不可”，如“鸟之两翼”、“车之两轮”的功能互补关系。为此，加快我国社会信用体系建设，要坚持两手抓，即一手抓法治，一手抓德治。一方面，要加强社会信用体系的“法”意识层面的建设，即制度和机制建设，切实提供社会信用体系建设的刚性保障；另一方面，要加强社会信用体系建设的“德性”教化与培育，坚定社会主义思想和道德信念，从本质上体现当代社会信用体系建设“以德治信”、“依法达信”的辩证统一性。

第四，以企业信用建设为重点，全面推进政府、企业和个人三大信用主体建设。社会信用体系是一个庞大的系统工程，个人信用要以建设个人征信体系为目标，突出重点人群的信用建设。在全面推进政府和个人信用主体建设的同时，要坚持把企业信用建设作为重中之重，努力在全社会形成诚实信用的行业之风。把企业信用建设作为重中之重，关键是要深度开发企业信用信息产品，积极培育和开拓市场需求。信用信息产品开发，以实用为导向，以高质量的信息产品拓展需求；在产品销售环节上以公益为原则，实行低价策略，培育信用需求，促进企业间信用交易的发展。同时，要加强企业内部信用管理，注重借鉴美国、德国等西方发达国家的先进经验，加强信用调查和信用信息的积累，依据信用记录和信用评级状况对企业实行奖优罚劣，切实使守信者受应得之益，失信者受应有之罚。

第五，充分发挥信用中介服务作用，密切防范信用风险。信用中介服务行业之发轫，可以追溯到1830年在英国伦敦设立的第一家信用代理所。西方国家中介服务组织历经170余年的发展，目前已形成一些规模大、业务覆盖面广、信用数据库完备的大型跨国信用管理公司，在资信调查、信用评级、国际保理、商账追收等方面取得了显著的成就，并积累了宝贵的经验。当前我国中介组织发育不够，难以适应市场经济发展的需要，中介机构不讲信用的情况也较为突出，严重扰乱了市场经济秩序，加强信用中介机构建设，充分发挥信用中介服务作用成为社会各界普遍关注的问题。同时，各信用中介服务组织必须加强自律，密切防范信用风险，杜绝信用等级与金钱挂钩等问题。

第六，政府信用建设是当代中国信用体系建设的关键。党的十六届三中全会强调，增强全社会的信用意识，政府、企事业单位和个人都要把诚实守信作为基本行为准则。加强以诚实守信为重点的思想道德建设，首先要构建一个个人、企业和政府三位一体的信用主体联动的社会诚信规范体系，在这一规范体系中，个人信用是基础，企业信用是核心，政府信用是关键。之所以把政府信用作为社会诚信规范体系建设的关键，是因为政府信用在经济、政治和社会生活中，在政府和社会与公众的互动中起着举足轻重的作用。当代中国政府信用状况从总体上看是好的，在国内外享有很高的信用地位。但不可否认的是，有些地方政府、有些部门确实存在着某种程度的信用缺失现象。这些现象不仅严重损害了党和政府在人们心目中的形象，而且带给人民群众极差的示范效应。从这个意义上说，政府信用建设，既是加强和改进政府信用问题的需要，也是加强以诚实守信为重点的社会主义思想道德建设的关键，是形成良好的社会风尚的突破口。

第二章

诚信的个体维度

诚信是一种做人的能力，也是一种做人的境界。作为一种道德能力，诚信是按照人的内在本性的要求去支配自身发展的能力。在人的类本性的层面上，诚信就是不欺天，即以“真人”为标准，在实践中去选择和创造的“择善而固执之”的道德能力。在人的社会层面上，诚信就是不欺人，即信守规则，以诚待人。信守规则体现了正义感，以诚待人则体现了爱的能力。在人的个性层面上，诚信就是不自欺，即自主自信，维护人的尊严，挺立独立人格。诚信更是一种做人的境界，因为人是一个既可以为善也可以为恶的可能性的存在。我们当然不能说一个真诚地选择了作恶的人，是一个诚信的人，因此，一个诚信的人，就是一个尽了道德天职的圣人，尽了道德本分的君子和尽了道德责任的豪杰。社会诚信的研究和建设是当前伦理学研究和道德建设的重点，信用制度的建设被作为主要途径和突破口。需要注意的是，诚信比信用有更高的立意和更丰富的内涵，而信用有其内在的道德限度，表现为信用主体是抽象的人，诚信主体是现实的人；信用要实现外在利益，诚信则立足于人的内在价值；信用体现工具理性，诚信体现一种实践智慧。这意味着，我们要合理地确定信用制度起作用的性质、范围和程度，要认识到它的必要性和局限性，从而更好地发挥它在建设个体诚信中的作用。

第一节　诚信与做人

人的能力包含体力、智力和道德力，体力是存在于人的肉体中的自然力量；智力是认识事物的各种能力。拥有了智力，人才真正超越自然，开启人的自由天地；智力赋予人以自由的力量，却难以保证人的自由本质的实现，因为拥有智力的人是一个既可以为善也可以为恶的可能性的存在。因此，要实现人的自由本性，最关键的也是最高的能力是做人的能力，是按照人的内在本性的要求去支配自身发展的做人的能力。诚信就是这样一种做人的能力。

一、诚信就是不欺天

所谓不欺天，就是按照人的内在本质的要求去支配自身发展。《中庸》说："诚者，天之道也；诚之者，人之道也。"所谓"诚者，天之道"，可以是指自然万物由以产生和发展的根源和必然性，反映的是一种客观的自然现象，"天油然作云，沛然下雨，则苗浡然兴之矣"（《孟子·梁惠王上》）；也可以是指社会发展的客观必然性，是不以人的意志为转移的社会大趋势，"乐天者保天下，畏天者保其国"（《孟子·梁惠王下》）。然而在更高的意义上，它是指本源于天又内在于人的仁义礼智信等道德本性，是"尽心、知性、知天"的天。所谓"诚之者，人之道"，意味着，虽然人道本于天道，但又只有人才能够与天地合其德、与日月合其明、与四时合其序、与鬼神合其吉凶。也就是说，人高于万物之处在于他超出了自然的混一，能够觉悟到自身与宇宙本体的同一，能够觉悟到自己的本质与宇宙本体的本质以及万物的本质的一致性，并充分发挥和完善这一本质，从而实现对生命本真的复归，成就"真人"的最高境界。

不欺天，就是要忠实于人的真实本性，但人的真实本性既不是肉体，也不是人的道德理性。在马克思看来，真实的人就是在社会关系中从事实践活动的人，实践是人的存在本性。正是在人的实践生存活动中，构成了人的整体性本质。这个"整体性本质"包括三个方面：在人与物的关系上，人"是能动的自然存在物"；在人与人的关系上，人"是社会存在物"；在人与己的关系上，人是有意识的

"类存在物"[①]。而一个真正的人就是以一种全面的方式，作为一个完整的人占有自己的全面本质的人。对于这个"真人"的理想状态，马克思在《论犹太人问题》中作了精辟的论述，他认为只有当现实的个人同时也是抽象的公民，并且作为个人，在自己的经验生活，自己的个人劳动，自己的个人关系中，成为类存在物的时候；只有当人认识到自己的原有力量并把这种力量组织成社会力量因而不再把社会力量当做政治力量跟自己分开的时候，人类解放才能完成，真正的人即全面发展的人才得以确立。

真正的人就是全面发展的人，它确定了内在于人的存在的最高价值标准。所谓内在的价值，是指因其存在本身而固有的价值。它不因特定的情势而改变，也不因特定的手段而有效，而是一种自足自因的、普遍必然的和无制约性的价值。所谓最高的价值，是指人的全面发展作为追求的最高目的，是一种终极价值。就是说，它超越于其他一切价值之上，或者说，一切价值目标，都有应当而且可以归之于最高价值的某一方面或某一部分，它是一切价值的价值。人的全面发展作为人的最高价值目标，同时就给出了最高的评判的标准，惟其如此，善恶才有判准。正如南宋陆九渊所说："人唯知所贵，然后知所耻。不知吾之所当贵，而谓之有耻焉者，吾恐其所谓耻者非所当耻矣。"（《陆九渊集》卷三十二）朱熹说："耻者，吾所固有羞恶之心也。存之则进于圣贤，失之则入于禽兽，故所系为甚大。"（《孟子集注》卷十三）因此，为善抑或为恶，要以"真人"的标准作为导向，"居仁由义"。人的实践本性决定了"真人"不会是自然形成的。人的实践与动物的求生活动的一个根本区别，就在于它的创造性或生产性。动物的本性是前定的，它们进行单一的种的生命活动，具有共同的、单一的、固定不变的本质；而人的本质则是自我创生的。正是自我生成的创造活动，使得自在的生命体同时具有自为的本性。自在的生命是与动物共有的，它是由自然给予，服从自然的法则，非人所能自主；自为的本性则属人特有，它超越了自在生命，在自然因果循环中打开了一个缺口，开辟了无限可能的存在空间，就是说，人的存在不但由过去决定，未来也通过观念形态的目的决定着人的现在，正因为如此，成为一个什么样的人，

① 参见《马克思恩格斯全集》，中文1版，第42卷，167～169页。

不是天定的，而是自己选择的。人可以超越于万物之上，也可以禽兽不如，既可以为善，也可以为恶，不管怎样，都是人选择的结果。人总是在无限的可能性的选择中成人。

由此可见，人是人的目的，正是在做人的过程中，蕴涵了诚信的秘密和源头。人的实践存在方式，决定了人有“择善而固执之”的道德能力，这种能力正是以“真人”为标准，在实践中去选择和创造使人的发展得到肯定的一切的过程中得以确立的。马克思在《1844年经济学哲学手稿》与《资本论》第1卷中，在谈到人的活动与动物的活动的区别时曾指出：人与动物虽然都能通过自己的活动进行“建造”，但二者的“建造”有着根本的不同，这正是人优越于动物的地方。人能运用两种尺度，首先，他懂得运用任何一个物种的尺度进行活动，这使人能摆脱单纯的肉体需要，而与任何事物发生对象性的认识关系与实践关系；其次，人“并且懂得怎样处处都把内在的尺度运用到对象上去”[①]，这使人的活动不再是本能性的活动，而是表现为一种受自己的意志自由控制的活动。对人来说，他所具有的认知理性，使它能运用任何一个物种的尺度来对客体（包括人自身及关系）的固有规律和必然性进行把握和认识，他所具有的实践理性，则能对活动客体进行为人性的与属人性的改造与重塑，只有通过这种现实性的改造与重塑才能将活动主体的本质力量对象化或物化，使活动主体的活动表现为相对于自身的自我实现与实在的解放。这就是《中庸》所说的“诚之者，人之道”，即把人的全面本质作为对象性的存在来反思，并把它作为最高规范来要求自己。

上述见解，两千年前的孟子说得很清楚。孟子以为人具有仁义礼智之心，仁义礼智之心为上天之道，天道人心的如此置换，彼此相通，使得孟子的“心”本体得以确立。正因为如此，他说出了那句石破天惊的话：“万物皆备于我矣。反身而诚，乐莫大焉。”这里的“物”并非客观存在之自然界，而是“有大人者，正己而物正者也”之物，是牟宗三的所谓“行为物”；所以，“万物皆备于我”不过是指人心自然具有道德四端，而且具有驱动道德之行的能力，是善性的宅所，善行的源泉，是道德的本体。“万物皆备于我”的秘密就在于人与万物具有共同的本质，“反身而诚”就是所谓尽心知性，

---

① 《马克思恩格斯全集》，中文1版，第42卷，97页。

认识了自己的本质，同时也就认识了万物的本质，从而感到一种自身完善的无上乐趣。在孟子看来，天具有完善的本性，因而人也具有完善的本性。人性之善本原于它完整地体现了天的本性，并且只有人才能够觉悟并主动扩充这种本性，这是从人的本性上论证天与人的同一，为人的本性的至善价值设立了一个客观的根据。

二、诚信就是不欺人

《中庸》说："喜怒哀乐之未发，谓之中；发而皆中节，谓之和。中也者，天下之大本也；和也者，天下之达道也。"未发之"中"为仁，已发之"中"为义，所中之节为礼。可见，信守规则是诚信的必然要求。

人作为社会的存在，诚信首先表现为信守规则。"人是最名副其实的社会动物，不仅是一种合群的动物，而且是只有在社会中才能独立的动物。"① 但在组成社会联合体的过程中，不可避免会出现个人需要、个人利益与社会需要、社会利益以及他人需要、他人利益的矛盾。这种矛盾作为人自身的根据，引申出人如何处理这种关系的需求。因此，也就需要每个个人都能自觉地扬弃自身的需要和利益的杂多性、偶然性，达到与社会利益的一致性。这些从人自身发展的社会必然性中直接引申出来的处理人际利益关系的规则，是必然的和理性的。因此，信守规则就成了社会成员必需的道德要求。

在《政治自由主义》中，罗尔斯强调了正义感的能力是确定、承认和遵循合作条款、受一定行为规范约束的能力。他是在契约论的思路上做出论证的。契约论者把社会视为利益的合作体系。为了摆脱自然状态以进入社会状态，人类以社会契约的方式联合组成共同体。由于人类在选择进入社会联合体之前，都有各自的利益和需求，而每个人的利益和需求又都是同等重要的。这样，每个社会成员要结合成一个社会，必须协商一致产生相应的规则，以此来规定可以做什么，不可以做什么，保留什么，放弃什么，如何来分配利益和负担。因此，作为这个契约的当事人，应该遵守契约的内容，遵守自己同意的政府和规则。如果不信守规则，却同样获得因为合作而带来的利益，对其他信守规则的公民就是不公平的，就是欺人。

---

① 《马克思恩格斯全集》，中文1版，第12卷，734页，北京，人民出版社，1962。

罗尔斯说："公平对待原则可以表述如下：假定有一个相互受益和公正的社会合作组织，只有每个人和几乎每个人合作，它所产生的利益才能获得。再假定，合作要求每个人做出一定的牺牲，或至少对自己的自由做出一定限制。最后假定，在一定点上，合作所产生的利益是丰富的，即如果任何人都知道其他所有的人或几乎所有的人将尽其所能，即使他本人不尽力量也可能得到一份利益，那么，该合作组织将是不稳定的。在上述情况下，从合作组织受益的人，有公平对待的义务去尽自己的一份力量，而不应不参与合作却占取无代价的利益。"[①] 它反映了这样一个事实：我们每个人都有自己的利益，只有在大家共同遵守规则的条件下，这些利益才能受到适当保护。在立法的意义上，规则的内容本身要体现相互性要求。严重妨碍自我利益和严重妨碍他人利益的规范都是违背诚信的规范，都不会得到人们的信守。在守法的意义上，我们在承诺遵守规则时，实际上也在承诺不损害他人的利益，他人的承诺也具有同样的意义。一旦他人违背了承诺，我们履行的义务就变成了单方面的付出，相互性被破坏，基于正义感的愤怒自然就会产生。

但契约论的思路是有局限的。人作为社会存在，把对规则的信守仅仅建立在利益的相互性的基础上是不够的，也就是说仅有正义感是不够的。因为社会不只是一个利益共同体，它更是安身立命之所。黑格尔的思路可以给我们一些启示。黑格尔在《法哲学原理》中提示了正义所处的中介性的、否定性的环节。家庭是伦理生活的最基本的共同体，是一种因爱的情感联系起来的社会共同体；但家庭的解体，使得家庭成员成为独立的个体，家庭便向市民社会过渡。只有在市民社会里，才具备了典型的正义环境，也就是休谟说的，正义之所以必要，是因为人们在物质匮乏的条件下缺乏足够的仁爱精神。但正义对以爱为纽带的和谐的否定式发展，使得社会成为一个外在于人的利益联合体。因此，只有进一步发展，在自觉自为基础上的理性联合基础上的"国家"里，才能达到自我实现的完满境界。黑格尔给我们的提示是，在利益交互层面上信守规则是远远不够的，相对于人的全面发展也只是局部的。这就引出了诚信的另一层内涵，即仁爱。

---

① 转引自张文显：《20世纪西方法哲学思潮》，451页，北京，法律出版社，1996。

诚信就是以诚待人，强调人有仁爱之心。在这里，中国传统文化可以给我们提供更多的资源。在孟子看来，人们所信守之规则即礼，为仁义之“节文”。节，指准则、法度、仪则；文，指仪制、条文，就是说，礼是仁的外在规范，是义的具体形式。儒家认为，仁爱是处理人际关系中最根本的道德要求，爱人又必须遵循一定的原则，而不主张没有差别地爱一切人。这个原则就是义。所谓义，就是符合于理。作为仁义之节文，儒家对礼的强调并非其外在的形式，而是它的内在道德意蕴。它们没有把礼视为僵死的、一成不变的、绝对不能违背的模式，而认为礼是仁义的贯彻、外显，因而特别注重礼的行为规范中所体现的仁义精神。仁义为礼的内在实质，礼是仁义的外在保证。离开仁义，礼只能是形式；离开了礼，仁义也只能是美好的空谈。儒家提出的爱人的行为模式是取譬于己，推及于人，即为“忠恕”之道。南宋朱熹解释说：“尽己之谓忠，推己之谓恕。”（《论语集注》卷二）就是说，在以仁调节人际关系时，一方面，对人应尽心尽力，奉献自己的全部爱心；另一方面，设身处地地为他人着想，不苛求于人，它们是以仁推己及人的两个方面。忠属于积极的方面。孔子说：“夫仁者，己欲立而立人，己欲达而达人。”（《论语·雍也》）作为“为仁之方”的行为模式，即自己所追求的、希望得到的东西，应当积极使别人也同样得到。譬如，自己求饱，须知人之饥而使人得饱；自己求温，须知人之寒而使人得温；自己求逸，须知人之劳而使人安逸。恕是推己及人的消极方面。孔子说：“己所不欲，勿施于人”（《论语·颜渊》）。即自己不想要的东西，不能强加于人。儒家对此做过许多论证。《中庸》曰：“施诸己而不愿，亦勿施于人。”《大学》说得更加具体：“所恶于上，毋以使下；所恶于下，毋以事上；所恶于前，毋以先后；所恶于后，毋以从前；所恶于右，毋以交于左；所恶于左，毋以交于右；此之谓絜矩之道。”概而言之，当你的行为可能给他人带来影响时，必须考虑它的后果能否为他人接受。在此，行为主体不必抽绎天理，不必澄清良知，不必卜问神灵，也不必求证他人，以诚待人而已。总之，在人的社会性层面上，诚信表现为信守规则，以诚待人。

三、诚信就是不自欺

要不欺人，也要不欺己。诚信在应事接物中，首先是对自己的要求，信于己、不自欺就是要忠实于自己真实不妄的本性，行于外而动于中，动于中而发于外，应事接物皆率性而行，真诚坦荡，“起初好善恶恶”，无一丝勉强，无一丝夹杂，完全出自本性，身心一致，可对天地。儒家把它概括为正心诚意。所谓正心即端正本性；所谓诚意按《大学》的说法即“毋自欺也”。朱熹阐述说：“凡人所以立身行己，应事接物，莫大乎诚敬。诚者何？不自欺、不妄之谓也。敬者何？不怠慢、不放荡之谓也。”（《朱子语类》卷一一九）

不自欺就是要忠实于人的自主个性。人是自主的存在。任何自我都是一种关系自我，自我从关系中获得存在的可能和现实，但自我不是一个仅仅是完全依赖于社会的被动的自我，而是在社会中积极地与作为对象的自己以及他人、共同体进行沟通互动的实践的自我。这样说来，处在关系中的自我，不是消极地适应社会确定的角色和身份，而是能够积极地去建构各种可能的关系类型，是各种意义关系的主人和主宰者。由此可见，自主意味着自己做主，意味着超越于我们扮演的角色和社会常规，并对其予以审视和批判的能力。康德是最早对自主性进行系统论述的思想家。他在其《实践理性批判》中写道：“在整个世界中，人们所挑选的一切，他有力量去驾驭的一切，只能被单纯作为手段运用，只有人类和一切有理性的被造物，才是一种自在的目的。”① 既然每个人能够只根据自己的意志决断去生活和行动，而不必以任何他者的意志，哪怕是最高存在者的意志为根据，那么，人就是他自己的主人，就总是力图自主的，富于意义的选择自己的生存方式、发展道路。惟其如此，才能使每个人的存在不以任何他者为目的，而只以自己为目的。

要不自欺，要忠实于人的自主个性，就要把命运掌握在自己手里。作为自主的存在，人的本质是自我创生的。因此，成为一个什么样的人，不是天定的，而是自己选择的。人可以超越于万物之上，也可以禽兽不如，既可以为善，也可以为恶，不管怎样，都是人选择的结果。否认和回避人的自我生成本性，相信自己没有选择的自由，逃避承担选择的责任，就是具有自由本性的人让自己相信自己是不自由的，当然就是自己欺骗自己，是自欺。相反，只有正视自己的自由本性，勇于选择，勇于承担，才是真实的做人态度。在这个意义上，诚实首先是要像真正的人那样自由地去行事做人。萨特

① 《康德文集》，232 页，北京，改革出版社，1997。

举过一个自欺的典型例子：一对男女第一次约会，女子面对男子的种种暗示都漠然处之。当他对她说："你真迷人"的时候，她完全能够理解这句话的弦外之音，却不想本真地理解它；当他握住了她的手，她也清楚这一举动所包含的性冲动，却明知故避，去进行某种"崇高情感"的智力想象；她握住对方灼热的手，却一动不动，既不表示同意，也不表示反对。一句话，她不做出任何必须的选择和决定。她仿佛逃避了选择，超脱了选择所带来的责任与焦虑。因此，她实质上欺骗了自己，回避了自己作为有意识的自由存在本身，否定了自身的真实存在。

人要不自欺，要自主，就要正视和把握自己的双重本性。作为自主的存在，人在自然中超越自然。自我是具有两重属性的矛盾统一体。实践作为人自我生成的创造活动，使得自在的生命体同时具有自为的本性。自在的生命是与动物共有的，它是由自然给予，服从自然的法则，非人所能自主；自为的本性则属人特有，它超越了自在生命，突破了个体局限，与他人、他物融合为一体，获得了无限的性质。人就是自在和自为两重本性的矛盾体。人具有自然性却不归结为自然物，具有超自然性也并不归结为神，不能正视这种矛盾的统一本性，把人的本性归结为单一的属性，就是自欺。真实的做人态度就是辩证地看待两重本性的有机统一。由此，无论是无限夸大精神的超越能力，把人打扮成神；还是索性放弃精神自由，沉迷于肉欲的快感，把人混同于物，都未能正确处理人的两重属性，都是以忽略一方的方式来消除两重属性之间的矛盾和紧张关系，借以掩盖生存的忧虑，逃避真正的自我。由此，一个具有两重属性的否定的统一体的人，让自己相信自己不过是一个单一的没有冲突的存在，当然是自己欺骗自己，是自欺。尼布尔就把执著于人的超越一面，试图以人的无限来掩盖人的有限的自欺，称为骄傲。所谓权力的骄傲，即把权力视为获得安全的根本保证，并以此表达自己扩张和支配的欲望，所以我们经常看到有权势的人总是那样自以为是、妄自尊大，似乎可以搞定一切似的；所谓知识的骄傲，即把带有自己阶级的意识形态特征的知识视为最正确的知识，总以为真理在握，一副不容置疑的模样；所谓道德骄傲，即把自己崇尚的善看做普遍的善，将自己相对的道德标准当成绝对的标准，俨然是善恶的最高的裁判官；所谓精神的骄傲，即把自己的信仰看成真正的信仰，其他的都是邪教，简直是以唯一的神的面貌出现了。显见，所谓骄傲就是本是有限的人，要让自己相信是无限的存在，这当然是自欺。与骄傲表现不同的放纵也是一种自欺，其特征在于放弃精神自由，沉浸于生命的有限过程，特别是感官享乐中，借以忘却生存的忧虑。因此，那些沉浸于生活琐碎事务的人，那些借酒浇愁、自艾自怨的人，那些自轻自贱、自暴自弃的人，都是将自我投入到有限的生活过程，放弃精神自由的超越性的人。本是具有超越性的人，要让自己相信不过是个现实的动物，不是自己欺骗自己还是什么呢？难怪王阳明称这种人为“愚人”、“躯壳的己”，这种人已从人降低为物，其昂然七尺之躯只是一堆自在的死物。相反，诚不过是正视人的二重属性的否定统一性，在自然中超越自然，在社会中超越社会，在自我超越中肯定自我。

人要不自欺，要自主，就不能看死自己，要在可能性中选择未来。自我是可能性的存在，人是能动的自然物，作为自然物，它受着自然因果律的支配，它的现在是由过去决定的。作为能动的自然物，它的出现，在自然因果循环中打开了一个缺口，开辟了无限可能的存在空间，就是说，人的存在不但由过去决定，未来也通过观念形态的目的决定着人的现在，正因为如此，动物是没有历史的，但人有历史，人总是处在不断自我超越、自我实现的历史洪流之中；动物是单一的，而人却无限开放，人总是在无限的可能性的选择中成人。所以，人不能执著于事实的存在，要从发展的眼光看待人的本质，不能看“死”了别人，更不能看“死”了自己。人本来是发展着的，却要相信自己是一成不变的；人的未来本是有多种可能性的，却要相信自己是命该如此。那种龙生龙、凤生凤、老鼠生儿打地洞的血统论便是这种自欺欺人的理论。萨特举过类似的例子，某一咖啡店里的侍者，他服务热情周到，动作殷勤麻利，对客人笑容可掬，彬彬有礼，完全把自己当做他人眼里的一个侍者的角色，如同人们眼里的裁缝和杂货商一样。他没有意识到做侍者是他自己的自由选择，是否继续扮演这个角色还是由他自己决定。他使自我就范于外在环境的塑造，不懂得逢场作戏的背后，隐含着主体的自由本质。在那个侍者的意识里，仿佛生来就注定是做侍者的，没有别的可能了，人的超越的历史和开放的空间在这里凝固了、封闭了。萨特认为这是一种消极被动的放弃自我的自欺。

总之，人是自主的，所以“为仁由己”。孔子一再强调：“为仁由己，而由人乎哉?”(《论语·颜渊》)“譬如为山，未成一篑，止，吾止也；譬如平地，虽覆一篑，进，吾往也”(《论语·子罕》)。是止是进，完全取决于自己自由选择。肩挑手提、荷担负重，人的能力有大小，或有能有不能，而修养仁德则凡人皆能，未有力不够者，求仁即可得仁。

第二节 诚信与信用

诚信的内涵十分丰富，它可以指人存在的本真状态，也可指人际关系的基本准则，还可以是道德修养的境界。孔子就从不同角度讨论过诚信。他在答子路问时，就把“朋友信之”作为本人的志向之一；在答子张问时，认为“崇德”就是要“主忠信”；在答子贡问时，把“民信之”视为治理国家的重要准则；不过其落脚点还是把信视为君子必备的品行。信用却不是一个基于德性的宽泛概念，而是一个含义单一的经济概念。《现代汉语词典》对信用的解释是：能够履行跟人约定的事情而取得的信任；不需要提供物资保证，可以按时偿付的；指银行借贷或商业上的赊销、赊购；信任并任用。康芒斯将麦可劳德关于“信用”的定义分为三种形式：“(1)一切有形体财产权的现在价值，这是他的‘商品信用’；(2)未来的硬币的现在价值，这个他称为‘硬币信用’；(3)以一个特殊债务人为对象的一种特殊信用的现在价值。最后这一种是信用的唯一的真实的意义，我们区别为无形体的财产，一种债务。”① 可见，信用更多的是从经济的视阈阐释的概念。由于社会诚信的研究和建设是当前伦理学研究和道德建设的重点，且很多学者都把信用制度的建设作为主要途径和突破口，但这是否抓出了问题的要害，却是需要慎思的。我们通过对这两个概念的反思和比较，发现诚信比信用有更高的立意和更丰富的内涵，更重要的是信用有其内在的道德限度。

---

① ［美］康芒斯：《制度经济学》(下)，于树生译，37～43页，北京，商务印书馆，1997。

一、主体的抽象性与现实性

1. 作为抽象信用主体的经济人

我们常说，市场经济就是信用经济，也就是说信用是市场经济的内在要素。在这个意义上，它与德性无涉。马克思说："信用作为本质的、发达的生产关系，也只有在以资本或以雇佣劳动为基础的流通中才会**历史地**出现。"① 既然信用不过是一种经济规律，信用的主体就是追求自利的个体。博弈论经济学"博弈局中人"的假设能提供很有意义的说明。"局中人"在参与经济活动中，其行为的决策和选择，是一个"策略博弈"的过程。也就是说，局中人在追求自身利益最大化的过程中，要考虑和推测其他局中人的可能行为和反应，并做出对应性的行为选择。这个过程既要考虑市场的客观因素，如交易内容、价格等，也要了解交易伙伴的信用历史和信用级别。所以，在一定意义上，交易双方信用状况如何，常常影响博弈的行为类型。但在社会互动过程中经过反复博弈，人们认识到，若要实现自身利益最大化，诚信是最优策略。如穆勒所言："商人是否愿意使用信用，则取决于他对赢利的预期。"②

显然，信用的主体是追求利益最大化的经济人，而它所关注的利益主要是物质利益，这样，信用主体就抽象掉了人的超越层面。就字面而言，信用重在用，诚信重在诚；但在价值层面上，信用中缺乏了"诚"，也就缺乏了"诚"所指向的天、天道或天理的维度，进而抽象掉了人和自然之间否定性的内在联系。"诚"的实质不过是由于人的实践存在本性，使人具有自在和自为的双重本性，从而可以内化的方式去转化外部世界的自然力量，天地自然也以人为心去实现自身最大的潜能，从而建立人与自然的本质性的一体关系。而在信用的框架里，注重的是人与人之间的物质利益关系，无法容纳如此宏大的天人关系，相反，还会割裂人和自然的一体性联系。因为在自利的个体眼里，自然界因为人的不同需要而分割为价值高低有别的不同部分。在自利的动机下，人为地加强或削弱某种自然联系的同时，自然界本身的有机联系以及自然界和人的有机联系却被

---

① 《马克思恩格斯全集》，中文 2 版，第 30 卷，534 页，北京，人民出版社，1995。

② ［英］约翰·穆勒：《政治经济学原理》下卷，胡企林、朱泱译，75 页，北京，商务印书馆，1997。

分裂和破坏。

2. 作为抽象信用主体的契约人

当信用作为经济的规律时，它的落脚点就不会在德性领域，而是落在社会经济领域。如果追溯到法律的源头即罗马法那里，就会看到有关信用的规定主要有要物契约、合意契约、某些准契约和某些物权关系四种类型。所以信用的最初的、最基本的含义归之于契约信用。哪怕是近代以来，诚实信用原则从合同领域逐渐成为整个民法领域的一个基本原则，甚至还扩充到其他领域，如政府诚信等，也仍是以广义的契约论为基础的，所以契约意义上的信用仍是其基本含义。

契约关系是平等主体间的利益关系，契约主体的确立就是一个不断去身份化的过程。所以梅因才会说社会的进步就是从身份到契约的过程。如果说在罗马法那里，身份是生物人过渡到法律人的中介环节的话，那么，到了近代的《法国民法典》，人的自然理性取代身份成为取得法律人资格的关键环节，平等成为天赋的权利。而随着自然理性观念的衰落，法律实证性要求的提高，抽象的自然理性观念被虚拟的"权利能力"代替，成为生物人和法律人的纽带。由此，《德国民法典》确立了"权利能力"的概念。正像卡尔·拉伦茨所说："《德国民法典》中使用的'人'，是一个形式上的概念……这个形式上的'人'的内涵，没有它的基础——伦理学上的'人'那样丰富。在伦理学上的'人'所具有的所有特征中，它只有唯一的一个：权利能力。"①

可见，信用主体不过是抽象的契约关系的承担者。人之为人已经脱离了具体、现实的社会历史情境，人与人的关系不是泰勒所主张的"对话"关系，而被抽象为法律所规定的权利—义务关系。在这种情况下，人被当做物而不是被当做人来看待，成为由一系列法权所规定的抽象物。法典的制定者"不知道农场主、手工业者和工厂主、企业主，而只知道完完全全的法律主体，只是'人'。而且，他视这种人为绝对自由的人。每个人仅就其自由决定负担的义务而负有义务"②。

---

① ［德］卡尔·拉伦茨：《德国民法通论》，王晓晔等译，57页，北京，法律出版社，2003。

② ［德］拉德布鲁赫：《法学导论》，米健、朱林译，66页，北京，中国大百科全书出版社，1997。

人的本质是社会关系的总和，社群主义也持有类似的观点。他们认为自我是由社群来建立其角色和社会身份的。这种身份标志不是个人的偶然属性，也不是人们借此来发现一个真实的自我而后剥夺的东西。相反，没有这样一种独特的身份关系的联结和规定，我就什么也不是。但在信用的框架里，所有这些关系全被抽象掉了，只剩下了一个孤零零的自我，毋宁说，剩下了一个能履行权利和义务的装置。

3. 作为抽象信用主体的理性人

与诚信不同，信用不以人格的可感受性为前提，恰恰相反，制度上的承诺是关键。人们的交往和联系不再是人情世故，而是利益的博弈。信用当然也包括人格的信任，这在任何情况下都是信任的基础，但这种信任不是出自主体的真诚，而是由于履行了一定的法律程序，表明他是值得信任的。订立的契约之所以有效力，不在于订立契约的双方是守信的好人，而在于这个契约是按合同法的程序和实质上的规定订立的；承担法律责任也不必考虑交易一方的人格品行，而是根据其拥有的财产状况、支付能力对外承担法律责任。由此，信用发生的依据不是人的真情实意，而是人的获利预期。

总之，信用主体被排除了非理性的因素，成为一个“强而智”的人，即能够对自己的行为充分认识，能够对利弊进行权衡，能够选择对自己最有利的方式来为人处世。正如韦伯所刻画的：“以严密计算为基础的合理化，小心而又有远见地追求经济成功”①。这种人“不再是小手工业者或工厂工人的人类形象，而是富有的企业家、农场主或政府官员的人类形象；换言之，就是这样一种人，即人们能够指望他们具有足够的业务能力和判断能力，在以契约自由、营业自由和竞争自由的基础上成立的市民团体中理智地活动并避免损失”②。

人的多样性、情感、意志与利益的多元化就这样被微缩和简化，人的丰富个性被抽离和夷平，人作为一种平均类型的概念得以保留，

---

① ［德］马克斯·韦伯：《新教伦理与资本主义精神》，彭强等译，50页，西安，陕西师范大学出版社，2002。

② ［德］K. 茨威格特等：《比较法总论》，潘汉典译，267页，贵阳，贵州人民出版社，1992。

沦为比利时统计学家奎特莱所言的“平均人”。正如拉德布鲁赫所揶揄的：“签约者双方平等地在法律生活中扮演多重的角色，就像人站在自己的镜像前，他千百次重复相同的行为，总有一个跟他一模一样的人立在对面，宛若挥之不去的幽灵。”①

综上所述，信用是以抽象的人为逻辑起点的，它的立足点就只能是局部的而非人的全面本质。与此相反，诚信之所以有超越于信用的价值内涵，就在于它以现实的人为逻辑起点。“现实的人”就是在社会关系中从事实践活动的人。因为现实的个人是实践的人，即活动着的对象化的人。只有它才能超越自在生命，突破了个体局限，与他人、他物融合为一体，获得了无限的性质，从而容纳人与自然的内在统一关系。因为现实的个人是社会的人，即充当各种社会身份和角色的人，所以才能既摆脱市民社会的外在必然性限制的力量，又能在文化共同体里，达到自我实现的完满境界。因为现实的个人是具有复杂的个性的人，既是自然的存在又是精神的存在；既是理性的存在又是非理性的存在，所以才能实现富有创造性的、充满激情和有着坚强意志的自由个性。只有这样，才能“唯天下至诚，为能尽其性；能尽其性，则能尽人之性；能尽人之性，则能尽物之性；能尽物之性，则可以赞天地之化育；可以赞天地之化育，则可以与天地参矣”（《中庸》）。

二、外在利益与内在价值

在亚里士多德哲学中，人类活动被划分为理论、实践和创制三种基本方式。与之相匹配的品质和行为的能力是理论智慧、实践智慧和技艺。实践智慧既不同于理论智慧亦不同于技艺。与理论智慧不同，它不考虑那些不变的东西；与技艺的目的是要制造某种事物对自己有益不同，实践智慧的目的却不是要制造别的事物，而是它自身。承袭亚里士多德的思想，麦金太尔也认为，要阐明德性，首先要阐明实践，而实践包含两层不可或缺的含义：第一，实践必须是一种社会性的、复杂的人类协作性活动形式，不是发生在人与自然间的维持物质生命的生产活动，由此，实践和创制的区别在于实践是一种德行的实现活动，而创制在于依据自然的原理去制作。第

① ［德］拉德布鲁赫：《法学导论》，米健、朱林译，487页，北京，中国大百科全书出版社，1997。

二，如果在以这种方式进行活动的同时也是在追求这种活动方式本身的卓越，那么，人们就会获得这种活动方式的内在利益，它自身就是目的。而创制则是以外在的事物为目的，对它来讲，结果是高于活动的。所谓“外在利益”是指在一定的社会条件下，人们通过任何一种形式的实践可获得的权势、地位或金钱。它对于实践活动的关系是外在的和偶然的，可以通过多种方式得到它们。所谓“内在利益”是指只能通过某种实践活动获得的，并且是这种实践活动内在具有的利益。

信用是经济活动的内在要求，谋求的是外在的利益。信用可以说是在经济交往中获得自身最大利益的一种谋略，因为信用是一种无形资产。无形资产主要指专有技术、专利权、商誉、商标权、版权、场地使用权和其他特许权等工业产权、知识产权。其中商誉即信用，没有它，就没有顺畅的交换关系，利益也就无法实现。有信誉的人更好做生意，更利于贷款，就是这个道理；因此说信用是一种可再生资源。没有信用，经济主体的发展就没有持续性和拓展性，就会失去长远利益甚至根本利益。我们看到，在成熟的市场经济国家里，无论经济主体是个人还是组织，都建立有资信档案，这些资信档案在社会生活中被广泛使用。在招聘、招标时，要通过资信档案分析其信用资质；在金融机构向企业贷款时要考察企业法人的信用记录；在消费时，要根据消费信用的评分，决定消费贷款的相应数额；在注册公司时，工商部门会审查申请人的诚信档案，不允许有严重违约记录的企业原法人和主要责任经理注册新企业，如此等等。总之，有信用就是为了得利益。换句话说，信用本身就是商业交易中节约成本、追求利益的结果。“当社会上普遍流行欺诈行为时，信誉成了稀缺的东西，根据经济学的一般规律，越是稀缺的东西越值钱；所以讲究商业信誉的商号此时反而能赚更多的钱。因为消费者害怕上当受骗，宁可价钱高一点，也要找信用可靠的商号打交道，长此以往，商业的信誉就能代替欺骗行为。”①

显然，如果信用主要指向外在利益的实现，那么，就人的发展而言，它就是有局限的。因为，外在利益和内在利益是内在统一于实践活动之中的。它们都不具备独立的形态，而是内在于人类实践

① 茅于轼：《中国人的道德前景》，131～132页，广州，暨南大学出版社，1997。

活动的必不可少的两个方面。外在利益的评价，即对事物的功利评价是基础层次的评价；而内在利益的评价，即道德评价是较高层次的评价，这是因为人与物的单向效用关系要靠社会必然性的扬弃才是合理的，而内在利益就根源于人自身发展的合目的性，是从人的本质中直接引申出来的价值，其本身就是一种目的性价值。另外，外在利益是通过特定的客体对主体需要的效用得以完成的，因而，客体的物质效用成为外在利益的核心，外在利益的生成和实现取决于活动结果是否创造了满足人的物质需要的现实物，因此，对其评价具有外在于人的特性和侧重于结果的特性。内在利益是通过人们的交往实践而生成的，人的行为是道德价值的载体，因而道德价值不是对客体效用的确证，而是对主体获得这种效用的方式的确证。同时，道德价值直接根源于人的本质存在，是从人的本质中直接引申出来的生活态度和行动方式，所以，其评价具有内在于人的特性和侧重于过程的特性。

由此，诚信不但应有外在利益的向度，更应指向内在利益的实现。“内在利益”是指只能通过某种实践活动获得的，并且是这种实践活动内在具有的利益。不过人们一般用诸如幸福等积极心理感受来加以说明，这当然不够，因为情感体验只是一种伴随性的心理活动。我们以为，所谓内在利益不过是在人类的历史发展过程中，人的存在和发展的本质需要和满足条件的认定，是人之所以为人的基本条件。由此，创造性、共生性和自主性便成为人类实践的最重要的内在利益。创造性是人类实践的内在利益，因为创造就是人的本质规定，人的实践与动物的求生活动的一个根本区别，就在于它的创造性。只有在创造中才能体会人的超越境界。共生性作为人类实践的内在利益，则是因为人在本性上是关系的存在，只有在和谐共生的关系中，才能安身立命。按亚里士多德的看法，不仅人，而且许多动物和植物的本性，都是倾向于“共同生存”的，但因为人类有语言和理性，人类就可以形成思想上的共识，进而结成政治上的共同体——“城邦”，从而不断克服自身的孤立无助、狭隘封闭状态，真正地实现以“类”的意义而非“物种”意义上的人类力量，去消解人与自然、社会的紧张关系。自主作为人类实践的内在利益，是因为它带来人的尊严；自主作为有理性的存在物所特有的东西，标志着人的尊严。康德认为，人正是通过意志自治而体现了人作为自由理性存在的本质，获得了有理性存在的尊严。这种尊严是无价的，是无法与之进行等价交换的，违背了人的善良意志，也就意味着夺走了他作为一个人的尊严。①

《中庸》说："诚者，天之道也；诚之者，人之道也。"即强调人与天的本质是一致的，顺天而行，就是率性而为，使天然的德性化为自然的行为，没有丝毫的勉强和做作，这就叫做"真实无妄"。由此，诚信之"信"并非为了获得持久的、更大利益的工具，它是做人的自然流露，"诚信"之"信"从人从言，本指人所说的话、许下的诺言和誓言，其核心内容是真实无妄，即对某种信念、原则和语言出自内心的忠诚，信用之"信"却是以"用"为目的，这种"信"是对各自所签订的协议而言，实际是对人性恶的一种制度性抑制，这当然与诚信处在不同的层次。正因为如此，信用无法充分保证实现这些实践的内在利益，只有诚信才指向它们，所以才能成为社会伦理秩序的更合理的价值支点。

三、工具理性与实践智慧

理性的内涵和外延都过于繁杂，因此，很难给"理性"下个确切的定义。韦伯曾以理性为切入点，对现代社会的结构和变迁做过经典的分析，并在 16 种不同含义上使用过"理性"，但他最终也未给"理性"一个明确的界定。理性是什么——的确是一个众说纷纭的问题。不过，在众多定义中，我们较认可的理性定义是"一种该当如此的合理状态，以及认识和达到这种状态的能力"②。这个定义对其他的"理性"定义具有较大的包容性，并在抽象的层次上高于罗尔斯等人对理性与合理性做过的辨异。这样，如果我们在人类实践活动的基础上来说明何谓"合理状态"，就可揭示"理性"的本质特征。我们以为，这个"合理状态"就是所谓的"度"，它不只存在于客体，也不只存在于主体，而是存在于人们通过实践所构建的各种关系中。当这些关系中的主客体处于彼此适合的状态，并因此最有利于人的生存、发展和完善时，就是所谓的"合理状态"即

---

① 参见［德］康德：《道德形而上学原理》，苗力田译，87 页，上海，上海人民出版社，1986。

② 张德胜等：《论中庸理性：工具理性、价值理性和沟通理性之外》，载《社会学研究》，2001（2）。

“度”，理性就是对这个“度”的主观表达和实现。

问题是这个合理状态“善”，是客观存在的还是主观约定的？在古代哲学中有着肯定的答案。中国传统文化中的“天”、“道”、“理”、“心”等，就是客观存在的善。宋明时期的思想家，就把道德修养当做对本体理的认同，强调正气质之偏，革人欲之私，使人固有的至善品性达到完善。故张载主张“变化气质”，程朱则以《大学》为本，主张通过“格物致知”来“穷理尽性”，陆王则提倡“先立乎其大者”的“简易工夫”，主张“自存本心”、“致良知”，重在向内用功夫。古希腊哲学家柏拉图也将世界划分为现实世界与理念世界，并认为现实世界是理念世界的影子，前者变动不居，而后者才是永恒不变的，所以认识的目的是要通过现象达到事物的理念。所以，理性的行为就是由理性的知识告知其目的、并在理性指导下努力实现这一目的的行为。不过，如果我们前面的分析是合理的话，那么，在信用的框架里，就不存在这样的客观合理状态，善是必然、是主观约定的结果。用自由主义的命题来说，就是善不是优先于权利，而是权利优先于善。它强调每个人都可以从自己的立场出发，选择或创造自己喜欢的价值或生活方式，可以在不同的团体和文化中间选择自我完善的不同方式。只要是法律所允许的，任何个人或集团都无权干涉。在这里，目的是由行为者自己主观设定的，理性的功能就是实现主观目的的工具。简言之，理性的作用在于发现事物的逻辑关系，确定事实的真假，寻求众人的合意。而在“善”问题上，理性必须保持沉默。如果某种手段或工具能够合法、有效地达到自己的预期目的，就是合乎理性的。由此可见，信用内含的是工具理性，这种实践理性观仅仅将理性视为可以达到自己目的的更有效的手段。

因此，信用的确立就要排除在道德领域中纠缠不清的诸多价值因素，因为信用更强调契约双方或多方的共识性和外在行为的客观性。信用主体只有出于权衡的明智与选择的理性，力求客观真实而淡化主观的道德善意，才能达致和实现契约。所以，信用的实现来源于一种形式化认知的技能。如供求分析方法就是从市场的供给与需求的角度去认识和处理问题的理性态度。企业要在市场中取得成功，首先就必须确立供求意识，根据供求关系来确定和调节自己的生产与经营。同样，作为消费者，也应该根据市场的供给状况来确定自己的消费选择，以求得最佳的消费效用。成本收益分析方法也是最基本的市场理性方法之一。马克斯·韦伯认为，现代资本主义市场经济的一个基本的理性特征和方法就是资本核算。市场经济不同于自给自足的自然经济，它是用于交换的经济，受市场价值规律制约，只有当产品的投入成本不高于市场价格时，才是有利可图的，才是合理的市场行为。因此，任何主体在选择和确定市场行为时，都必须进行成本收益计算，这是保障人们市场行为成功的最基本方法之一。总之，要讲信用，就不能有过多的儿女私情，在此认知过程中，要做到感情中性和价值中立，将思维对象客观化或数量化，依据客观化或数学化的程序去加工和处理思维对象；也只有能够被客观化的关系与内容才能作为认知加工的对象，而诸多情感性关系因其具有主观随意的性质被排除在外。程序在这里成为最重要的环节和可靠途径。没有合理的程序，就没有有效的契约，就没有合理的结果，程序在众口难调的状况下可以保证和实现理性，因为程序的结构主要是按照职业主义的原理形成的，专业训练和经验积累使角色担当者的行为更合理化、规范化，而程序的公开性和自由对话的条件和氛围，保证了可以通过正当的程序实现结果的正当性。所以我们看到，对信用水平的确认，常常有赖于程序是否被严格遵守。最后，效率是衡量的主要标准。罗尔斯的立约者就是采取三个理性原则行事的，即用最有效的手段达到目的的原则、能达成更多目的的包容性原则和最有可能达到目的的或然率较高原则。显见，效率而非其他因素成为是否合理的标准。

按韦伯的说法，现代社会是工具理性统治的社会，信用因此成为现代社会秩序建构的制度保障。但工具理性的统治，把现代人的公共生活笼罩在工具主义和实用主义的魔力之下，它要求人们排除那些不合理的、难以预测的感情，强调通过“规则”来调节人们的实际利益，不但不关心人生终极价值和意义问题，而且还坚持社会没有权力为个人规定生命价值和世界意义的理解，否则，就将被认为既是对个人自由的威胁，又是对社会公正的损害。可见，现实的生活世界和真实的人生前景无法通过工具理性来规划和实现。它需要实践的生活智慧，而这是内在于诚信的要求。

道德是人类把握世界的一种特殊的方式，因而，它首先便表现为知识形态，是对客观世界的应然存在所作的价值判断体系。这就需要人们积极探索客观世界的实然存在中所蕴涵的必然关系，从而在必然中去把握应然。但是，道德又并非单纯的知识，或者说，它不仅仅是一种精神意识，不能在意识领域内实现它对客观世界的价值。应然不等于自然，它需要主体通过实践活动去实现自己的价值判断，并且这种价值判断本身就是人们在生活实践中对客观对象的感受的反映。因而，道德又总是具体表现为人们行为的道德选择、道德评价、道德修养、道德教育等实际活动。可见，道德需要的不只是客观的知识，不只是工具理性，更重要的是实践的智慧。诚信无疑就是这样的实践智慧。亚里士多德在《尼各马科伦理学》第六卷第五章中，对实践智慧进行了详尽的讨论。所谓实践智慧或明智"就是善于考虑对自身的善以及有益之事，不是对于部分的有益，如对于健康、对于强壮有益，而是对于整个生活有益"①，而要做到这一点，关键是要把握"度"，一种中庸之道，即在各种情况下，能够在过与不及之间恰如其分地行动。显然，在中国传统文化的视阈里，中庸恰恰与诚是一体两面的。《中庸》全篇就贯穿以诚执中的方法。《中庸》首章说："中也者，天下之大本也；和也者，天下之达道也。致中和，天地位焉，万物育焉。"朱熹在注解中认为中庸与中和意义相通，书中三十一章说："唯天下至诚……立天下之大本"，由此可见，至诚才能求得中庸之道。在另一本儒学经典《大学》中，提出过道德的实践操作程序。它开宗明义地说："大学之道，在明明德，在亲民，在止于至善。……古之欲明明德于天下者，先治其国；欲治其国者，先齐其家；欲齐其家者，先修其身；欲修其身者，先正其心；欲正其心者，先诚其意；欲诚其意者，先致其知；致知在格物。物格而后知至，知至而后意诚，意诚而后心正，心正而后身修，身修而后家齐，家齐而后国治，国治而后天下平。自天子以至于庶人，壹是皆以修身为本。"按照八条目的顺序，应当以"格物"为其他条目的起点。但为什么强调"修身"为本？这是因为儒家以道德为安身立命、治国安邦和经世济民的根本，它所讲的实践实际上就是道德实践。格物致知本来属于认识活动，是主体对对象世界的认识，但儒家并没有在纯粹认识论的意义上理解格物致知，而把它规

---

① ［古希腊］亚里士多德：《尼各马科伦理学》，苗力田译，120页，北京，中国社会科学出版社，1990。

定为道德活动。因此，朱熹说格物致知就是“穷理尽性”，认识对象世界并非为了获得关于客体的知识，而是为了觉证主体自身的本性；王守仁则更加明确地指出，所谓“致知”就是“致良知”，即把主体自身固有的良知发露出来，以主体的道德意识去规定客观对象，使事事物物皆得其理。

总之，诚信说体现的实践智慧不是建立在主客两分的二元论基础上的，对外在于主体的对象的认识和把握。相反，作为一种道德思维，价值认识是有明确的主体尺度和自我意识的认识，是从价值主体出发的认识，是“内我思维”。先秦时期，孟子曾和告子辩论过仁义的内外问题。告子认为，人生而甘食悦色，故仁乃内心所固有，但事物的合宜性，或曰评价事物的标准在事物自身，而不是依据于主体之心。如“彼长而我长之，非有长于我也；犹彼白而我白之，从其白于外也，故谓之外也”（《孟子·告子上》）。因客体之长、之白，主体才能做出长与白的判断，评价的依据在客体不在主体，所以说“义外”。孟子不同意这种观点，他反驳说：“异于白马之白也，无以异于白人之白也；不识长马之长也，无以异于长人之长与？且谓长者义乎？长之者义乎？”（同上）白马、白人，因其自身为白才能断定为白；长马、长人，也因其自身为长才能称其为长，则判断白与长的依据确乎其在客体。但是，称马白、人白不异，而称马长、人长不同，这就是所谓“义”。义不在客体之长，而在主体“长之之心”，即敬其长，所以义在内而不在外。实际上，孟子已觉察到称人之白与称人之长属于两种不同类型的判断，说人白不白属于事实判断，只能以客体自身的存在为依据，与主体的意志无关；而称人之长则包含着道德价值判断，不仅仅是对一个经验事实的陈述。人之长固然也是一个经验事实，但是，我们称之为长的时候，即内含着对主体自身的行为要求，表达主体对客体的某种态度。故称其为长不属于义，而“长之者”即主体敬其为长才是义，孟子由此得出结论：义在内不在外，是人所固有的本质属性。可见，实践智慧不会用一种中立的、理性的、冷冰冰的眼光来打量对象，而是在情感中去体悟和拥抱对象，它不希冀获得客观中立的知识，它更希望获得与主体的需要相联系的价值事实。实践智慧也不存在于一个不同于生活空间的程序空间里，它的伦理道德不仅是现实人伦日用生活的概括与总结，而且必须落实到人伦日用之中。道德的完善不在于对现实生活的超越，而在于促使现实生活的完善；不需要建构一条人造的程序渠道，把奔腾的生活之流引导到自己的空间里。它的运用空间与生活的空间是重叠合一的，所以在生活智慧的词典里，既没有程序本位的观念，也没有成体系的程序法规，更没有在程序保障下的道德活动。它遵循的是生活的逻辑而非人工的逻辑。实践智慧就是一种“度”，即表征人们通过实践所构建的最有利于人的生存、发展和完善的一种“合理状态”，又指涉达致这种状态的能力。这是信用所无法容纳的内容，它存在于诚信之中。

在以上简略的比较中，我们可以了解到信用的道德限度，这样，就能合理地确定信用制度起作用的性质、范围和程度，认识到它的必要性和局限性，从而摆正它在社会诚信建设中的地位。

第三节　诚信与人格

“诚信”是一种人生态度，也是一种做人的境界。作为一种人生态度，“诚信”要求真正地去做一个人，即要勇敢地自由选择，要辩证地看待人生，要开放地展望未来，这是一种符合人的存在本性的真实的人生态度。诚信更是一种做人的境界，因为人是一个既可以为善也可以为恶的可能性的存在。我们当然不能说一个真诚地选择了作恶的人，是一个诚实的人，因此，在真正地去做一个人的同时，“诚信”还要求去做一个真正的人，即做一个尽了道德天职的圣人，尽了道德本分的君子和尽了道德责任的豪杰。

一、诚信与人的发展

人类社会的发展史也就是人的潜在而丰富的本性逐渐得以展现的历史。在一定的历史条件下，人的本性的某一方面可能得以凸显，其他方面则以潜在的形态存在着，换句话说，只要社会不具备展现人的全面本质的条件，“诚信”的要求就只能是对人的某一方面本性的自觉表达。所以“诚信”的内容不是抽象的、固定不变的，它体现了人的内在本性在历史中展开的辩证法。在人的发展的早期，人们微小的力量尚不足以对抗恶劣的大自然，人的生存更多地依赖于自然的恩赐；同时，人又只能把个体生命凝结成社群生命以扩大力量，从而获得生活和生产资料。这就必然使得个人完全附属于他所生活的群体，决定了个人对共同体的从属性和工具性，个人往往采取自我牺牲的形式来实现人的自我发展。由于个体没有独立性，只能以特定的身份和特殊的职能与共同体发生特定的社会关系，这种依赖于血缘和职能而不是依赖于个体的需要而发生的社会关系，使得人的活动只能以身份为依据，而不取决于自己的意志。总之，在这个时期里，人的生存依赖于自然，人的价值集中于群体，人的活动取决于身份，从而使得这一阶段的“诚信”具有特定的历史内涵：

第一，“诚信”的要求主要是去做一个真正的人，而不是真正地去做一个人。因为这个阶段独立自主的个体并不存在，还不能自由选择去做一个什么样的人。胡适的一段话说得精彩：“细看《祭父》和《孝经》的学说，简直可算得不承认个人的存在。我并不是我，不过是我的父母的儿子。故说：‘身也者，父母之遗体也，’又说‘身体发肤，受之父母’。我的身并不是我的，只是父母的遗体，故居处不庄，事君不忠，战阵无勇，都只是对不住父母，都只是不孝。”① 可见，这时的个体既没有避免限制的自由，也没有自主选择的自由，更没有创造的自由，他只能顺从地去做一个被规定好了的“真人”。

第二，这个阶段“诚信”所要求的真正的人，还只是尽道德本分的人，而不是一个全面的人。一方面，这个阶段的人和自然的关系还是处在原始的混同状态。人对人的依赖很大程度上还是对血缘和地缘等自然因素的依赖，人的自然经济生产方式也主要是靠天吃饭。中国传统文化讲究天人合一，讲民胞物与，这些思想观念大多源于此，但作为社会现实道德要求的道德天职仍未有提出的必要。另一方面，个体自主性的缺乏，也使得作为道德责任的“诚信”不能成为社会的主要道德要求。显见，对道德天职的“诚信”缺乏自觉，对道德本分的“诚信”的过分强调和对作为道德责任的“诚信”的压抑，容易导致虚伪人格的产生。这使得本来强调做一个真正的人的社会却以虚伪人格的流行来收场。

第三，由于只强调做一个真正的人，而漠视真正地去做一个人，这个真正的人将不可避免地脱离人的现实追求，成为高悬在人们头上的神，又在人的依赖关系阶段，人的本质体现在对自然关系的依赖上和外在于个体的群体那里，它也会以人格化的实体出现，成为

① 胡适：《中国哲学史大纲》，113～114 页，北京，东方出版社，1996。

人们忠诚的对象。比如在基督教里，“诚信”的对象便是上帝。《旧约》十诫第一条便规定，人的忠诚只能献给上帝：“除了我以外，你不可有别的神。”《新约》则重申，在一切诫命之中“第一要紧的，就是说：‘以色列啊！你要听：主我们的神，是独一的主。你要尽心、尽意、尽力爱主你的神。’”在中国传统社会则把诚指向了某种神秘的天命，它在现实社会的代表便是作为统治者的天子。总之，本来作为人生态度的“诚信”异化为对外在于人的实体的“诚信”。

人类社会发展到商品经济时代，形成了“以物的依赖性为基础的人的独立性”的社会形态。商品经济一方面把对人身的依赖转变为对物的依赖，从而打破自然经济条件下的自然联系以及由此形成的人对人的依附性；另一方面，作为人的劳动创造物的“物”的交换，形成了人们全面的社会联系和社会活动，促进了个性的全面发展。由于人类不断摆脱了对“人的依赖关系”，通过对物的依赖，逐渐地扩展人本身的“独立性”，使得个人与共同体的关系发生了根本的变化，个人不但得以摆脱共同体的束缚，共同体也被视为满足个人目的和需要的工具。此时，人的活动不再取决于人的身份，自我选择、自我设计和自我实现是自主行动的逻辑。这一阶段的诚具有了与上一阶段截然不同的特点。

第一，这一阶段的诚强调真正地去做人，不强调去做一个真正的人。自主性的个体的确立，使得自我选择、自我设计、自我实现成为人生的主要价值追求，而做一个真正的人的标准却被相对化了，谁也说不清真正的人是什么。现代人相信，个人作为公民必须接受法律和公共道德的约束，不应该妨碍和损害他人的利益，但是，在私人生活领域，个人坚持何种道德信念，追求何种道德价值，完全属于他个人的私人事务，关于什么才是真正的人的问题，完全属于私人的信仰，一个人要成为怎样的人，才是真正的人，最后的根据和最高权威完全是他自身。由此，诚信在这里变成了忠于自己的感觉，变成个体崇拜。

第二，由于真正的人的标准消失了，真正地去做变成了自由地去做，毫无顾忌地去做，随着征服自然及一切异己的能力的提高，人类逐渐忘记了自己天人一体性的本质，人和自然的原始一体关系被人与自然的对立关系取代。那种尚在朦胧状态的天人一体的道德天职也被彻底删除了。同时，人和人的关系被归结为冷冰冰的物的利益关系，原子式的个人通过理性的协议提供了社会的所有正当性来源，以物为对象建立起来的数理的、经济的、技术的手段，成为把握世间万物价值的尺度，而把无法计算的一切均作为忽略不计的东西予以舍弃。道德本分的要求在其中已很难有生存的空间。

第三，与诚信被绝对化为外在的人格实体不同，诚信在这一阶段被相对化了，因此，由客观的信来取代主观性的诚作为社会存续的纽带，就是必然的了。所以诚信的制度化建设才被提倡到无以复加的地步。诚信被当做在道德领域中纠缠不清的主观价值因素被排除，而确立社会关系中相对重要的、更具公共性的价值关系来予以保护才是正道。在这里，诚信的落脚点不会在理想的道德人格上，而是落在重叠共识上。本来在诚信和信用的关系上，“诚”更为根本，是“信”的前提。现代社会却反其道而行之，更强调道德标准的共识性和外在行为的客观性，超越了单纯的“诚”的意义，而偏重于“用”。公民社会的诸组织及其活动，只有产生了信用的结果，“诚信”才是有意义的。此时的“诚信”多出于权衡的明智与选择的理性，力求客观真实而淡化主观的道德善意，只有这样，才能在多元自主开放的公民社会里，建立起普遍的信任。也只有如此，诚信才能成为公民社会的基础与轴心。

按照马克思的看法，以个体为本位的社会形态，只是走向“自由人格”联合体这一更高形态的准备阶段。随着人的进一步发展，人和人、人和自然、人和自我都会走向本质统一的一体关系。人与自然的相互依存使得人与自然的关系有了崭新的性质。一方面，物以合乎人性的方式同人发生积极的肯定关系，成为人的本质力量的确证，向人发出感性的光辉；同时，人以物的方式同自然产物发生全面的肯定关系，为天地立心，让物焕发出它的所有潜能。人与自然建立了深刻的内在一体关系；人的存在价值也不再单独地指向个体或社会，社会不再以与人相对立的实体的形式出现，而是以个体的丰富个性为内容和基础的交往形式。一方面，个体不再通过牺牲自我价值的途径来成全社会价值，而是充分发挥人的潜能和本质力量，积极建立自己全面丰富的对象性和社会性关系。另一方面，也不把社会作为实现自我价值的工具，而是自觉地将其发展立足于符合和促进整个人类发展的指向上，人和社会建立了深刻的内在一体关系。与此同时，人的活动既不是被动地取决于人的身份，也非随心所欲、唯利是图，而是取决于人的能力的全面发挥。总之，在人类发展的这个阶段，人不但能像一个真正的人那样去行动，去选择，而且作为全面发展的人，能自觉履行道德天命、道德本分或道德责任，即能真正地去做一个真正的人。

二、诚信的三种人格典型

1. 天人合德的圣人

所谓天人合德其实就是对人的类本性的占有和实现，可以用中国传统中的圣人作为人格典范。类本性是指通过人的自觉自由的活动而创造的天人一体性。对人的类本性的追求和占有表现为一种道德天职。人的"类本性"表明人的个性化生命，只能存在于同自然万物的内在统一的一体性关系中，这种一体性关系不但构成人的有意识的活动的对象，还是人的自为活动所遵循的一个基本原则，即道德天命。

尽天命者为圣人。《中庸》中说："唯天下至诚，为能尽其性；能尽其性，则能尽人之性；能尽人之性，则能尽物之性；能尽物之性，则可以赞天地之化育；可以赞天地之化育，则可以与天地参矣。"可见，唯有天下最真诚的人才能充分发展自己的本性，能发展自己的本性然后才能发展出他人的本性，能发展出他人的本性才能发展出万物的本性。能发展出万物的本性，才可以算得上是赞助天地化育万物，只有这样，人才可以取得与天地并立为三的位置。总之，人的生存价值就在于通过把自己的生命融入宇宙的大生命，从而使自然从自发到自觉，使生命从有限进入无限。深层生态学的"自我实现"原则似乎可以做很好的注脚。深层生态学"自我实现"中的"自我"是形而上的"自我"，它是用大写的字母"S"构成的(Self)，通常称为"大我"，它与小写的自我（self），俗称"小我"，有本质的区别。奈斯认为，自我的成熟需要经历三个阶段：从本我到社会的自我；从社会的自我到形而上的自我。他用"生态自我"来表达这种形而上的自我，以表明这种自我必定是在与人类共同体、与大地共同体的关系中实现。自我实现的过程是人不断扩大自我认同对象范围的过程。随着自我认同范围的扩大与加深，我们与自然界其他存在的疏离感便会缩小，当我们达到"生态自我"的阶段，便能"在所有存在物中看到自我，并在自我中看到所有的存在物"。这里的"看"不是认识论意义上的认识或反映，而是与被"看"的存在物具有的某种价值关系。这个境界其实就是冯友兰所谓的天地境界，也就是圣人的境界。总之，万物的生长发育就是本体之真的现实性确证。圣人正是觉悟到这一点，至诚通天，从而把他人、把万物都视为自己的同类、同伴，都视为本体之真的现实呈露，故能打破物我界限，以其博大的胸怀，泛爱万物，溥博如天，渊泉如渊。圣人不只是深刻把握了人和自然之间的深刻的否定性联系，而且内在地包含着个人的追求与人类的追求的完美结合。

2. 人际和谐的君子

人际和谐不过是对人的社会本性的占有和实现，其人格典范是传统文化中的君子。通过他人获得自己的存在和发展，又为他人提供生存和发展的条件，这是人成为人的逻辑，这种“逻辑”又逻辑地包含着一种新型的主客体关系：人与人之间的主客体关系。在这里，关系的双方都是“有激情”、“凭思虑”活动着的人，所谓的客体，说到底也是主体，因而，毋宁说它是一种主体与主体之间的关系。这种关系使得人与自然的关系打上了社会文化的印记，使得人真正能超越于动物界之上，是人之为人的本质所在。对人的社会本性的追求和占有，表现为道德本分。道德本分作为一种道德要求，是以其在社会关系中的客观位置为根据的道德义务和责任。人在社会中拥有不同的身份，扮演不同的角色，这些身份标志不是个人的偶然属性，也不是包裹在真实自我外面的可以剥夺的东西，而是作为自我的构成性要素，规定着自我的特质，明确着自我的责任，这便是社会共同体中自我的圆满内容。每个人都是在不同社会位置的联结和规定中成为人的，要不然就什么都不是，因此，尽本分就是尽人性，即人的社会本性。

尽本分者为君子。守礼即信守规则是君子最首要、最基本的要求。但君子对规则的遵守不是消极和被动的，不再是出于习惯或害怕，而是出于主体自觉。这时的规则要求对个体成员来说，尽管其有外在性、实在性，但是，这种外在性是表层的，在深层次上，规则的价值追求正是人的本质要求，在社会化的过程中，它会向个体的心理结构不断渗透，成为君子的“活生生的肌肉”，其外在性、他律性将被消除。斯宾诺莎在谈到守法的他律与自律区别时，说了一段很精彩的话：“法律这一名词主要是用于一些人的权威加之于人的生活方式，所以守法的人可以说是受法律的管辖，使他们不得不从。实在说来，一个人因为怕上绞刑架对人无所侵犯，这不能说他是一个有正义感的人。但是有一个人因为知道为什么有法律的真正理由与必要，出自坚定的意志自觉自愿地对人不加以侵犯，这样才可以说是一个正直的人。我想，这就是保罗的意思，他说凡为一公正之人，因为公正普遍的定义是指尊重别人权利的一种恒常的意志。”① 可见，君子对规则呈现出认同性特征。认同不同于认识，如果说，认识还是发生在理性层面的活动，并不涉及感情或价值评价，或者态度上仅保持中立，那么，认同则不仅发生在理智认识层面，还深入到了情感、价值评价和态度的层面，不仅有对事物的认识，还要对应当如何的价值导向和态度做出决定，因而对规则的认同要在对规则的认识的基础上再升华一步，自觉地服膺这种他律性的约束，也就是在思想感情行动上主动地接受规则的规范。对规则的认同，意味着已不把规则看做外在的强制的东西，而是视为生活的一部分，普遍地将规则的要求内化为自己行动的评价，也就是说，人们通过认同规则而把法当做自己的内在生活方式与生存样式了。按孔子的说法是“克己复礼”，他的具体解释是“非礼勿视，非礼勿听，非礼勿言，非礼勿动”（《论语·颜渊》），认为视、听、言、动均能依礼而行，即能达于仁，成为道德高尚的君子。

除了信守规则外，君子还以仁为己任。君子的追求绝不仅仅是独善其身，而应兼善天下。仁为君子最根本的品德，它的实质即是爱人，而不是爱己。所谓爱人，即“己欲立而立人，己欲达而达人”，“己所不欲，勿施于人”。君子的理想、君子人格的道德价值，就是要把仁德推广于天下，济世安民。这是儒家经世济民的思想的典型反映，它表明儒家的君子人格具有强烈的历史使命感。“士不可以不弘毅，任重而道远。仁以为己任，不亦重乎？死而后已，不亦远乎？”（《论语·泰伯》）在儒家看来，仁是人的价值的根本之所在，是人生的奋斗目标，它甚至高于个人生命的价值：“志士仁人，无求生以害仁，有杀身以成仁。”（《论语·卫灵公》）生命之所以有价值，就在于它能体现、实现仁，为了实现仁而牺牲自己的生命，正体现了生命价值的光辉。

3. 人格独立的豪杰

人格独立不过是对人的自主性的占有和实现，其人格典范是豪

① ［荷兰］斯宾诺莎：《神学政治论》，见《西方法律思想史资料选编》，172页，北京，北京大学出版社，1983。

杰。人们创造自己的社会生活的过程，同时还是人的意识和自我意识的产生过程。如果我们把一般意识看做是“在人脑中改造过的物质”，即人脑对物质的反映，那么人与物的主客体关系的发生是以意识的产生为前提的；如果我们把自我意识看做是人对自身的身心结构以及他所处的社会地位的认识，那么，人与人之间的互为主客体关系，便是以自我意识的发生为前提的。而既然自我意识是人对自身的认识和反映，归根到底无非是在认识自己的生活环境过程中对自身的生理状况、心理状况、社会地位等的把握，那么这种把握的过程也就是个人形成自己的人生态度、生活信念、人格理想的过程。人因此有了自我实现的需要，在这种需要的推动下，人将自身二重化为主客体关系。“观念的我”是主体，“肉体组织的我”以及它承担的活动是客体。“观念的我”指导着、规范着“肉体组织的我”的活动朝着人在自己的社会关系中确立的目标前进，兑现自己的人格承诺，达到自我实现。由此，人是自主性的存在。自主的个体不但能够修正和追求自己的生活目标，还能够超越、审视和批判社会现实，形成富有个性的自我。对个性的追求和占有，表现为道德责任。

尽责任者为豪杰。如果说道德本分强调人的道德选择的必然性，那么道德责任则强调道德选择的由己性；如果说道德本分强调的是人的境遇性，那么道德责任强调的是人的自由意志。真正说来，如果人不能意识到自己是自由的存在，没有在意识中确认自己所充当的角色，就很难承担起角色的责任。豪杰便是自信自主、勇于承担的人格典型。如果说君子人格是“温、良、恭、俭、让”的“文质彬彬”的人格范型，那么豪杰便表现出胆识超人、直道而行的气概。

君子守礼，豪杰之士崇义。其一，豪杰是完全自信的。豪杰之士有极强的自尊心和自信心，从不贬低、轻视自己，它与君子的谦逊形成鲜明的对照。孔子曾说：“若圣与仁，则吾岂敢?”（《论语·述而》）而孟子则宣称，“尧舜与人同耳”（《孟子·离娄下》）；“人皆可以为尧舜”（《孟子·告子下》），直以圣人相期许。豪杰自信有对人生理念的深刻把握，有对社会规律的清楚认识，有对自身责任的透彻了解，这样，豪杰听从的是自己“内心必然”的支配。言不必信，行不必果，惟义是从。“非其义也，非其道也，禄之以天下，弗顾也；系马千驷，弗视也。非其义也，非其道也，一介不以与人，

一介不以取诸人。”（《孟子·万章上》）

其二，豪杰是完全自由的。康德就认为，人只有一种天赋的权利，即与生俱来的自由，自由是独立于别人的强制意志，而且根据普遍的法则，它能与所有人的自由并存，它是每个人由于他的人性而具有的独一无二的、原生的、与生俱来的权利。人只服从于他给自己规定的法律——或者是给他单独规定的，或者是给他与别人共同规定的法律。[①] 因此，豪杰的人格“富贵不能淫，贫贱不能移，威武不能屈。此之谓大丈夫”（《孟子·滕文公下》）。豪杰有着一往无前的大无畏精神，不肤桡、不目逃，“自反而缩，虽千万人，吾往矣”（《孟子·公孙丑上》）。

其三，豪杰还是崇尚人格平等的。孔子说君子有三畏，其一即“畏大人”。豪杰则不然，“说大人，则藐之，勿视其巍巍然”。高堂华室、美食侍妾、酒乐田猎群仆这些“大人”引以自傲的东西，豪杰均不屑一顾，“在彼者，皆我所不为也，……吾何畏彼哉?”（《孟子·尽心下》）

最后，豪杰是敢于担当的。豪杰不相信任何救世主，敢于只身担道义，以救世救民作为自己义不容辞的历史使命。孟子说：“予，天民之先觉者也；予将以斯道觉斯民也。非予觉之，而谁也?”（《孟子·万章上》）又说：“五百年必有王者兴，其间必有名世者。……夫天，未欲平治天下也；如欲平治天下，当今之世，舍我其谁也?”（《孟子·公孙丑下》）“故天将降大任于是人也，必先苦其心志，劳其筋骨，饿其体肤，空乏其身，行拂乱其所为，所以动心忍性，曾益其所不能。”（《孟子·告子下》）

总之，豪杰人格是一种英雄气象。若君子注重内在的修养，那么豪杰则注重向外的济世利民，更强调人格的独立、尊严，更具有刚毅、浩大的品格。

真正地去做一个真正的人，是诚信的全部内涵，也应成为我国诚信道德和制度建设的根本目标和最终归宿。可以说，中国现代社会的历史发展既要求真正地去做一个人，也要求去做一个真正的人。社会主义市场经济体制的确立，意味着我国社会群体本位制度结构

① 参见［德］康德：《法的形而上学原理》，沈叔平译，26页，北京，商务印书馆，1991。

的解体。市场经济是人类走出以群体为本位的生存方式，进入以个体为本位的生存方式的历史形态，它创造着也要求着个人具有独立的人格。与此同时，在资本主义制度下被压抑的商品的为他性、目的性，在社会主义制度下有可能得以彰显，个体本位的价值观也会被真正的集体主义价值观取代。另外，全球化的进程突破了民族、地域的狭隘性，使人成为世界历史性的普遍联系的人，同时以生态保护为标志的人类活动也以试验或萌芽状态体现出“类本位”的形态。凡此种种，说明了尽管社会主义的现实运动面临各种各样的问题，遭遇了很多挫折，但她作为对资本主义制度的狭隘性的一种反动和对人类理想未来的探索，代表着历史发展的方向。尽管在现阶段还很难做到“诚信”的全面的要求，但人能真正自主地选择去做一个人，而且能够通过对道德天命、道德本分和道德责任的履行，去做一个真正的人，无疑只有在社会主义社会才有可能成为现实。

第三章 诚信的社会维度

从前面我们看到，“诚”、“信”二字在中国古语中皆可单独成词，但又有密切的联系。许慎的《说文解字》中，就把诚与信互训，诚即信，信即诚。在汉语中，诚为诚实、诚心、诚然，强调的是事物的本来面目；信也有诚实之义，包含信任、信用、信誉等义；信与言联系紧密，强调的是履行诺言。诚于中，必信于外。诚实是守信的基础和依据，不诚实，就谈不上守信；而守信则是诚实的外化、深化和扩大化，不守信，诚实也难以表现和证实。诚实和守信，相互联系、相互依赖、相互作用、相互转化，是一个统一的整体。诚信表述的是人们诚实无妄、信守诺言的美德。

诚与信尽管有很大的一致之处，从伦理学的角度而言，二者的区分依然明显。诚是指真实的内心态度和品质，是道德的、内在的，诚侧重个人的自修，重心在“我”。信是使人信任，不仅是指个人的诚实无欺，更主要的是信侧重于主客体关系，它是外在的，不一定是道德的，其重心不在自己，而在他人。因此，如果说诚的基本意思是诚实，它的含义主要是指对个人的德性亦即“里”的修炼；那么信的基本含义则是守信，它的含义则主要是指对个人和社会团体的关乎行为的“外”的约束，其基本作用在于调整人与其他人的关系。因此，诚信的道德主体性和社会规定性是相互统一的。诚信这一概念本身的两重性使得我们在分析完它的个人德性维度之后，有必要进一步分析它的社会维度，亦即从社会关系、社会规范、社会制度以及技术防范等角度讨论诚信问题产生的原因以及重建诚信的必要性和可能途径。

第一节　诚信的关系维度

诚信的关系维度是社会诚信的最基本的维度。信，从字形来看，合人与言，乃言而有信之义。言说是人类的交往方式之一，是发生在人与人之间的行为。因此，信是在与他人的交往过程中应该持有的品质。自言自语虽然也是一种言说方式，但它不涉及他人，与信无关。无论是信任、信用、信誉，都是发生在自己与他人之间的关系中。人每天都要说话，要对他人做出一定的承诺，而是否践履诺言，就是一个是否守信的问题。现在，诚信多被当做个人道德来提倡，但实际上，诚信这一规范更多是在人们交往所产生的关系中提出的伦理要求，它的产生、实施均要借助道德主体之间的关系。因此，诚信的关系维度是诚信之社会层面的首要表现。

一、诚信是关系的产物

从人类的历史发展过程看，诚信起源于人类共同生活的需要。既然人在社会中生存和生活必然与其他人产生关系，那么在不同的人之间如何相互对待，就成为一个不可避免的问题。其中核心的问题是如何处理利益关系的问题。这是诚信得以产生的历史必然性。与此紧密相关的问题是，在人与人的关系中，诚信如何可能？在这个问题的答案中最关键的一点在于人是有理性的存在。

1. 诚信与人际关系

诚信起源于人类在相互交往中产生的对各自利益的追求。王良教授认为，在诚信与利益之间，包含着合作与信任两个重要的环节。[①] 也就是说，从诚信的起源来看，存在着“利益—合作—信任—诚信”这样的逻辑过程。为什么人类为了追求利益而合作？因为人是社会的动物。社会状态对自然状态的取代改变了人的属性，使之不同于野兽。西塞罗认为，如果说野兽的“美德”是勇猛，则人类的美德是合作。通过理性和语言的纽带，人们相互接近、教导、学习、交往、讨论、判断，彼此联合起来。在这种背景下，“人类是为了人类而出生，为了人们之间能相互帮助，由此我们应该遵从自

① 参见王良主编：《社会诚信论》，16页，北京，中共中央党校出版社，2003。

然作为指导者，为公共利益服务，互相尽义务，给予和得到，或用技艺、或用劳动、或尽自己的能力使人们相互更紧密地联系起来”①。合作能够最大限度地提高生产效率，这是人类为追求自身利益而必须选择合作的理由。

然而，合作必须以人们相互间的信任为前提。离开信任，合作就无从产生。人们只有以充分的信心，预期对方能履行承诺，双方之间的合作才能进行。但是，信任本身具有不确定性。如果一切非常明确，也就无所谓信任或不信任了。因此，信任关系必然是一种有风险的关系。

信任中的风险主要来自于人们对未来的预测具有不确定性，行为的后果与行为的选择在时间上分离使得后果的发生具有不可控性。在这样的情况下，一方要另一方信守或一方要对另一方信任都不是容易的事情。这时，信任需要诚信来帮它消除风险。因此，诚信不仅是人们相互间建立和维系信任的前提，而且直接构成了信任的实质性内容。

综上所述，诚信道德是基于人们对利益的追求而产生的。人们基于自身的生存和发展而需要进行各种形式的合作，合作需要彼此信任，信任又以人们相互间的诚信为前提，这就是诚信道德得以产生的根源及基本链条。

显然，在这样的过程中，人的理性起着关键的作用。为什么动物界只是凭本能生活，而没有人类生活中的道德诚信问题？因为动物没有人类的理性思考能力。那么，在诚信中理性是如何起到调控作用的呢？与理性相对应的情感又有什么作用呢？社会学家刘易斯（Lewis）和威格特（Weigert）等人的观点很有启发。他们认为，理性和情感是人际信任中的两个重要因素，二者的不同组合可以形成不同类型的信任，其中认知性信任（cognitive trust，基于对他人的可信程度的理性考察而产生的信任）和情感性信任（emotional trust，基于强烈的情感联系而产生的信任）是最重要的两种，日常生活中的人际信任大都是这两者的组合。由此他们提出把信任理解为人际关系的产物。由人际关系中的理性算计和情感关联决定的人际态度是诚信的表现形态。

---

① ［古罗马］西塞罗：《论义务》，王焕生译，23页，北京，中国政法大学出版社，1999。

当然，人类如果只是通过理性计算来保障互相之间的诚信，这样的人类社会是没有情感可言的。因此，尽管随着社会结构的变化和社会流动性的增加，越来越多的社会关系都以认知性信任而非情感性信任为基础，但诚信的道德意蕴和情感价值也是人类社会存在的要求。所以，简·曼斯布里奇将信任区分为两类，一类是基于对他人可信度的估计，她认为这种完全基于计算的信任是不值得称道的；另一类则是利他性信任——即使经验告诉你他人可信度不高，你仍然愿意相信他们，哪怕自己上点小当。因此，信任包含着让他人受益的意愿。以自己的小损失为代价来换取人与人之间的相互信任和诚信关系，这恰恰是人际交往关系得以形成和稳定的重要因素。

2. 诚信与经济关系

由于诚信是在处理人与人之间的利益关系中产生的，因此，当经济在人类的生活中起作用时，经济生活领域的诚信问题成为冲击人们思维的首要问题。尤其是在市场经济条件下，诚信更成为经济活动必要的保障，同时也是最容易出现问题的环节。所以在我们的现实生活中，诚信危机会首先从经济生活领域呈现给人们。尽管它并不仅仅存在于经济生活领域，而是广泛地存在于社会生活各个领域的一种普遍经验事实。

一个显见的道理是，如果没有诚信，经济关系根本建立不起来。经济交往关系的核心原则是经济原则，亦即以尽量少的成本换取最大的收益，诚信则是经济原则得以实现的根本。试想，如果没有诚信做保障，人们为了防止受骗，必然花很大的人力和物力来进行防范，这不仅浪费了金钱，也会浪费时间，失去商机。可见，无论从成本的减少，还是收益的增加的角度看，不诚信都起到相反的作用。因此，诚信是经济关系发展的必然要求。

从人类历史上看，与市场经济的成熟相伴随的，是诚信状况的改观。从这一意义上讲，诚信是经济关系发育的结果。

在西欧工业革命接近尾声时，市场经济体制已相对完善和发达，与此相伴随，诚信状况有了很大的改观。恩格斯在《英国工人阶级状况》美国版、英国版和德国版的三个序言中认为："现代政治经济学的规律之一就是：资本主义生产愈发展，它就愈不能采用作为它早期阶段的特征的那些琐细的哄骗和欺诈手段……的确，这些狡猾手腕在大市场上已经不合算了，那里时间就是金钱，那里商业道德必然发展到一定的水平，其所以如此，并不是出于伦理的狂热，而纯粹是为了不白费时间和劳动。”①

从恩格斯的这段话可以看出：第一，诚信首先是经济规律，然后才衍生为伦理原则。第二，经营者从开始的哄骗和欺诈到自觉遵循诚信原则的转变，不是良心发现，而是由于市场机制的不断健全，企业要想获得自身长期的生存、发展、获利，而不得不发生的转变。第三，诚信绝不是外在于市场经济运行过程的人们良好的伦理愿望，而是内在于市场经济运行过程之中的客观因素，是确保市场经济运行的主体间的最佳关系方式。第四，诚信观念在全社会的普及可以减少经济领域或由经济领域引发的社会问题，维护社会的稳定发展。

诚信观在经济活动中得以确立，并在经济关系中得以强化。恩格斯在这里强调了诚信与经济关系互相作用的事实，阐释了诚信产生的基础，认为诚信不是道德家凭空的主观构想，而是有着客观的基础的，这就是现实的经济关系。

在中国市场经济发展的过程中，诚信问题成为阻碍经济发展的最大问题，这也说明诚信与经济共生同长的关系。在经济全球化的时代，伴随着全球信息化的发展以及随之而来的网络经济的兴起，诚信已成为扩大交往、走向世界的通行证；由诚信带来的利益和由不诚信导致的损害，将因经济全球化而成倍放大，这无疑增强了诚信的作用和意义。可见，诚信是市场经济的必然要求，是理顺市场经济关系的手段。这一点，已为越来越多的人认可并重视起来。

诚信原则在人际交往关系和经济关系中确定了其地位，同时也在向其他的领域扩展。比如，诚信原则又是一种法律原则，而且其在法律领域的内部适用范围也在逐步扩大，不仅适用于契约的订立、履行和解释，而且扩展到一切民事权利和民事义务中，成为民法的基本原则。诚信作为法律关系的一个基本原则，反映了人类社会生产和协作的基本要求，也是商品经济和市场经济的本质要求。

二、伦理关系与诚信问题

诚信既然是在人类交往过程中产生并发挥作用的，伦理关系的特征自然会对诚信的实现产生影响。因此，从历史中以及当今中国

---

① 《马克思恩格斯全集》，中文1版，第22卷，368页，北京，人民出版社，1965。

社会伦理关系的特征入手，有助于我们更清楚地认识诚信问题的产生及解决。

1. 中国传统社会的人伦诚信

中国传统的诚信是和熟人社会相适应的。传统中国社会是一个相对封闭、市场经济很不发达的熟人社会。对中国传统社会生活特征的描述，费孝通先生的“差序格局”概念得到了广泛的认同。在《乡土中国》一书中，费先生认为：“在差序格局中，社会关系是逐渐从一个一个人推出去的，是私人联系的增加，社会范围是一根根私人联系所构成的网络。”① 个人是这个网络的中心，与别人产生人际关系，就像石子投入水中形成的波纹一样，一圈圈推出去，随着波纹与中心的远近，形成各种亲疏不同的差序关系。在以血缘、地缘为基础的传统中国社会中，这种差序关系也以血缘、婚缘、地缘以及由此而演化出来的业缘为推演序列，从个人依次层层外推，从家庭成员、亲戚、朋友、邻里、同事和社会陌生人，构成了一个同心圆式的关系网络。伦理道德便发生在这种同心圆式的私人联系中，并随着私人联系的紧密程度发生变化，关系的亲疏远近决定了人们互相对待的原则。由此，对每个人来讲，就有了一个熟人社会和一个生人社会。人的大部分时间是生活在熟人社会中。中国传统社会是农业社会，经济上以自给自足的农耕为主，长期以蔑视的态度对待商业；政治上实行专制君主制，一般的社会成员的角色是家庭成员和臣民。这种经济和政治条件决定了中国传统的社会生活带有封闭性，每个人在大部分时间是以家庭成员的角色来履行自己的职责。在家庭之外，人们之间的交往范围相对狭窄，尤其是妇女的交往范围更狭窄。这种封闭性更强化了人与人之间的交往对于熟人社会的依赖。

熟人社会的关系结构决定了中国传统诚信的特点。在中国传统社会中，诚信主要表现为一种人伦信用关系，也就是说人们在进行交往时，主要凭借的是彼此之间人格的保证，以“君子协定”来使双方自觉地履行义务，其中所强调的是一种道德信任。这种诚信关系的特点是：

首先，诚信是熟人间的诚信，通常人们对陌生人不承担诚信的责任。正像韦伯所认为的，“中国人的信任是建立在亲戚关系或亲戚式的纯粹个人关系上面的，是一种凭借血缘共同体的家族优势和宗

---

① 费孝通：《乡土中国》，25页，上海，上海人民出版社，2006。

族纽带而得以形成和维持的特殊信任，因此对于那些身在这种血缘家族之外的其他人即‘外人’来说，中国人是普遍地不信任”。韦伯的这一论断后来被福山继续引申扩展。福山认为，传统中国的家族主义文化强调和重视家庭、亲戚及血亲关系，将信任家族以外的人看做是一种不可允许的错误。因此，中国人所相信的人就只是他自己家族的成员，对于外人极度不信任。人伦诚信局限于朋友、亲戚、邻里等较为熟悉的人之间，是一种基于血缘、亲缘、地缘基础上特殊的信用，很难在素不相识的人之间发生作用。

其次，诚信依据差序格局而有了内外、尊卑之分。这种内外、尊卑之分有其固有的狭隘性，表现在人际交往的各个方面，尤其表现在传统的商品交换关系中。其最突出的表现就是私与公、内与外的严重脱离，也就是说，家庭或者家族等社会组织内部伦理是与外部社会经济组织交往时所遵循的外部经济伦理截然相反的，即内部经济伦理坚持的是相互信任、真诚守信、合作互利的诚信原则；而在对外经营活动中，哄骗、欺诈、哄抬物价、以假乱真、以次充好等行为成为受内部成员称道的正当谋利行为。

最后，诚信的实现借重于人与人之间情感的好坏以及社会舆论的力量。人伦诚信重视的是人与人之间的“义”，强调人与人之间的关系建立在道德义务的基础上，人们应自觉履行。道德诚信的制约性手段只能是舆论，而社会结构的封闭性加强了舆论的力量，使得一种不诚信的行为很快得到道义上的谴责和利益上的报应：一方面会失面子，而没面子对中国人而言是很大的惩罚；另一方面会被排斥于原有的社会关系网之外，甚至被踢出正常利益分配的范围。但如果对于背信之人、背信之行的唯一惩罚手段只是社会舆论谴责，而没有任何的强制性约束机制做补充，就会造成诚信的实行缺乏硬性保障。

中国传统诚信观念建立在有特色的社会人际关系之上，在历史中起到了一定的作用。但正因为它与传统社会结构以及人际关系的状况紧密相连，因此当社会发生了转变，这样的诚信观由于失去其存在的客观基础而日益显露出弊端。比如，与经济以及人际交往的相对封闭性相适应的诚信对情感和舆论的借重，这在现代法制社会反而成了局限；再如，与差序格局相适应的诚信内外有别，这恰恰是加剧现代中国社会经济中出现不诚信现象的原因之一。可以说，传统诚信观是我们宝贵的思想资源，尤其在指导个人修养方面；但在社会维度上看传统诚信观，其弊端远远大于其优点。

2. 西方传统社会的契约诚信

西方社会的诚信基础与中国不同，这种不同集中体现在西方人与人之间的关系是建立在契约基础上，也可以说，西方传统的人与人之间的关系是一种典型的契约关系；或者说，契约就是关系的一种体现。

西方很早就产生了契约观念。世界上迄今为止所发现的最古老而保存最完整的大约在公元前 1762 年颁布的《汉谟拉比法典》，正文共有 282 个条款，其中直接规范契约关系的条款有 150 条，而且契约的精神也渗透到了古希腊公民社会生活中。直到今天，苏格拉底对公民利益与国家法律之间的关系以自己的行为所做出的回答仍被看做是契约社会的应然之则。在苏格拉底被判死刑之后，他的友人和弟子们不服雅典法庭的判决，安排好逃往国外的路，并派克里托进入狱中劝说苏格拉底。苏格拉底认为，作为雅典城邦的公民，几十年来在城邦的保护下成家立业，接受教育，过着安定的生活，这就说明自己承认了城邦的保护，同时也承认城邦的法律对自己的约束；既然对自己的审判是以城邦法律的名义做出的，自己必须接受法庭的裁判。出于这种信念，苏格拉底安详地饮下毒酒，把自己的死塑造成影响西方历史的有意义的事件。

苏格拉底在自己的死亡事件中所表现的公民对于国家的诚信，是建立在公民与国家契约的基础之上的。这一在契约基础之上做出的诚信选择为西方特色的诚信树立了楷模。在此之后，苏格拉底的徒孙亚里士多德奠定了契约关系的哲学基础——正义论。亚里士多德把正义分为两种，即分配正义和交换正义。分配正义属于社会分配原则的范畴，由国家的政治体制来决定；而交换正义则是人们之间进行交易的准则，其以保护每个公民的财产不受侵犯为目的。这一理念影响深远，古代罗马契约法，以及中世纪学者都从这一角度出发来推进契约观点，直至近代。现代契约又被注入了新的内涵。根据美国学者麦克尼尔在《新社会契约论》中的论述，契约是一种社会过程和关系，即契约不过是有关规划未来交换的过程的当事人之间的各种关系。当事人在这个过程中具有相对固定的关系和地位，而双方的权利和义务关系就由这种地位和实体法律规范同时确定。契约理论的这种转变充分说明了契约在现代西方的地位：它不仅是法律的基础，也是市场交易的手段，而且深入到社会的一般结构中去。它就是关系本身。

这种传统下产生的诚信，主要表现为一种契约诚信。契约诚信的特点是：

第一，契约诚信突破了血缘性和地缘性的限制，成为不同地区、不同国家之间政治、经济往来的重要纽带。契约是双方或多方协议认可并承诺遵守的行动规则，它规定了双方的权利和义务，以及未能履行义务时的惩罚措施。契约通过对风险的限定，减少了信任建立的不确定性及非理性，使信任的建立获得了普遍的基础和客观的标准，为信任提供了客观的保障。契约打破了血缘、地缘的限制，使得在任何个人、组织、国家之间建立广泛的信任成为可能，极大地扩大了信任的范围。

第二，契约诚信强调交往双方的互利。契约倡导平等的相互原则，是自由平等的主体之间的权利—义务关系。契约的签订本身就是一个合意合作的过程，牺牲一方的利益而成就另一方的利益，有违正义原则，哪怕是在弱小的个人和强大的国家之间，顾全双方利益的契约才是正义的契约，才能长久地起作用。因此，契约诚信必然强调双方的互利，把双方看成是平等的主体。

第三，契约诚信主要是借助法律权威起作用。这突出表现在西方历史中丰富而详尽的契约法律条文的制定。于是，当信用遭到破坏时，对责任者要实施惩罚和赔偿，并且这种惩罚是有法可依的。这较之人伦诚信的软性作用，更体现出国家管理的力量。

西方传统的契约诚信由于扩大了诚信主体的范围，把陌生人纳入到诚信的范围之内，因此较中国传统的人伦诚信更能适应现代社会的要求。其对法律力量的重视也是我们建立新时期的诚信所应该借鉴的；但西方传统的契约诚信有淡化人与人之间感情的趋向，有淡化道德意义的倾向，这是中国新时期诚信建设需要避免的。

3. 目前中国社会的伦理关系与诚信问题

与传统社会相比较，目前中国社会正处于从传统的熟人社会向现代以陌生人之间的交往为主的社会转型的过程之中。传统社会中熟人关系作为人们社会交往主要伦理关系的地位为现代社会陌生人之间的关系所代替。当前中国社会伦理关系这一特点催化了失信行为的发生，带来了很多诚信问题。

首先，产生这种变化的原因很多，最关键、最基本的原因在于经济体制的转换。传统的小农经济为市场经济所取代，而经济的变化带来了社会结构的变化，人们交往模式的变化，以及人们相互对待方式的变化。市场经济的发展丰富了人们的公共生活，扩大了人们的交往范围，所交往的人多为陌生人；改变了人们的交往方式，人与人的交往不再是面对面的，甚至人与人交往中匿名的行为增多。在这种情况下，人们之间很难再从传统的熟人关系中找到自己的道德责任，传统诚信的模式失灵在所难免。

其次，社会流动的增加也激化了人们之间关系的改变，增加了失信现象发生的可能性。社会流动的增多是当前社会的一个重要特征，人们的居地、职业都在发生着巨大的变化。这首先打破了传统血缘、地缘和业缘组成的关系网，迫使人们建立起新的关系。社会流动的加速，一方面使个人的独立性和自主性随之不断增强，人们不必再长期依附于某一个特定的地方，而是有所选择。关系网对个人的控制力也相应减弱。同时，这种流动的频繁性使我们与陌生人打交道的机会越来越多，与他人建立长久联系的机会却越来越少。于是出现了一种亲与信的分离现象，即有了亲也不一定必须信，建立信也不可能都要亲，“宰熟”现象即是表现。而对熟人也失去诚信，便加深了人们对诚信危机的感受程度。另一方面，加速的社会流动也减小了失信的成本，相应的也增加了失信现象发生的可能性。根据经济学博弈理论，在多次重复互动的小群体失信和不合作时成本较高，而当群体成员增加或一次性博弈过程中，失信和不合作的“搭便车者”的成本会大大降低。成本的降低，诱发了失信行为的发生。尤其是在缺乏强有力的监督和惩罚措施时，失信行为更容易发生。

最后，网络的出现大大改变了人们之间的交往方式，使人与人的交往实现了彻底的陌生化。传统意义的陌生人只是不熟悉，而网络时代的陌生人甚至是不是“人”都成问题，或许，在网络上你碰到的仅仅是个程序。这样的陌生人如果消失，对一般人而言，就是人间蒸发。这种情况也造成失信行为的增加。小到网恋中同性恋、老少恋的频频出现，大到网络交易中民事甚至刑事案件的增加，归根到底，是因为网络的交往方式为不守诚信的人提供了可能。

熟人社会向陌生人社会的转变，无疑增大了社会要求诚信的强度。这也从另一方面说明，诚信不仅是一个个人德性的问题，在现代社会更是一个社会各种机制综合起作用的问题。诚信要起到对人与人之间关系的调节作用，不仅要靠传统道德规范的手段，还要与法律规范、制度建设结合起来，并且采用高科技的手段。总之，在人们的社会关系和伦理关系客观存在的前提下，诚信问题的解决以及实现诚信的保障，不能仅依靠个人修养，更要重视社会层面的建设。

第二节　诚信的规范维度

与社会伦理关系事实上如何以及应当如何这一问题相伴随的，是如何调节社会伦理关系的问题。如果说，从关系的角度来分析，诚信侧重的是诚信的社会基础，那么从规范的角度来分析，诚信问题则侧重诚信在社会中的现实作用。

一、诚信规范的性质和类型

规范是人类社会生活中普遍存在的现象。就最一般意义说，规范就是一种标准、一种准则，这种标准或准则，既可以是人们约定俗成的，也可以是人们有意识制定的。最常碰见规范的地方，是法律生活领域和道德生活领域。[①] 从规范的形成来看，规范总是在社会关系中产生出来的对人们的某种客观要求，应对这些要求，人们形成了对某种客观处境的行为标准或是非善恶的标准。这些标准的形成得力于人们互相之间的协调与让步，并且内在地包含人们相互之间订立的契约。亦即人们相互之间认可了某种行为的规范，也就放弃了自己不按照规范行为的权利，换来的是其他成员对规范的遵守。当代美国社会学家詹姆斯·科尔曼在其著名的《社会理论的基础》一书中详细分析了规范的契约性质。他认为，规范存在的条件是社会认定对规范涉及的各种行动得以控制的权利，因而规范涉及的权利不是法定的权利，而是社会认定的权利。社会的认定使得规范成为契约的一种。

① 参见罗国杰：《伦理学》，178页，北京，人民出版社，1989。

当规范成为大家认定的统一标准时，规范也就脱离了制定者而具有控制权。首先，它行使标准的职能，使得除行为者之外的其他所有社会成员评价行为者的行为，这也就是科尔曼所说："根据社会共识，行动的控制权并非由行动的主体所拥有，行动者之外的其他人拥有行动的控制权。"① 其次，规范的权利由社会个体集中起来，以社会的或集体的理性来行使控制功能。科尔曼将其称为"新行动者"，"这个新行动者被定义为法人行动者，它是一个拥有权利的法人实体，其成员把权利授予它"②。这种权利的集中带来了两个直接结果：其一，既可以确立规范的权利有效性，又可以促使现存规范应用于社会行动之中；其二，既可以认定社会规范的结构建立，又可以构建共享的规范价值导向和公认的交往准则。在这一过程中，规范的权利效应显然是由社会关系中的社会成员根据某种"契约"授予的。

目前中国的社会关系是以陌生人间的关系为主要特征，因此，西方的契约诚信可以为我们的诚信建设提供借鉴。而规范本身具有的契约性质，决定了规范建设必然成为诚信建设的一个重要方面。而法律规范和道德规范作为最常见的规范形式，成为诚信的两种主要规范形式。

诚信首先是一种伦理道德规范，要求人们在交往活动中对于自己的责任和义务或承诺要认真恪守与履行。诚信规范的基本要求是履行义务，遵守规则，信息真实，严肃承诺，不搞欺诈。诚信作为道德规范，首先是从个体德性的角度来指导个人诚信的确立。诚信问题的出现和解决确实少不了个体德性这一角度，我们进行社会主义诚信建设也不能忽视个人诚信道德品性的培养。但另一方面，诚信作为道德规范，是以社会规范的形式约束并引导着人们的行为。诚信道德规范通常借助于社会舆论的力量，起到道德他律的作用。从这个角度讲，诚信道德规范有诚信的社会维度的意义。诚信道德规范的约束和导向作用必须同时并存，同时起作用。没有约束，导向就失去了自己的轨道，导而无方；没有导向，约束也就失去了指

---

① ［美］詹姆斯·科尔曼：《社会理论的基础》（上），邓方译，310页，北京，社会科学文献出版社，1999。

② 同上书，384页。

定的目标，约而无向。它一方面要通过“不能骗取钱财”等消极否定的形式约束人们的不诚信行为，另一方面更要以“守信是光荣的”等积极肯定的形式来引导人们走诚信的道路；如果单纯使用前者，一味加大舆论对失信行为的鞭挞力度，结果只能使人们畏惧于他人的口舌而在有机可乘时仍旧背弃诺言；如果单纯使用后者，一味表扬甚至拔高诚信的人和事并强求每个社会成员做到诚信，结果反倒使人们误解了诚信的作用和地位，把它看成是具有高尚道德境界的人才具有的品德。

道德规范发挥的是一种软性的规范作用，缺乏强制性。随着社会诚信所涉及问题领域的扩大以及所带来后果的严重性加大，诚信的约束力也必然被要求加强，诚信要成为强制性的法律规范。就法律来说，诚信是法律的基本原则，我国《民法通则》第一章第 4 条规定：“民事活动应当遵循自愿、公平、等价有偿、诚实信用的原则。”将诚实信用作为一条专门原则日益受到重视。在美国，有关诚信方面的法律达数十项，从这些法律的使用效果看，把事先契约和事后惩罚相结合，对不良诚信行为进行双向规避，是十分有效的。而在中国，诚实信用不仅适用民商法的范畴，而且已成为贯穿整个法律体系的基本原则。可见，无论是世界贸易组织法体系，还是其他国际通行惯例；无论是我国现行民商法体系，还是整个国家法律制度，诚实信用均为一种基本的法律规范和法律原则。诚信法律规范，其价值不仅仅在于敦促行为人承担道德责任和约束行为人履行契约义务，还在于对整个社会经济生活和市场经济秩序发挥着重要的法律保障作用。由于诚信之于法律范畴属于强制性规范，故相对人除应当承担诚实信用的道德责任外，还必须承担以诚实信用为原则的法定义务。因此，法律规范强制性的他律机制便成为诚信建设的保障。

需要注意的是，作为法律规范的诚信和作为道德规范的诚信既有区别又有联系。诚信法律规范是适应人类社会生活要求，尤其是经济活动要求而由道德规范演化形成的重要原则，是道德规范在法律上的体现。诚信法律规范是强制性的道德规范，其内容是社会生活交往中所形成的诚信道德规范。没有一定的社会经济关系所决定的诚信的道德内容，诚信法律规范就只能是一项十分空泛的法律规定。人们所遵守的规范，并非只出于法律的强制，个体良心和社会舆论的力量也起着重要的作用。诚信在现有的历史条件下，除了通过道德的规范手段起作用之外，还必须以法律的强制力表明社会对该项道德的关注。随着社会的发展和诚信道德水准的提高和变化，不需要强制人们便自觉遵循诚信的要求时，法律的规范作用慢慢减弱，道德的作用则相应加强。

诚信的道德规范和法律规范也是有区别的。二者在作用的范围、力度和表现的形式等方面均有不同。首先，作用的范围不同。诚信的道德规范调整的范围要大于法律规范。诚信作为法律规范，调整的是民事活动中人们的行为和利益关系。诚信的道德规范则调整着几乎所有类型的社会关系和伦理关系，如家庭、社会，乃至国家间的关系等。第二，作用的力度不同。诚信道德规范以对人们精神层面的谴责或赞赏为主，大多不需要违反者付出物质的代价，并且精神层面的谴责也以扬善为主要目的。而诚信法律规范首先以物质惩罚的方式出现，以惩恶为主要目的，因此力度较大，如果后果严重甚至需要付出生命的代价。第三，作用的方式不同。对诚信法律原则的违反，通常须由司法机关通过裁决并加以矫正；而对诚信道德规范的违反，则是以人们的内责为主要标志，往往受到社会舆论的批评、谴责。第四，表现的形式不同。诚信道德规范是以观念的形态存在于人们的思想信念和舆论习惯之中，缺少系统准确的信息表达；而诚信法律规范以成文的立法表述或包含其精神的法律规范、规则和判例为表现形式。

目前我们对诚信规范作用的强调，既要充分发挥诚信道德规范的作用，以提高全社会的道德水平为前提和基础，发挥道德楷模的作用，为社会树立风向标；又要重视法律的规范作用，以法律的精确性和强制性为不同的失信行为量罪定罚，对其他社会成员起警示教育作用。

二、诚信的规范作用

无论是作为伦理道德规范的诚信还是法律规范的诚信，其基本作用就是规范人的行为。诚信的这种规范作用表现在人们生活的各个领域中，会对人们的行为产生影响。

第一，诚信规范着家庭生活中的各种关系。

夫妻关系是家庭关系的基石，夫妻间如果不守诚信，家庭肯定不会和睦。魏晋傅玄说："夫不信以遇妇，妇不信以承夫"，则"夫妇相疑于室矣”（《傅子·义信》）。陆九渊说：“夫妇不立于忠信则乖”（《陆九渊集·拾遗》）。魏徵说：“夫妇有恩矣，不诚则离”（《群书治要·体论》）。夫妻关系应当是长久的、和谐的、稳定的，夫妻双方应义不容辞地承担起应尽的道德义务和应负的道德责任，夫妻一生都要诚心诚意，守信不欺。诚信对夫妇双方有同等的要求，夫妇之间要互帮互助、同甘共苦、同舟共济、相敬如宾、相濡以沫、和和睦睦、白头偕老。现代的夫妻关系，要求彼此间留有空间，互相尊重隐私，但这并不意味着可以欺骗。隐瞒有时候是允许的，但欺骗是绝对不可以的。隐瞒和欺骗的区别还在于其心术是善还是恶。善良愿望的隐瞒尚且会带来误会，影响夫妻感情，出于欺骗的失信行为则必然破坏夫妻关系，动摇家庭存在的基础。离婚率的升高、婚前财产公证的权宜之计等现象提醒我们，家庭中夫妻间的诚信已经成为需要我们关注的问题。

父母与子女的关系也要求诚信。古人说的好，“父子为亲矣，不诚则疏”（《荀子·不苟》），“父不信以教子，子不信以事父”，则“父子相疑于家”（《傅子·义信》）。父子之间的诚信是孩子成长的重要因素。有些家庭，父母认为孩子还小，什么都不懂，有时候能哄着他们高兴就行。但现代教育表明，孩子的成长是一个学习的过程，父母任何不在意的举动都会对孩子产生很深的影响。对孩子的一次欺骗都会带来难以想象的后果。儿子对父母的诚信也是家庭和睦的基础。现在空巢老人越来越多，这些老人盼望子女能在百忙之中陪陪自己，常回家看看；而作为子女的实在过意不去，就以“工作忙、应酬忙”来搪塞老人。真的抽不出时间吗？我想未必。更有甚者，随口答应，让老人做了一桌子菜等一整天，大大伤害了老人的感情，给家庭生活带来隐患。对老人以诚相待，真诚地尽子女的义务，是老人的幸福，也是做子女的幸福。

第二，诚信规范着社会中的人际交往关系。

人与人之间的交往必须建立在诚信的基础上，否则，社会就无法存在。古人常以“人无信不立”作为人在社会立足的警训，这是从个人德性修养的角度讲的。从社会的存在与发展的角度讲，人际交往中缺少不了诚信，诚信是人际交往的基本要求。试想，人与人之间如果缺乏基本的信任，任何交往都不可能继续。例如，如果问路人对被问的人缺少诚信多有猜疑，还不如不问。如果整个社会形成出门必然受骗的心理认定，社会交往还如何进行？因此，在人们交往范围日益广泛的现代社会中，诚信的规范作用越来越重要。然而现代社会的问题也出在诚信上，在人们的交往中，失信的情况时有发生。

在人的日常生活中，交往频率较高的是邻里、同事，是熟悉的人。按道理讲，在熟悉的人之间因为彼此的了解比较深，失信的成本比较大，诚信基本可以起到应有的规范作用。因为对熟人来说，人们完全可以“吃一堑，长一智”，一朝被骗，不再交往。但近几年来的社会生活实践表明，熟人间的失信越来越多，例如：口头借款不认账的，街坊邻居做买卖短斤缺两的，同事间为了一个晋升名额诋毁对方的，等等。人们似乎对此已习以为常，社会的宽容更是纵容了此类事情的一再发生；同时人们也在品尝由此带来的恶果，例如一些人急功近利，弄虚作假，言而无信，尔虞我诈，恶化了工作和生活的气氛和环境；再如一些地方存在道德冷漠症，造成人与人之间的隔阂与不信任；工作中的不信任显然降低效率，职工要小心眼想少出力多拿钱，而老板正好相反，这样一个工作的团体必然缺少正常的竞争，缺乏活力。据调查，相信“熟人才可靠，陌生人靠不住”的人仅仅占到11％①，可见现在熟人间普遍存在诚信的问题。熟人尚且如此，陌生人之间不诚信的想象空间则更大。

在社会主义条件下，人们有着共同的利益，这就为人人以诚相待创造了基础。在此基础上，正确处理个人间的利益关系，才能解决人际交往关系中出现的诚信问题。因此，以诚信为重点，正确处理义与利的关系、竞争与协作的关系，培育社会主义新型人际关系，是构建和谐社会的一个重要任务。

第三，诚信规范着社会经济关系的正常进行。

以社会分工为基础的交换关系，要求双方以信用作为守约条件。日益扩展的市场关系逐步构建起经济主体之间彼此相连、互相制约的信用关系链条，维系着市场关系和市场秩序。市场经济就是信用经济、诚信经济，这是市场经济的内在属性。同时，市场经济具有追求利益最大化的属性，如果对经济活动缺乏有效的约束和规范，一些人就可能以失信行为来谋不义之财。因此加强诚信的规范作用

---

① 参见李萍：《公民日常行为的道德分析》，168页，北京，人民出版社，2004。

是市场经济的内在要求。

业无诚信不兴旺，诚信是经济兴旺发达的保证。管子后学说："非诚贾不得食于贾。"(《管子·乘马》)意指不讲诚信的商人不能从事商业活动。荀子看到了诚信可起到促使经济兴旺、国家繁荣的作用，他说："商贾敦悫无诈，则商旅安，货通财，而国求给矣。"(《荀子·王霸》)我国历代都有一些著名的义商以诚立业，并且主动用诚信来规范自己的行为，结果事业兴旺发达。例如，徽州商人以"信义服人"，至清代前期，其事业达到高峰，活动范围竟远涉外洋；还有"晋商"，也是以诚经商而成功的典范。最近几年，同仁堂是诚信经营的模板，南京冠生园是失信破产的教训。中国经济的发展必须有世界的眼光，而作为世界经济大舞台总规则的WTO规则就是市场经济规则、法制经济规则、契约经济规则和信用经济规则。无信用保证，就很难在激烈的国际竞争中站稳脚跟，就会付出惨重代价，甚至会一败涂地。我国是羽绒服第一出口大国，然而出口至俄罗斯的部分羽绒制品里面曾经出现过粉碎毛或发霉发臭的羽绒，引发了俄罗斯焚烧中国羽绒服事件。1993年以前，我国出口至俄罗斯的羽毛、羽绒制品曾达2亿美元，而据海关统计2000年已不足700万美元。为了扩大中俄双边贸易，中国政府作了很多努力，但重建信誉并非易事。这些都说明，经济要发展，必须靠诚信来规范经济行为。

随着生产社会化和经济市场化程度的提高，人类的交往面极度扩展，活动范围和内容越来越广，违背诚信所受到的道德谴责和所能获得的巨大经济利益相比，已显得微不足道。信用问题已经阻碍了中国经济发展，这是目前的共识。2002年10月，商务部、中国外经贸企业协会信用评估部组织专家对全国上万家企业进行了信用调研，结果让人触目惊心：中国企业因信用问题损失5 855亿元，相当于中国年财政收入的37%，中国国民生产总值每年因此至少减少两个百分点。具体来讲，中国每年因逃废债务造成的直接损失约为1 800亿元，由于合同欺诈造成的损失约55亿元，由于产品质量低劣或制假售假造成的各种损失达2 000亿元，由于三角债和现款交易增加的财务费用约有2 000亿元，另外还有逃骗税损失以及发现的腐败损失等。① 这一切已

① 参见林毅夫：《信用体系、金融改革与经济发展》，中宏网，www.macrochina.com.cn/zhtg/2004 0525064605.shtm/.

经说明，诚信规范在我国的经济建设中没能发挥应有的作用，因此导致了很多不正常的经济现象。为了经济更快更好发展，必须加强诚信对市场经济的规范作用。用诚信来引导和规范经济行为，也是市场经济条件下构建社会主义和谐社会的一个重要课题。

第四，诚信规范着政府和公民之间的关系。

政府的工作要顺利进行，离不开政府公职人员与公民之间的诚实信用。只有作为代理人的公务员对公民保持忠诚守信，才能更好地为公民服务；同时公民也对政府保持诚实信用，行政管理工作才能有效地实施和发挥作用。政府和公民间是否诚信主要表现在政府的公信力问题上。《中共中央关于完善社会主义市场经济体制若干问题的决定》强调："增强全社会的信用意识，政府、企事业单位和个人都要把诚实守信作为基本行为准则。"温家宝总理在《政府工作报告》中，提出提高政府公信力的任务。政府的诚信建设，一是体现在制度的公正性层面；二是表现在政府行为的诚信层面。政府的诚信，关系民主法治、公平正义，影响着政府的公信力，决定着和谐社会的建设。

政府权力如何有效运作以确立其权威性，是一定社会政治秩序和公共生活秩序建构和维系的关键。在现代社会中，政府公共权力的权威及公信力的建构与维护更多地取决于公民的积极认可、主动信赖和自愿服从。公民的认可和支持是政府公共权力建立执政信任的基本支撑。执政信任包括政治信任和能力信任两个方面。政治信任为能力信任的合法性基础，而能力信任则为政治信任提供支撑。当公民的基本需要得到满足，基本权益得到保障时，公民必然会对政府产生一种信任感和安全感。

政府作为公共权力的代表实现着公共利益，但在其运行中也有可能进行利益扩张，如"以权谋私"、"假公济私"等。温家宝总理在《政府工作报告》中讲到政府工作中存在的问题时尖锐地指出：有些关系群众利益的问题还没有得到根本解决；有些政府工作人员依法行政观念不强；形式主义、官僚主义、弄虚作假和奢侈浪费的问题比较突出；腐败现象在一些地方、部门和单位比较严重。如果任凭这些现象发展下去，就会引起公众的不满，造成公民与政府之间的紧张甚至对抗，从而影响甚至损害和削弱政府的公信力。和谐社会强调建设社会主义政治文明，政治文明的内容包括民主政治、依法行政、消除腐败等，其中都渗透着对公务员和其他公民的诚信要求。因此，诚信政府建设，关系到社会信用体系的建立，关系到社会诚信道德水平的提升。

三、发挥诚信规范作用的重点

在当前情况下，发挥诚信规范作用的必要性和紧迫性是显而易见的。切实发挥诚信的规范作用，要注意以下几点：

首先，要以保障遵守规范的人的利益为前提。

一般而言，当规范确认后，会出现两种相反情形。一种是行动主体服从规范获得利益，即规范的制定者与承受者在利益上是同一的；另一种是行动主体服从规范却没有获得应得利益，甚至反而失去已有或将要有的利益，即规范的制定者与承受者在利益上是分离的。这对规范的制定而言，是一个是否公正的问题。诚信规范的制定和实施必须要避免后一种情形，保障大多数人的利益。如果出现了后一种情形，应立即修改规范。

社会主义国家全体人民的根本利益是一致的，这就为制定合理的规范打下基础，也为规范的落实提供了保障。但是，根本利益一致并不意味着没有利益冲突；相反，现代社会的种种不诚信的现象就是由这些非根本利益的冲突引起的。例如，买家和卖家都在追求自己利益的最大化，这就会出现某一方为了自己的利益而说谎的情况。而在这一对关系中，显然卖家占强势地位，因而卖家不守诚信的情况居多。再如，政府公务员作为公共权力的实施者，必须为公民利益服务，如果公务员以权谋私伤害了公民的利益，就应该承担责任。诚信规范在实施的过程中，必须发挥其对遵守规范一方的利益保护作用，同时对违反者进行严惩。另外，对政府而言，还有担负起诚信规范的制定和修改的责任。一旦发现某一规范出现遵守者利益受损害的情况，应立即进行修改或补充。

其次，强调诚信规范对个人的规范作用，要将规范的他律作用和德性的自律作用结合起来。

无论是诚信的道德规范还是法律规范，其作用主要体现为他律。但只靠他律的作用不足以充分发挥诚信的规范作用，只有将规范的他律作用和德性的自律作用结合起来，才能切实发挥诚信的作用。

任何一种规范的遵守都需要遵守者内心的认可。道德规范的规范作用要发挥出来，需要人们认可并愿意按其行事。法律规范作用的发挥单纯靠人们的畏惧心是不行的，对法律规范的主动遵守才是规范的应有之义。日常生活中人们经常用“你应该”来规范他人的行为，也来规范自己的行为。如果内心对自己说“你应该说出实情”，这仍然是一种外在的要求，是在从外为自己的行为寻找理由。只有内心对自己说“我应该说实话”，这才真正认可了规范，并将其切实看做自己应该做的事并愿意为此承担责任。规范的他律作用只有转化为主体的自律行为才真正发挥了作用。

因此，诚信规范建设要以人们个体美德的培养为基础。只有当每个人不需要进行激烈的内心斗争而心甘情愿守信时，诚信问题才能彻底解决，诚信的规范作用才能切实发挥出来。

最后，重视诚信规范尤其是法律规范知识的普及。

目前，我国诚信问题的出现有很大一部分是由于不诚信的问题没有得到应有力度的惩罚，而惩罚不到位的原因很大部分又是受骗的一方不知道保护自己，尤其是用已有的法律规范为自己维权。因此，加强法律规范的知识普及，让受骗者及时拿起武器保护自己的合法权益不受伤害，也是制止失信现象发生的有效措施。对失信者而言，充分意识到自己的行为将要导致的严重后果，以及自己需要付出的沉重代价，也将会有效减少失信行为的发生。例如，《物业服务收费明码标价规定》：“物业管理企业根据业主委托提供的物业服务合同约定以外的服务项目，其收费标准在双方约定后应当以适当的方式向业主进行明示。物业管理企业不得利用虚假的或者使人误解的标价内容、标价方式进行价格欺诈。不得在标价之外，收取任何未予标明的费用。”不知道这一规范的业主大有人在，而一些物业公司利用业主的疏忽侵犯业主权利，在不与业主商量的情况下自行收费。试想，如果业主们都对自己的权利有清楚的认识，物业公司在不诚信时就不敢明目张胆，毫无顾忌了。

没有规范制定规范，有了规范要执行规范，规范错了要改正规范。唯有如此，诚信的规范作用才能发挥出来，诚信问题才会减少。目前我国诚信的问题处在执行规范这一环节，如何保障规范得以执行呢？确保制度建设和相应技术手段的广泛采用是该问题的关键和核心。

第三节　诚信的制度维度

诚信作为一种规范，需要每个社会成员予以认同并自觉遵守。从古到今，在社会心理上人们对诚信的认同度是很高的。然而，无论是在经济领域、政治领域还是日常生活中，诚信不被遵守的现象却经常存在。出现这种情况，固然与规范本身不够完善有关，但更重要的原因在于，规范不能得到有效的实施或操作，亦即诚信缺乏制度的保障。要使外在的约束真正起到作用，完全靠个人的德性修养是无法实现的，因此必须从制度上加以强化和保障。对正处在社会转型期的中国而言，诚信的制度建设是社会诚信建设的重中之重。

一、诚信制度建设的必要性

近几年来，诚信问题作为社会热点问题备受关注，主要原因就是它对当前的经济社会发展和日常生活影响越来越大、越来越深。一方面，社会持续发展，科技文明长足进步；另一方面，社会中诚信问题日益严重，这不仅将对我国经济健康快速发展构成威胁，也会制约全面小康社会的实现。社会伦理道德的维护，从来都是由包括法律在内的制度做后盾的。人终究是环境的产物，诚实守信的维护不能完全寄希望于个人的道德自觉，在很大程度上还要靠制度、机制和环境的强有力保障。如果制度所遵循的基本精神与某种道德观念相反，这种道德绝不可能在社会中居于主导地位。因此，要消除社会诚信危机，维护社会诚信，加强社会诚信制度建设是十分必要的。

对于社会中欺诈蒙骗、弄虚作假、背信弃义等种种违背诚信的现象和问题，即便国家高度重视、公民个人积极参与，但是效果都十分不理想。虽然我们不断强调社会诚信规范，可结果却常流于形式，规范并不能有效地发挥作用，于是又代之新的规范，而结果同样如此。诚实守信仅仅靠社会个体的自觉自愿的道德修养和自我约束是难以普遍实行的。没有强有力的外在制度和机制约束，不讲诚信的人得不到相应的制裁和鞭挞，而讲诚信的人常常因此吃亏并丧失机会，这在客观上给背信弃义提供了生存和滋长的环境。如果社会中存在着严格有效的制度安排，那么这种现象就可能只是一种个别、偶然的存在。相反，如果缺失严格有效的制度安排，个别、偶然出现的情况就会因为正义不能得到有效伸张而演化为一种普遍的社会现象，也就是人们常说的“劣币驱逐良币”现象。当这种违背正义的普遍现象不能被有效控制时，它就会深入到各种交往关系中，积淀成为一种深层的、稳定的社会心理因素，造成严重的社会诚信危机。

制度对于社会道德行为的约束一直都是客观存在的，但其作用却从来没有像今天这样直接和重要。在现代社会中，制度对经济、政治、法律、教育以及社会道德的作用逐渐呈曲线上升的态势，社会各个领域的制度化俨然正成为一种趋势。在这种制度化的趋势下，社会诚信的制度建设更有其必要性。至于这种随潮流式的制度化是否完全适合社会诚信自身发展的特点，可能需要一个较长时期才能有所验证。但是当各种规范的外在化已经使人们对规范的恪守和遵循形成了新的认识和习惯，渐渐地把制度化的规范与非制度化的规范区分开来，甚至对立起来，即制度化的带有强制性必须遵守，而非制度化的遵循或者不遵循就要根据个人意愿和自觉了。在这样的认识和习惯下，人们往往会优先遵守那些带有强制性的制度规范，会自觉主动地调整自身的行为以适应那些制度，哪怕这些制度不尽合理。即使有人能够利用机会逃避制度，没有受到相应的惩罚，但是他会始终怀揣一种负疚感或罪恶感，而且他也绝不会因此对制度产生轻视，相反却会更加小心谨慎地严加遵守。而对非制度化的规范来讲，如果长期不被尊重和遵守，久而久之，纵然德性高尚、自律性强的人偶尔犯之，也不会觉得良心不安。尽管依靠强制和外在的约束，规范的有效性在很大程度上能够得以实现，就这一点应该说与规范自身发展是相一致的。社会诚信规范的制度化，正如其他规范制度化一样，也是为了进一步加强它自身的特性而不是相反。

当然，把社会诚信制度建设作为解决当前社会诚信危机的重要途径，并不意味着只要建立一个完美的制度就可以解决所有问题。诚信问题解决的根源在于新的社会关系下人的道德自律的内在动力重新恢复；不论是在经济生活中，还是在政治生活中，各种诚信缺失的解决最终都可以归结到这一点。诚信制度建设仅是社会诚信建设的一条主要防线，它将致力于解决的只可能是防线内的问题。实际上，在各种社会诚信问题中，我们不难发现有许多是制度之外的问题，是无法依靠制度来解决的，而且也不是一时都能解决的。诚信制度所能够发挥的作用是有限的，对于制度之外的问题，它显得无能为力。应该看到，社会诚信制度（或其他制度）的有限性并不是作为其缺陷显著存在，恰恰是其工具性价值的独特存在，即有所为、有所不为。简单地说，在社会诚信制度建设中应该放下不该管、管不好的事，拿起应该管、管得好的事。这样，通过诚信规范制度化，社会诚信规范在有限的范围里内在整合为比较简单、平直的外部制约，因而对社会中具有普遍性的诚信问题容易在短期内产生直接显著的效果。

此外，在社会诚信制度建设中，我们还必须对这样两个难题加以重视。

首先，传统社会诚信始终以儒家伦理思想为中心，重自律轻他律，使社会诚信在制度上先天不足。在中国传统的儒家伦理思想中，强调良心主导，德性是主观自觉的，而德性的坚持和发扬，全在主体的自律。注重道德的精神自律，注重主体的体悟和自我德性的追求，因而使得传统道德规范缺乏普遍的现实性和可操作的约束性。诚信作为重要的道德规范，虽然在古代备受重视，但它主要还是局限于个人（主体）层面。“是故诚者，天之道也；思诚者，人之道也。”（《孟子·离娄上》）在儒家看来，“诚”是自然规律，更重要的是，它是做人的基本原则，是人们立身处世的重要道德规范。“内发于心”的“诚”与道德的精神自律是一致的，于是它被提升到本体论的高度，成为超越一般人的成圣之道，而在整个社会中则缺失普遍的约束性和有效性。“仁、义、礼、智、信”，“信”在古代道德规范体系中具有重要地位，古人认为信是“国之宝也”（《左传·僖公二十五年》），“德之固也”（《左传·文公元年》）。古人重视“信”，主要还是把它看做个人德性修养的基本准则，“人而无信，不知其可也”（《论语·为政》）。“信”是“君子”、“圣人”的应有之义，是衡量和评价“君子”、“圣人”的重要条件。但“信”在儒家传统中并不具有最高的价值，它是从属于仁、义、礼的，孔子说：“言必信，行必果，硁硁然小人哉！”（《论语·子路》）即使是“君子”、“圣人”，“信”也不是绝对的，“大人者，言不必信，行不必果，惟义所在。”（《孟子·离娄下》）传统诚信思想中制度性的规约十分缺乏，归根结底，这是由自给自足的自然经济社会中简单的社会关系所决定的。在封建等级制度下，人身依附关系普遍存在，整个社会处于封闭状态，血缘宗亲关系是社会关系的集中反映和体现，传统诚信思想正是适应这种情况而起到有限的作用。当自给自足的自然经济解体，等级制度和人身依附不再存在，社会主要关系突破以血缘宗族为纽带的狭隘群体，以个人德性自律为基础的传统诚信就失去了内在动力，外在约束力量也就大大减弱了。

其次，我国经济转轨期的社会特点决定了建立现代诚信体系或制度需要经历一个长期探索和不断创新的过程。社会经济的重大转变和调整必然会带来社会道德的剧烈变化。当前，我国正在从传统经济向现代经济过渡，从计划经济向市场经济转变，经济体制、社会结构发生了巨大变革，经济迅速增长，社会不断进步。同时，社会诚信问题在某些地区、部门或单位也日益突出，例如经济活动中欺诈失信，社会生活中背信弃义，人与人之间信任危机四伏，等等，这些已经开始严重影响社会经济的健康发展。应该说，改革开放，特别是市场经济给社会诚信造成的影响是十分深刻的，这种影响值得我们重视，需要深入认识和思考。我国的社会主义市场经济有别于西方的市场经济，它根植于中国国情，吸收借鉴了外来的经验，正沿着中国特色方向发展，目前还处于不断地实践和完善阶段。如果把社会中出现的种种诚信问题归咎为市场经济，这恐怕是不公平的。当然，我们也必须看到，市场经济的内在规律确实容易导致产生诚信缺失的现象。比如，在市场规律作用下，为了生产就要不断刺激消费，而刺激消费，就要把追求奢侈享受的消费观念作为扩大消费的精神动力源。人们一旦在这种追求自我满足的欲望和奢侈享受观念的支配下，就会漠视甚至可能抛弃道德规范，不惜违法冒险去追求个人利益。追求利益，在社会利益多元化、价值多样化的今天我们已经承认它的合理存在。当然，这种合理存在是有一定限度的，只是这个限度我们还未能认识清楚。对于这样一些情况，我国经济社会发展的现实是不容许停下来专门研究的，而只能在同步前进的过程中动态地加以解决。作为道德规范的社会诚信不总是被动的，在条件允许的情况下，它可以主动地、超前地发挥作用。所以，现代诚信体系或制度的建立，要与社会主义市场经济相适应，与此同时会不可避免地对市场经济的成熟和完善产生依赖，但又必须克服这种适应和依赖。

二、诚信制度建设的伦理准则：程序正义

程序正义（procedural justice）最初是一个法律术语，一般是指某种结果或状态的产生过程符合普遍认同的正义原则，其本质要求是公平，被誉为“看得见的正义”。作为一种法治观念，程序正义最早是在13世纪英国的普通法中出现的，当时叫做“自然主义”，而后在美国得到全面发展，被称为“正当法律程序”。

程序正义的价值在于真正维护法治社会的正义，是为实体正义设置的保障系统，是一道最后的正义防线。罗尔斯在《正义论》中分析了程序正义的三种形态，即纯粹的程序正义、完善的程序正义以及不完善的程序正义，并着重对纯粹的程序正义进行了论述。他认为这种纯粹的程序正义的特征是不存在任何有关结果正当性的独立标准，但是存在着有关形成结果的过程或者程序正当性和合理性的独立标准，因此只要这种正当的程序得到人们恰当的遵守和实际的执行，由它所产生的结果就应被视为是正确和正当的，无论它们可能会是什么样的结果。我们可以看到，纯粹程序正义的巨大优点在于，在满足正义的要求时，它不再需要追溯无数的特殊环境和个人不断改变着的相对地位，从而避免了由这类细节引起的复杂原则问题。① 程序正义原则其实并不适用于所有程序，它是法律程序的独立内在价值，在有些情况下，它仅仅是道德的要求。罗尔斯对程序正义的分析显然也不限于法律程序问题，而是涵盖了社会、政治、经济的各个方面，尤其是针对社会伦理。

制度是社会秩序的集中体现和保障，它通过规范人们之间的相互关系，为社会提供稳定性的结构，并使在该结构下形成的习俗规约成为人们共同接受的原则。制度的稳定性使人们可以在行动之前就能知道制度的安排及其结果，并借助制度提供的预期信息，确定自己的行为。通过大量反复地重复着的某种行为，人们会由不适应到习惯，由习惯到成为人自身的存在。即使自律不存在，外在道德限制不起作用，制度的强制性特性仍能够使人们在善恶选择上趋于一致，即弃恶从善。制度本质上是工具价值的反映，这一特点，一方面促进制度在运行和发挥作用中不断趋向其理想目标；另一方面又会导

① 参见［美］罗尔斯：《正义论》，何怀宏等译，80～83页，北京，中国社会科学出版社，1988。

致制度的不足和弊端、削弱制度的适应性和目的性，甚至向相反方向发展。比如，当一些制度失去合理性时，人们就会不遵守，甚至会去抵制。经济学研究表明，当不遵守制度的预期效用超过遵守制度的预期效用时，人便会选择不遵守制度。如果制度的实施机制效用不高，没有权威的强制性，违反制度的成本比较低而收益却很高，人们就会选择破坏制度。因此，制度要真正实现其功用，就要被大多数社会成员所认同与遵守，并且不折不扣地被实施。① 社会诚信制度建设不仅要使社会诚信得到实现，而且要以人们看得见的方式使其得到实现，这就需要把程序正义确立为诚信制度建设的伦理准则。原因如下：

第一，在市场经济条件下，公正、正义是一个无法回避的问题。英国古典经济学家亚当·斯密曾说，没有公正就没有市场经济，如果对金钱名利的追求超出了对智慧和道德的追求，整个社会便会产生道德情操的堕落，公正性原则被践踏，市场经济趋于混乱。在中国古代社会中，由于没有普遍平等意义的“人”，所以社会上不存在普遍接受的公正、正义。人与人之间总是因一些特殊的规定而有所区别，正义有着很强的指向性，对某种身份的人是正义的却可能是对其他人的不正义。很显然，在这种情况下，诚信只好回避正义。但是在市场经济条件下，社会诚信制度不能回避而必须面对，还必须对公正、正义做出明确回应和选择。

第二，程序正义保证诚信制度的存在合理性，能为最大多数人所认同。邓小平曾说：“制度好可以使坏人无法任意横行，制度不好可以使好人无法充分做好事，甚至会走向反面。”② 如果制度的产生不具备程序正义，那制度的合法性势必受到质疑。因为没有程序正义的保障，那么实体的正义就只是一句空话，制度很难被正确实施。众所周知，在传统社会中诚信规范要依靠个人的德性和自律实现其实质合理性。而今天，在缺乏外部监督和内在自律的情况下，诚信规范要获得其实质的合理性就只有通过非人格化的制度合理性，特别是程序的正义来加以实现。实际上，我们始终对程序关心不够，更多地强调实用和效果。虽然这在具体的事件上会收到立竿见影的

---

① 参见辛鸣：《在应然与实然之间——关于制度功能及其局限的哲学分析》，载《哲学研究》，2005（9）。

② 《邓小平文选》，2版，第2卷，333页，北京，人民出版社，1994。

效果，但是它也影响了社会生活的可预见性，客观上鼓励了为达目的不择手段的行为，破坏了正常的社会秩序。

第三，程序正义与社会诚信制度一样，都包含着底线伦理的意蕴。社会诚信制度，就是用各种规章、制度、法规的形式规定了社会成员在从事各项工作和相关交往过程中的行为准则和道德底线，每个社会成员进入这个程序就被强制性地规范了自己的行为准则，否则就要受到处罚或被排斥。可以说，制度只是一个最基本的要求，是抛开了社会成员自身道德水平的考量而设立的最低标准。程序正义在制度的实施过程中，也仅仅是最起码的要求。它不能绝对保证制度的实质正义与否，它只是要求制度的事实要按照既定的程序而行。如果超越程序别求途径，在正常情况下，是不公正的行为在寻求实现的可能，或者是公正的行为在寻求不公正的解决。无论是哪种情况，都会对制度自身的合理性产生破坏作用。在法律诉讼中，程序正义表现为固守底线规则外化为法律正当程序，即在平衡诉讼中产生双元价值时，应恪守一些基本的底线规则。在适度平衡时，不允许突破基本的法律原则和道德底线，而且不管怎样进行适度平衡，底线规则都是不能突破的。在诚信制度的事实中，程序正义也应该是一个底线的规则。对中国人而言，这个底线的规则会受到人情的巨大冲击。这既是中国现有条件下诚信制度建设的难度所在，也是我们强调程序正义的原因所在。

三、诚信制度建设的目标和措施

党的十六大报告提出“整顿和规范市场经济秩序，健全现代市场经济的社会信用体系”的任务，十六届三中全会提出，形成以道德为支撑、产权为基础、法律为保障的社会信用制度，是建设现代化市场体系的必要条件，也是规范市场经济秩序的治本之策。增强全社会的信用意识，政府、企事业单位和个人都要把诚实守信作为基本行为准则。这明确指出了我国社会诚信制度建设的目标和方向。

关于制度建设问题，马克思在《路易·波拿巴的雾月十八日》中说：“人们自己创造自己的历史，但是他们并不是随心所欲地创造，并不是在他们自己选定的条件下创造，而是在直接碰到的、既定的、从过去承继下来的条件下创造。”① 因此，社会诚信制度的建设，必须

① 《马克思恩格斯选集》，2版，第1卷，585页，北京，人民出版社，1995。

考虑到其实施的现实可能性，令行禁止，言出必行。这样才能保证社会诚信制度的权威性，才能提高社会成员对它的信任度。“诚信者昌，无信者亡”，这可以说是当前社会诚信制度建设的一个重要目标，但对于社会诚信建设来讲，它只是一个新起点。社会诚信的终极指向应当是社会和人的内在与外在的和谐统一。

1. 社会诚信建设应当建立和健全社会信用体系

目前，我国存在的最大问题就是没有建立起一个完善的社会信用体系。几年前，接连发生的“冠生园月饼陈馅事件”、“蓝田上市公司事件”、“注册会计师帮助造假事件”等失信事件，致使有人认为我国是一个诚信度非常低的国家，是非诚信国家。但后来美国的“安然”、“安达信”诚信危机事件的爆发，又让人们产生了这样的认识，即美国和中国一样也是一个不诚信的国家。其实，社会诚信体系最严格、最健全的国家，也无法避免社会中失信现象的发生。虽然同样发生失信现象，但是有无严格健全的社会信用体系会使人们做出截然不同的反应。当我们的企业或公司发生失信行为时，政府、中介机构和社会各界往往不能迅速地加以反映和揭露，总是等到真相被艰难地告白于天下后才明确采取措施。比如“蓝田上市公司事件”，众多的银行、社会中介机构和投资人，都未能马上做出判断并披露失信问题，反而是一个大学老师在进行案例分析的时候发现了这个问题，面对威逼利诱断然向社会公众宣布。而美国“安然”、“安达信”事件发生后，整个社会信用体系立刻有所反应，及时地披露和揭发失信问题，然后启动法律手段制裁有关失信行为。当然，对“安然”、“安达信”有关人员的起诉和定罪，并不是因为他们在经营上的失误或过错，而是由于他们故意对社会隐瞒事实真相并且销毁证据。在健全的社会信用体系下，对于因客观条件造成失信的，如经营失败而申请破产，社会是会原谅的，但是对于背弃诚信而违法犯罪的失信者，社会和法律必然对其进行严惩。从中美两国的不同反映中，可以看到我国在社会诚信体系建设上确实与国外存在着差距。因此我们需要吸收借鉴国外社会信用体系建设的经验，不断加快我国社会信用体系的建设和完善。在发达的市场经济国家中，诚信已经成为个人和企业在市场经济中的通行证，讲诚信成为每个人的自觉行动，信用成为参与市场经济的第一需要。这方面我们可以借鉴发达国家的成功经验。

当前，国外社会信用制度主要有两种模式。一种是欧洲的政府主导，联合个人模式；另一种是美国的受政府制约与规范的民营企业运作模式。如美国有着完善的个人资信档案登记机制、规范的个人评估机制、严密灵敏的个人信用风险预警、管理及转嫁系统，而且还有比较完善的法律体系充当后盾和保障。建立和完善我国的社会信用制度必须结合国情，不能照搬任何一种模式，还应当在现有条件下综合利用不同模式的优点。比如在运作初期采用欧洲模式，突出政府的推动作用，然后诚信事业可以逐步向企业经营模式过渡，以进一步提高效率。

首先，我们要建立起包括信用等级评定、信用状况的采集和提供、信用监督等在内的完善的政府、企业、商业、个人的信用制度，确保诚信者在制度和法律上能够得到支持和维护，在利益上能够得到应有的回报。通过建立企业、商业以及个人信用征集系统，将各种信用登记、信用等级、信用记录等信用档案向全社会开放，使之公开接受社会公众监督。目前，上海已经建立个人联合诚信系统，但这种地方性的系统缺乏覆盖面，因而也缺乏全国范围内的有效约束。根据国外的模式和经验，独立的、权威的、广泛的信用调查与咨询只有在政府的大力扶持下才能得以实现。就我国现状而言，依托政府职能机构收集相关数据，尽快建立覆盖全国的企业和个人诚信记录数据库可能是最具可行性和最具效率的办法。同时，我们还要积极加强社会信用的管理，利用独立、权威的信用调查与咨询机构的作用，建立信用的激励与疏导机制。这就要充分利用政府信用评级制度，通过政府的信用评级，形成对社会和经济交往中主体的客观判断的标准。

其次，要严格惩戒背弃诚信的行为，建立失信的负激励机制。现在社会上很多失信行为，在相当程度上是因为没有受到及时的、严厉的惩罚，因而造成投机取巧、牟取暴利行为屡禁不止。我们可以肯定，人人都知道诚信是善、不诚信是恶，然而为什么还有人接连不断地做营私舞弊、弄虚作假和坑蒙拐骗的事呢？其实原因很简单，就在于背弃诚信所付出的成本小，而在个人利益方面的收效大。发达国家的经验表明，对失信者的容忍，就是对守信者的背叛，社会诚信体系中的失信惩罚机制能够有效地消除绝大部分失信现象的出现，有利于促进社会秩序和市场秩序的改善。我们可以建立公开的诚信监测体系和公开的批评制度，在社会上对不诚信现象形成强有力的制约。对于那些背弃诚信者，我们不仅要对其予以舆论谴责，公开其名单，昭示其“罪行”，而且还要让其在经济上付出沉重的代价，甚至为此接受相应的刑事惩罚。通过社会舆论谴责、严厉的经济制裁和法律处罚等负激励措施，可以不断提高和加大失信的经济成本和社会成本，从而大大降低这些失信行为和现象的出现几率。

2. 加强和完善法律制度对社会诚信的支持和保障

健全的法律制度是强化社会诚信和促进社会交往主体之间的诚信互动的前提基础，它在客观上为社会诚信的实现提供一种支撑的社会平台。如何为社会转型中社会诚信建设搭建平台，我们要有一套切实可行的法律制度。

在立法上，要充分体现保护权益人利益的原则，强化违约责任追究制度。不仅要对逃避违约责任的企业或单位进行处罚，还要对恶意逃避的相关责任人依法追究其法律责任。只要是主观恶意违约，那么无论责任大小、逃避多久都要一一追究。法律制度在设计、规定时如果能充分体现这一点，就可以有效地防范失信的投机性，使人们对恶意违约不能为、不敢为。在美国的《公平信用报告法》中明确规定了不良信用记录信息的有效存放时间和对有不良信用记录的企业或个人在工商注册、银行贷款、个人信用卡等方面要受到相应惩罚，大量详细而具体的条目规定既让诚实守信者掌握了依法维权的武器，同时也让那些怀有觊觎之心的人不敢越雷池一步。

在执法上，依法惩处失信违法行为，加大处罚力度极为关键。许多发达国家对违法者的处罚都是很重的，如法国对制假售假者的罚款额度高达 100 万法郎，并监禁 2 年；美国对这方面的违法者罚款可达 200 万美元，或监禁 10 年，或两项同时进行；对有前科的罚款最高额可达 500 万美金，监禁 20 年。相比较我国的法律，虽然较以前加大了对相关违法行为的法律制裁力度，增强了处罚措施，但是与其他国家，包括亚洲一些发展中国家如印度相比，制裁力度仍是不够。比如，目前我国《消费者权益保护法》对售假失信者的处罚仅仅只是双倍赔偿。应该说，我们惩罚信用缺失者的最终目的是为了遏制假冒伪劣生产者的生产销售动机，而不是补偿了消费者的损失就完了。制假售假的危害绝不仅仅是损害了消费者的利益，破坏了诚信交易的市场秩序和经济环境，同时也损害了诚实守信的企业及其产品，破坏了公正、公平竞争的良性环境，败坏了社会诚信的道德基础。从机会成本来说，并不是每次都能够抓住制假售假者且给予处罚，虽然法律无法追究其以前的行为，但是对违法者的制裁，应当力求减少或终止其继续违法的可能，而不是在形式上使用所谓“罪罚相当”。

3. 转变政府职能，提升政府的信用

社会转型期的政府失信是一种规律性现象，不同国家、不同时期都会存在这一现象，区别在于严重程度不同而已。在社会转型期，这一失信现象更加明显。在社会转型期，政府一时不能完全适应社会的变化，对于社会的诸多需求也无法在短时期内很好地满足，为了平衡社会的稳定和发展，政府在坚持原有政策制度和制定新政策制度上往往带有随意性，这就造成政府的责任职能缺失。由于社会经济体制转型，多种体制并存发展，使法律和道德的功能在社会控制机制中逐渐弱化，迫使政府不得不扩大控制功能以填补这一“真空”，以此维持社会正常运转。政府的权力不断扩大，对社会经济的影响也随之不断深入，因此需要加快政府职能转变以适应社会调控的新需求。

从社会诚信结构来看，政府诚信始终居于核心地位，并对整个社会诚信起主导作用。没有良好的政府诚信，就绝不可能建立起良好的社会诚信。要充分发挥政府诚信在社会诚信建设中无可替代的作用，政府职能的基本定位就需要迅速从“权力政府”向“责任政府”转变，构建社会诚信平台，并不断加以巩固和完善。例如，社会诚信制度的建设需要建立、健全社会诚信的调查评价体系、全国性的信用数据库和诚信信息网络，通过独立权威的信用调查与咨询，使社会诚信成为市场参与主体的自觉行为，这些非常需要得到政府的有力支持。

社会诚信的基础是一种长期预期，而长期预期如何产生是很关键的。构建政府诚信还要求政府行为要长期化和依法行政，保持政策的统一性、完整性、稳定性和连续性。政府诚信制度是指在社会经济政治生活中政府必须遵守的诚实无欺、信守承诺、承担责任的法律规范和行为准则的总和。只有当政府严格履行其对社会的承诺，接受群众和舆论的监督，做到依法行政、取信于民、廉洁公正、开放透明，政府的公信度才能大幅提高。

还要建立政府失信责任追究和赔偿制度，规范政府行为，遏止权力“设租”、“寻租”行为。政府职能的扩大，使得行政权力对社会经济活动的干涉越来越多，这样就为行政垄断滋生了条件。如果政府的权力被不正当地运用在谋取个人或部门的私利时，权力就会“设租”、“寻租”，成为交易的物品，导致政府责任丧失。强化对责任的追究，就是要加强对政府权力的监督和制约，不能让政府权力和职能的扩展成为失信泛滥的根源或起因。

第四节　诚信的技术维度

随着知识数量的增长和知识传播手段的改进，现代社会在信息大爆炸和信息网络化的背景下迅速发展。信息科学技术在发展的过程中呈现出两面性，即在信息技术推进各个领域的快速发展的同时，也引发、产生出了许多新的问题，其中就包括社会诚信问题。现代社会诚信问题的出现与信息技术的发展紧密相连，因此，这些诚信问题的解决，也必须借助于技术的手段。

一、诚信的技术维度

诚信的技术维度是伴随着现代信息科学技术的发达而产生的。一方面，信息科学技术在某些方面增加了不诚信行为发生的机会；另一方面，现代社会诚信问题的解决以及不诚信行为的避免必须依靠技术的手段。这是信息科学技术对诚信问题的双面作用。我们需要用信息科学技术的手段作用来限制不诚信行为得以发生的机会，并增大技术对解决社会诚信问题的力度。

自从计算机成为普通百姓日常生活可以方便使用的工具，自从网络深入到人们生活的各个角落，信息科学技术就开始显示出它对人们生活的强大影响力。在某些方面，它甚至完全改变了人们的生活方式。上网聊天、网上购物、虚拟游戏、网上搜索、电子博客等，这些就足以构成一个人颠覆传统的新式生活。这些信息技术带来新的生活体验，也带来了新的诚信问题。网络中充斥着大量的谎言，网络聊天者频繁改变自己的性别和身份，网上商店经常做一锤子买卖，有的人在自己的博客中对他人进行攻击，等等，这些谎言已经超出了消遣的目的并明显带有恶意的欺骗的性质。

信息技术的发展带来新的诚信问题。首先，信息技术自身的特点为不诚信行为的产生创造了机会。信息技术的最大特点在于方便人们的异地交往，使人们在背靠背而不是面对面的情况下完成交易。背对背情况下缺少当事人的审慎查看，因此作弊的机会相应增加。网络技术更是如此。每个人在自己许可的情况下都可以发布商品信息，而在得到货款后彻底消失。受骗者找不到固定的办公地点，也找不到确切的负责人，网络上留下的信息都是虚假的，唯有骗钱是真的。其次，社会和个人在信息资源开发和利用等方面的意识和技能没有跟上信息技术实际发展的水平。新的网络诚信问题出现了，但社会和个人对此却表现出极大的茫然和无助。利用信息技术欺骗的行为已经泛滥，而社会对此类行为的预防和打击却出现了很大的空场。社会信息化程度低，信用信息记录零散、分散，不能形成完整的信用记录；信息传输效率低，政府和社会还不能有效地利用信息资源来管理社会；社会管理层面信息技术水平低，不能跟上先进技术的发展；甚至有的政府公务员仍旧掌握不了基本的信息技术，这些都变相地为不诚信行为的产生开了绿灯。第三，信息技术的发展造就了新的特权阶层，他们有可能为了自己的私利滥用“职权”。信息技术发展的一个重要方面，就是信息的数字化。从现有的数字化实践来看，出现了掌握和控制数字化的群体和不占有信息的群体两大阶层。前一个阶层作为技术上的强者有可能独享特权，他们单向度规定游戏的规则，有可能有意、无意地令自己受益而令不占有信息的群体受损。这是信息技术为社会诚信问题带来的最大顽疾。

信息技术的发展为不诚信现象的产生提供了机会，同时也为问题的解决提供着帮助。我们在讨论诚信问题时，经常侧重于研究如何建立对失信行为进行约束和惩罚的社会诚信制度，提出诸如加强思想道德教育、制定和完善相关的法律制度、建立健全社会信用体系，通过加大失信处罚力度等措施，来约束失信行为。确实，诚信问题的解决需要培养有效约束失信行为的社会诚信意识，制定严格的诚信制度，在社会中形成良好的诚信风气。但是，如果深入分析这些措施，我们会发现，这些措施都离不开有效的信息技术支持。例如诚信教育，对失信者进行思想道德教育最有效的方式莫过于通过技术使失信记录能够便捷在社会上查询。再如社会信用体系的建立，应用信息技术建立完善的企业和个人的信用数据库，让那些心怀不轨的企业和个人无法变换时间与地点继续失信，这是社会信用体系建立的目的，其中心工作就是运用现代信息技术，围绕信用信息的征集、整合、开发和利用等方面开展工作。可见，诚信社会的构建一定要充分利用现代信息技术，无论诚信政府、诚信企业，还是诚信个人，都需要有信用记录来证明，而记录、处理、转输、发布这样海量的信用信息，当然离不开现代信息技术。

21 世纪是信息化的时代，加速推进社会信息化已成历史必然，强大的信息技术能大大加快我们诚信社会建设的进程。因此，解决社会诚信问题，完善社会诚信机制，是道德教育问题，是制度建设问题，但从工具层面分析，则是与诚信有关的信息收集、传输及其使用的问题，信息化是社会诚信问题得以解决所必须依靠的硬件基础。

最后需要注意，与社会中普遍存在的诚信问题相比，基于科学技术原因而引发的社会诚信问题有自己的特色。首先，它是在运用、借助科技解决诚信问题、维护社会诚信的过程中产生的，既不是传统诚信问题，也不是全新的问题，而是在解决过程中发生了变化的问题。其次，它是科技在自身发展的过程中与社会诚信相互联系的问题。因此，诚信的技术维度需要把技术的新特点和一般的失信诱因分析结合起来，寻找解决问题的突破点。最后，它是基于科技原因产生的，但又不是单纯依靠科技能够完全解决的。诚信的技术维度的仅仅是从技术的角度来分析和解决诚信问题，而不是解决诚信问题的全部。它应该与加强规范、建设制度、道德教育一起，成为社会诚信建设的一个整体系统。

二、信息不对称与社会诚信

信息不对称是现代社会诚信问题的一大诱因，而信息技术的发展又为这一诱因增加了马力。基于技术而产生的诚信问题大多可以归因于信息不对称，它被普遍认为是严重制约社会诚信的直接原因。因此，我们对社会诚信的技术维度的考察主要集中于信息不对称这个问题。

信息不对称在社会生活中普遍存在。凡是在日常社会活动中，由于某些参与人拥有另一些参与人不拥有的信息，都会造成信息不对称的状况出现。应该说，信息不对称是生活的常态。不论是经济生活，还是政治、文化生活；无论是公共生活，还是家庭生活，不同的参与者所掌握的信息肯定不同，总有多少之分。生活的经历，术业的专攻，接触的环境等因素都会造成人们对信息的掌握出现差别。不对称信息的产生有两方面原因。一方面来自于客观，主要因为客观条件造成的人们对信息掌握多寡的不同，这类不对称信息也被称为外生性不对称信息，它主要指在自然状态下所具有的一种特征、性质和分布状况，不是由参与人所造成的。不对称信息的产生还来自于主观，是由于个人理性的限制使得不同的人对信息的掌握出现了差别，这类信息也被称为内生性不对称信息，它是指在交换完成后，其他人无法观察到的，事后也无法推测的行为。由这两方面原因造成的不对称信息都是普遍存在的，不能人为抹杀。人与人之间对信息掌握的差距只能减小，不能杜绝。

如果信息不对称不涉及人们利益的交换和分配，不被人刻意利用来谋利，信息的不对称自然不会与诚信问题挂钩，特殊情况下的不诚信并不被看做是不道德的。例如，对危重病人隐瞒病情向来被看做是道德上允许的，不被看做是诚信“问题”；但如果医生隐瞒病情故意用贵药，或多用药，或频繁做所谓的常规检查，这就是严重的不诚信行为了。但是，随着人们交往范围的扩大，与每个人有关的信息也增多起来，再加上信息的经济价值逐渐增大，利用自己手中掌握的信息谋利的机会越来越多。于是，信息不对称愈来愈成为不诚信行为谋利的工具，信息不对称与诚信问题的关系成为我们思考诚信问题的一个特殊且不能避免的视角。

由于信息不对称而带来的诚信问题首先表现在经济领域中，所以由信息不对称造成的诚信问题首先引起了经济学家的注意，并在经济领域中得到重视。一般来讲，在分析经济现象时，信息不对称指的是经济活动中的信息在市场参与者之间的分布是不对称或者是不完全的。最早提出“信息不对称”或“信息不完全”概念的人是1982年诺贝尔经济学奖获得者乔治·J·施蒂格勒。他认为，人们关于市场诸条件的知识的不完全，历来被认为是实现竞争的阻碍因素，知识的不完全来自信息的不完全。由于市场各参与主体的有限理性、市场交易成本的存在以及大量的偶然因素的发生，信息不对称在经济活动中一直广泛存在。只是在现代社会，随着科学技术的迅猛发展和交易对象的日益增多，信息不对称已成为市场经济和社会生活的常态。信息的收集、整理、加工和使用等也都需要借助信息技术来提高效率，而信息快速、广泛而有效的传递更需要利用以信息技术为代表的现代技术。一旦信息的收集、整理加工、传输和使用的过程出现了时间和空间上的断裂，经济主体出于“经济人”的本性和对效用最大化目标的追求，极有可能利用自己拥有的信息优势进行谋利，失信行为的产生便成为一种可能。

信息不对称的基本表现是信息缺失，与之相伴的还有虚假信息的产生。由于信息不对称的存在，以及我国现阶段的立法及执法体系尚不健全，企业及个人制造虚假信息几乎不受成本的约束，虚假信息的普遍存在进一步加剧了市场诚信机制中的信息不对称程度，使接受信息的一方面临超常的道德风险。假冒伪劣产品就是利用普通人对专业产品的信息缺乏而实施的欺骗行为。这种虚假信息对信息接受者的伤害是显而易见的，对整个市场的正常秩序起到极大的破坏作用。

信息不对称带来的诚信问题，必须以信息的方式来解决。要改变人们信息掌握的差距，一方面要增加信息公开的力度，减小信息掌握者一方的优势；另一方面要增加信息接受者获得信息的渠道，减小信息接受一方的劣势。最后总的趋势是缩小两方的差距，把信息不对称控制在合理的范围内。政府部门除了有常规的打假措施之外，还要通过媒体等各种渠道来公布假冒伪劣产品的基本信息，传递辨别真假商品的知识，这些都是通过缓解信息不平衡状态而采取的措施。而消费者也在努力采集信息，试图改善自己的窘境。货比三家，就是普通消费者在缺少信息的前提下采取的自我保护措施。从个人来讲，花费了大量的时间，也经历了讨价还价的磨炼；从整个社会来讲，大大增加了交易的成本。现在很多人在购买较贵重的物品时，首先到网上查一下信息，做到心中有数，而后到市场中，也好落地还价。这也可以说是普通消费者力图改变自己在信息不对称的情况下的劣势而作出的努力。无奈的是，很多霸王条款和垄断企业的不诚信行为，单靠个别消费者的力量是改变不了的。

其他领域中也广泛存在信息不对称所导致的不诚信行为。在政治领域，政府工作的不透明导致公众对自己权利的无知，从而使公民不能维护自己的正当权利，在权利受损时又不能及时讨回公道。试想，如果换身份证的工作由于政府行政部门没有提前公布工作流程和需要携带的东西，就会浪费公民和公务员大量的时间和精力。而在通常情况下，公民因为不知情而浪费的时间和精力是无处讨说法的。信息的公开，尤其是信息网络化为公民办事提供了便利，也大大提高了政府的公信度。在一个单位中，各项经费的开支往往是由少数人经手的，单位其他人很少知道，由此带来的信息不对称为个别人腐败提供了机会。而财务公开则是从改变信息不对称方面所做的工作，单位内部人员可以在内网查询本单位的财务状况，可以有效起到监督作用。在公共生活领域，公共设施是为公众服务的。如果某个公园对所有公众免费开放，就应该保障所有人入内休闲的权利，而不能因为懒于管理或经费困难而发布虚假信息，拒绝公众入内。这个公园的基本信息也应该在网络上可以查到。

虽然，信息的获得还是要受到种种条件的限制，但现代社会要尽量利用科学技术的发展为信息的收集和传递创造有利条件。通过加强信息发布的数量和质量，增加各项工作的透明度，缓解信息提供者和接受者的优劣处境对立，从而增加不诚信行为的成本，以强有力的社会监督来预防和减少不诚信行为的发生。

三、社会诚信的技术建设

构建一个完善的社会诚信体系，不仅要立足解决当前社会诚信建设中的诸多困难，而且还要紧扣时代发展的脉搏，及时把握未来的发展契机。近几十年来以数字化、信息化和网络化为代表的现代科技飞速发展使人类生存的外部环境发生了重大变化，其影响在深入社会和经济发展的同时也逐步渗透到人们的生活和行为中。可以说，今后在建设社会诚信体系的过程中，我们需要充分利用和把握好信息化和网络化的发展，使之为社会诚信的未来发展创造最佳机遇。

1. 信息技术和社会诚信体系

信息技术已经渗透到社会经济生活和个人生活的各个方面，建设社会诚信体系离不开当代信息技术的有力支撑。只有充分地利用信息技术，建立起专业化的资信信息机构和组织系统，为社会公众提供各种信息服务，资信评估机构才能客观、公正地向社会传送准确真实的信息，为建立社会诚信体系构造起一道可靠的屏障。因此，信息化是解决社会诚信问题所必需的硬件基础。

美国的经验值得我们借鉴。他们充分利用各种技术条件，强化约束失信行为的有效手段，使失信者遭受惨痛教训，并以此来教育社会公众。公民失信信息只要被有关征信机构记录在案，那么即使是仅仅一两张支票没有及时清付，都会被保留污点长达五年，而使用该征信机构数据库的银行以及其他商家就将拒绝为这个人开立支票账户，并且拒绝为其信用卡提供服务。像这样的征信机构，比较著名的有美国邓白氏公司、美国中央信用调查公司，其中有的公司拥有的会员数量达到 5 700 万之多。失信者的失信记录会使失信者在相当长的时间内付出沉重的代价，这是使公民的诚信观念发生深刻变化的一个相当重要的动因。

尽管现代信息技术发展为信息传递创造了有利的条件，但是也要看到很多时候，社会信息化还是会受到种种条件的限制。这需要政府鼓励和支持大量的中介机构参与信用信息服务，重视对市场的培育和中介机构的扶持，一方面扩大和提高信息供给的数量和质量，建立覆盖全社会的联合征信信用系统；另一方面充分利用信用信息平台实现信用信息全过程的开放共享，解决社会诚信问题，完善社会诚信机制。从某种程度上看，克服信息化的各种局限关键是政府和市场对信息技术的运用和管理的手段的有效性和成熟程度。

我国社会信息化的管理与社会发展的要求还是有很大差距的。各地区各部门的信息化发展水平很不平衡，并且彼此之间的信用信息也没有实现共通共享，全社会的信用资源人为分离，很容易造成各地区、各部门对信用信息的垄断独占。这样就会为居心不良的企业和个人的失信提供可乘之机，同时还可能使社会信息化遭受“信任危机”，制约和妨碍信息化的发展。长期以来，我国的一些企业和个人的信用信息主要分别掌握在如工商、质检、海关、税务、银行、司法等不同的单位和部门。虽然它们分别建立起了自己的信用评价体系，像工商部门的“重合同守信用企业”、商业系统的“百城万店无假货活动”和消费者协会的“服务诚信先进企业”等，但是没有一个规范、开放、共享的信息平台，各自独立的信用评价体系发挥的作用非常有限，无法为现代经济社会提供准确真实、最具权威的各种信用信息，导致诸如“欧典地板”、“冠生园月饼”等事件的一再出现，严重损害了公众对社会的普遍信任。

福山曾说过，信任并不存在于集成电路、光纤电缆之中，尽管这涉及信息的交换，但是信任并不能分解成信息。信息技术的硬件进步并不能消除由“信任软件”落后所带来的制约，在普遍性的信任较低的社会环境中，信息技术硬件的进步所能带来的积极作用将会被极大地抵消掉。也就是说，一个信任程度低的社会将无法充分利用信息技术带来的便利。

2. 网络技术与社会诚信的发展

社会诚信是现实世界所必备的规范要求，同样也适用于虚拟的网络世界。社会诚信体系的建设不仅不能忽视网络诚信建设，而且还要积极利用网络技术来丰富和拓展社会诚信体系。虽然网络诚信建设得到了社会的普遍关注，但是网络世界的虚拟特性使它面临的问题更加复杂，发展更加困难。从某种程度上说，网络世界对社会诚信的需要比之现实世界更加迫切。

例如，B2C（Business to Customer，即企业对消费者的电子商务模式）网络购物在中国经过几年的发展，以其送货上门、价格便宜、购买方便、品种较多、购买效率高等优点在市场中具备了一定的规模，但其市场仍然十分有限。其主要问题是网络世界中的诚信缺失。根据CNNIC的数据显示，目前网上购物的人群仅占网民总体的0.1%，62.4%的网民不信任网站，担心受骗，近五成的网民对产品质量、购物的安全性以及交易风险表示疑虑。由于传统市场的消失，网上购物者不能直接接触商品，消费者需要及时了解卖方提供产品的所有信息，并且还要对这些信息进行认证，但通过个人的能力去鉴别各种信息的真伪是十分困难的。在国际上普遍采用的是依托第三方背景的认证公司来确保认证结果的公正性、客观性和真实性。我国的认证体系还不完善，技术也不够成熟，这无疑加大了网络交易的成本和风险，制约了网络经济的发展。

网络世界的虚拟性让人们隐藏了真实的身份和性格，这使得人们在网络中坚守诚信也更加可贵。如果说网络世界中社会诚信容易缺失是由于人与人缺乏必要的信任，对网络没有足够的安全感，那么根本原因还是在于对网络世界中主体身份的辨别和确认存在障碍。也就是说，网络交往的真诚可信必须建立在交往双方彼此了解熟悉的基础上，这也是达成网络诚信的必要前提。因此，网络诚信体系的建设与健全，需要有完善的网络安全和主体身份认证体系，这是网络诚信的重要技术保证。要建立网络的安全和身份认证体系，不仅要在技术上采用先进的网络安全技术、身份认证技术、密钥密码技术和数字签名技术加以保障，还要在制度上建立网络安全技术、身份认证技术等管理、认证机构加以保障。在虚拟的网络世界里，网络技术只能努力防范各种失信行为和现象的出现，阻止失信在网络中蔓延、泛滥，而很难对失信者给予现实的惩罚和制裁。这表明，网络世界的诚信建设不仅要依靠网络技术提供保障、支撑，同样也需要现实世界里社会诚信建设的不断进步。

第五节　诚信的教育维度

诚信到底能不能得以实施，归根结底要靠实施诚信的主体的道德素质。因为不论是行为的施与者还是承受者，都是有着自主意识的人。这些人的道德素质决定了诚信的规范、法律、制度能否真正得以贯彻。因此，除了从以上几个方面进行诚信建设外，还要重视诚信教育的作用。

一、诚信教育的必要性

众所周知，构建诚信社会的目的是要营造社会的普遍诚信，为社会经济的和谐发展创造健康的环境和良好的秩序。虽然社会诚信建设与当前的“诚信危机”、“诚信缺失”对经济发展与社会安定的冲击和影响不无联系，但是建设社会诚信绝不仅仅只是解燃眉之急的应对之举，而且是立足时下的经济转型与社会变革，着眼于社会可持续发展的需要。从社会层面来看，社会诚信建设是一个庞大的体系，不仅涉及关系维度、规范维度，而且还涉及制度维度和技术维度等多重维度。单独任何一个方面都无法支撑整个社会诚信体系。外部的关系或制度的约束并不能从根本上实现真正的社会诚信，只有主体自觉自愿才行。要使主体形成对社会诚信的自觉自愿，显然是不可能离开诚信教育的，尤其是诚信总处于不断丰富变化中。

诚信教育很多时候被理解为一种道德教育。可以说，这既反映了传统伦理对我国的深远影响，也表达了现实社会的殷切期望。研究国外其他国家的诚信建设不难发现，依靠“两条腿走路”是它们成功经验的相似之处，即一方面从制度上努力完善整个社会的信用体系；另一方面不断提高社会道德水平，加强对国民诚信素质的培养。党中央提出“形成以道德为支撑、产权为基础、法律为保障的社会信用制度，是建设现代化市场体系的必要条件，也是规范市场经济秩序的治本之策”，对社会诚信建设中道德的作用和力量给予高度重视。以道德为支撑，就是要充分利用道德教育教化来营造诚信意识和观念根深蒂固的社会环境，培养人们自然而成的诚信习惯。可以说，社会诚信状况的好转，社会信用制度的建立都必须以提高全社会的道德水平为前提。

德国学者马克斯·韦伯认为，要建立一个充满理性、有秩序的社会，首先要有精神的秩序，然后才有政治与法律的秩序，而精神秩序的形成有赖于商业伦理道德和社会诚信形象的完善。没有道德的提高，就不可能有社会的全面诚信。诚信就是诚实守信，作为人的一种最重要、最基本的道德品质，需要通过社会的道德教育和个人的道德修养逐步形成。如果没有道德教育，没有善恶、是非之心，不知荣辱，把“自私自利”、“损人利己”作为个人的价值观念和信仰追求，那么想尽各种办法以各种手段谋取私利、满足私欲便会到处泛滥、肆意横行，人和人之间、群体与群体之间的交往就无法正常进行。失去了诚实守信，没有了褒扬诚实守信、贬斥背信弃义的正确荣辱观，社会主义市场经济的正常秩序就会发生混乱，任何理想社会的目标都根本无法实现。正如一些学者所认为的，当代中国社会诚信危机的深层根源就在于人们道德信仰的淡漠、缺失。虽然诚信的基本要求只是不欺骗和忠实地践履诺言，但要长久地坚持这一基本要求就必须有坚定的道德信仰和精神追求。当然，我们无法确证道德信仰必定全能有效。但是，当社会中道德信仰普遍缺失时，现实利益追求和经济实用主义价值观就会盛行，从而对社会诚信构成严重威胁和挑战，诚信危机的深层原因也正是在此。

近年来，社会中自私自利、见利忘义、金钱至上、假公济私、贪图享乐等不道德的现象似有泛滥蔓延的迹象。于是有人据此认为在以利益追求为经济行为基本动机的市场经济条件下，道德在逐步地滑坡、倒退，因而认定道德无助于社会诚信的重建。姑且不论这种说法正确与否，但它至少验证了一点，那就是在社会道德水平低下的环境中很难有良好的社会诚信。虽然我们暂时还无法对现在的道德现状做出客观评价，但是可以肯定的是中华民族从来就不是一个不守诚信的民族，无论在过去还是将来。两千多年来，“讲信用”、“守诺言”，实事求是，不弄虚作假，不自欺欺人，表里如一，“言而有信”、“诚实不欺”等，一直是中华民族沿袭传承的美德。在今天社会上背信弃义、不守承诺的现象大量出现的背后，我们可以看到传统美德正在被淡漠、道德被边缘化的现实，人们在放弃把做一个诚实的人作为自己真实愿望和追求目标的努力。

道德是自律和他律的统一，道德教育注重培养主体内在的良心和自觉意愿，也注意外在约束对主体的道德意识形成的重要性。道德教育从道德的自律下手，可以从主体自身出发，形成不诚信会内疚、自责的道德情感，更有效地杜绝不诚信行为的发生。有人认为，在市场经济条件下，我们应该以行为中的效益最大化标准来衡量道德教育，认为在社会诚信建设中，道德的自律不如法制、制度等外在的约束有效，尤其是法制有着立竿见影的功效。但是，应该看到，偏重于外在惩罚力量的约束，诚信教育的效果并不令人满意。况且，事实一再给予我们的警示是，法律和制度本身即能提供不诚信的漏洞。在这种情况下，外在约束的功效也受到了制约，道德的自律作用得以呈现。

但是，我们在强调道德的自律作用的同时，不能忽视道德的他律作用。确实，道德的自律作用是道德不同于其他社会调解方式的重要特点。道德的优势也在于此。没有道德自律，一切道德规范和原则皆无法转化为个人内在的行为准则，无法形成社会道德行为和风尚，道德的他律作用也就无法实现。但另一方面，道德的他律作用也是不能忽视的。道德主体的自律是件艰辛的工作，在道德教育过程中，往往会强调“慎独”，但显然“慎独”需要道德主体具有强大的自我控制的能力。就社会一般公众而言，能够完美地做到慎独以及道德自律是很困难的。为了实现社会的诚信，在德教育过程中，除了强调道德自律，必须以道德的他律做补充。诚信的教育，一则需要主体内在的自我监督和自我约束，二则需要社会的外在监督和约束。

二、诚信教育的过程

诚信教育必须按照教育和道德教育的规律循序渐进地进行。教育是一个长期的过程，一哄而上、企图一蹴而就的想法和做法都没有看到教育的过程性，危害很大。诚信教育尤其要遵循道德自身发展的过程，要有针对性地做长期的工作。

诚信教育的起点是认知教育。知道什么是诚信，什么是失信；明白为什么要守信，失信的危害是什么；了解诚信的道德、法律、制度的规范是什么，不遵守规范的后果是什么，等等。只有知道什么是诚信、什么是失信；什么是对、什么是错；什么是善、什么是恶，作为行为主体的个人才能做出正确的选择，才能有一个明确的道德实践方向。

有了诚信的知识，才能做出积极的诚信行为的选择，这本是很浅显的道理。就像知道了螃蟹好吃才会吃一样，不知道螃蟹味道鲜美时，大多数人会选择不吃。但我们实际的诚信教育似乎在某种程度上忽视了这个道理，在很多情况下前设性地断定人们的知识足够充足，不诚信完全是道德品质的问题。这其实是个很大的误区。诚信的知识教育在很长一段时间里仍然只是原有知识的重复，而没有新知识的增加。试想，如果所有的消费者都清楚地知道自己受骗之后如何维权，奸商是否可以收敛一点？试想，如果老百姓知道政府工作人员的职责，他们还如何行政不作为？在社会普遍教育的情况下，没有人会认为只有自己知道，别人会消息闭塞。所以诚信知识的普及本身也是对不诚信行为的一种抑制和监督。从这个意义上讲，我们的诚信认知教育不是搞滥了，而是远远不够。当前诚信认知教育工作缺乏成效，要改变的是教育的思路，而不是全面否定诚信认知教育的合理性和必要性。

有了诚信的知识，当然不足以造就诚信的人。越是高级的骗子，知识越是丰富，因为越是知识丰富，越知道如何钻空子保护自己损害别人。因此，在诚信教育之外，还要陶冶人们的道德情操。没有炽热的道德情感，当然不会对诚信有热烈的追求。以诚实守信为荣、以见利忘义为耻，知荣知耻不是知识的问题，而是感情的倾向。如果感情倾向出了问题，社会中人与人之间当然会出现诚信危机，因为它的直接后果就是没有善恶是非的标准。

不诚信的行为在现代社会有时会被看做是能干的表现，这显然是感情的错位。不以耻为耻，反而以耻为荣，这是社会诚信的最大问题。国家助学贷款政策的出台给无数贫困大学生带来了希望，然而这项利民利生的好事却因为部分大学生的诚信缺失变得步履维艰；

而在办理了贷款的在校学生中，很多人不觉得这样有什么不好，甚至在打听不还款的人如何逃避惩罚。被发现的腐败官员在痛哭流涕，没被发现的在扬扬得意，他们不为自己失信于人民而愧疚，反倒为自己手段“高超”而庆幸得意。这种是非耻辱颠倒的道德情感，如何能够使社会形成正确的诚信情感！社会主义荣辱观的教育势在必行，道德情感的教育不容忽视。

诚信教育最后还要落实在被教育者的道德意志的锻炼上。道德意志是诚信人格形成的关键。如果没有坚强的意志，就不能在威逼尤其是利诱的情况下克服内心的恐惧和欲望，牺牲私利，坚持诚信的正确选择。无论知识有多丰富，感情有多炽热，在利益的诱惑面前，缺少了意志，对诚信的坚守都没有根基。

今天的中国社会，荣辱观颠倒的现象确实存在，但社会上大部分人还是有着基本的道德判断的。而这部分人中出现的失信行为，往往是因为意志不够坚定，结果私欲战胜了诚信，邪恶战胜了正义。因此，道德意志的教育尤其要加强。道德意志表现了被教育者内心信念的坚定，这种坚定也需要外界因素的加强。值得一提的是，作为诚信教育的主要途径，社会舆论正变得越来越宽容。这从一方面看是社会进步的表现，例如，人们开始尊重他人的隐私，但涉及是非问题，社会舆论一定要坚持自己的标准。只有社会舆论坚持标准，个人的道德意志才能支持他一贯做出正确的选择。

总之，就个体而言，诚信教育的过程基本分为认知、情感和意志教育三个阶段。需要注意，每个阶段针对不同个体的具体情况会有不同的内容。例如，在诚信的认知阶段中，对于三岁孩子而言，最基本的内容是教育他们不说谎，但对三十岁的人而言，可能诚信教育最基本的内容在于法规的知识；对三岁孩子要告诉他，撒谎的孩子老师不喜欢，但对三十岁的人要靠社会的舆论给予他诚信光荣的教育。另外，三个阶段也不是绝对分离的三个时间段，并不意味着在三十岁之前是单纯的认知教育，三十岁到六十岁是情感教育，六十岁之后是意志教育，显然这也是不现实的。三个阶段只是就个体教育的发展过程而言的大致分解，三个阶段可以在一个人一生中的同一时间段里同时进行。例如，在一个人二十岁的时候，一方面要强化他的诚信认知教育，使其增加更宽泛领域的知识，不仅做到自己守信，还要知道如何监督别人或部门组织的诚信状况；另一方面还要继续培养他的诚信情感，使他以诚实守信为荣、以见利忘义为耻；最后还要锻炼他的意志，二十岁的年轻人面对巨大的利益，面对可能改变自己一生命运的“机遇”时，内心的冲突非常激烈，能够克服自己的贪心，做诚信的选择，需要巨大的勇气，这既是对他诚信意志的考验，也是锻炼，道德教育要在此时给予他坚决的支持。最后，三个阶段必须呈现出循环不止、连绵不绝的一贯性。认为人到了而立之年人生经验丰富就不必再学习知识，认为小孩子不过十岁还谈不上意志的培养，这些都是错误的看法。在人的一生中的任何一个时间段里缺少了诚信的教育，都会影响到在此后人生实践中的表现。

三、诚信道德教育的方法与措施

社会诚信建设是多层次的，它不仅针对个人，还包括企业、政府等。因而不同层次的诚信建设有着不同的要求和标准，每个层次的诚信道德教育的目标或者采取的方法和措施显然也会有很大的不同。一般来说，诚信道德教育包括以下三个层次①：

第一个层次是培养和塑造诚信的个人。这是诚信道德教育最基本的任务，也是实现社会诚信的前提条件。对于个人的道德教育，我国有着非常丰富的历史经验和优良传统。但是今天的诚信道德教育所要培养和塑造的诚信个人与以往大不相同，对现代人进行诚信道德教育无法回避现代社会环境和科学技术的影响，如果再用“狼来了”这样的老故事来教育、威吓肯定是不行的。而是应该使人认识到，诚信不仅是一种个人的美德和品质，而且是一种社会的行为准则和规范；不仅是一种内在的精神和自由，而且是一种外在的荣誉和资本。就当前情况而言，诚信道德教育主要是采取道德劝导与纪律训诫的方法，对维护、增加个人利益的功利性诉求比较重视，而且在今后一个时期内也不会改变。也就是说，在道德教育过程中，不仅对个人在认知、情感和意志三个阶段要加强培养和锻炼，形成

① 在这里需要说明两点：一、诚信道德教育的不同层次与道德教育培养所要达到的道德境界的层次是不同的，前者主要是根据教育对象的不同而划分的；二、诚信道德教育的三个层次之间是一种并列关系，它们的先后顺序没有高低上下之分，它们相互支撑共同构成诚信道德教育的完整系统。

个人诚信的坚定信念，同时也要保证个人诚实守信在利益上或有所得，但至少不能有太大的损失。从长期来看，诚信教育最终要将其价值取向从功利主义转移到人文主义，确立诚实守信是做人的本分或者说底线的意识观念。即一般情况下，个人不管做什么、后果如何都应该讲诚信、守诺言。

第二个层次是培养和塑造诚信的“经济人”。在这里，“经济人”主要是指在社会主义市场经济中包括企业、公司在内的各种经济实体或经济单元构成的市场经济整体。培养和塑造诚信的“经济人”是社会诚信建设中最艰难也是最重要的任务。如果没有作为市场经济基石的诚信，社会主义市场经济的完善和发展就只能是空谈。恩格斯曾说过，“现代政治经济学的规律之一就是，资本主义生产愈发展，它就愈不能采用作为它早期阶段的特征的那些琐细的哄骗和欺诈手段”①。随着市场经济的发展，这种欺诈和哄骗的手段逐渐被社会所排斥，诚实信用最终成为市场经济的基本原则。西方国家经历这一过程用了大概几百年的时间。日本在第二次世界大战之前也曾假货盛行，经济中的失信现象相当严重，一直到20世纪六七十年代这种状况才得到转变。我国要完成这一过程也需要一定时间。显然，单纯依靠市场经济规律自发地起作用将会使这一过程变得漫长，这对我国的社会经济发展以及人民的福祉提高都是不利的，因此必须加以克服。由此可见，培养和塑造诚信的“经济人”不仅显得非常重要，而且也十分迫切。

对以追求经济利益最大化为目标的“经济人”进行诚信道德教育，采用的方法和措施很重要。通常来看，如果不用外在的制度约束“经济人”的行为，迫使它远离失信，那么就只有通过用成本和利益来引导“经济人”走向诚信。从外在制度上对“经济人”进行约束，就是一方面要用法律、制度规范“经济人”的行为，做到不欺诈、不蒙骗；另一方面对失信的行为进行裁决并处罚。用成本和利益来引导“经济人”诚信，即一方面通过提高机会成本的代价，降低一次性博弈的风险；另一方面充分利用政策支持，扩大诚信的“经济人”的自主权，促进重复博弈，以追求长远利益抵制短期好处的诱惑。

---

① 《马克思恩格斯全集》，中文1版，第22卷，368页，北京，人民出版社，1965。

第三个层次是培养和塑造诚信的政府。政府诚信在社会诚信建设中居于关键地位，它直接影响个人诚信和企业诚信的建设，是社会诚信体系建设的重要保障和支撑。美国著名政治学家迈克尔·罗斯金说："所有的政府行为都在影响着人民。"① 政府诚信在诚信建设中起着不可替代的示范带头作用。在现实生活中，一些地方政府或部门要么政策朝令夕改，浮夸造假，欺上瞒下，制造政绩、形象工程；要么行政消极、不负责任、相互推诿，给政府的形象造成许多不良影响，而且也在一定程度上助长了社会失信风气。从形式上看，政府的失信大多是由于政府不能真正做到依法行政和公正执法所造成的。但是从根源上分析，这与中国传统的官本位、等级特权等思想观念仍然在社会上作祟也是有着一定联系的。因此，培养和塑造诚信的政府除了继续学习和借鉴其他国家在管理和制度上的经验，更要注重加强政府的诚信道德教育。

由于政府诚信的实现包括政府组织本身和政府工作人员（公务员）两个部分，政府诚信道德教育也就相应包含侧重于促进公务员个体诚信的道德教育和侧重于加强政府组织诚信的道德教育。对于公务员个人诚信的道德教育，它在目标、方法和措施上与第一层次大体类似，也需要通过主体不断认知来实现，使之内化为公务员的内心信念，形成政府诚信的品质和风尚。在具体措施上，即在公务员的录用、选拔、晋升、表彰的环节必须优先对候选人的社会诚信资信记录进行认真翔实的考察，然后再结合其他方面的综合评价，使人们都意识到诚信是政府的"通行证"。当然，公务员作为政府组织的行为主体，其诚信与否很大程度上还是受政府自身诚信的制约和影响。对于政府组织诚信的道德教育，要侧重发挥道德教育的他律，通过外在的约束，规范政府的诚信行为。首先，要建立政府诚信的道德评价机制，充分发挥各种社会团体、人民团体以及非政府组织（NGO）的作用。在党和政府的指导下，积极鼓励和支持广大群众通过多种途径参与国家和社会事务，维护和保障群众的利益和权利，通过建立组织专门的政府诚信监督机构和人员，保持对政府各种公开行为的跟踪和观察，客观地对政府诚信与否做出评价并将

---

① ［美］迈克尔·罗斯金等：《政治科学》，林震等译，146页，北京，华夏出版社，2001。

有关信息及时向社会公开公布。要保证这一措施得到有效实施，政府应该努力做到政策透明、行政过程透明、反馈纠改透明，“诚实是最好的政策”①。其次，充分发挥各种媒介的作用，搭建政府与外界交流互动的平台。随着信息时代、网络时代的来临，社会中的各种信息交流越来越便捷、频繁，普通公众对社会事务、政府政务产生了更多的关注和参与意识，这无形中对政府诚信提出了更高的要求。因为任何政府失信的行为一旦出现都可能在极短的时间内传到全国各地以及世界的许多地方，从而对政府的威信造成损害，并对社会诚信产生负面的影响。面对社会不断发展的要求，政府必须及时地进行了解和掌握，在今天，封闭自己已经不太可能，而且也不会对社会或自身有益。因此，政府应该加强自身与社会的交流互动，开放社会关注的公共信息，广泛吸纳人民群众的意见与建议，一方面为政府的诚信行为提供展示宣扬的平台，另一方面也可以通过社会广泛的积极参与，在提高政府诚信的前提下推进社会诚信的全面建设。

① ［美］特里·L·库珀：《行政伦理学：实现行政责任的途径》，张秀琴译，11页，北京，中国人民大学出版社，2001。

第四章 诚信和信用的伦理定位

前面诸章依次讨论了信用概念及其历史、诚信的个体维度、诚信的社会维度等问题，本章将讨论信用的道德定位问题。本章所要回答的问题有四个方面：其一，在社会生活中，是不是任何表现为诚信和信用的行为都是符合道德的？如果不是，其道德的理由是什么？其二，在社会生活中，是不是在任何事情上都必须讲信用？或者说，是不是凡是不讲信用的言论和行为都是违反道德的？如果在某些社会领域或某些事情上可以不讲信用，那么这些领域和事情主要有哪些？在某些领域或某些事情上不必讲信用的道德根据何在？其三，信用在社会道德体系之中处于一种什么样的地位？它在实行过程中需要遵循什么样的原则？其四，在现代社会中我们应该讲一种什么样的信用？或者说讲信用应当立足于一个什么样的基点上？

第一节 诚信和信用行为的评判

诚信和信用是人的最基本的道德，它展示的是一个人内在的稳定的心理倾向和道德品质。其实，凡是不诚信的人，总是要伪装诚信，以骗取人们的好感，从而实现自己的自私的目的。这种行为做得多了，就给人一种不讲诚信或没有信用的印象。如果一个人从来都不讲诚信和信用，那么他就不可能赢得社会中任何人的信赖，因此他也就无法在社会中立足。正是在这个意义上，孔子才说，“人而无信，不知其可也”（《论语·为政》）。

信用也是人际交往中的最基本的道德。它是人与人之间信任的道德基础。人在社会中生活，总是要与他人打交道。人们彼此重承诺，讲信用，那么彼此之间就可以信赖，人际的互助和合作也才是可能的。没有了人与人之间的信用和信赖，世界将成为尔虞我诈的世界。

信用还是社会存在和运行的道德基础。社会的运行离不开制度，制度的信用是制度权威的根本保证。如果一个社会中的制度瞬息万变、朝定夕改，那么制度将不会产生任何效力；如果一个社会中的制度虽然比较稳定，但人们在执行制度的时候常常越轨或任意解释，使制度不能很好地得到贯彻，那么这种制度也同样不会产生效力。忠实地执行既定的社会制度，人人各安其位，各司其职，是社会良序运行的基本条件。

信用虽然是最基本的社会道德，但是，并不是所有的讲信用的行为都符合道德。信用需要道德的定位。下面将探讨并不具有善德的意义和价值的信用行为。

一、伤害更高道德规范的信用行为不具有正面的道德价值

在社会道德体系中，诚信和信用是众多的社会道德之一。在诚信和信用道德之上，还有更高的道德。比如在二十字公民道德的基本规范之中，爱国的道德要求显然要高于诚信的道德规范。在日本帝国主义侵略中国之时，哪一个真正的中华儿女肯“诚信”地对待日本侵略者而出卖国家利益？讲诚信如果害及爱国，那么这种诚信行为的道德价值就要大打折扣。在中国传统道德规范体系中，最重要的有所谓“五常”，即“仁、义、礼、智、信”，信居于最末。讲信而害及“仁、义、礼、智”四者，那么这种信的行为就不足取。

现试举一例说明这一问题。历史上有一个众所周知的故事：尾生与女子期于梁下，久候女子不至，而河水暴涨，尾生为求信不肯离开，结果抱梁柱溺水而亡。尾生与女子约会于桥梁之下，对方届时未到，尾生苦苦守候，可谓讲信用的至诚君子。但是，河水暴涨，人已无法再在桥下继续待下去，稍有头脑的人都会赶快离开；但尾生拘泥于信用而不肯离开，结果只有死路一条。虽然也有人把尾生当成一个讲信用的典型，但这种行为并不具备任何道德价值。

如果我们对于这一行为加以分析，就会发现它有许多失当之处。

其一，这一重信行为背离了行为本身的目的。两人约会，其目的是为了谋面。如果不为谋面，约会当无任何意义。尾生宁可被水淹死也不肯背离约定，从而永远地失去了与女子见面的机会，可谓守之小而失之大，重过程而弃宗旨。

其二，这一重信行为背离了“智”德。与女子约会于梁下，属于一般的情形下的约会地点。河水暴涨，梁下无法立足，期于梁旁并无不可。认“下”而不认“梁”，可谓迂腐之极。当然，如果尾生是因爱情失意而痛不欲生，宁肯溺死而不愿偷生，属于爱情的殉道者，则无关智德，不在此论。

其三，这一重信行为伤害了“仁”德和“孝”德。仁之为德讲的是对人之爱。虽然董仲舒有“仁在爱人，不在爱我”之论，但尾生为小信而伤害生命之举同样也是违背了仁爱的美德。一是因为尾生也是人，而对人不可轻易地害他性命；二是尾生也有父母，可能还有兄弟姐妹、师长朋友，他们需要尾生的关爱，而尾生为小信而伤身则是弃仁孝的道德责任而不顾，可谓不仁。

我们分析尾生因守信而伤生这一例子，多少显得有些无聊，但也只不过是借此说明这样一个道理，即守信用的行为如果违背了其他更高的道德规范或者伤害了更高的道德价值，则这种守信行为不具有正面的道德意义。在现实生活中，与此类似的行为也可以做出同样的价值判断。如果一个医生不顾病人的心理承受能力、不顾场合和客观情景，很“诚信”地把病人的真实病情告诉病人；如果一个新婚宴尔的人，很“诚信”地把自己新婚之夜与妻子的鱼水之欢讲给他人听，我们无论如何也不能把这看成是具有善德的行为。

二、私人之间的信用行为伤害了公共利益不具有正面的道德价值

人是一种有感情的社会动物。在人的社会生活中，人与人之间总是有亲有疏的分别，办事总有私事和公事的分别。同情、爱护、偏向亲者，是人之常情的自然倾向。对于亲者、近者，人们总是给予较多的关爱，对于公共利益常常不如对个人或私人圈的利益看得亲切。这是漫长的私有制带给人们的影响。正因为如此，道德才更注重引导人们分辨公私，更强调维护公共利益和集体利益。

在信用问题上，我们同样需要分辨公与私、个人利益和集体利益。在现实生活中，我们常常会看到一些人为了兑现对亲人、朋友的承诺而慷公家之慨，常常为了显示自己的信用而违背国家的制度规定。一个主管工程的人有可能为了兑现给亲近之人的承诺而把工程标的告诉给对方；一个收税人有可能为了朋友的信义而少收税金；一个评审者有可能因为熟人而投他本不该投的一票。凡此种种所谓的信用行为都不能得到道德的褒奖。

信用是分档次、分大小的。一个人既是单位人，也是处在亲人朋友关系圈中的人，其行为信用有一个究竟为谁的问题。如果一个人办理的是单位的工作岗位所必须处理的事务，那么，他的身份和角色就是一个单位人，他代表的是单位和集体的利益与意志，他就必须跳出私人交往的圈子，必须忘却私人的恩情。对集体或单位负责，对集体和单位讲信用，才是单位人的本分。相反，如果他为了私人的信义而抛弃对单位、对集体的信义，那就背弃了自己的岗位责任，就是以小信伤害了大信，以私信伤害了公信。

在中国这块土地上，从来也不乏私人之间的信用，欠缺的倒是维护集体利益的公信。因为我们长期受到的信用方面的教育主要来自于传统。传统伦理道德中有所谓“五伦”，即“父子有亲，君臣有义，夫妇有别，长幼有序，朋友有信”。长期以来，信字是被定义在朋友之信上的。中国传统社会是私有制社会，是农业社会，人们长期在同样的一块土地上生活，一生都与熟人打交道；人们囿于家庭利益和朋友的私人交往，目光短浅，重私而不重公。用社会学家的用语，即传统社会是“熟人社会”。在这个“熟人社会”中，一个人如果对熟人不讲信用，那他在社会中就真的无法立足。现代社会发生了天翻地覆的变化，家庭的社会功能蜕化，再也不是社会的生产单位、政治单位、军事单位和消费单位，而仅仅成为消费单位和人口的生产单位，成为业余生活的温情的港湾。人们离开了家庭，投入到一个个的单位中去，变成了名副其实的“单位人”。人们的工作是单位的岗位工作，代表的是单位的利益和意志。因此，讲信用必须要讲集体的公信。这种公信的意识，在战国末期的思想家韩非子那里已经被意识到了。他曾经指出，孝于父母、信于乡党朋友会妨害公家的利益。当然，他讲的公家利益主要是封建国家和封建君主的利益，那是封建君主和统治阶级的大私，而非真正的公家利益。在社会主义条件下，集体、公家是全体公民的集体和公家，集体利益和公家利益是每一个单位人的利益的集合，是全体公民利益的集合，因而这才是真真正正的公家的利益。然而，实际需要的公信教育实在是太少了，以至于占公家的便宜、损公肥私成为一种司空见惯的事情。我们在这里特别指出信用的公私之分，强调私人之间的信用行为在伤害了公共利益的情况下不具有正面的道德价值，确立私人之间的信用对于公共信用的从属地位，就是要纠正人们在信用认识方面存在的偏差。

三、从恶目的出发的信用行为不具有正面的道德价值

社会中有善事、有恶事，有善人、有恶人。从恶的目的出发做事是为恶事，惯做恶事的人是为恶人。恶有柔恶，有刚恶。意志薄弱，做恶胆怯，为人猥琐，不讲诚信，说谎骗人，是为柔恶。人们对于这种恶人恶事都已认识得很清楚了，不必赘述。然而，人们对于某些刚恶行为还没有认识得很清楚，在赞扬信用行为的同时，有意无意、或多或少地肯定了某些刚恶行为，因此我们需要从信用的角度加以剖析。

中央电视二台在 2005 年 11 月 4 日早 8 时“第一时间”栏目中曾经报道了一则消息，哈尔滨某小区发生了盗窃居民楼门洞防盗门事件。这些窃贼偷盗防盗门并不是偷偷摸摸地干，而是在大白天大摇大摆地卸居民楼的防盗门，而且是一个门洞接一个门洞、一个楼接一个楼地挨着卸。警察一次就从其住处查出了盗窃的防盗门 30 多个。

盗贼白天盗防盗门，真是一种公然的挑衅！盗贼的这种行为明目张胆，在光天化日之下进行，可谓“诚实”到了极点，但是，我们无论如何也不能肯定其有正面的道德价值。这不是诚信，而是一种疯狂。社会上还有许多与此相类似的行为。“我是流氓，我怕谁！”这不是流氓的诚信，而是流氓的疯狂。恶徒流氓对人的威胁之语，常常都是付诸行动的。这种出自恶目的的强梁行为，尽管可能是说到做到，但不能认为它是善的。

恶人与恶人之间，也常常是讲信用的。毒品、走私、洗黑钱等地下交易行为，未必就是不讲信用的；恐怖分子在公共场所投放炸弹并事后声称自己对事件负责，也可以说是一种“信用”；侵略者公然把自己的意图、目的和要求告诉被侵略者，也似乎具有某种信用。但是，正因为这些行为都是出自恶的目的，都不能因为其行为具有信用的含量而肯定其有善价值。

总之，我们不能笼统地肯定凡是讲信用的行为都是合乎道德的，而必须要对行为的目的进行考察。弄清了这一点，我们才能对信用行为的价值进行评判。当然，我们也可以普遍地肯定信用行为具有善的价值，但那一定是在肯定信用行为的目的和意图的前提之下。

第二节　不诚信或非信用行为的评判

一般说来，既然诚信或信用是一种基本道德，那么诚信的行为或守信用的行为就是一种善的行为，相反，不诚信或不守信用的行为就是一种恶的或不道德的行为。这也可以说是社会上最普遍的看法。在通常情况下这一看法是正确的，但是它也不是绝对的。也就是说，并不是在任何情况下不诚信或不守信用的行为都是不道德的。对于某些特殊的社会生活领域，在某些特殊的情况下，不诚信或说谎、不守信用或非信用行为仍然具有正面的道德价值。下面我们对此加以解析。

一、市场上的交易商谈过程中出现的“不诚信”言行不具有恶的道德价值

市场是交换行为的产物。自从人类有了剩余产品以来，人们为了互通有无，便于以货易货，久而久之，固定的以货易货的场地——市场也就形成了。市场行为可以说从其诞生的第一天起就获得了一种本性，那就是尽可能多地交换更多的物品。如果说对于偶然一至市场的人来说，也可能不为交换更多的物品而来，但对于以市场为生的买卖人来说，贱买贵卖是其获取利益的必由之路。现代市场早已超越了货物交易地的概念，已经成为社会的资源配置方式，但是，其诞生时所获得的本性仍然是市场行为的最根本的特性。

市场交易行为主要有两种方式，一是依照既有契约进行的双边或多边交易行为；一是交易之前没有既定的契约，通过双边或多边口头的讨价还价的行为达成约定，然后进行交割的交易行为。这样，交易行为就有达成契约或约定之前和达成契约或约定之后两个阶段。是否诚信，是否守信用，对于这前后两个阶段来说是有很大差别的；对于是否诚信或守信用的行为的价值评判也是有重大差别的。

对于达成契约或约定的市场行为来说，交易双方都必须信守达成的书面契约或口头约定，不得撕毁合同和不守信用，否则是一种背信弃义的不道德行为。即使这种契约存在有某种程度的不合理，或因时过境迁契约变得不利于己方，交易双方也都必须信守契约，

因为契约信用是维持市场秩序和保证交易正常进行的基本前提。如果从道德上允许人们可以任意毁约的话，那市场将会变得毫无规则可言，成为人际矛盾和冲突的渊薮，正常的市场交易将不复存在，市场的生命也将终结。因此，信守契约是善的市场交易行为，不守契约则是恶的市场交易行为。这是市场交易的铁的道德律，不因任何商人的如簧之舌而更改。

对于未达成契约或约定的市场行为来说，交易双方首先有一个如何走向交易实现的过程。在这个过程中，买方要了解卖方货物的性能和价格，只有在货物性能和价格比对他来说最合适的时候，他才会考虑去和卖方达成交易；除了这个因素之外，卖方的态度、仪表及表现出来的善意也是成交的重要因素。买方与卖方没有血缘之亲，没有朋友之义，完全是因为其货物对于自己有利才与卖方打交道的。卖方要了解买方的需要和心理，以求最大限度地把货物推销出去。卖方同样也与买方没有血缘之亲，没有朋友之义，只是为了能把货物卖给对方并以最高的价格卖出去，才与买方打交道。市场既不是买方一家，也不是卖方一家，哪一对特定的卖方和买方能够达成买卖契约或口头约定，则在于买卖实现前的讨价还价。

在交易商谈过程中，买卖双方为了实现自己的最大利益，都几乎没有例外地把对自己最有利的说辞讲给对方听。卖方总是在夸赞自己的商品质量如何好，价格上如何比别的商家优惠，今后服务如何到位，商品是如何的供不应求，卖给别人的价格是如何高昂等。所有这些，都是为了与前来商谈的买方达成买卖的约定。达成买卖的约定，就是卖方的利益所在。卖方在商谈中有相当多的说词并不是很诚实的。在这番真假参半的商品介绍和价格高开低走的要价还价商谈之中，尽管可能有许多不实之词，但如果不是以次充好、以废当新或售后服务承诺不兑现，都不算是违背了诚信的道德标准。特别是在商品的价格方面，尽可以漫天要价，如果能够卖到同类商家的同类商品的最高价格，那是卖方能力的一个展现。某些特殊商品如古董、字画等文化含量高的商品的讨价和成交价差距之悬殊常常是出人意料的。买方为了获得质优价低的商品，也常常是对于卖方的商品吹毛求疵，拿并不实际存在的其他商家开出的价格加以对比，对此商家开出的价格做出种种批判，并且还会做出一种买不买都无所谓的姿态，尽管可能他在内心早就急于得到这件商品了。这也同样不违背诚信的道德标准。

为什么人们对于买卖双方在讨价还价过程中表现出的“说谎”行为如此宽容，而不把该行为看做一种不诚信的行为呢？难道这是历史积淀的原因，即凡是商人从来都是不诚实的，故而应当对之宽容吗？当然不是。因为在市场交易过程中，买方也有许多不实之词，买方大多是一般的消费者，而并非专业商人。究其根本原因，在于商品的价值和价格之间的不一致现象。

商品均按一定的价格出售，但商品的价格常常是由需求所决定的，而价格一般并不与商品本身所具有的价值相一致。一斤馒头在平时对于衣食无忧的人来说不过值两元钱，但是对于饥荒之年饿至垂死的人来说，其价格就算是一斤黄金也未必是黑心价；一张邮票不过值几角钱或几元钱，使用过了的邮票照理说就更没有用，不值什么钱了，但是，对于特殊的邮票则另当别论。一张世界上最早的且唯一的邮票可以拍卖到数十万甚至上百万美元；一件普通的旧衣服可能扔在地上也没有人捡，但世界级电影明星梦露的旧衣服则可能算是一笔财富；洗一张照片不过几角钱，弄坏了也没有什么了不起，但是如果是一个孤儿的没有实际记忆的已经去世多年的母亲的唯一的照片，那么对于这个孤儿来说，这张照片可能是无价之宝。正是因为商品的价值和价格从来都不能完全一致，处于永恒的变动之中，且是因时、因地、因人而异的，故而漫天要价和就地还钱都不算背离了诚信的美德。

二、出自善意的不诚信言行不具有恶的道德价值

道德以追求善为自己的使命。正因为诚信和守信用能达到或实现善的人际关系，因此才被提升为一种道德标准。在特定的场合，如果讲诚信、守信用不能达到善，那么就不必非要坚持诚信和信用。只要是出自善意并且真正能够达到善的效果，不诚信的言行就不能判定为恶。在实际的社会生活之中，这种出自善意的不诚信行为是司空见惯的，我们应当给予其以正确的价值定位。

出自救死扶伤的善意行为，尽管可能是不诚信的，但也不能给予恶的价值评判。我们知道，医生的职责是救死扶伤，只要是有利于救死扶伤结果的行为，都应当在道德上予以肯定。一个患了不治之症的人，其心理承受能力常常是极其脆弱的。医生在没有医疗手段可以使病人康复的情况之下，尽可能地延长病人的生命，尽可能地使病人在生命的最后阶段拥有更多的快乐，这是医生的道德义务。如果一个医生不顾病人的幸福，在其询问病情时便如实地把病人得了不治之症告诉他，就有可能加重病人的精神负担，使病人在生命的最后阶段更加痛苦，还有可能使病人过早地结束生命。这种行为虽然无悖于诚实、诚信的美德，但却有违于医生的道德使命。相反，如果医生是为病人着想，从病人的实际出发，从病人的承受能力出发，分场合、分程度、讲策略地把病情有选择地告诉患者，甚至讲一些与事实相违背的谎言，从而对于病人克服病情所带来的痛苦起到帮助作用。这种行为虽然有悖于诚实的道德要求，但却是出自仁爱的慈悲之心，故而绝非不道德。

出自对于他人的敬意的不诚信的言行，也不应做出恶的价值评判。人不同于其他动物，其生活不仅仅是为了活着而活着，而必须且应当是有尊严地活着。人格的尊严不仅与道德联系在一起，也是与法律联系在一起的。我国的法律对于公民的人权规定中包含着对人格尊严权利的维护的内容。因此，在日常的生活交往之中，公民彼此之间都应该时刻想到对他人尊严的尊重。在某些场合，如果对于一些不相干的人说出某人曾经做过某种不良行为，这可能在客观上符合事实，但是它伤害了某人的尊严和名誉，对于某人以后的生活和工作都带来了不良的影响。这种“诚信”的行为实际上并不具有善的道德价值。如果一个人是借诚信之名而对别人的过失逢人便讲，那就不是诚实，而变成一种恶意的宣传和对人的诋毁了。与此相反，在谈及别人时，不随便言讲其过失，不知说其不知，知也说其不知，维护别人的名誉和尊严，不仅不具有恶的价值，而且还有善的价值。中国是一个讲道德的国度，自古就有“为亲者讳”、“为尊者讳”、“为长者讳”的道德名言。这是一种传统美德，强调的是一个道德君子应有的涵养和温良德性。在进入现代化的今天，我们同样应该自觉地维护他人的尊严和名誉，这不仅是新时代道德的要求，也是现行法律的要求，更是建设社会主义和谐社会的要求。

三、无伤道德原则的不得已的谎言不具有恶的道德价值

人是一种社会存在物，因而人际的和谐、社会的良序运行，对于每个人来说都是十分重要的。人际的和谐和社会的良序运行需要每个人来维护。日常生活中的一言一行都会对他人、对社会产生影响，故而不能不考虑言语行为的后果。要实现人际的和谐和社会的良序运行是需要做出多方面努力的，而坚持正义的原则、维护社会最基本的法律规范和道德规范是达到人际和谐的首要条件。在满足第一条件的前提之下，还必须在一些细小的方面做些策略性的调和工作。在某些特殊的情形之下，在一定的范围和程度上，说一些无伤道德原则的谎言对和谐的人际关系是有意义的。

人在社会中生活，常常会碰到一些无奈的事情，其中讲实话还是讲假话就是人们经常面临的两难选择。在一些重大的或比较重要的问题上，不诚信、讲假话会造成比较严重的消极后果，会影响人们对讲话人的形象和品德评价，那当然应该讲真话、实话而不应该讲假话。在这方面，由于事情重大，人们常常比较容易抉择。但在一些小事上，抉择反而不那么容易。人是不是在任何时候都不应该说谎，是不是在任何时候都应该做到绝对的诚信？如果不是这样，那么在什么情形下可以讲一点谎话？在什么程度上可以讲一点谎话？这是需要我们加以探讨的。

其一，在日常生活之中，在某些生活琐事上是不必过分讲诚信的。例如，一个朋友向人问好时通常都会说："最近一切都好吧？"如果被问者从字面上理解这句话，就会把最近发生的一切事情向朋友汇报，详细地告诉他什么地方好，什么地方比较好，什么地方不太好，什么地方很糟糕，喋喋不休。试想一下，朋友会很耐烦吗？其实，这不过是朋友一句问候的话，并没有问个究竟也没有想替人解决什么困难的意思。这如同问"吃过了吗"一样，他并不想知道你到底吃饭了没有，他也没有在你没有吃饭的情况下请你去吃一顿的意思。因此，即使你没有吃饭，随便说一句"吃了"或"还没吃"都是可以的。一个人如果凡事都把诚信讲到底，则显得迂腐不堪。这是属于不必要特别讲"诚信"的地方。

其二，为了使对方有一个好心情，讲一点"谎言"并不违背诚信的美德。在日常生活中，我们常常会看到一些同事或朋友穿了一件自己得意的新款式的衣服，从心里希望得到别人的认可。女同志尤其如此。如果一天之内没有被别人发现，那么她可能会感到很郁闷。如果她向你问起："我这件衣服怎么样？"即便你内心深处很不以为然，那么也不妨说："呀！真是不错，你今天显得更加年轻漂亮了！在哪里买的？"假如你很诚实地把这件衣服批评一顿，就显得对方没有审美的眼光和档次，人家岂不更郁闷了？为了使人心情愉快，对人就不要太吝啬说表扬的话。这些无关紧要的表扬，有可能不那么实事求是，但说出口也不是什么恶德。

其三，为了鼓励人们上进，讲一点“谎言”也同样不违背诚信之德。在人的成长过程之中，总是会遭遇这样或那样的挫折，总是在某些场合会畏首畏尾、裹足不前。这时候，特别需要人们的帮助和鼓励。年轻的妈妈对自己刚刚学步的幼儿，总是大加鼓励：“宝贝，真勇敢！再往前走两步！”“歌儿唱得真好听！再来一首。”在学校里，教师对腼腆的孩子总是多加鼓励，当他终于肯站起来在课堂上提问或回答老师的问题时，尽管他可能比班里优秀的孩子差得很远，但仍然会受到表扬。受鼓励和表扬的行为可能非常平常，表扬和鼓励的话语也可能言过其实，认真地追究起来，可能多少带有“谎言”的成分，但是它对于鼓励人的成长和进步往往具有重大的作用。因此，这样的话语不应受到“不诚信”的道德谴责。

其四，有时为了避免人我关系上尴尬，讲一点“谎言”也并不意味着有亏于诚信之德。例如，自己掌握着某种裁量权，被裁量者为了获得通过而请客吃饭。被裁量者为了自己的目的请客吃饭，在中国可以说是人之常情。而掌握着裁量权的人的职责是主持公正，优中选优。如果赴约，正所谓“吃了人家的，嘴短；拿了人家的，手软”。要主持公正，吃了人家而又不给人家评上，自己不好意思；为了一己私情而不主持公正，则有愧职守。如果不去赴约，对朋友直斥其非，则有伤朋友情谊。这对于当事人来说，实在是一件两难的事。在这样的无奈情形之下，许多人选择了说一点小谎言的策略。比如，说自己有重要会议，不在单位，身体不舒服等，以求在不伤情谊的情况下推掉宴请。没有重要会议却说有，本来在单位却说不在，身体好得很却说身体不舒服，这当然属于谎言之列，但它是一种不违背道德原则的谎言。既然不违背道德的原则，那也就不能说是一种恶的行为。

第三节　涉及诚信和信用行为的道德价值的定位原则

以上对诚信或守信用的行为以及不诚信或非信用的行为的价值

进行了评判，指出某些诚信或守信用的行为不一定具有善的道德价值，某些不诚信或非信用的行为则不一定具有恶的道德价值。我们这样分析和评判，并不是要混淆善恶的道德界限，更不是要鼓励人们都去做一些不讲诚信、不守信用的行为，而是为了给人指出诚信或信用有其道德的定位，对于涉及诚信和信用的行为道德价值的定位需要有一个原则。

一、诚信和信用在社会道德体系中的地位

关于诚信和信用在人类个体道德生活中的价值，历史上的思想家们有过许多论述。孔子曾经多次谈到诚信的极端重要性。他说："人而无信，不知其可也"（《论语·为政》）。又说："言忠信，行笃敬，虽蛮貊之邦行矣；言不忠信，行不笃敬，虽州里行乎哉？"（《论语·卫灵公》）孔子认为一个不讲信用的人，丧失了做人的起码的资格，是不能在社会中立足的。被后人视为儒家亚圣的孟子，特重仁、义、礼、智四德，这与《荀子·非十二子》中所记述的思孟学派崇尚"五行"的特点不甚相符。据郭沫若先生的研究，与其自然观上的五行思想相配合，其道德观上除了仁、义、礼、智四德之外还应有一个更核心的德，这就是诚或信。诚或信在其道德系统中的地位，就像土在木、火、土、金、水五行中的地位一样。思孟学派的名著《中庸》正好大大地发挥了"诚"的思想，提出"不诚无物"的命题，把诚看成是一切道德的根基。人之于诚信，如同鱼之于水，不可须臾而离。北宋的周敦颐也表达过同样的意思："诚，五常之本，百行之源也。"（《通书·诚》）

诚信和信用是个体道德的基石。自然科学的学习和研究，是排斥主观性、排斥主体"我"自身的。主观性越少，科学的研究也就越接近客观真理。道德的学习和修养则必须与主体自身紧密联系。孔子和荀子都曾经把道德的学习和修养称之为"为己之学"。这种学问的特点是"入乎耳，著乎心"，能造就和提升自己的人格。修德首先就是要有一颗诚心。所谓诚，用古人的话说就是"毋自欺"，"如好好色，如恶恶臭"，用现在的话说就是"真的想"，实实在在，真真切切，不自欺欺人。诚是心灵、理性、情感、意志的内在合一，是自我身心的统一。它是一种精神的状态和境界，同时也是一个修习的过程。《大学》把"诚意"作为修德的关键一环。朱熹在《四书章句集注》中说："诚其意者，自修之首也。……言欲自修者知为善以去其恶，则当实用其力，而禁止其自欺。使其恶恶则如恶恶臭，好善则如好好色，皆务决去，而求必得之，以自快足于己，不可徒苟且以殉外而为人也。然其实与不实，盖有他人所不及知而己独知之者，故必谨之于此以审其几焉。”不能自诚其意，修德就无从谈起。诚意所达到的程度，又决定了一个人修德所达到的程度。《中庸》说：“唯天下至诚，为能尽其性；能尽其性，则能尽人之性；能尽人之性，则能尽物之性；能尽物之性，则可以赞天地之化育；可以赞天地之化育，则可以与天地参矣。”古语有云：“精诚所至，金石为开。”到了至诚的境界，自我高度统一，自我的天然性能就能最大限度地发挥出来，最终达到赞助天地化育的神奇境界。

现代社会已经不同于传统社会。传统社会是一个私有制为主导的社会，现代中国则是公有制为主导的社会。在以往的社会中，人们更注意私人之间的信用，而现代社会中公信则更为重要。在现代社会中，各种社会关系较以前复杂得多，分工合作的要求也比以往要高得多。由于信用成为社会正常运行、人际合作的重要前提，因而信用在社会道德体系中的地位比以往要提高许多。在现代社会中，诚信和信用的最主要方面主要表现为对各种制度、规章、法律、法规、准则、守则的遵循，表现为对契约或合同的信守，表现为对职守的忠诚。诚信和信用成为社会生活更加不可须臾而离的最基本的道德。在当代社会中，不是诚信和信用讲多了，而是非常地匮乏。在现实方面，这主要表现为公信意识和规则意识的淡漠。这方面问题的根本解决，需要我们做出长期不懈的努力。

二、诚信和信用行为的道德价值的定位原则

诚信和信用作为最基本的社会道德规范，每个人都不可须臾而离。但是，这也不能看成是绝对的。诚信和信用是一个基础性的道德，它需要以正义的道德原则来统帅。一个人为人处世，一言一行，都要以义为原则；义所当为则勇往直前，义所不当为则退避三舍。一个公务员把关乎国家和人民利益的机密很诚信地告诉敌人，一个银行职员很诚信地把银行保险柜的密码告诉抢劫者，一个新婚者把自己的洞房秘密诚信地说给每一个人听，“言必信，行必果”，这不是愚蠢便是白痴。这种“小人”之信是不能提倡的。孟子曾说：“大人者，言不必信，行不必果，惟义所在。”（《孟子·离娄下》）对于一个病入膏肓的人，你不必告诉他实际的病情；对于一个别有用心的人，你不必告诉他不该知道的秘密。从大义出发，该说实话的时候说实话，该说谎话的时候说谎话，这并不妨害一个人诚信的品格。

诚信和信用的价值定位应当从“经”和“权”两个方面来考虑。所谓经，是指原则或原则性；所谓权，是指权变或实行原则过程中的灵活性。诚信和信用作为最基本的道德，要贯彻在个人的日常生活中，要贯彻在国家的制度、方针和政策中。这是一个不能动摇的原则。但在平常的琐事中，则要有一定的权变，不一定把诚信和信用绝对化。在讲诚信违背了更高的道德原则时，就要加以变通。古人教导说，离“经”合“道”是之谓“权”。这也就是说，权变不是故意背离原则，而是为了更好地合乎更高的原则。如果背离了“经”即诚信和信用的道德原则，同时也丧失了实际的诚信价值，导致道德上的邪恶，那就不是我们所说的权变了。这是道德价值的丧失，而非道德价值的保持。

第四节　诚信和信用定位的制度保障

诚信和信用作为一种维持社会正常秩序和交往、维护每个人正当利益的基本道德规范，对于人们社会生活的重要性，近乎水之于鱼、空气之于人。然而，不讲诚信和信用，却成了目前社会上存在的最为突出的道德问题。现实中大量的事实说明，诚信和信用的缺失已经给社会经济发展、社会秩序的维持和人与人之间的正常交往造成了巨大的不良影响。因而诚信和信用价值的保持需要制度的保障。

一、诚信和信用社会定位不当的原因

社会中诚信和信用的缺失何以到了如此严重的地步？这不能不引起我们认真而严肃的思考。这种社会道德状况形成的原因是复杂的，而且带有一定的历史必然性。简略说来，原因有五方面：

其一，公民个体方面的原因。就社会个体而论，奉行诚信需要有一定的道德修养基础，道德修养程度不够的人必然难以遵守诚信的道德规范。换言之，每个人都有或者说至少都曾有过违反诚信和信用的自然冲动，在利益面前尤其如此。我们知道，每一个人在其

生命的开始都是自然人，都要经历一个社会化的过程才能成为一个真正意义上的人，因而谁都不可能一开始就具有较高的道德认识，不可能天生地具有奉行诚实守信的道德自觉性。当其面临眼前利益和诚信二者必须择一的情况时，许多人往往会选择眼前利益而抛弃诚信的道德。当外在的道德力量的制约比较强大且抛弃诚信会影响其长远利益时，人们又大都会放弃眼前利益而选择诚信。人具有自然性这个事实本身，决定了人类社会中的个体永远也不可能完全断绝违反诚信和信用的行为。

其二，中国历史变革方面的原因。基本道德规范在一个社会中能否长期地起作用，取决于这个社会的传统和风俗习惯的力量，或者说取决于一代代的人们能否前后相续地共同致力于对基本道德规范的维护。这种道德维系力量的历史链条的断裂，将给以后的社会道德带来巨大的灾害。清王朝的腐朽，帝国主义列强的侵略，社会的混乱，人们遭受的灾难，引发了一系列的社会历史变革活动。在20世纪上半叶的政治革命和社会变革中，以“孔家店”为代表的传统道德受到了无情的冲击，“西化”的浪潮不仅使中国社会的物质基础、上层建筑面目一新，而且也极大地冲刷了包括道德在内的中国社会意识和精神。20世纪是革命和变革的时代，政治被突出了出来，而道德则降到了次要的地位。新中国成立后的“文化大革命”开展了一场“史无前例”的全民政治化运动，这也是一场真正的非道德化运动。在“政治挂帅”之下，人们讲的是政治标准或革命标准，道德标准退到了可有可无的地位。虽然它也提倡某种所谓“革命性”道德，但这是一种畸形的、远离平民生活的道德。在中国社会这半个多世纪的政治化时期，人伦常德差不多完全丧失了它曾经具有的至尊地位和影响力。中国社会实现了从古代到现代的飞跃，但也在文化传统和道德传统方面付出了巨大的代价。中国人似乎不像以往那样淳朴、忠诚、守信，礼仪之邦的形象已经非常模糊，甚至在某些人那里已经荡然无存了。以前曾经发生过的种种社会非道德化运动，导致了诚信和信用的历史性缺失。

其三，初级阶段市场经济方面的原因。市场经济这把双刃剑，对于初学乍练的中国人来说，在道德和情操上留下些许伤痕也在所难免。市场经济作为一种优化资源的配置方式有着巨大的优越性。从一定意义上说，它的运行是以激发人的求利心为原动力的。凡是参与到市场经济中的人，都在不同程度上怀有求利意识，否则他也就不到市场中来了。当求利成为人们的第一动机的时候，包括诚信和信用在内的道德自然就降到了次要的位置。在市场经济条件下，人与人之间的交往主要是在陌生人或路人之间进行的。交易之前互不相识，交易之后各奔东西，是否再次见面不得而知，这种人际交往特点也使得人们重利害而轻道义。虽然在商海里游泳的人不都是唯利是图的俗人，但他们也绝不都是道德上令人敬佩的君子。只要他们当中有几成的人只为金钱而来，就足以败坏一般的交易规则，足以摧毁人们心中的诚信和信用观念。中国的市场经济当然是初级阶段的市场经济。这是一个不完善的市场经济，是一个规范尚待健全的市场经济。这样一种初级阶段的市场经济在客观上为坑蒙拐骗者提供了机会，从而使社会诚信和信用出现了前面所说的那样的危机。

其四，社会示范群体方面的原因。道德广泛实行的途径之一，就是依赖于道德榜样的示范。很多人把道德榜样仅仅理解为社会树立的几个道德典型，这是片面的。其实，道德榜样是靠一个社会的榜样示范群体树立的。在一个社会中，社会的管理者（在我国称之为领导干部）是全社会的道德榜样示范群体；在一个企业中，企业的管理者是全体员工的示范群体；在家庭中，父母、祖父母是家庭的示范群体；在学校中，教师是示范群体。社会的道德示范群体出了问题，整个社会的道德也就会出问题。我们知道，实事求是是我们党的思想路线，说实话、办实事是我们党对领导干部的起码要求。然而，在某些部门和地方，个别干部弄虚作假、营私舞弊、欺上瞒下、报喜不报忧、跑官要官等，致使出现了“官出数字，数字出官”的现象。虽然这在我们的干部队伍中是个别现象，但其消极影响是巨大的。上行下效是一个普遍规律。领导干部如果不实事求是，平民百姓自然就会觉得说点假话、生产和销售点假货也没有什么大不了；家长不诚实守信，认为不作假办不成事，受其耳濡目染的孩子自然也就很难不说谎话。如果新闻媒介在宣传、广告等方面不讲诚信和信用，其消极作用就更加巨大。

其五，社会的诚信和信用保障制度、机制方面的原因。我们这里所说的制度，不是指基本的社会制度，而是指国家或团体为防范人际交往中可能出现的机会主义行为而在共同体内部制定的众所周知的规则的总和。人终究是环境的产物。因此，诚实守信的重新建立不能完全寄希望于个人的道德自觉，在很大程度上要靠制度、机制和环境的强有力的保障。应该说，虽然我们党和国家在这方面做出了很大的努力，但效果并不十分理想。特别是在各种制度和机制的健全、可操作性、实效性方面与现实的需要有较大的差距。由于外在制度和机制的约束不力，讲诚信的教育、舆论、风习、传统等环境条件尚有较大的欠缺，不讲诚信的人得不到强有力的制裁和鞭挞，讲诚信的人常常因此吃亏和丧失机会，从而客观上给背弃诚信的行为提供了生存和滋长的环境。

综上所述，由于社会变革和文化变革造成的诚信道德传统的中断，由于传统熟人社会的终结和市场经济条件下路人交往几率的大幅增高，由于市场经济领域中巨大的经济利益诱惑，由于社会道德示范权威和外在舆论权威的下降，由于对践踏诚信者的制裁不力，就造成一个极其明确的事实，即诚实守信仅仅靠社会个体的自觉自愿的道德修养和自我约束是难以普遍实行的。

诚信作为一种基本的道德规范，与其他道德规范一样，主要靠传统风俗习惯、家庭和社会教育、社会舆论、人们内心信念以及自觉自愿的实践等因素来维系。但我们也不可忽略一个最基本的事实，这就是它也必须由社会的刚性制度来保障。社会伦理道德的维护，从来都是由包括法律在内的制度做后盾的。如果制度所遵循的基本精神与某种道德观念相反，这种道德绝不可能在社会中居于主导地位。因此，我们可以说，制度和法律的刚性约束是伦理道德的另一种重要的维系手段。这方面的工作做得好，道德建设会在较短的时间内取得较显著的成效。

二、诚信和信用在国家制度中的应有定位

国家制定的制度对于社会个体道德行为的约束从来都是客观存在的，但其作用却从来没有像现代社会这般直接和显著。制度对于个体道德作用的曲线之所以呈现出不断上升的趋势，是由中国社会结构的革命性转型所决定的。

追溯以往的历史，我们可以看到，国家制度对于个体道德作用程度的大小是与社会个体同其对国家隶属的直接程度成正比的。在春秋战国以前的奴隶制社会，天子居于王畿之内，下有诸侯的属国，再下有士大夫的家，最后才是普通民众自己的家。由于普通的社会个体距天子非常遥远，因而他们的行为主要受其直接隶属的社会组织的制约，而不是受天子及其王命的制约。在秦以后的封建社会中，实现了封建大一统，社会组织结构的层次减少，一般家庭成为社会的基本细胞，每一个社会个体首先是某个家庭的成员，然后才是国家的臣民。因此，对于每个个体来说，家庭规则和制度的约束力要远远大于国家制度的约束力。在封建社会中，家几乎是所有人的主要生活范围，从生产到消费，从生到死，无不在家庭中进行。因此，在家庭生活中，家庭的制度和规则、家长的权威和命令对于个体来说具有至上的意义。由于人们始终都受家长和其他家庭成员的监督，始终都在家庭规则、制度的约束之下，因而社会个体的诚实守信基本上是不成问题的。

在中国发生了近代社会革命和现代社会的结构性转型后，家庭组织的功能逐步退化，已不再是社会的基本细胞。自我国建立社会主义制度后，人们主要的是隶属于一定的基层组织单位，从“家庭人”变成了“单位人”。家庭的生产和分配的功能消失了，同时家庭的制度和规则对个体的约束力大大下降，而“单位”的制度和规则对人们的约束力则大大上升。自从中国实行改革开放以后，个人得到进一步的解放，人们拥有了脱离“单位”的更多的自由，从“单位人”变成了直接隶属于国家的“公民”。“公民”一词在近年的广泛使用，新法接连不断的出台和法律在近年来的广泛普及，都说明中国社会正在成为一个“公民社会”。人们可以自由地选择自己的工作单位和职业，不像在计划经济时代那样固定于某个单位之中，因而某个具体单位的制度和规则对于个体也丧失了至上的意义。唯有国家才是公民终极的、不可改变的隶属组织，也唯有国家的制度和法律对公民个体具有直接的、至上的意义。随着社会主义政治经济体制改革的进一步深化，公民作为现代社会的基本细胞的地位必将进一步凸显，国家制度对于公民个体行为的影响程度必将进一步提高。正是基于这样的认识，我们可以断定，制度对于公民诚信和信用道德的意义从来没有这样重要。

正是由于制度对社会正常秩序的维持、对公民道德的提升具有决定性的意义，因而制度安排的指导思想和制度的伦理精神指向就是至关重要的了。构建制度的伦理精神是什么样的，决定了其制度是什么样的，也就决定了生活于该制度下的人们的道德品质是什么样的。如果构建制度的伦理精神是正确的，而制度的构建却不够完善，也会给生活于该制度下的公民的道德造成消极的影响。当一种不良现象成为全社会的普遍现象时，形成这种现象的原因就不能仅仅从人们的意识中去寻找，还要到现实的经济基础中、到现实的制度中去寻找。就诚信问题而言，当不诚实守信成为一个普遍的、严重的社会问题并在社会中滋长的时候，仅仅追究个体方面的原因是不够的，而应该从制度的建立和执行方面去找原因。制度的缺陷会驱使人失信。当社会上人们之间的不诚信发展到了比较严重的程度，公民对政府的不诚信也必将滋长。孔子曾经说过“民无信不立”，这应该引起社会管理者的高度注意。

制度安排，思想先行。我国的各种制度是在中国共产党的领导下，以民主集中制的方式建立起来的。中国共产党是以“实事求是”为自己的思想路线的。“实事求是”具有深刻而广博的意义，而诚信则是其重要的思想内涵之一。

与诚实守信道德建设的实际相联系，完善我国的相关制度体系有以下几个方面的问题尚待思考。

其一，干部的任免制度。在历史上，中国有“以吏为师”的传统。在今天，领导干部仍然担当着引导社会道德风尚的重要角色。领导干部是否真正做到了实事求是、言行一致，关系到我们党和各级政府的信誉和形象，对于广大群众的影响特别巨大。那些弄虚作假、欺上瞒下、营私舞弊的恶劣官僚，实际上已经成为我们党和国家的最大祸害。任用实事求是、诚实守信的干部，降免舞弊浮夸、欺上瞒下的干部，实际上就是给社会树立诚实守信的道德导向。此外，干部的提拔必须与人民的选举和监督很好地结合起来。在干部任免上重提拔而轻选举，就容易形成跑官行贿、谎报成绩和华而不实的风气，也容易养成某些干部迎合讨好上级、欺压群众的习气。在实行社会主义民主方面，我们还有很多的工作要做。

其二，法人和公民个体的道德信用监测制度。在市场经济条件下，法人单位较计划经济条件下的计划单位的变动性要大得多，公民个体较计划经济条件下的“单位人”的流动性要大得多。与此相适应，法人单位与法人单位之间的交往，公民个体与公民个体之间的交往，法人单位与公民个体之间的交往，更多地带有“路人”之间交往的特征。彼此之间的不熟悉客观上给骗子大行其道提供了可乘之机，而骗子的屡屡得手又加重了社会中人与人之间的不信任。因此，要真正使诚实守信建设取得实效，就必须尽快地建立全体法人和全体公民的道德信用监测体系。这个监测体系应该使人们在任何时间、任何地点都能很方便地查询与之相关的每个法人和每个公民的信用记录。如果做到了这一点，生人之间的交往也就相对地具有熟人交往的性质，从而就可以使背弃诚信和信用的人在社会中无可乘之机。

其三，背弃诚信和信用的惩处和公开批评制度。我们可以肯定，人人都知道诚信和信用是善、不诚信是恶，然而为什么还有人接连不断地做营私舞弊、弄虚作假和坑蒙拐骗的事呢？其实原因很简单，就在于背弃诚信和信用所付出的成本小，而在个人利益方面的收效大。如果一个人因为不讲诚信可以获得巨额利益而不必然受到惩罚的话，那他就很容易选择坑蒙拐骗的手段去达到自己的目的；如果一个人背弃了诚信和信用会影响他的终生利益，恐怕他也就不那么轻易地背信弃义了。社会舆论是道德的一种非常重要的维系手段。建立可以公开的诚信和信用监测体系和公开的批评制度，对于社会的不诚信现象会形成一个强有力的制约。对于担任领导职务的公民来说，公开的舆论批评和监督具有特别重要的作用。当然，诚信和信用方面的公开批评应该与保护正当的个人隐私权、保护正当的个人名誉权很好地协调起来。

其四，制度的诚信、信用和各种制度之间的协调。诚信本来是个人的一种德性，但从延伸的意义上说，制度也有诚信和不诚信的问题。制度的制定和执行都是由人来操作的，制定和执行制度的人的诚与不诚，会影响制度，使制度也带上诚信与否的色彩。孔子曾说“慢令致期谓之贼”，世上也确曾有过罔民的“司民之短而诛过误”的制度和政策。制度的制定和执行的诚信与否，具体表现为制度能否取信于民。我们可以说，使公民普遍得害而不是普遍得利的制度，是不能取信于民的制度；不公正的、保护特权阶层的制度，是不能取信于民的制度；权大于法、命令随时可以取代法的制度，是不能取信于民的制度；不稳定、不明晰的制度，是不能取信于民的制度；彼此矛盾、前后相左的制度，也是不能取信于民的制度。

很好地审查我们已有的各个层面的制度，使之很好地反映广大公民的意愿和共同利益，在其制定和执行上完完全全地取信于民，必将很好地改善社会道德环境，我国的诚信道德建设也必将收到事半功倍之效。如果不重视制度在诚信建设中的作用，而把诚信建设仅仅寄托在宣传教育上，我们将不得不在较长的时间内继续品尝社会诚信缺失所酿成的苦酒。

第五节　社会现代规则信用与公民规则意识

诚信、信用总是与社会的规则、规则意识紧密地联系在一起。我们可以说，一定时期人们的规则意识所达到的程度，反映着这个时期社会诚信和信用所达到的程度。中国社会已经发展成为现代化社会，而现代社会是通过一整套细密的规则体系来维持和运行的。因此，在诚信和信用的维系和运行上，现代社会与传统社会不同，如果说传统社会把诚信和信用定位在个体的承诺上，而现代社会则把诚信和信用定位在社会规则的信守上。

一、规则与现代规则意识

规则作为一个社会概念，涵盖了政治、经济、军事、法律、伦理、宗教、文化、教育、日常生活等一切社会领域的原则、规范、法纪、条规、守约和礼仪，是一切约束性、范导性和约定俗成性的规矩的总和。

每一个人都要在社会中生活。社会就是社会成员的交往关系，就是社会成员交往的场合和环境。社会总是表现为一定的社会组织及其运行秩序，而社会组织毫无例外地都要有组织运行所需要的规则。人类社会越是发展，社会组织也就越是复杂；社会组织越是复杂，就越是需要有精细、严格和完整的规则。

规则产生于社会生活需要。人们的生产及各种社会生活都离不开规则。没有规则也就没有社会。人们对社会生活的必然性认识的深度和广度，决定了规则的发展和变化程度。人类对社会生活的必然性的认识是不断深化的，因而社会规则也就不断发展，呈现出日益复杂化、日益体系化的特点。

社会发展到今天这样一种现代化的状况，各种规则已经组成规则之网。一切社会文明都是在这个规则之网上建立起来的。我们今天已经不能想象离开了各种社会规则人们还怎样生活。马克思曾经说，人的本质，在其现实性上，是一切社会关系的总和。如果说一个人一生下来，就掉到了社会关系之网上面的话，那么，他也就同时掉到了社会规则之网上面。

规则的维系在客观上要依靠软硬两种力量（法律的和伦理道德的），在主观上则需要人们具有规则意识。规则意识，就是指人们遵循人类社会生活中各种必要规则的自觉的意识、观念和心理状态。人类的规则意识是随着社会化程度的提高而逐渐发展的。原始人的许多规则是习惯性规则，而且大多是下意识地、习惯地被遵守。现代人的规则多是明文规定的规则，而且大多是自觉地、有意识地被遵守。规则意识还是一种重规则、重秩序、重合作的意识。规则一旦为大多数人所认同，就是现实社会生活中的“义”，就应该被遵守。规则意识本质上是“义”的意识。

一个人的规则意识高低，是一个人社会化、文明化程度的标志。一个人在人生的初始阶段是一个“自然人”，对于一切规则都觉得是对自己的巨大约束。随着其社会化、文明化程度的提高，其思想和行为就越来越习惯于这些规则，习惯于依循这些规则进行思想和行动。作为一个被社会文明同化了的人，也就认同了社会文明中所包含的各种形式的规则。一个人所达到的文明程度如何，不仅在于他是否遵守了某种社会规则，还在于他是否自觉地遵守了某种社会规则；不仅在于他是否自觉地遵守了某种社会规则，还在于他是否把这种遵守变成为一种生活习惯；不仅在于他是否习惯性地遵守了某些社会规则，还在于他是否自觉地、习惯性地遵守了社会中的一切必要的规则。只遵守自己喜欢的或本民族、本宗教（或教派）、本行业、本单位的规则，而常常蔑视、违反其他方面的规则，算不得有真正健全的规则意识。一个社会中的绝大多数成员都达到了这样一种程度，这个社会才算得上是一个文明社会。

中国历来有文明古国、礼仪之邦的美名，这也就是说，中国人在历史上是很讲规则的，或者说是有很好的规则意识的。当然，中国传统社会的规则也带有等级性的色彩、反个性和个人自由的色彩以及保障特权阶层优先权的色彩。在古代社会中，守规矩、遵礼仪是受到特别提倡并得到法政保障的，每个人的规矩、礼仪意识是自孩提时期就得以灌输和培养的。因此，其效果就显得特别明显，中国古代社会也就获得了超常的秩序性和稳定性。

现代中国社会的规则，与古代以礼仪为核心的社会规则有很大的区别。从性质上说，它具有因人民参与制定规则而反映人民的意志、因从人民利益出发而代表人民的利益的民主的特点，因处于社会主义市场经济社会、强调权利义务对等而具有现代契约的特点。正是因为具有这样一些特点，现代规则才不再是凌驾于个人之上、束缚人的个性和自由的异己力量，而成为所有人的生存和发展、所有人的全面发展的必不可少的保障。从规则所涉及的范围和所达到的数量上说，现代规则远远胜于古代。

现代中国人的规则意识是与现代文明社会紧密地联系在一起的。其基本特点如下：

其一，现代规则意识与人们的自由意识、解放意识紧密地联系在一起。自从马克思主义传入中国，人们对旧社会的阶级压迫、人民应该享有的权利和自由有了越来越深刻的认识。打破不合理的社会规则，从阶级的压迫下解放出来，成为对20世纪中国人最有影响的观念。规则应该成为每个人自由的保障而不应该成为每个人自由的束缚的观念，已经渗透到现代中国人的内心深处。

其二，现代规则意识与人们的权益意识紧密地联系在一起。在传统社会里，某些规则被看成是不容置疑的“天理”。在现代中国社会，所有的规则均以广大人民群众的利益、权利的保障为根本标准。一切社会规则在基本功能上有两个方面，一是对邪恶的限制和惩治，二是对社会成员利益和权利的保障。如果废除了社会中的法纪和各项规则，社会将变成弱肉强食、人人自危、充满争斗的局面。因此，社会规则本来就是权利和利益的制衡。人们对规则本质有了越来越深刻的认识，规则的制定、规则合理性的评判、规则的废止和修改，均离不开利益和权利意识。

现代规则意识较传统规则意识有重大的变化，诸如公共性规则与私域性规则相较居于压倒性优势，在场的时序优先、能力优先、贡献优先取代了以往某些特权人群的优先，连坐问责意识让位于个体独立问责意识。当然，传统规则意识对现代社会的公民又有深远的影响。这种影响又体现在积极和消极两个方面。传统文化中崇尚公忠、重视礼义情理的思想，对当代中国人集体主义规则观念的建立以及尊老爱幼等富有人情色彩的规则意识的延续起到了积极的作用；传统文化中的特权思想，基于小农经济的崇尚当下功利以及注重小我小家的观念，则为某些人逾越社会规则及与之相关的不文明行为提供了思想基础。

对中国社会来说，现代规则意识的树立还是一件需要付出巨大努力才能做到的事情。现代科技的巨大进步，经济的飞速发展，社会财富的巨额增值，人民的普遍富裕，社会改革开放速度的逐渐加快，使得中国跨入了现代社会，但并不能使所有的中国人立刻具备现代人所应当具备的现代规则意识。我们必须认真地检讨现实社会中人们在规则意识方面存在的缺陷，研究社会规则建设和规则意识培养方面存在的问题，并探讨这些缺陷和问题背后的原因，有针对性地提出对策，从而切实有效地提升社会的文明程度。

二、规则信用定位与规则信用意识

传统社会向现代社会的转变是根本性的。这不仅表现在经济、政治制度和意识形态上，而且也表现在人们的伦理身份和伦理交往上。

在传统社会中，人们的最基本的伦理身份是某家庭和家族的人，人们生活和交往的范围主要是在私域即家庭和家族的范围之内，传统的惯例和风习是人们的行为准则。受农耕生产方式所决定，人们安土重迁，总是在熟人圈子中生活。一个人是否能行得通，根本上在于他是否“靠得住”，即是否具有诚信的品质和人格。这种诚信的品质和人格总是通过一个人的言语和承诺能否兑现而表现出来，“一诺千金”可以说是传统社会信用的基本形式。因此，我们可以说，传统社会的信用基本上是一种承诺信用。

在现代社会中，人们从某家庭或某家族的人转变为某单位、某行业的人，变安土重迁为出外谋生，私域的交往生活让位于公众的共同生活，因而私德日益退居次要地位，而公德则成为评价人们德性的主要尺度。以契约、合同或约定来联结人与人之间的关系，并履行与契约、合同或约定的相关规则，是人们最普遍的社会交往活动方式。个人与单位、集体之间如此，个人与个人之间也是如此。这种受契约、规则制约的社会交往活动方式是如此普遍，以至于也极大地影响了其他领域的社会交往，某些个人与个人之间本来不是以契约或合同的方式相联系的，但它们也被社会所“契约化”或“合同化”。例如，父母与子女的关系本来是亲情关系，在根本上不是依靠契约或合同建立的关系，但是，在现代社会中，养育子女和赡养老人已经被法律和伦理在内容上“规定”得如同契约或合同一般。养育子女和赡养老人已经不在于一个人是否愿意承诺和担当，而在于他是否客观上履行了法律和伦理规定的义务。因此，在现代社会中，从根本的意义上说，一个人是不是有诚信和信用，主要不在于他是否“言必信，行必果”，是否承诺之后必定兑现，而在于他是否履行契约，是否遵守社会中的一系列规则。具体的承诺或因现实的条件和情况的改变而难以兑现，但社会的规则却必须遵守。正是在这个意义上，我们可以说现代社会信用已经在形式上转变为契约或合同的信用，在实质上已经转变为规则信用。

把信用定位在规则信用上有助于解释前面所说的诚信难题。一个医生，只要他尽了救死扶伤的天职，只要他信守了做医生应守的规则，那他就是有信用的，不管他对患者是不是说了善意的谎言；一个军事指挥家，只要他尽了保卫祖国的军人天职，只要他忠于自己的祖国和人民，那他对于国家和人民来说就是有信用的，不管他是不是对敌人奸诈百出；一个公民，只要他行法律所是，依照法律说话和做事，他就是有信用的，不管他自己是不是向别人保留了某些个人隐私。

规则是现代社会运行的基本保障，关系到国家的所有公民，因而它必须有较高的公信度。也就是说，作为公民遵守的规则必须体现公民的意志，必须公正合理。那种出自某个掌权者的个人意志，为了掌权者个人私利订立的规则是没有公信度的，因而也就没有约束公民的力量。现在某些部门和单位订立的某些规则具有相当不合理的成分，甚至成为“罔民”谋利的手段。目前某些部门的“罚款”收入相当可观，这需要认真地检查一下罚款的规则制定得是否合理，是否具有公信度，是否体现了广大公民的意志。

规则信用还体现在规则的延续上。一个好的社会规则体系，必定是制定时慎重、周详、完善，颁布时宣示到位、人人皆知，实行后持续有效而不任意修改或废止。只有很好地保证规则体系的权威性，它才能真正成为人们行为的准绳，它的信用效应也才能真正发挥出来。我们的国家正处于改革开放时期，难免有层出不穷的废止旧规则、改建新规则的情况，但这并不能成为我们轻率地对待规则制定问题的理由。某些部门的某些领导为了创建自己的所谓“政绩”，以改革为名，不断地改变名目和规则。前后几任领导更替之后，人们发现改了十几年的规则最后又回到原点。伴随着这种“改革”，人为地制造了许多紧张的人际关系和不幸的人群。这种情况还不值得我们深思吗？改革的一个方面的任务是改革不合理的规则，从而建立更合理的规则，填补欠缺的规则而使规则更为完备。改革不是“折腾”，不是为改而改、以改为事。规则改革的目标指向是为了优化，为了稳定，是为了建立一套不用再改的“常规”。只有这样，社会规则才有公信度，才有信用。

建立社会规则是为了实行，而规则实行的好坏直接决定了规则的信用度。规则的实行可以分为两个方面，一是规则的执行，二是规则的遵守。对于领导干部来说是执行规则，对于广大民众来说是遵守规则。规则执行得好，遵守得好，就能真正地营造社会信用。

信用就是力量。一个国家、一个民族是不是能自立于世界，是不是有力量，一个很重要的因素在于它的人民是不是能够严肃法纪、遵纪守法，是不是普遍地具有鲜明的规则意识。一个无组织、无纪律、自由散漫、不重规则的国家，是不可能最终在竞争日趋激烈的世界中取得胜利的。中国之所以在近代饱受西方列强欺侮，除了清王朝及其封建政治制度的极度腐朽之外，中国人的“一盘散沙”也是一个非常重要的原因。一百年过去了，中国人的这种劣根性仍然没有得到彻底消除。在市场经济条件下，“一盘散沙”这种劣根性表现为社会规则信用意识的普遍淡漠。

在现实社会中，违反规则信用的不良现象有以下几种形式：

其一，为谋私利而故意逾越和违反社会规则。在社会中，我们可以看到总有那么一小部分人有法不遵，有纪不守，有规不循。他们之中有的人肆无忌惮地破坏法律，违反纪律；有的人千方百计地逾越法纪，钻法律的空子；有的人奉行“上有政策，下有对策”的信条，拿法纪、政策当儿戏；还有的人不重视法纪，不学习，不了解，以无知来为自己的行为开脱。归结到一点，他们都是为了自己那一点点可怜的利益而违法乱纪和破坏社会的正常秩序。

其二，为求私家方便而选择遵守与正常社会公共生活规则相对立的“潜规则”。在日常生活中，明目张胆地违法的人毕竟是少数，但乱纪的人却并不少见。这种乱纪看似不讲规则，其实讲的是另一种潜规则。比如“前面有车，后面有辙”、“亲亲为上”都是旧社会留给我们的潜规则，这种规则和现代社会是格格不入的。如果对置社会公共规则于不顾而专以潜规则行事的人宽容，那必然会导致社会法纪和公共规则的失灵，导致社会秩序的混乱。

其三，为求一己之自由而不尊重甚至漠视社会公共规则。有的人受近代自由主义思潮的影响，片面地理解人生与自由的关系。他们认为，自由在人生之中具有最高价值，凡是妨碍个人自由的东西就应该在清除之列。这种思想最极端的表现形式就是无政府主义。在他们看来，法纪、规则与自由之间是一种对立的关系，要法纪就没有自由，要自由就没有法纪，因而社会规则越少越好，越松散越好。他们把自由错误地理解为脱离社会实际的幻想中的自由，把幻想中的自由错误地当成了现实中的自由。

其四，以某种社会规则不合理为借口而拒绝遵守该项规则。在现实中我们常常碰到这样一种人，他们总是从一己的好恶出发来评判事物。对于社会规则也是一样，他们对自己喜欢的规则就乐意遵守，而对于自己不喜欢的规则就坚决抗拒。他们忘记了社会规则虽然有合理与不合理之分，但使每个人都称心如意的规则是不可能一下子建立起来的。一种规则既然已经提出，自有其存在的理由，尤其是在我国实行人民民主专政的条件下，各种社会规则的合理性更应该予以充分肯定。某种社会规则在其实施的特定时期内，应该得到普遍的尊重和遵守。我们处于一个改革的年代，但这不是说一切规则都要不断地进行改革和废除。冲破和废除旧的法纪和规则是社会的变态或质变状态，而遵守和顺从社会的规则则是社会的常态或稳定状态。我们不能期望社会规则总是处于不断的变动之中，更不能期望所有的社会规则必然适应自己的意志。

也许是一百年来我国的社会变革和进步太快了，社会规则的变革过于频繁，以至于人们丧失了对现有社会规则的敬畏感。随着我国社会由改革时期逐渐进入稳定发展时期，社会应该培育人们对社会规则的敬畏感，否则对社会优良秩序的保持是不利的。

公民现代规则意识的培养是建设高度社会文明的基本前提，也是眼前的当务之急。国际交往的日益频繁，社会关系的日益复杂，社会的快速膨胀，都催促我们在现代规则意识的培育方面必须上一个新台阶。这方面的工作关系到现代人的素质提升问题，必然是相当艰巨的，它需要我们做出多方面的努力。

《公民道德建设实施纲要》对公民的现代规则意识修养具有重要的指导意义。在二十字的基本规范中，“守法”、“明礼”直接涉及公民的现代规则意识问题。“守法”强调要遵守国家的基本或根本规则，“明礼”强调要遵守日常生活中的相对细小的规则。在一些为精神文明建设作出突出贡献的地区和部门，公民的遵守法纪和公共规则的素质得到了巨大的提升。那些管理优良、社会公共规则得到普遍遵守的城市和单位，那些精神文明建设中的先进个人和道德模范，都值得我们很好地学习。

提高公民社会规则意识的最基本的工作，还是要加强宣传、教育和管理，强化个人的学习、修养和实践。

在这方面，社会示范群体的行为是特别重要的。党员干部队伍作为社会的领导群体，应当而且必须具有高度的现代规则意识。如果一个党员、干部违反法纪，破坏社会规则的权威性，那他就是起了一个坏的带头作用，更应受到严厉的惩处。军队和警察作为维持社会规则和秩序的群体，其本身的行为与党员干部队伍一样带有示范性。某个人对社会规则的违反，会带来大批人对社会规则权威性的怀疑。由于军队和警察是直接维系社会规则和社会秩序的力量，每个成员具有铁的纪律性和高度的规则意识是其履行社会职责的一个基本前提。宣传队伍和教师队伍作为社会训导和社会教化的群体，对被训导者、被教化者具有直接的示范作用。如果说党员干部和军队警察的行为影响的是当代人的话，那么宣传队伍和教师队伍的行为会影响到下一代人。因此，正确的宣传、教化导向，能知必能行的言行一致的优良品质，对自身严格要求的自律意识，是这个社会群体应该特别坚持的。

形成一个很好的尊重公共规则的社会氛围，对人们现代规则意识的培养具有巨大的作用。人总是环境的产物。荀子说过，“蓬生麻中，不扶自直；白沙在涅，与之俱黑”（《荀子·劝学》）。好的社会环境对人的素质的养成往往具有事半功倍之效。要形成尊重社会公共规则的社会氛围，首先要形成一种正义的社会舆论，让人人都知道遵纪守法是光荣的，尊重社会公共生活规则是应该的，违法乱纪、任意胡为是可耻的；还要发挥广大人民群众的历史主动精神，依靠广大群众来监督、举报和制止违法乱纪、逾越社会规则的行为。广大群众的历史主动精神发挥之日，也就是违法乱纪行为无所遁形之时。此外，很好地运用高科技的手段，监督、记录与此相关的行为，也同样是必不可少的。在这方面，我国尚处于起步阶段，还有大有可为的余地。

加强违法乱纪、破坏社会规则的预防机制，加大惩处违法乱纪和逾越社会规则行为的力度，是提高全社会现代规则意识和社会文明程度的法律保障。人总是有一点惰性的，在一定的人生阶段需要一定的、适度的外在强制。任何社会，也总会有一小部分人不能自我约束。因此，法纪的约束和惩处对社会公共规则权威性的维护，对社会秩序的维持是必需的。规则信用真正地树立起来了，我们就如“轮人之有规，匠人之有矩”，社会信用体系建设才能收到实效。

第五章

公共生活信用研究

随着社会的发展，公共生活领域日益扩大，社会人际交往逐步由传统社会的熟人交往变为陌生人之间的交往，这是现代人际关系的一个重要特点。传统的“家庭人”逐渐走向社会而成为公共生活中的“社会人”，“知之甚少或者从未见过的人”之间的交往日益频繁。如何在公共生活中加强诚信建设，建立陌生人之间交往的现代诚信关系，是摆在我们面前的一个重要课题。公共生活中诚信水平的提高必将提高人与人之间更为深刻的相互信任，从而形成“讲信修睦”的和谐社会局面。因此研究公共生活中的人际信用问题是一个重要而更具现代意义的问题。

第一节　公共生活及其信用问题概述

“公共生活”是一个源自西方的学术话语，它在西方一直受到学者们的关注，政治学、法学、社会学和哲学等不同学科都对公共生活问题进行了探讨。近年来，随着公共生活在我国的不断发展，公共生活领域出现的诸多问题也引起了国内学者的关注。当前，我国公共生活中的失信行为日益增多，严重干扰了社会的正常秩序和人们的正常生活。认真探讨公共生活信用的内涵、特征及其在建构和谐社会中的意义，并对当代中国公共生活失信状况及原因进行分析，无疑有益于当代中国公共生活信用建设。

一、公共生活信用

1. 什么是公共生活

什么是公共生活？目前国内学者尚无统一的认识和界定，不同学科使用的公共生活概念也往往存在较大的差别，如政治学中的公共生活侧重公众的政治参与，而社会学与伦理学中的公共生活则侧重人们的交往活动和生活方式。其实，公共生活这一概念在西方语境中也并不是确定不变的，不同历史阶段有不同的内涵，不同学者的理解也存在较大的差别。

“公共生活”这一概念的源头可以追溯到古希腊广场上的投票、陪审、选举等城邦生活。“公共”（public）是与私人（private）相对立的范畴，有公众、公共性、公开化等多层含义，古希腊的“公共”还有一个特定含义：即在 pubes or maturity 意义上使用，指具备公共精神和公共意识是衡量一个男性公民已成熟并可以参加公共事务的标志。人类的现实生活主要包括公共领域和私人领域两个生活场所，即通常所说的公共生活领域和私人生活领域。古希腊人将私人生活领域等同于家族领域，公共生活领域等同于政治领域，“私人生活领域与公共生活领域的区别相应于家族领域与政治领域的区别”①。个人和家族领域被排除在公共生活或政治生活领域之外，并通过政治生活鄙视私人生活。在古希腊人看来，作为生命个体的个人依赖于各种生活必需品的满足，家庭则仅仅为生活提供必需品而存在，二者屈从于人不能摆脱的必然性，私人领域是必然王国、瞬间世界，这一瞬间世界是没有意义的；而公共领域是自由王国和永恒世界，只有在公共领域这一永恒王国里，才能展示自己的个性，实现自己的价值。

公共生活在西方的率先出现，其背后蕴藏着经济、政治及思想文化条件。在氏族社会中，人与氏族共生共荣，氏族不仅控制着人们的全部生活资源，而且为人们抵御外部落和自然灾害提供了强大保护，不存在公共领域与私人领域之分，更没有个性可言，不存在真正意义上的公共生活。严格意义上的公共生活有着三大要素：一是作为主体的公众；二是作为生活场所的公共领域；三是保障公共

---

① ［美］汉娜·阿伦特：《人的条件》，竺乾威译，22 页，上海，上海人民出版社，1999。

舆论得以形成的制度规范。具有自我意识和行为判断能力的独立的个体的出现是公共生活出现的前提，公共领域与私人领域的分离是公共生活出现的基础，而允许公众自由、自愿公开发表意见的制度规范则是公共生活的重要保障。

古希腊在由原始社会进入文明社会的历史进程中，走的是马克思主义经典作家称为“古典的古代”这一道路，其特点是从氏族到私产再到国家，个体私有制冲破了氏族组织，国家代替了氏族。由于私产打破了氏族土地公有制，原始氏族组织被摧毁，“所有制表现为国家所有同私人所有相并列的双重形式”①。古希腊的理性主义哲学启蒙使人由对自然的惊异转向对人自身的关怀，于是公共领域和私人领域的分离，独立个体的出现也就水到渠成。公共生活在西方的发展还与古罗马完备的法律制度密切相关，古罗马法律将私法与公法分离，使得个体独立的“人格”得以从法律上得到确立，后虽遭中世纪千余年的压制，但文艺复兴和启蒙运动则又重新唤起了个人意识的觉醒。

西方语境中的公共生活领域除了古希腊城邦公共领域这一形式外，还有“代表型公共领域”、“资产阶级公共领域”、“公共权力领域”等存在形式。② 自中世纪开始并延续至近代的“代表型公共领域”，主要存在于权贵们的出行、庆典、对人犯的判决和行刑等场合，这一公共领域的出现并非为了公开的言论自由，相反它是缺乏公开言说的场所，它的出现不过是出于展示王权、宫廷和贵族的地位和权势这一目的。国家政治的公共权力至少在表象上意味着它在一国内部具有普泛性质，对国家所有居民都是适用的，所以它具有公共性而不是私人性，因而公共权力（国家）也被许多学者看成是公共领域。哈贝马斯在《公共领域的结构转型》中指出，17 世纪以后围绕公共权力的商业政策，形成了以市民阶级为主体对公共权力进行讨论（批判）的公众，这一批判空间即资产阶级公共领域，它是公共权力领域与私人领域之间的一块中间地带。他认为对资产阶级公共领域进行批判的依据来源于私人领域，意在摆脱公共权力控制的私人领域是资产阶级公共领域得以成立的根本。但公共领域不

① 《马克思恩格斯全集》，中文 1 版，第 46 卷（上），484 页，北京，人民出版社，1979。

② 参见焦文峰：《观念和社会史中的三种公共领域》，载《扬州大学学报》，2002（3）。

同于私人领域，它一方面明确划定一片私人领域不受公共权力管辖，另一方面在生活过程中又跨越个人和家庭的局限，留心公共事务。哈贝马斯曾将社会划分为四个领域：国家、私人、市场和公共领域。国家领域包括立法、行政和司法的组织；私人领域包括家庭生活、亲友关系和财产的处理；市场领域包括通过商品生产和服务而实际创造财富或者利润的私营组织和一些国营组织；公共领域比较复杂，哈贝马斯指出："所谓'公共领域'，我们首先意指我们的社会生活的一个领域，在这个领域中，像公共意见这样的事物能够形成。公共领域原则上向所有公民开放。"①

古代中国走的是"亚细亚的古代"道路，财产只是作为公共的土地财产而存在，只有个人占有，不存在个人所有，个人尚未脱离氏族或公社的脐带，"正像单个蜜蜂离不开蜂房一样"②。原始氏族内成员间的关系，通过宗法制而转化为家国关系，并通过"礼"、"德"、"孝"等观念得到进一步强化，在国家形成之后仍然顽强地保留着，导致了整个社会结构有了以血缘为纽带的氏族遗制，呈现出家国同构的特点。血缘宗法制也使得公共舆论的形成缺乏制度规范的保障。因此，在古代中国难以有真正的私人领域和独立的个体，不存在西方语境中的公共生活，广义上的公共生活也常常与私生活纠缠在一起，如村落、家族等活动的开展都是以家庭为单位的。近代以来，经济的发展、工业活动的渗透、都市化的兴起以及高科技带来的信息革命使得公共生活在中国人的个人生活中的比重越来越大。

尽管公共生活有多种表现形式，但基于以上分析，我们不难看出公共生活内蕴涵着两个基本特性：即公开性和开放性。阿伦特在《人的条件》中说："在公共领域中展现的任何东西都可为人所见、所闻，具有可能最广泛的公共性。"③ 公共生活原则上是对所有人开放的，由私人组成的公众成了公共生活的主体，作为公众的每一个个体，无论社会地位如何都可以自由表达自己的意见，因此公共生

---

① ［德］哈贝马斯：《公共领域》，见汪晖、陈燕谷主编：《文化与公共性》，125页，北京，生活·读书·新知三联书店，1998。

② 《马克思恩格斯全集》，中文1版，第23卷，371页，北京，人民出版社，1972。

③ ［美］汉娜·阿伦特：《人的条件》，竺乾威译，38页。

活在一定意义上也彰显着平等性。

以上对西方语境中的公共生活作了简单的描述，希望有助于我们对公共生活这一复杂概念的感性把握，下文论及的公共生活主要指的是伦理学视域中的公共生活。在此，我们试图摆脱西方语境中的公共生活的束缚，结合中国历史发展的特点和目前中国社会发展现状将公共生活作一粗略的界定，将私人之外、关联着多数人的交往、涉及多数人利益的交往活动视为公共生活。依据这一定义，以家庭为活动天地、不涉及他人的价值、行动与利益，具有排他性与隐私性的生活，则属于私人生活。

当然，公共生活与私人生活的区分在现实中并非是泾渭分明的，二者的关系也并不是此消彼长的对立关系，公共生活的兴起实质上体现的是私人生活的发展与受尊重。

2. 公共生活信用的内涵与特征

信用是一种道德意识和行为规范，是行为主体信守约定、践履承诺的责任意识和行为品质。公共生活信用探讨的是私人之外、关联着多数人的交往、涉及多数人利益的交往活动中引发的信用伦理关系和相应的道德品行，实质上是主体在公共生活中表现出来的一种类意识的觉醒，是主体信守约定、践履承诺、承担责任的自觉和努力，同时也是作为公众利益及意志集中体现的公共精神的内在诉求。真诚待人、言而有信，重诺守约、言行一致，拾金不昧、按时缴费，杜绝假伪、反对欺诈，诚信服务等都是公共生活信用的基本要求。

与私人生活中的信用相比，公共生活信用具有以下特征：

首先，从信用对象范围上看，公共生活信用较私人生活信用更具普适性。公共生活信用是一种陌生人之间的信用关系，突破了地缘、血缘、亲缘的限制，走出了“自己人”的边界，把来自不同地方的人们联系起来，在更广泛的范围内建立了信用关系。

其次，从信用约束机制上看，公共生活信用具有较强的可靠性。公共生活信用有着强大的法律做后盾，失信者要受到法律的制裁。而私人生活中的信用关系的确立主要以特殊的关系（如血缘关系、亲缘关系、朋友关系、地域关系等）为基础，以社会舆论的道德约束来维系。对他人的信用重视个人的道德品行，更注重人际关系的亲疏远近，信用程度随着人际关系的远近而有程度上的伸缩。

再次，从价值取向上看，公共生活中的信用具有较强的功利性。公共生活中的人们地位平等，常为共同的目标聚集在一起，并为追求各自的利益而强调互利互惠的合作关系，但这种合作根本上是出于功利目的。私人生活中的人们碍于情面，常将以“义”为核心的信用道德规范作为信用关系的价值依托。

最后，从信用关系的风险指数看，公共生活信用关系发生的重复性小，信息不对称现象严重，在法律不健全、法律意识淡薄的地区，很容易发生投机行为，风险指数比较大。这也是在公共生活中建立良好的信用关系困难重重的重要原因，因此公共生活信用的建立必须依赖强大的法规体系作保障。

综观上述，可以看出公共生活信用明显具有“理”的特点，而私人生活中的信用则具有非常浓厚的“情”的色彩。

二、公共生活信用在建构和谐社会中的重要意义

信用既是和谐社会的基本特征之一，又是和谐社会的内在价值诉求。中共中央总书记胡锦涛指出：“我们所要建设的社会主义和谐社会，应该是民主法制、公平正义、诚信友爱、充满活力、安定有序、人与自然和谐相处的社会。”在古代贤哲描绘的大同社会蓝图中，也有着信用的追求。“大道之行也，天下为公，选贤与能，讲信修睦。……货恶其弃于地也，不必藏于己；力恶其不出于身也，不必为己。是故谋闭而不兴，盗窃乱贼而不作，故外户而不闭，是谓大同。”（《礼记·礼运》）公共生活信用在建构和谐社会中的重要意义，主要体现在以下几个方面：

1. 公共生活信用是维系人际和谐与社会安定的纽带

人际和谐是和谐社会的主要标志，也是建构和谐社会的重要内容。现代社会的人际和谐不仅仅指私人领域中的熟人之间的和睦融洽，更重要的在于公共生活中陌生人之间的和睦相处。当代中国社会逐渐由封闭走向开放，公共生活领域日益扩大，人与人之间的交往日益频繁，人们的交往对象越来越具有陌生人的特点，人与人、人与社会之间的摩擦乃至利益冲突也比以往社会更加明显，如何协调公共生活中人与人、人与社会之间的关系，摆脱公共生活扩大所带来的诸多不和谐因素就成了我们时代急需研究的重要课题。对此，古人给了我们很好的启示。管仲认为，诚信是使天下团结一致的保证，“诚信者，天下之结也”（《管子·枢言》）。荀子说：“诚信生神，夸诞生惑。”（《荀子·不苟》）《礼记·礼运》中说“讲信修睦”。《吕氏春秋·贵信》指出：“君臣不信，则百姓诽谤，社稷不宁。处官不信，则少不畏长，贵贱相轻。赏罚不信，则民易犯法，不可使令。交友不信，则离散郁怨，不能相亲。百工不信，则器械苦伪，丹漆染色不贞。”只有人人讲信用，给他人以信任，彼此利益才能得到协调，人才能感受到作为一个平等个体的尊严和价值，才能修得和睦的陌生人关系；也只有人人讲信用，公众利益和公共秩序才能得到很好的维护，和谐安定的社会才能够形成。“诚信是一个社会得以安定团结乃至积极进步的首要基础，一旦诚信被破坏，社会也将被颠覆，陷入无政府主义的混乱状态。”① 福山指出：“法律、契约、经济理性只能为后工业化社会提供稳定与繁荣的必要却非充分基础；唯有加上互惠、道德义务、社会责任与信任，才能确保社会的繁荣稳定。”②

2. 公共生活信用是建设节约型社会的重要社会资本

和谐社会追求人与人、人与自然的和谐，建设节约型社会是其重要手段之一，但建设节约型社会，不能单纯地呼吁节约能源，必须采取包括道德手段在内的综合措施，建立强有力的社会文化保障体系，以达到节约时间、资金、人力资源和自然能源等目的。现实生活中，许多资源浪费现象都是由于缺乏公共生活信用造成的。公共生活信用的缺乏导致人与人之间的相互猜疑，很多交往、交易在正式进行之前都得花费大量的人力、物力做调查研究，直到确认可信才敢正式交往、交易，既浪费时间，又浪费人力、物力、财力。美国学者福山在《信任——社会道德与繁荣的创造》中指出，社会资本，即人们在一个组织中为了共同的目的去合作的能力，是经济资本（资金、资产等）和人力资本之外的第三种资本。信任是一种极其重要的社会资本。信任度直接关乎整个社会的交易成本。如果信任缺失，社会运行就要付出极其昂贵的成本，进而对国家的正常生活造成极其不利的影响。在此意义上，公共生活信用是建设节约

---

① ［英］塞缪尔·斯迈尔斯：《品格》，聂永革译，160页，北京，中国发展出版社，2004。

② ［美］弗兰西斯·福山：《信任——社会道德与繁荣的创造》，李宛蓉译，18页，呼和浩特，远方出版社，1998。

型社会的重要资本。良好的公共生活信用，可以最大限度地减少社会交往中的各种内耗和摩擦，减少社会生活的风险和代价，提高社会生产效率，降低社会运行成本。公共生活信用程度高，还可以节约大量的管理经费。

3. 公共生活信用是社会公正的基础

“民主法制、公平正义”是和谐社会的基本特征之一。公平正义的和谐社会既需要法律作强有力的保障，又需要公共信用的支持。缺乏公共信用，一方面造成法律法规无法贯彻实施；另一方面，富有刚性的法律也容易僵化、被人利用而难以保障社会公正。“法律有信，则会强化人们对法律的信仰；反之，法律无信，立法、执法皆背法而行，法制因信用危机必然会出现紊乱。”① 法律的作用再大，也并非是万能的，它需要公共生活信用作补充。如果没有人遵守公共生活信用，好的法律就会变成一纸空文而难以保障社会的公平正义。法律不完善，更需要执法者讲究公共生活信用，秉公执法。大众媒体也是维护社会公正的重要力量。缺乏公共生活信用，新闻媒体以“监督”之名搞“创收”之实，社会便难有正义的呼声；缺乏公共生活信用，公共知识分子玩弄学术，缺乏人文关怀和社会责任感，一味地为权高位重之人的各种失信行为辩护，结果很容易黑白颠倒，是非不分。此外，信用本身是人与人、人与社会之间极其重要的利益协调机制，讲信用才会有利益上的公正，人人遵守公共生活中的信用才会有整个社会的公平。总之，公共生活信用水平直接制约着社会公正的实现。

三、当代中国公共生活失信状况及原因分析

1. 当代中国公共生活失信状况

随着公共领域的不断扩大，人与人之间的交往越来越频繁，公共生活中的失信行为日益增多，严重干扰了社会的正常秩序和人们的正常生活。只要一出门，人们就可能碰上各种各样的失信现象。电梯时不时地被人损坏，电梯内的报警电话被人摘走；马路上的铸铁井盖被人撬走；出租司机绕远路，既浪费你的钱，又浪费你的宝贵时间；交通路口，行人、车辆闯红灯的现象不时出现……考试作

① 康志杰、胡军：《诚信：传统意义与现代价值》，260页，北京，中国社会科学出版社，2004。

弊，近亲繁殖，剽窃他人成果，拖欠贷款等失信行为也不断侵蚀着校园这片净土。“假做真时真亦假”，公共生活中的各种失信行为使全社会产生了信任危机，人与人之间相互猜忌和冷漠，严重威胁着现代化建设及和谐社会的建构。

2. 公共生活信用失范的主要原因

第一，缺乏公共生活信用的文化环境。

当代中国公共生活信用的缺乏，其中的一个重要原因在于缺乏支撑公共生活信用的文化环境。西方公共信用道德之所以发达与其文化有着内在联系。西方文化的三个源头，即希腊理性和城邦政治制度、罗马法律文化、希伯来文化，分别从理性、制度和信仰三个方面支撑着西方信用道德的发展。希腊理性高扬人的主体性，希腊城邦政治提供了公共生活的最早形式；古罗马法律将私法与公法分离，使得个体独立的“人格”从法律上得到确立；希伯来文化产生了基督教，使西方人有了信仰约束，并获得了超越血亲的普遍伦理。

儒家文化在中国传统社会中一直居于主导地位并影响到今天。儒家文化建立在小农经济基础之上，在伦理导向上，虽然也讲“泛爱众”，但更注重血缘人伦，强调“亲亲”为本，推崇的是血亲差序伦理。血亲差序伦理注重差序、等级、亲疏，并将之视为人之为人的根本所在，这也是墨学讲“兼爱”，结果被孟子视为禽兽的重要原因。孔子说：“父为子隐，子为父隐，直在其中矣。”（《论语·子路》）不包庇违法犯罪之人原是正直的表现，但包庇亲人在孔子看来却具有更高的道德意义。可见，儒家的差序伦理从一定意义上看是一种缺乏理性主义的道德哲学，其道德原则具有特殊主义的特征；从一定程度上看乃是一种私人间的权变伦理。“血亲伦理，因人而异，是‘对人不对事’的具体权变伦理，而不是‘对事不对人’的原则性伦理。”① “对人不对事”的权变差序伦理最终导致私人关系的道德优先于社会公德，传统俗文化中的“江湖义气”便是在其基础之上派生出来的。② “江湖义气”狭隘地将道义局限在同党内，同党内部成员之间肝胆相照，两肋插刀，舍身取“义”，对于“党外”人士和国家往往持排斥态度，甚至水火不容，“偷、杀、抢、掠”成了“行侠仗义”。“江湖义气”既是维系下层社会“哥们儿”情义的

①② 尤西林：《中国人的公德与私德》，载《上海交通大学学报》，2003（6）。

纽带，同时也是上层政治生活各种“帮”、“派”的内部伦理。儒家的差序伦理局限在熟人范围内，“江湖义气”虽涉及陌生人，但局限于同党内，二者都将人与人之间的信用关系局限在一个个狭小的圈子内，难以支撑陌生人之间的普遍信用。儒家的差序伦理和“江湖义气”的共同影响是中国传统社会的公共信用道德得不到充分发展的重要原因，而这样的影响一直延续至今。

第二，未形成有效的公共信用监督管理体系。

开放性和流动性是公共生活的重要特性之一，公共生活中的人际交往多半是陌生人之间的交往，交往的主体极具流动性和不确定性，公共生活中与他人的交往也往往只是一次性的转瞬即逝的交往。在流动性极强的公共生活中，基于血缘、地缘基础上的人伦信用面临严峻挑战，而契约信用在我国尚未得到充分发展，在如此严峻的环境中若缺乏有效的监督管理体系，出现各种信用失范就不足为奇了。目前，我国既缺乏公共生活传统，又正处于社会转型中，这就使得我们既没有形成良好的公共信用道德，又没有治理的历史经验，且许多制度尚未健全，还没有形成有效的公共信用监督管理体系。这就导致许多公共信用失范行为既无人监督，又得不到应有惩罚，致使失信成本过低，而这又进一步促成了信用失范行为的泛滥。

第二节　公共场所中的信用

人的生活与交往总是在一定的空间中进行的，因此，公共生活中的信用往往表现为公共场所的信用问题，而公共场所的信用常常表现为公众对公共场所规则的遵守。规则通常是一种约定，这种约定被默认为入场的每个人都知道或必须知道的，它并不需要征求每个人的同意，只要它作为一种集体意志和社会理性的反映而成为普遍性约定时，遵守规则就成了信用的基本要求和表现。因此，信用不仅仅具有“承诺信用”这一种表现形式，并非一定要跟具体的人事先承诺才有是否讲信用的问题，“规则信用”也是信用的一种重要表现形式，而且是国人非常缺乏但对于公共生活领域日益扩大的陌生人社会来说极其重要的一种信用形式。遵守公共场所的有关规定、维护公共秩序，既是公民的基本道德要求，也是公民在公共生活中的信用表现。①

一、公共场所的一般信用要求

1. 讲究公共卫生

公共卫生直接影响到全体公民的生活质量和健康水平，标志着一个国家、民族的文明程度，同时也体现着一个公民的信用水准。"非典"暴发后，公共卫生问题已引起人们越来越多的关注，但公共场所的卫生状况还是不容乐观，随地吐痰、乱扔垃圾等不讲卫生行为依然很普遍。公共卫生状况不佳的原因并不在于人们对卫生重要性的无知，相反，多数人很重视卫生，在家里也非常注意卫生，但一到公共场所便变得不讲究卫生了。很多人缺乏保持公共卫生的责任感，往往将公共卫生的责任推到他人身上。网上有这么一则笑话：一家三口住进了新房，妻子见丈夫和儿子不讲究卫生，就在家中贴了一条标语："讲究卫生，人人有责。"儿子放学回家见了标语，拿出笔改成了："讲究卫生，大人有责。"第二天丈夫见了标语，也拿起笔挥手一改，标语成了："讲究卫生，太太（夫人）有责。"② 这一笑话说的是家庭卫生责任问题，但公共场所中人们推诿责任的情况恐怕是有过之而无不及。"讲究卫生，人人有责"不但在家里应该如此，而且在公共场所更应该如此，可实际上很多人在公共场合中却如笑话中的人那样直接将责任推到他人身上，见了垃圾只会发牢骚而不是主动去清理。公共卫生有赖于大家的共同努力，每个公民都应树立环保意识，努力营造一个整洁、舒适和干净的公共场所。

2. 遵守公共秩序

公共秩序有广义和狭义之分，广义的公共秩序包括公共场所活动秩序、交通秩序、社会管理秩序、工作秩序、居民生活秩序等，这里的公共秩序主要指狭义上的公共秩序，即公共场所活动秩序。公共场所活动秩序的要求主要有两种不同的形式：一种是有明文规定的，主要是公共场所的规章、准则、公约、纪律，如图书馆借阅规定，公园游乐须知，考场纪律等；另一种则是没有明文规定，是

---

① 参见王淑芹等：《信用伦理研究》，61页，北京，中央编译出版社，2005。

② 《讲究卫生谁有责》，http://joke.qq.com/a/20040917/000009.htm 更新日期：2004-09-17。

人们在长期公共生活中形成的道德经验与行为习惯，如在购物、买票时要自觉排队，在自习室、博物馆、烈士墓等场所不能大声喧哗等。

3. 爱护公共财物

公共财物是国家和集体的财产，每个公民都应当爱护公共场所的建筑物、文物古迹、花草树木、交通设施以及包括公用电话亭在内的各类公用设施；但国人损坏、偷盗公共财物现象非常严重，马路上的铸铁井盖被盗，电话亭里的电话机被损坏，名胜古迹上随意刻字留念等现象非常普遍。据报道，天津市水上公园用万把红伞设计了大地走红艺术造型，展览了两天后，万把红伞全被破坏、被盗走，这个现象震惊了整个天津市。河北省石家庄市新华区为迎接国庆节和新加坡客人来访，便发动各街道办事处收集了一万五千盆花木，组成大型花木造型"雄伟太行"，可是节后当一些办事处去撤回花木时，许多市民却借机哄抢，结果丢失花木一万两千多盆。费孝通先生曾说："一说是公家的，差不多就是说大家可以占一点便宜的意思，有权利而没有义务了。"[①] 有人则戏言"外国有个'加拿大'，中国有个'大家拿'"，这形象地揭露了国人在公共财物上的信用缺失。

4. 遵守交通秩序

遵守交通规则是维护一个有序、安全、畅通的交通秩序的首要条件，只有良好的秩序才能提高各种交通工具的运转效率，才能尽可能公平地保证每个社会成员的利益。遵守交通规则不但体现了公民的守法意识、安全意识、礼让意识和科学的效率意识，也体现了公民的规则意识和信用意识，同时还是珍惜自己和他人生命、财产的表现。公民应当合理使用交通这一有限的公共资源，严格遵守交通规则，做到文明行走、文明行车、文明乘车、文明停车，坚决杜绝闯红灯、酒后驾车、横穿马路、超载、超速和逆向行车等行为的发生。

5. 尊重、爱护他人

公共场所中应当尊重、爱护他人，礼貌待人，助人为乐，这既是社会公德的重要体现，也是公共生活信用的应有之义。公共场所

---

① 费孝通：《乡土中国 生育制度》，24页，北京，北京大学出版社，1998。

中因一点小小摩擦、碰撞，就恶语相向，甚至拳脚交加，遇到人与人发生冲突时，看热闹瞎起哄，拾到他人财物据为己有，此等绝非道德行为。我国台湾的高震东先生有这么一句名言：“道德是心中有人，能力是眼中有事。”简单的一句话却道出了德与才的真谛，心中有他人，也就是将他人当人看，尊重他人的人格，将他人看做与自己平等的主体。唯有如此，才不会将他人看做自己的一个工具、手段，才会真诚地对待他人，才会有真正的道德，也才会有真正的信用。人们之所以会进入同一个公共场所，除了为共同的目的（比如到影剧院是为了看电影娱乐，到商场是为了看货、购物）外，还有一个非常重要的原因便是对于他人的信任，一种最低限度的信任。相信纵使有个别人不尊重自己、会伤害自己、偷自己钱财，但大部分人仍是好的，不然人们绝对不敢跨入公共场所。因此，每一个人其实是基于对他人的信任并背负着他人对自己的信任而进入公共场所的，不尊重他人甚至伤害他人的行为既是违背法律和社会公德的，同时又是公共生活信用缺失的表现。当然，在一个人与人的关系是霍布斯论及的狼与狼的关系的社会里，“尊重、爱护他人”自然不会是人们的信用表现，而在一个社会秩序良好的社会里，“尊重、爱护他人”则应是人们公共生活信用的一个重要方面，至少在建构和谐社会的国度里，“尊重、爱护他人”理应上升为公共生活信用。一个守信之人在公共场所中，理应善待老、弱、病、残、孕及怀抱婴儿者，友善对待外来人员，耐心热情回答陌生人的询问，而绝对不能“事不关己，高高挂起”，更不能对亟须救助的人或事冷漠甚至漫天要价。

二、主要公共场所中的信用要求与失信表现

公共场所是人们共同生活、共同娱乐、共同学习和共同劳动的地方，也是人与人之间冲突的多发地带，更是信用失范的重灾区。目前，以下几个方面的公共场所中的信用失范现象比较突出。

1. 公共交通场所

交通方面的公共场所主要有：楼道、马路、街弄、江河、码头、车站、机场，以及与上述相关的电梯、公交车、出租车、轮船、火车、地铁、飞机等交通工具。在这些公共场所中的信用失范表现最为突出的便是违反交通规则和交通秩序。违反交通规则不但扰乱了交通秩序，而且许多人因此丧失性命。据世界卫生组织统计，2000年，全球126万人死于车祸。在人类死亡和发病的原因中，车祸排在第 9 位。① 国人违反交通行为更是普遍，闯红灯，酒后驾车，超载、超速驾驶，逆向行车，行人不走便道或人行横道，在机动车道上骑自行车等违反交通规则的行为频频发生，交通事故接连不断。据公安部统计，2004 年全国共发生道路交通事故 567 753 起，造成 99 217 人死亡、451 810 人受伤，直接财产损失 27.7 亿元。2004 年 10 月世界卫生组织公布的交通事故死亡报告显示，中国汽车总量仅仅占全球汽车总量的 1.9%，但中国因交通事故死亡的人数却占世界的 15%。中国交通事故的致死率为 27.3%，居世界首位；而美国仅为 1.3%；日本只有 0.9%。北京和东京两个城市规模相当，北京的交通事故致死率为 14%，东京则为 0.7%。② 有一则故事显示了中外国民对于交通规则的不同态度：金陵某张姓青年，有幸留学美国某法学院，一次与美国女友去看电影，准备穿过马路时恰巧红灯亮了，张姓青年见路上无车也无警，就大胆往前走，走到路对面回头一看，发现美国妹子仍在傻呆呆地等绿灯，于是张姓青年吆喝一声："妹妹，你大胆地往前走"。结果美国妹子并没有大胆地往前走，而是丢下一句"bye-bye"。理由是：你连最起码的交通秩序都不遵守，我们有何共同语言可谈，道不同，不相为谋。不久这位张姓青年带着爱情的失落回到中国南京，毕竟是"海归"，有一位秦淮女子主动向他表示好感。张姓青年在陪女友散步，准备横穿马路时，恰巧红灯又亮了，由于他有了前车之鉴，于是乖乖地等绿灯，他的秦淮女友却不管路上车水马龙，像条鱼一样灵巧地穿过马路，然后向张姓青年招呼："你快点过来！"张姓青年不知出于害怕还是出于自律，并没闯红灯。等到绿灯亮，他通过马路时，没想到秦淮女子丢下一句："连红灯都不敢闯，傻帽儿一个，bye-bye。"③ 张姓青年在美国因为不遵守交通规则失去爱情，在中国却因为遵守交通规则再次痛失爱情，故事有点滑稽却让人深思，这则故事直接反映了国人在遵守交通秩序

① 参见《世界卫生日：道路安全　防患未然》，新华网：http://www.zj.xinhuanet.com/tail/2004-04/07/content_1934321.htm 更新日期：2004-04-07。

② 参见王娜：《走到汽车安全的关口》，中金在线：http://news.cnfol.com/050926/101,1585,1463469,00.shtml 更新日期：2005-09-26。

③ 参见吉小江：《在中国因遵守交通规则而痛失爱情?》，原载《南方都市报》；千龙网：http://culture.qianlong.com/6931/2005/05/20/1400@2641806.htm 更新日期：2005-05-20。

方面权变意识过剩，而规则意识不足。

交通方面的公共场所中的信用失范还表现为不遵守乘车秩序，逃票，携带危险品上车，不给老、幼、病、残、孕让座，不讲究公共卫生，损坏交通标志、交通工具、交通灯具、井盖等公共交通设施。据报道，广州市无人售票公共汽车的投币箱里竟有不少假币、游戏机币及对半开的钱币等“垃圾”。井盖被窃现象亦令人触目惊心。广州井盖被盗年损失千万[①]，海口每年被盗的井盖都在800套左右，损失高达三四十万元。[②] 北京2004年1月至10月，全市共丢失井盖2.1万个，被不法分子运到北京周边地区当做废旧金属变卖，获取非法利益。[③] 井盖被盗后，不仅给行人、车辆带来了严重的安全隐患，也给政府财政带来了很大损失。

2. 文化娱乐公共场所

文化娱乐方面的公共场所主要有文化广场、公园、烈士陵园、影剧院、图书馆、会议场所、博物馆、展览馆、旅游景点等。在这类公共场所中不讲究公共卫生现象非常突出，随地吐痰首当其冲，“早在一个世纪前孙中山在一艘外国轮船上，目睹一位脑后拖条长辫的同胞，把一口浓浓的黄痰吐在了鲜红的地毯上，不由得感慨万千，经常以此为例，呼唤民众觉醒”[④]。可一个世纪后，不少国人仍然保留这一陋习。公共场所吸烟的现象也比较严重。乱贴广告，乱丢瓜果皮核、烟头、纸屑、垫座报纸、饮料瓶、塑料袋、包装物等废弃物现象非常普遍。据报道，黄金周期间来来往往的游客们为北京天安门广场留下了四十余万块嚼过的口香糖。[⑤] 有些人游公园时喜欢

---

① 参见王丽凤：《广州井盖被盗年损失千万 市民写信呼吁市长关注》，原载《信息时报》；新浪网：http://news.sina.com.cn/c/2005-02-23/01585906988.shtml 更新日期：2005-02-23。

② 参见廖庆玉：《海口井盖被盗一年损失40万》，原载《南国都市报》，海南新闻网：http://www.ngdsb.com.cn/new/php/20040703/14669.php 更新日期：2004-07-03。

③ 参见汲传排：《北京井盖10个月丢2.1万个 运到周边当废铁卖了》，原载《北京晨报》，2004-12-16；晋城在线：http://www.jconline.cn/84/2004-12-16/39@157685.htm 更新日期：2004-12-16。

④ 解思忠：《国民素质演讲录》，168页，上海，上海社会科学院出版社，2003。

⑤ 参见李谱春：《黄金周后天安门广场地砖清出口香糖40余万块》，原载《北京娱乐信报》，2002-10-15；人民网：http://www.people.com.cn/GB/huanbao/56/20021015/842188.html 更新日期：2002-10-15。

带宠物，可宠物在公共场所随地便溺，主人却不予清理；有些人甚至也在旅游景点随地便溺。2005 年十一黄金周的第二天，新疆乌鲁木齐市南山旅游景区出现了八十多名韩国游客集体捡垃圾的场面，其中包括三十多名儿童，这一事件无疑让国人尴尬，也值得国人深思。①

保持安静，不让自己的声音或手机铃声成为他人耳边的噪声，体现的是一种人与人之间的尊重，一种对共同生活环境的爱护，既是公民文明修养的表现，也是遵守公共生活信用的重要体现。但国人似乎总喜欢热闹，喜欢大声喧哗，似乎到了公共场合就变得特别忙，手机铃声此起彼伏，搅得他人心烦意乱。难怪我国台湾的柏杨先生说中国人"最明显的特征之一就是脏、乱、吵"。"中国人的嗓门之大，真是天下无双"。柏杨先生在美国爱荷华大学的演讲中还谈到一个发生在美国的笑话：两个广东人在讲悄悄话，美国人认为他们就要打架，急拨电话报案，警察来了，问他们在干什么？他们说："我们正耳语。"

此外，损坏、盗窃公共财物现象也很严重，不少人故意损坏坐椅，随意践踏草坪，在草坪上睡大觉，攀折花木，在文物古迹上留名，在公共图书上任意圈点、验算、涂改、影描，甚至撕毁有用资料。

3. 体育健身公共场所

体育、健身活动场所主要包括体育馆、游泳池、操场跑道、社区健身点等。在体育赛场上，运动员不应有踢假球等作假行为，裁判不能吹黑哨，而作为观看比赛的观众也应讲信用，当文明观众。然而，目前观众的表现却令人深忧。观众在比赛过程中的瞎起哄在一定程度上影响了运动员正常水平的发挥，观众的乱扔垃圾行为搞得赛场"惨不忍睹"，不少观众甚至在赛场看台坐椅和看台墙上留下脚印。2004 年 10 月，姚明所在的 NBA 火箭队到首都体育馆举行季前赛，比赛成为球迷和追星族的一场狂欢，然而比赛结束后的赛场却一片狼藉：宣传海报、食品包装袋、各种吃剩的东西扔得到处都是。有的观众还把饮料瓶、充气的加油棒等能够破坏的东西都摔坏、

---

① 参见《80 韩国游客新疆景区捡垃圾》，原载《新京报》；人民网：http://env.people.com.cn/GB/1072/3746435.html 更新日期：2005-10-07。

踩瘪以发泄情绪。①

游泳馆是人们锻炼身体和休闲放松的场所，也是公众信用失范的高发场所。一般游泳馆都规定酗酒以及心脏病、癫痫、肝炎、肺炎、高血压、低血压、精神病、皮肤病、外伤等患者不得入池游泳。入池游泳时须着泳装，入池前须先冲水或在洗脚池清洗脚部，泳后至沐浴室冲洗；严禁涂抹防晒油剂进入泳池；严禁在池内吐痰或便溺。严禁在池内使用肥皂及其他清洁剂；严禁在池边追逐、嬉戏、跳水或在池内有妨碍他人游泳的举动；严禁喧哗乱跑；严禁游泳时饮食、喝酒、吸烟、嚼口香糖等；严禁携带宠物进入游泳池等。可有些人完全不理会游泳馆的这些规定，明知不戴泳帽头发会掉入池内，但为图方便就是不戴；有些人不但不冲水直接进入泳池，而且还在泳池内偷偷“搓澡”，将泳池当成大澡堂；有些人甚至在泳池内便溺，导致游泳池内尿素超标，严重威胁游泳者的健康：尿素超标很容易刺激并损伤人体皮肤黏膜，使人出现瘙痒、沙眼、中耳炎等症状。

4．生活服务公共场所

生活服务方面的公共场所主要有商场超市、餐馆、饭店、招待所、公共卫生间等。商场超市是人们的购物场所，在商场超市购物时待人要有礼貌，包括对待商店里的售货员。应当讲究公共卫生，不随地吐痰；购物要遵守公共秩序，自觉排队；应遵守商场规定自觉存包，不得偷盗商场中的商品；不得大声喧哗，不能衣冠不整；乘坐手扶电梯时，注意靠右站立；乘升降电梯，注意礼让。碰到熟人便排队加塞，明知假币却尝试脱手，私自调换商品条码价签，发现售货员多找了钱却不退回且若无其事地走掉，在商场里打闹等都是不守信用的表现。

饭店和招待所既是公共场所又是旅客临时的“家”。旅客住宿后要注意保持室内卫生，衣物不要乱放，鞋袜不要乱扔。要爱护电脑、电视等公共设备，洗衣粉、去污粉、卫生纸以及桌上的办公用品仅供在旅馆内使用不得外带；不可穿睡衣、拖鞋、背心或裤衩到走廊或旅馆的公共场所游逛；不得大声喧哗或发出噪声影响周围其他客人的休息；对待服务人员要有礼貌。旅客入住后将房间弄得乱七八

---

① 参见《把赛场当做自己家去爱护》，原载《北京日报》，2005-06-10；http://www.beijing-2008.org/74/61/article211656174.shtml 检索日期：2005-09-20。

糟，深夜打牌的喊叫声搞得周围其他客人不得安宁，用公用毛巾、枕巾、被单等擦脚、擦皮鞋等都是旅客的失信表现。

在餐馆吃饭时要注意他人感受，不应高谈阔论、大声喧哗。对待服务员要充满尊敬和善意，不要像对待仆人一样；招呼服务员时，一般应用眼色或举手示意，不能高声大叫；最好把手机置于静音状态，不应频繁接听电话；骨头、鱼刺等应放在小碟里，不能往地上吐东西；不能当着别人的面剔牙，牙缝里塞进了东西，可到卫生间把它剔出来。

使用公共卫生间一定要将卫生纸等杂物扔进纸篓，以免堵塞下水道；要注意冲水以保持卫生。不少国人用厕后没有冲水的习惯，弄得整个厕所臭气熏天，难怪有的海外游客挖苦说："中国的美味佳肴享誉全球，中国的公共厕所却臭名远扬。"

三、公共场所中的信用建设

1. 完善信用监管体系，健全失信惩罚机制

信用监管体系不完善和失信惩罚机制不健全是目前我国公共信用缺乏的重要原因。公共场合中信用监管体系不完善和失信惩罚机制不健全致使失信成本过低，从而直接导致许多轻易失信行为的发生。目前，我国虽然有部分企业加入信用联盟，但对公共场所中的信用却缺乏专门的监督管理机构，公民在公共场合中的失信行为丝毫不会威胁到他们今后的发展前途。用人单位当然几乎没有可能得到应聘人员在公共场所失信表现的记录。公司企业更不会关注其员工在公共场所中的失信行为。公共场所人员密集，流动性强，人的行为往往具有一次性博弈的特征。在这样的情况下，没有完善的监管体系，没有可查询的公共信用记录，失信行为的成本过低，不安分者违规也就不足为奇了。德国地铁在无人验票情况下也没有人逃票的原因，除了德国人道德水准可能真的较高外，更重要的在于逃票的代价过高。只要有一次逃票被人发现，那么他的公共信用记录里就会有一个永远无法抹去的污点，以后无论他在求职、升迁或是租房的时候都会遭到冷遇。如能成立专门机构，将公众在公共场合中的失信行为登陆到公共信用数据库里，供人们查阅，相信公共场所的失信行为将会大减。

2. 美化警语和公益广告，营造和谐的文化氛围

真、善、美的统一是道德的内在追求，也是和谐社会价值观建

构的重要目标。公共信用道德建设理应有审美取向，不但要晓之以理、动之以情，还要以美吸引人、诱导人。道德建设的审美取向既是和谐社会道德建设的内在规律，又体现了对人的尊重。缺乏沟通、没有美感的道德规范往往沦为语言霸权而遭人嫌弃。

道德是一种特殊的规范调节方式，任何道德规范只有内化为具体个人的内心信念才能真正起作用。公共生活中的道德建设陷入困境的一个重要原因就是我们传播、灌输的道德规范没有真正被人们内化为个人的道德选择。可是，我们在公共场所表述许多道德规范、戒律的时候通常使用“应当……”“禁止……”等枯燥的祈使语句，既无半点美感，亦丝毫不给人们留一点思考的余地，结果不但不为人们所接受，反而激起人们的逆反心理，在多数人对规范不以为然的情况下，更是没有兴趣独自遵守，结果导致“道德苍白无力，野性任意张扬”，人们“随心所欲地逾矩”。

优美的环境和浓厚的文化氛围则容易使人潜心向善。针对特定的公共场所精心设计一些幽默风趣，富有哲理，入情入理，符合公众审美心理和言语接受心理的警语和公益广告，可以美化环境和营造和谐的文化氛围，冲淡公众对道德说教的厌恶感，委婉、含蓄、灵活地给观众以启迪和警示。

比如，为提醒人们注意个人形象，不讲脏话，有人利用双关手法设计了“提高人‘口’素质，保证出‘口’质量，请勿出‘口’成脏”；为提醒公众莫吸烟、喝酒，有人借用成语和模仿流行歌词的手法设计了“吞云吐雾，你的柔情我永远不懂；觥筹交错，我是不是该安静地走开。——寄嗜烟好酒者”；有人将图书馆、自习室的“请保持安静”巧妙地换成“此时无声胜有声”，“你轻轻地来，带来宁静；你悄悄地走，带走知识”；有人将“请爱护花草树木，保护名胜古迹”设计成“美景由天下人共赏，胜迹靠你我他维护”；有人将食堂和购票窗口的“请自觉排队”改成“后来者勿居上”；有人将宿舍楼提醒学生按时作息的标语设计成“为了奋斗不息，我们按时作息”；有人将提醒公众勿忘关紧水龙头的标语设计成“请用你的手，拭去我的泪滴”；有人在公共场所的墙壁上挂上“请不要给我脸上抹黑”的标语以提醒公众莫留下脚印、痕迹；为提醒公众白日关灯节能，有人在楼道的路灯旁贴上了“我是一个平凡者，不想与日争辉”的标语；有人将“请勿践踏草坪”巧妙地改成“茵茵青草，踏之何忍”①，这类警语、公益广告语言温馨，朗朗上口，容易传诵、接受，如汩汩清泉流入人们的心田，易给人们留下深刻的记忆，不但可唤起人们真挚的情感，还有利于丰富充实人们的精神生活，提高全民族的文化素养，培养公众的公共信用道德。

3. 鼓励研制信用监督产品，增强信用技术支持

公共场所中的信用建设离不开技术支持。公共场所中人员密集，人口流动性强，充分利用一些技术手段可以减少信用失范行为。比如，在客流量大的车站可安装验票机以防止旅客逃票。上海、南京等地的地铁站就安装了验票机，若有人逃票，验票机便会自动发出警报；在银行等地方安装“叫号机”可防止顾客排队时加塞儿，也可以使顾客在排队等候时在坐椅上休息，服务更为人性化；在商场等容易发生偷窃行为的地方安装电子监控系统可起到一定的约束作用。卫生间的冲水设备要设计得更为巧妙合理，安装脚踩冲水设备比起手动控制更方便、卫生，自然也就更加容易被人们接受。马路上的铸铁井盖被盗是各大城市的普遍现象，产生该现象的一个重要原因就是偷取铸铁井盖很容易且可获得较高利润。南非为解决这个棘手的问题，研制了一种抗压、抗震、耐腐蚀的水泥井盖取代铸铁井盖，结果发现防盗效果良好。有些地方马路边公共电话亭和电梯里的电话机经常被盗，如果设计一些只能在马路边公共电话亭或电梯里使用的电话机，将其偷回家没有丝毫作用的话，相信这类偷盗现象就会减少。当然，我们深知公共场合中是否守信主要依靠每个人的自觉，但在道德水平不是很高的情况下，充分利用技术手段也不失为一个很好的办法，毕竟现阶段公众的道德水准参差不齐。

第三节　虚拟生活中的信用

随着互联网的迅速发展和普及，网络虚拟生活也成了现代公共生活的重要组成部分。人们不但可以在网上方便地阅读世界各地的新闻，搜索各种资料，与网友聊天，还可以通过网络进行教学、学

① 以上公益广告词参见李胜梅：《说说大学校园语文生活》，载《语文建设》，2000(7)。

术研讨、网络购物、会诊治病、指挥生产、参与公共事务等。但是，虚拟世界也并非理想乐园，现实生活中的各种丑恶现象也在其中找到了发展的空间。网络的虚拟性不但放大了现实生活中的各种信用失范问题，还使得互联网成了滋生新的失信行为的温床。新老失信行为不断冲击着互联网，严重干扰了人们的虚拟生活并影响到人们的现实生存，虚拟生活的信用研究刻不容缓。

一、虚拟生活的内涵、特征

1. 虚拟生活的内涵

虚拟（virtual）一词来源于拉丁语 virtus 和 virtualis，其本义指具有“可产生某种效果的内在力量或者能力”。《牛津高阶英汉双解词典》则将 virtual 解释为“事实上的，实际上的，实质上的（但未在名义上或正式获承认）”。可见，虚拟不等于“虚构”，更不是“虚无”、“虚假”，虚拟体现的是一种“潜在”、“非现实的存在”，其内在意趣在于“指向现实性中的不可能性，或者说指向不可能的可能性”①。简单地说，“虚拟”实际上是人类通过行为、语言或数字等思维中介创造性地建构事物，表达事物之间关系的一种方法。本文涉及的“虚拟”特指与网络计算机相关的“数字化虚拟”，实际上是指用 0—1 二进制数字方式去构成事物和表达事物之间关系的一种高科技技术。通过这一技术，人类构造了一个与现实不同但却有现实特点的“真实”的生活空间。②

虚拟生活指的是人类以互联网为中介的生活，也就是通常所说的“在线生活”。互联网即是虚拟生活的场所，它是人类以计算机和通信技术将各电脑节点通过线路连接而成，并以虚拟技术将字、声、图及三者相结合通过超文本传输的信息资源共享空间，人们现实生活中的许多活动都可以在互联网上完成，人们不但可以在互联网上进行网络教学、学术研讨、思想交流、参与公共事务、网络购物，还可以会诊治病、投资交易、指挥生产等，甚至还有人在网上虚拟结婚（网婚）。莱恩格尔德（Howard Rheingold）曾说：“人们在网络社区中可以像在现实生活中一样行事，并可以摆脱身体的束缚。虽然你无法去吻他人，他人亦无法揍你的鼻子，但很多事情仍可以

①② 陈志良：《虚拟：人类中介系统的革命》，载《中国人民大学学报》，2000(4)。

发生。"[①] 据中国互联网络信息中心（CNNIC）2005 年 7 月的调查显示，我国上网用户总人数已经达到 10 300 万，其中用于休闲娱乐占 37.9%，用于获取信息占 37.8%，用于学习与知识浏览占 10.3%，用于社区、论坛与交友占 5.9%，用于对外通信、联络占 2.0%，用于学术研究占 1.4%。目前，虚拟生活已经成了公共生活的重要部分。莱恩格尔德则指出，一旦所有人都能上网，加之言论自由得到法律保护，公共领域将得到恢复。[②]

人们的虚拟生活主要通过以下几种方式进行：第一，网络聊天。网络聊天是虚拟生活的主要形式。网络聊天交往主要通过聊天室或网络即时聊天软件（如 ICQ，QQ，MSN，UC，POPO 等），以文字和各类网络特有表情符号进行，此外也有用即时聊天软件的"语音"功能直接进行语音聊天。第二，电子邮件。电子邮件（E-mail），速度快、成本低，且多数网络服务商都提供免费电子邮件服务，成了网民交往的重要方式。第三，BBS、社区和交友网站。上"BBS"浏览、版面讨论及发表文章已经成了许多人虚拟生活的重要组成部分。几乎所有高校都有自己的 BBS，如清华大学的"水木清华"、复旦大学的"日月光华"、南京大学的"小百合信息交换站"等。第四，网络游戏。网络游戏是一种特殊的虚拟生活方式。网络游戏通常可供众多玩家同时联网娱乐，并配有精致画面、声音、文字和变幻莫测的故事情节，具有信息双向交流、速度快、不受空间限制等优势。游戏的互动性、仿真性和竞技性，远远超过原来的单机版电子游戏，使玩家既可以在虚拟世界里发挥现实世界无法展现的潜能，又可以进行聊天、寻呼、悄悄话、尖叫或感情交流。第五，博客。博客（Blog）是一种在互联网上表达个人思想，内容按照时间顺序排列，并且不断更新的网络出版方式，是互联网为个人提供的简易、互动性强的在个人网页上发布个人日志所形成的新的交流平台。木子美的《遗情书》即是通过其博客发表的。博客是继 E-mail、BBS 和即时通信之后的第四种网络交流方式。

---

① Howard Rheingold（1994），*The Virtual Community*：*Finding Connection in a Computerized World*. London：Secker & Warburg. p. 3.

② See Andrew Calcutt（1999），White Noise：*An A-Z of the Contradiction in Cyberculture*. New York：St. martin's Press，INC. p. 29.

2. 虚拟生活的基本特征

第一，虚拟性、隐匿性和间接性。

虚拟生活是以数字化表达方式展开的，虚拟性是虚拟生活的根本特性。虚拟生活的虚拟性首先表现为在互联网构建的虚拟世界中各种交往活动的主客体和生活环境都是虚拟的。在现实交往中那些备受关注的特征，如性别、年龄、相貌、职业、财产、地位、名誉等自然属性和社会属性都充分地展现在交往对象面前，而在互联网上不过是经由数字化转换后的符号而已。互联网这一虚拟技术的运用直接导致了虚拟生活的隐匿性，只要愿意，人们都可以将自己的真实身份、性别、年龄加以篡改，将现实中的自我隐匿起来，以一种完全不同的虚拟形象出现在网上。互联网也在一定程度上成了“隐身人”的乐园。同一个人在网络上甚至可以有好多不同的虚拟形象，扮演不同的角色。有人则风趣地将 www（world wide web）称作“三‘无’”，即无身份、无性别、无年龄。虽是戏谈，却很好地表达了虚拟生活这一隐匿性特征。比尔·盖茨在《未来之路》所引用的一幅画上，一只正在操作网络的狗对身边的另一只狗说：“在 Internet 上，没人知道你是一只狗。”这同样形象地说明了虚拟生活的这一特征。虚拟生活中的环境同样是虚拟的，在现实生活中你可能一辈子都到不了的地方，但在虚拟生活中你只要点击鼠标就可以轻松到达世界各地，而且会有身临其境的感觉。虚拟生活的虚拟性还表现为人的行为的虚拟化。在虚拟生活中，人的行为同样是以虚拟形式出场的，因此也变得更加无拘无束。比如在网络游戏中，你可以不必为“杀”人而受到法律的制裁。通过“网婚”，你甚至可以轻松地拥有虚拟伴侣，而不管你现实中有没有结过婚。人的行为虚拟化给人们带来欢愉的同时也给现实生活带来了许多不良影响。不少人很容易将虚拟生活中的情绪、态度带到现实生活中来。

虚拟生活中的交往行为具有间接性。虚拟生活中人与人的交往以“符号”作为身份标识，以网络计算机为中介的数字化互动，即“符号人——网络计算机——符号人”。与现实生活中面对面的交往活动相比，虚拟生活中的交往具有“躯体”缺场的特点，这一方面使得人们难以体验到对方的表情，觉得这样的交流乏味；另一方面，虚拟生活却因此更具神秘性和安全感，使得人们从现实的压抑中释放出来，更加推心置腹地交流，表露出真实自我的一面。但这种神秘感和安全感也很容易被人利用，不少人将互联网视为“猎艳”与宣泄情绪的场所。这也是虚拟生活中伦理危机重重的一个重要原因。当然，虚拟生活的这一特性也给现实生活中有特殊困难和障碍的人，如残疾人、性格内向者、相貌欠佳者、社交恐惧症患者和在偏远或保密地区执行任务的人，提供了独特的交往机会。

第二，开放性、互动性和扩张性。

互联网是一个开放的系统，它通过网络协议，将全球不同角落、不同地方、不同操作系统的计算机连接起来，这就使得虚拟生活中的人们得以超越时空的局限，在任何时间与不同国家、不同民族、不同身份的人进行交往。虚拟生活中的交往对象远远超出了现实社会的交往圈子。不同思想观念、价值取向、宗教信仰、风俗习惯和生活方式的人通过互联网得以聚集在一起进行各种活动。

与现实生活相比，虚拟生活的互动性大大增强。在现实生活中，人们的交往主要是面对面的交流，但这样的交流往往受到血缘、地缘、业缘、时空等条件的限制。电视、广播、报刊等媒体的确扩展了人们的交流，但这样的交往却是单向的。互联网突破了时空限制，虚拟生活中的人借助聊天室、论坛和各种在线聊天工具可以随时发送、传播和接收各种信息，轻松地实现双向互动，而且一个人可以同时和多个人进行即时性交流，大大增强了互动性。互联网是全球性资源共享系统的这一特点直接导致了虚拟生活具有很强的扩张性特点。任何有用资源只要放到互联网上都能被全世界的人所共享，而任何不良信息和不道德的行为经过互联网的传播都可能殃及全世界的人。

第三，平等性、自主性和不确定性。

互联网是以“去中心化”的“节点式”结构建立起来的，整个互联网没有控制中心，任何组织或个人都无法对互联网进行整体式的管辖或控制。互联网的“去中心化”和交往主体的“符号化”，使得虚拟生活与现实生活相比呈现出较大的平等性和自主性。现实社会中的等级观念在虚拟生活中得以模糊淡化，人人都是平等的参与者和信息资源的共享者，只要愿意，任何人都可以按照自己的意愿发表观点，甚至展开公开的批评。任何人都可以根据自己的兴趣加入不同的虚拟社区，选择不同的网友。没有人能对他人进行有效的支配和控制。这在一定程度上强化了个人的权利意识和自主意识。

“符号化”的交往主体还存在着严重的不确定性，无论是昵称还是ID都让人无法确定与之对应着的现实生活中的人的真实身份及其他社会特征，这直接导致了整个虚拟生活的不确定性。媒体报道的“乱伦”的网恋故事就充分地说明了这一点，朝思暮想的网络情人到头来却发现是自己的亲生父亲或母亲。尽管你觉得跟你的“好友”在网络上一直相处得非常愉快，但也许有一天你就会发现你的好友消失的无影无踪，而他或她不过是轻点鼠标更换了昵称或注销了原有ID而已，重新注册的ID也许就在你的眼前，可对你来说却是那么陌生。因此，也有人将这充满不确定性的虚拟生活称为“游牧部落式的生活”。

第四，价值取向的多元性。

人是各种社会关系的总和，现实社会中人与人之间的交往是基于血缘、地缘、业缘、学缘等基础建立起来的，各种社会关系包括社会地位、社会身份和社会角色等因素限制着人们的交往。人的群体认同感和同一价值观的形成正是依赖于这些社会关系对人们思想和行为的约束。虚拟生活中个人身份的虚拟化、符号化直接消解了各种现实社会关系及其约束，这就使得互联网中同一价值观的形成失去了重要的依据。虚拟生活中的个人，处于一种从未有过的自由状态中，每个人都按照自己的意愿行事，权威说教在这里失去了存在的根基。互联网在价值取向上表现出多元化的特点。

互联网的开放性特点也是导致虚拟生活价值多元化的一个重要原因。开放的互联网将来自不同国家、民族和地区，有着不同文化传统、宗教信仰、意识形态和生活方式的人联系在一起，这就促成了虚拟生活多元价值观的形成。

二、虚拟生活中的信用失范现象及原因

1. 虚拟生活中的信用失范的主要表现

第一，网络信息获取与传播中的信用失范。

网络信息获取与传播中的信用失范突出地表现在“网络钓鱼”上。所谓“网络钓鱼”是指犯罪分子通过使用“盗号木马”、“网络监听”以及伪造的假网站或网页等手法，盗取用户的银行账号、证券账号、密码信息和其他个人资料，然后以转账盗款、网上购物或制作假卡等方式获取利益。[①]“网络钓鱼”的作案手法主要有：发送

---

① 参见李煦：《公安金融等部门携手打击和防范网络欺诈与“钓鱼”》，新华网：http://news.xinhuanet.com/mrdx/2005-06/16/content_3092628.htm更新日期：2005-06-16。

电子邮件，以虚假信息引诱用户中圈套；建立假冒的网上银行、网上证券网站、骗取用户账号密码后实施盗窃；利用木马和黑客技术等手段窃取用户信息后实施盗窃；利用用户弱口令的漏洞，破解、猜测用户账号和密码等。根据国家计算机网络应急技术处理协调中心的统计，2004 年该中心接到“网络钓鱼”欺诈事件报告达到 223 起，2004 年 7 月以来，该类报告更是以月均 26%的速度递增。[①] 目前中国的网络钓鱼网站占全球钓鱼网站的 13%，名列全球第二位。[②] 据报道，2004 年 10 月，张勇等人仿冒“首放证券网”（www.shoufang.com.cn）制作了一个域名为 www.shoufan.com 的网站，在该网站上设置木马程序，一些安全防护措施较弱的股民一旦访问该网站，其电脑中就会被植入木马程序，该程序能自动获取股民账号及密码，并发送至指定的电子邮箱。之后，张勇等 3 人流窜于长沙、南昌、广州、杭州等地，以假身份证开设股票账户，共同出资 15 万元购买启动股票，然后利用盗得的账号、密码，操纵股民账户，以涨停板的价格购买张勇等 3 人的股票，并致使账户内的剩余资金全部自动高价购买其他股民的股票。受害股民共 53 人，直接经济损失 89 万余元。[③] 2004 年 12 月，一个假冒中国工商银行的网站（假网站 www.1cbc.com.cn 与真工行网站 www.icbc.com.cn，只有“1”和“I”之差）通过要求储户更改密码、网上购物等手段，盗取储户账号、密码，骗取网民钱财，在短时间内就疯狂敛财近 80 万元。从 2004 年底到 2005 年初，中国银行、中国工商银行、中国农业银行的网站先后在互联网上被克隆，尽管域名不尽相同，但对许多人来说，这些似是而非的假银行网站极具欺骗性，行标、栏目、新闻、地址样样齐全。呼和浩特的一位市民因为登录了假的中行网站，卡里的 2.5 万元不翼而飞。[④]

---

① 参见李煦：《公安金融等部门携手打击和防范网络欺诈与“钓鱼”》，新华网：http://news.xinhuanet.com/mrdx/2005-06/16/content_3092628.htm 更新日期：2005-06-16。

② 参见魏宗凯：《“网络钓鱼”觊觎网民资金》，原载于《新闻晨报》，雅虎：http://cn.tech.yahoo.com/050831/543/27d55.html 更新日期：2005-08-31。

③ 参见《法不留情　违“网法”必入法网》，人民网：http://www.people.com.cn/GB/news/3716864.html 更新日期：2005-09-22。

④ 参见王鹤、李圆：《网络金融犯罪：互联网时代的毒瘤》，原载《经济参考报》；新华网：http://jjckb.xinhuanet.com/www/Article/2005620121954-1.shtml 更新日期：2005-6-20。

“网络谣言”也是网络信息获取与传播中信用失范的重要体现。互联网是把双刃剑，一方面给人们信息发布、资料检索提供了便捷的方式，另一方面却又成了滋生谣言的温床。互联网一改昔日大众传媒单向、线性的传播方式，赋予人们自由查找、发布和传播信息的权力，每一个用户既可以是信息的获取者，同时也是信息的发布者，因此也有人认为互联网的出现标志着个人媒体时代的到来。互联网的虚拟性、匿名性、开放性、互动性和即时性等特点使得任何一个网民都可以不用负任何责任地将自己的言论在短时间内散播到全世界。于是，缺乏“把关人”和道德、法律约束的互联网就成了谣言丛生的地方，20 世纪的信息技术革命赋予人们的话语权力在很多人那里却成了语言暴力。“盖茨被暗杀”和“肯德基炸鸡不是鸡”、“麦当劳出售‘口水汉堡包’”等都是网络中广为人知的谣言。网络谣言几乎涉及政治、经济、文化等所有领域，贻害范围非常大，政府机关、企事业单位，以及政府高级官员、演艺明星和普通平民百姓等，都有可能深受其害。网络谣言的传播，严重污染了互联网这一海量信息空间，给人们带来的危害丝毫不亚于网络病毒，严重干扰了人们的虚拟生活乃至现实生活。据新华网报道（2005 年 9 月 19 日），中国精神文明网等多家网站近日开展的“网络十大不文明行为征集与评选活动”中，十万多人参加了投票，其中“传播谣言、散布虚假信息”成了网民反映最强烈的“网络十大不文明行为”之首。①

捏造谣言的动机大致有二：一是吸引他人的注意，提高知名度。互联网是海量信息聚集地，要想在其中脱颖而出非有过人之处，必有奇招，而网络谣言便成了不少人首选的策略。一些玩世不恭、心术不正之人信奉“我撒谎，我存在”，为了提高自己在虚拟社区的“声望”和现实社会中的知名度，或者为了提高自己网站的点击率，便投机取巧地利用人们的好奇心、侥幸心理以及网络信息传播的快捷性和易复制性，急功近利地捏造网络谣言。表面上看，他们是为自己做了免费高效的广告，实际上却失去了弥足珍贵的信用。二是将其作为商业竞争和政治斗争的一种策略。② 有些商家为了推销自

① 参见陈菲：《“传播谣言”成网民反映最强烈网络不文明行为》，新华网：http://news.xinhuanet.com/politics/2005-09/19/content_3513581.htm 更新日期：2005-09-19。

② 参见黄爱萍：《网络谣言的传播特点与传播形态初探》，紫金网：http://www.zijin.net。

己的产品，扩大市场占有率，便故意放出各种不利于竞争对手的谣言。用于政治斗争的网络谣言更是比比皆是，一些国家和地区的领导人换届选举期间，对手间相互攻击的各种网络谣言与真相并存，令人难辨真伪。

网络谣言和虚假信息在互联网上的广泛传播，其捏造者当然应该负主要责任，但是，参与传谣的网站编辑和普通网民在此也难辞其咎，他们在谣言和虚假信息的传播中无疑有意无意地充当了帮凶的角色。网络病毒编写完后主要靠自身的传染性得以在互联网中广泛传播，与此不同的是，网络谣言和虚假信息经人捏造后在互联网中的传播却是靠传谣的网站编辑和普通网民的转载、转贴。网站编辑的动机比较明显，多数情况下是为了提高网站点击率，当然也有出于公益心提醒大众的。参与传谣的普通网民的动机则比较复杂，有的人对不确定的事情，“宁可信其有”，出于一片好心，将之转贴提醒他人，而有的人则因之与自己利益无关，幸灾乐祸地将之作为谈资传于他人。有些人根本不信谣言，但在谣言的传播有利于自己的利益时便将其广为传播。① 总之，网络谣言的广泛传播跟网络传播的匿名性、互动性、发布和复制过程简单、快捷等特点有关，现实生活中的信息不对称也是一个重要原因。从根本上看，网络谣言的广泛传播乃是部分网民信用道德缺失的表现。

此外，信息获取与传播中的信用失范还包括以下行为：盗链其他网站信息，转贴不注明出处；泄露机密，侵犯他人隐私；制作、传播网络病毒、垃圾广告；假冒他人名义发文；强行安装插件，更改主页；冒充权威认证网站等。

第二，网络人际交往中的信用失范。

网络人际交往中的信用失范主要体现在各种聊天室的随意谩骂和情感诈骗上，其中情感诈骗后果尤为严重。“网恋”是伴随着互联网的兴起而出现的一种新型恋爱方式，它以神奇的魔力吸引着许多青年男女的加入。“网恋”实际上不过是有着不同ID性别（这两个ID显示的性别与实际情况不一定吻合，很可能性别颠倒或两个是同性）的一对“男”“女”在互联网上所进行的恋爱交往活动。“网上一个你，网上一个我。网上你的温柔，我就犯了错。网上的情缘，

① 参见黄爱萍：《网络谣言的传播特点与传播形态初探》，紫金网：http://www.zijin.net。

也轻轻问我。爱一场梦一场谁能躲得过。网上一个你，网上一个我。网上我们没有过一句承诺。点击你的名字，发送我的快乐。接收吧，接收吧，爱的花朵。轻轻地告诉你，我是真的爱过。你曾经真真切切闯进我生活。不见你的时候我情绪低落。只有你能刷新我的寂寞。轻轻地告诉你，我是真的爱过。你的哭你的笑深深牵动着我。你总说这真真假假难以琢磨。我喊着爱人呀别想太多。”① 网络流行歌曲《网络情缘》一定程度上反映了虚拟爱情这一电子玫瑰的魅力。“真真假假难以琢磨”的虚拟爱情的确真真切切地闯进许多网络恋人的生活，牵动着彼此的情绪。然而，对这新奇、神秘、浪漫的虚拟爱情，很多人持不同的态度。有人视之为摆脱寂寞，弥补现实婚姻、爱情缺憾的手段，这些人往往停留在纯精神的柏拉图之恋上，如歌曲所唱“喊着爱人呀别想太多”；有人将之当做寻找伴侣的有效手段，一旦恋上便将线上的爱情转移到线下的现实生活中；有人则纯粹出于一种娱乐心态，将之视为一种高级的恋爱游戏。这些人往往以骗取他人信任的程度和骗取的人数来衡量自己的“游戏”水平。但是，尽管网恋具有虚拟性特点，但网恋背后实际上牵连的是现实的人。因此，利用网恋愚弄他人，实际上是信用意识缺乏的表现。还有一些人将网络当做“寻欢猎艳，任意胡为”的工具，利用“网恋”进行情感诈骗。不少女孩，尤其是辨别是非能力差、社会经验不足的未成年女子，迷上网恋后容易轻信网友，轻易与之约会，结果为了虚妄的网络爱情，换来了终生的不幸。2003 年 6 月，台湾中部某大学三年级一男生，利用网络聊天室，佯称自己是大学篮球校队队员，吸引了众多女孩与之网恋，短短四个月内诱奸了十余名未成年少女。据《辽沈晚报》报道，一名其貌不扬、仅为中专学历的男子以“风一样的男人”、“成功男人”、“优秀男人”等网名利用互联网聊天室与众多白领女性交往，两个月内轻松骗取 21 名女白领共 18 万余元巨款。受害人中还有几位是大学老师、大公司高级职员、政府机关公务员。② 类似的事情屡现报端，悲剧不断重演。网络情

---

① 《网络情缘》歌词。

② 崔宏伟、宋昱：《俩月骗 21 名女白领 18 万　沈阳侦破特大网络诈骗案》，原载《辽沈晚报》；新华网：http://news.xinhuanet.com/legal/2004-07/08/content_1584602.htm 更新日期：2004-07-08。

感诈骗之所以频频发生，跟网恋的隐秘性不无关系。恋爱本来就是一件很隐秘的事情，恋爱中的男女通常不会轻易让他人知道，即使朝夕相处的家长也难以知晓，而网络的虚拟性、匿名性的特点又大大强化了网恋的隐秘性。这使得正在进行中的网恋难以得到熟人的监督，也给公安部门在案发后的侦破工作带来了困难。网恋中的情感诈骗一方面反映了网民信用道德的缺乏，另一方面也说明了网民自我保护意识有待提高。

第三，电子商务中的信用失范。

电子商务（Electronic Commerce，EC）是信息技术的产物。近几年来，随着计算机与互联网的发展，电子商务有了较大的发展，在人们生活中的影响越来越大，但关于电子商务的概念目前还没有统一的界定。就目前学界所给出的定义来看，主要有广义和狭义之分。广义的电子商务指商务活动的电子化，其中的电子化包括电报、电话、EDI（电子数据交换）和 Internet 等现代电子通信方式在商务活动中的应用。其中比较权威的说法是欧洲议会关于“电子商务欧洲动议”给出的定义：“电子商务是通过电子方式进行的商务活动。它通过电子方式处理和传递数据，包括文本、声音和图像。它涉及许多方面的活动，包括货物电子贸易和服务、在线数据传递、电子资金划拨、电子证券交易、电子货运单证、商业拍卖、合作设计和工程、在线资料、公共产品获得。它包括产品（如消费品、专门设备）和服务（如信息服务、金融和法律服务）、传统活动（如健身、教育）和信息活动（如虚拟购物、虚拟训练）。”狭义的电子商务指通过计算机网络进行的商贸活动。我们这里探讨的电子商务即是指通过计算机网络进行的商贸活动。

传统的购物方式基本上是“看货付款”，包括看货、了解情况、试用、讨价还价、进行交易、送货等一系列相配套的环节。电子商务则使送货之外的各个环节都变成了虚拟化的方式，消费者通过互联网上的广告宣传了解商品信息、通过网络远距离订货、通过电子银行结算，商品也往往由邮政、快递公司等专业配送机构送货上门，消费者根本无须与供应者见面，商品贸易真正实现了由传统面对面的“直接交换”过渡到以互联网技术、信用体系和物流配送系统等为中介的“间接交换”。这使得人们可以不受时间、空间限制进行各种网上交易活动。商家的产品得以在短时间内面向全球消费者，消费者也大大扩大了选择购物商家的范围。电子商务减少了商品流通的中间环节，大大降低了流通和交易成本，但是电子商务将贸易活动“数字化”后，在带来各种方便的同时也产生了新的信用危机。电子商务的“间接交换”使得交易双方几乎没有面对面的沟通机会，一方面消费者难以确认商家的信用状况，另一方面商家也难以全面了解消费者的身份和守信程度。因此，电子商务比传统贸易更加依赖交易双方的信用。但是，目前中国整个社会信用监督体制尚未建立，电子商务的相关法制尚未健全，并且电子商务是基于互联网的虚拟技术基础建立起来的，具有远程性、记录可更改性和主体复杂性等特点，这就致使电子商务的失信成本非常低，产生了种种信用危机。

电子商务活动中的信用主要体现在商家和消费者的信用上。就目前来看，消费者处于信息不对称的弱势地位，虽然也出现个别消费者发出恶意的订单、利用伪造的信用卡使商家蒙受损失等失信行为，但主要的失信行为出在商家。目前，电子商务活动中商家的信用失范主要体现在以下几个方面：

一是做虚假宣传，进行虚假交易诈骗钱财。

电子商务是一种全新的经营模式，管理上还存在许多漏洞，各种相应的法制尚不健全，尤其缺乏明确的法律法规对电子商务进行规范。一些人便乘机散布虚假广告，做虚假宣传，进行虚假交易诈骗钱财。2005 年 6 月 15 日，公安部公共信息网络安全监察局副局长顾建国在“2005 反互联网金融欺诈和网络钓鱼论坛”上透露，2004 年，公安部通过组织打击手机短信息和网络诈骗专项行动，全年共侦破各种网络诈骗案件 1 350 起，2005 年第一季度，又查获网络诈骗、盗窃案件 543 起。①

一些不法分子在网上发布极具诱惑性的虚假信息，如谎称走私产品、海关罚没的高档电子物品、汽车等，以半价和超低的价格销售为诱饵，致使一些警惕性不高的商家、客户和网民频频受骗上当。据报道，2005 年 7 月初，一个在易趣网有着 88.8%的信用好评率的

---

① 参见王鹤、李圆：《网络金融犯罪：互联网时代的毒瘤》，原载《经济参考报》，新华网：http://jjckb. xinhuanet. com/www/Article/2005620121954－1. shtml 更新日期：2005-06-20。

卖家，以低价笔记本电脑为诱饵，骗取了数十位客户的汇款后逃之夭夭。据不完全统计，涉案金额大概在10多万元。[①] 2004年8月2日，一家名为“时光科技”的移动电话商店在易趣悄然出现，店主“时光”以“高信誉”和低价格策略，只花了半个月的时间，就让这家手机店成为易趣买家心目中的明星店铺，到8月25日，成交数量已经有两百多笔，店铺的用户好评也有上百条，许多顾客因此跟风，“时光科技”被炒得火暴，迅速成为易趣广大手机数码用户心目中的首选。但是，8月26日以后买家再也收不到“时光科技”的送货。据统计，截至2004年9月7日晚20时，受害者的人数已经达到94人，受骗金额为136 958.34元。[②]

一些不法分子为吸引顾客，利用互联网替自己的企业做虚假宣传，有些人甚至在网上杜撰公司。据报道，宁波市北仑区某汽车配件厂等四家个体工商户，主要从事汽车配件销售，于2004年3月至8月加入阿里巴巴网站成为诚信通会员，并委托阿里巴巴（中国）网络技术有限公司在Internet上制作并发布网页，涉及产品展示、公司介绍、供求商机等。在“企业经济性质”栏中，均表述为“私营独资企业”；在“注册资金”栏中，表述为“人民币1 000万元～5 000万元”；在“年营业额”栏中，表述为“人民币300万元～500万元”；在“年出口额”栏中，表述为“人民币1 000万元～5 000万元”；在“管理体系认证”栏目中虚假表述为通过“ISO9001”认证等。而事实是，四家企业的组成形式均为个体工商户；营业执照中无注册资金栏目，实际上也没有1 000万元～5 000万元。对此，宁波北仑工商分局做出行政处罚决定：责令宁波市北仑区某汽车配件厂等四家个体工商户停止在网上发布含有虚假内容的广告，并在相应范围内公开更正、消除影响；各罚款2 300元。[③] 2000年1月初，上海奉贤县的张某和吴某在自制的网页上杜撰一个未经登记核准的“上海智狐机械设备有限公司”，并制造了许多虚假的获奖内容，借

① 参见《年轻黑客攻破淘宝网金库 支付平台漏洞已修补》，原载《新闻晨报》，http://computer.sz.net.cn/2005-08-23/nw2005082300010.shtml 更新日期：2005-08-23。

② 参见《“时光”陷阱敲响网上购物警钟！》，http://www.zh315.gov.cn/news/bbs-view.asp? art_id=516 更新日期：2005-07-22。

③ 参见翁若川等：《电子商务凸显诚信缺失》，原载《浙江市场导报》，2004-11-26，第3版，http://www.zjscdb.com/dispArticle.Asp? ID=8179。

此吸引客户，从事无照经营。这些编造的虚假获奖内容吸引了 40 多家企业，其中大多数来自山东，点击率达 560 多次。①

此外，还有一些商家设置网络陷阱坑骗钱财。有些商家规定单笔交易少于一定金额须交一定的送货费，可在电子结算的时候却又故意提示要分单结算，结果每一订单都要送货费；有些商品明明没有货，可商家在网上却故意显示有货，等消费者用银行卡支付完毕，却被告知缺货，并告诉其可以取消订单，但当消费者取消订单后，却发现自己的钱进了该网站的虚拟账户，只能用于在该网站今后的购物。②

二是不及时送货，商品质量低劣，售后服务无保障。

消费者选择电子商务，图的是方便及时，足不出户就能购物。但是，消费者需要的不仅仅是方便，还需要商品质量符合要求、送货及时、有相应的售后服务等。能否在承诺时间内将商品送到客户手中，商品实物是否与网上所宣传的一致，是否给以正规的单据以便提供相应的售后服务等都是商家信用的标志。

物流配送是电子商务的一个关键环节，虽然消费者和商家在网上达成交易，但是真正的产品交易却是在物流配送环节实现的。许多消费者对电子商务抱怨连连的一个原因就是商家不能在承诺的时间内将货物送达指定地点。仅以北京地区电子商务情况为例：目前，北京城区网上购物的送货工作绝大多数靠专门的速递公司完成，电子商务网很少有自己专门的送货部门。③ 速递公司一般雇用外地来京打工人员，他们平日承担的工作非常繁重，每逢春节都要回老家，结果造成送货不及时或繁忙时根本找不到送货工的现象频繁发生，严重影响了电子商务商家的信用，造成消费者对电子商务的不信任。

“货是及时送来了，可是这怎么跟你们网上的介绍不一样呢?”经常有消费者在接到自己在网上定购的货物时提出这样的疑问。有

---

① 参见黄银龙、钟奕奕：《上海查获首例网络虚假广告“智狐”纯属杜撰》，新浪网：http://tech.sina.com.cn/internet/china/2000-06-10/27781.shtml 更新日期：2000-06-10。

② 参见《网上购物依旧陷阱重重》，原载《经济参考报》，新浪网：http://bj.sina.com.cn/art/2005-01-18/62171.shtml 更新日期：2005-01-18。

③ 参见吴颖：《北京西单网上购物推出连锁加盟》，原载《北京现代商报》，http://www.igo5.com/news/newscom/200307/0717/20030717112844571.asp 更新日期：2003-07-17。

人戏称此等现象为“网络广告满天飞，货送上门面目非”。电子商务不同于一般的商场、超市购物，消费者决定是否购买某一商品在很大程度上取决于商家在其网站上的贴图或文字宣传。如果商家在网上进行夸张宣传或隐瞒商品保质期等重要事实，误导消费者，追求自身商业利益而损害消费者的权益，就是一种严重的失信行为，严重者可以构成诈骗。商家的失信行为不仅损害了消费者的利益，也给电子商务的发展带来了极大的障碍。

电子商务应该是包括网上选购、物流配送、售后服务等多个环节的商贸行为，商家不是赚到钱、送了货就尽到自己的职责。同一般的商家一样，电子商务商家对货物的质量问题也应该负相应的责任。消费者一旦发现所购得的商品在使用中出现任何质量问题，都有权利向商家提出相应的售后服务、调换乃至退货要求。如果电子商务商家无法满足消费者的这些需求，以“卖出去的东西，泼出去的水”的态度对待自己的顾客，就不符合市场公平信用的原则，不能称其为正当的销售行为，而是一种失信行为。

电子商务只是借助网络这个平台为人们购物提供一种时尚、便利的方式，但它毕竟属于销售商品的一种市场行为，也要遵循市场交易自愿、平等、公平、诚实信用的原则。因此，延迟送货、抛售劣质货物、没有售后服务等都严重违反了诚实信用原则。

三是客户隐私保护不力。

随着电子商务的发展，客户个人隐私保护问题日益凸现出来。隐私是一种与公共利益、群体利益无关的，当事人不愿他人知道或他人不便知道的个人信息，当事人不愿他人干涉或他人不便干涉的个人私事和当事人不愿他人侵入或他人不便侵入的个人领域。① 隐私权作为一项独立的民事权利已被许多国家的宪法和法律所确认和保护。在电子商务活动中，消费者往往要通过网络方式向各类经营者提供个人相关资料，如姓名、性别、年龄、联系电话、住址、信用卡号等，这些数据通常属于客户的个人隐私，经营者不得私自修改，且只能为合法的目的收集、处理和存储消费者的数据，除非得到客户的许可，否则不得为促销等目的而使用这些数据，但不少电子商务经营者却随意披露或与外界企业共享客户资料，有的甚至将

① 参见王利明主编：《人格权法新论》，482页，长春，吉林人民出版社，1994。

客户资料作为财富出售给他人，给客户造成了很大的影响。另外，现在的许多网站在用户登录网站时都将 cookie 放入用户电脑的硬盘上，这样不仅能知道用户在网站上买了些什么，还能掌握该用户在网站上看过哪些内容，总共逗留了多长时间等。有些商家便利用这一点分析用户的阅读习惯、爱好、消费习惯等并将之作为一笔财富出售，严重侵害了消费者的隐私权。客户隐私的保护情况体现了商家的信用程度，直接影响到消费者的网上购物态度。但目前许多电子商务网站对于客户隐私保护的信用意识令人担忧。据报道，网上购物评监机构 SimplyQuick. com 为检测购物网站对待消费者隐私权的态度，对全美前 101 大购物网站进行访问调查，结果显示仅有三分之一的网商承诺不会将访客的个人资料出卖给第三人。①

此外，电子商务活动中商家的信用失范还体现在偷税漏税和利用电子邮件散发广告强迫他人接收等问题上。网上交易具有远程性、快捷性、隐秘性、记录可更改性和流量大等特点，这使得税务机关无法对其进行有效监控，不少商家便乘机偷税漏税，给国家财政造成了很大的损失。电子邮件因成本低廉、高速便捷、覆盖面广等特点而成为商家青睐的重要促销手段。许多商家全然不顾人们的需求与感受，发送大量不请自来的轰炸式电子邮件商业广告。这些“垃圾邮件”不但耗费了人们大量的时间，还挤占了大量的邮箱空间，影响人们正常的信件传送，给人们的正常生活带来诸多不便。

第四，休闲娱乐中的信用失范。

“休闲娱乐”是互联网的重要功能，也是人们虚拟生活的重要组成部分。中国互联网信息中心（CNNIC）的统计数据显示，在人们上网的众多目的中，以“休闲娱乐”作为最主要上网目的的网民所占比例近年来稳步上升，2005 年 7 月份的调查报告显示，“休闲娱乐”（由 2002 年 6 月份的 24.6%上升到 2005 年 7 月份的 37.9%）已超越“获取信息”（由 2002 年 12 月份的 53.1%下降至 2005 年 7 月份的 37.8%），而成为网民上网的最主要目的。

互联网的虚拟技术带来了丰富多彩的娱乐项目，网络游戏、音

① 参见蔡右玫：《化网络隐私危机为商机》，http://china1. e21times. com/ei/fortune. asp? rtid=609&sid=27 更新日期：2000-06-17。

乐、电影、棋牌等应有尽有，但互联网的虚拟技术也导致了网上娱乐活动的虚拟性，比如你可以随便在网上杀人而不会遭到法律惩罚，因为那不过是一个虚拟的动作，你所做的可能只是轻轻按一下鼠标而已。但是互联网上的休闲娱乐并非完全脱离现实世界，在互联网的另一端与你共同娱乐的乃是一个活生生的人。因此，互联网上的休闲娱乐也需要伦理道德的维系，也需要人们的诚实守信。但是，目前互联网上存在的各种失信行为严重干扰了人们的正常娱乐活动。有些人在网络游戏中私自使用游戏外挂作弊，有些人以游戏“会友”，私下出售虚拟装备并借机诈骗。网络服务商和运营商也存在种种失信现象。不少网络公司对于网民的虚拟财产没有尽到保护责任，导致许多网民拥有的虚拟装备不翼而飞，而这些装备往往是网民花费好多时间在游戏上“炼”出来的，有些人则是通过金钱购买的，因此虚拟装备等虚拟物品也是网民的合法财产，理应受到保护。有的网络公司则借虚拟物品交易实施欺诈，有的则在网民购买游戏点卡以信用卡支付后直接盗用网民信用卡。在线音乐和在线影视（含下载）等娱乐项目也存在着严重的失信现象。提供并未授权的电影供他人下载以谋取利益实际上是一种侵权行为。

2. *虚拟生活中信用失范的主要原因*

虚拟生活中的信用失范可以从技术、制度和思想三个层面加以分析。

首先，虚拟生活中的信用失范有着技术根源。

“等级制是一个由下往上机构逐级减少而权力却逐级集中的金字塔式的结构，每一级基层组织的运行都服从于更高一级的指挥和命令，总体的社会结构必须依赖于一个权力高度集中的中央机构。”① 而互联网则是采用离散结构设计起来的全球一体化空间，没有中心是其重要特点。这一结构特点避免了互联网因其任一节点故障而引起整个网络系统的崩溃，对保障网络系统的良好运行起了积极的作用。但是，这种结构使得互联网不具备统一审查和记录功能，导致人们对网民行为的管理和控制变得非常困难，各种监控力量和管理举措对个人的约束力显得力不从心。这在一定程度上助长了互联网上不道德思想和失信行为的泛滥，使得人们得以随意在网上造谣、

---

① 严耕、陆俊：《网络悖论》，295页，湖南，国防科技大学出版社，1998。

发布虚假信息、谩骂和进行人身攻击，而且不负任何责任。互联网技术本身也在不断地发展完善，各种安全漏洞的存在给一些技术高明的不法分子以可乘之机。

互联网的虚拟性、开放性和匿名性等特点也使得现实生活中的人伦信用面临严峻挑战。在中国传统伦理文化中，人与人之间的信用关系主要依赖于建立在人格信任、亲缘（熟人）信任基础上的人伦信用。人伦信用具有很强的地域性和人身依附性，它能够发生作用主要是因为人际交往被局限在乡土社会的狭小范围内的熟人之间，任何失信行为都很容易进入熟人的眼睛而遭到众人唾弃。互联网的虚拟性、开放性和匿名性特点使得不同宗教信仰、价值观念、风俗习惯和生活方式的陌生人得以聚集在一起，冲破了传统社会人际交往的封闭环境，使得主客体更具流动性和不确定性，人与人的交往在多数情况下成了一次博弈，失信成本大大降低，传统人伦信用机制也因此失灵。

互联网的虚拟技术一方面突破了传统“面对面”的人际交往方式，大大拓宽了人们的交际范围，有利于人们跟不同的人进行思想交流。但是，另一方面，互联网的虚拟技术又使得人与人之间的交往成了以网络计算机为中介的“人机交往”，机械化的交往使得人际情感变得异常疏远，人类可贵的羞耻之心也因此散失殆尽。缺乏人际情感和羞耻之心，人类道德的维系自然变得异常艰难。此外，互联网的虚拟技术使得交往双方得以通过虚构的身份参与对话，因为不知道彼此的身份，容易产生一种安全感而将自己的喜、怒、哀、乐乃至个人隐私全都暴露给对方，交往时间一长就很容易产生轻信行为而受骗上当，给不道德的人以可乘之机。

其次，虚拟生活中的信用失范跟缺乏制度约束有关。

信用关系的产生与维系需要社会机制（法律法规、道德规范、社会舆论、关系网络等）的保障，“社会机制作为维持信任的强制性手段存在，它们替代和补充了信任的不充分：确保失信行为出现时，给予受损者追究和补偿的机会。社会机制通过影响失信行为的成本（使之增加或减少），驱使人们做出维持信任的行动选择。守信得利、失信受损，由此保证互动的秩序”①。现实社会中信用关系的形成和

① 张静：《信任问题》，载《社会学研究》，1997（3）。

维持主要依赖人际关系的约束，单位、组织的约束和各类规章、制度的约束。互联网的虚拟性和匿名性等特点使得人们可以以虚拟身份进行各种交往活动，摆脱了现实中的各种人际关系约束和单位、组织的约束，社会监督的缺失，导致人们极易放纵自己，肆无忌惮地做出违反道德、法律的行为。互联网上的人际关系主要是一种陌生人之间的关系，网上信用关系的产生很可能只是建立在片面了解基础上的一相情愿的局部人格信任。只有诉诸制度的约束，将交往双方放到相互监督的关系之中，良好信用关系的产生与维系才成为可能。但是，现实生活中原有的法律法规、伦理道德以及各种规章制度也因为责任主体的不确定性而难以奏效。互联网开辟的虚拟社会又是一个新兴、开放的社会，尽管各国都已经开始进行网络立法工作，加强对网络犯罪、网络欺诈的打击力度，但还没有建立起比较完善的制度监督体系，造成社会上的一些失信行为得不到应有的惩罚和制裁，守信者得不到应有的收益和有效的保护，这实际上等于从制度上营造了一个促使人们不讲信用的氛围。

最后，后现代主义思潮在互联网上的泛化也是虚拟生活信用失范的一个重要原因。

后现代主义思潮是 20 世代 60 年代左右产生于西方发达国家的泛文化思潮，其哲学思想主要来源于海德格尔、杜威和后期维特根斯坦。后现代思潮强调个体之间的差异，主张“去权威”和“无中心”。批判性是后现代精神的重要特征，其目标在于消解传统权威的合法性。后现代主义思潮在价值取向上坚持怀疑主义历史观和相对主义真理观，主张“放逐理想，消解终极目的”、“消解责任”、“倡导道德多元论”、“反对理性权威，张扬自我”。这与突破了时空局限、消除了控制中心的互联网在思想内核上是相通的，“在网络上，后现代主义思想找到了脱离现实生活、营建自我天地的最佳场所”[①]。后现代主义思潮在互联网上的泛化，导致了网民“责任”、“义务”观念的消解，在一定程度上影响了网民的价值选择。

三、虚拟生活中的信用建设

1. 完善网络法律法规

要充分发挥法律对网络信用的刚性保障作用。首先，要加强立

---

① 黄寰：《网络伦理危机及对策》，45 页，北京，科学出版社，2003。

法，明确法律责任。尽快填补法律上的漏洞、空白点，做到有法可依。网络立法时应充分顾及互联网及网络交往的特点，增强预见性，制定出的法律法规要有利于网络技术高速发展带来的新的信用问题的解决。其次，注意现有法律法规的调整。加强立法的同时，应注意现有法律法规的调整。现实社会中原有的法律在互联网中因其虚拟性导致的主体不明确等特点已难以起作用。因此，首先，我们要对原来为现实社会制定的法律法规进行调整，使之能适用于虚拟世界；其次，要对已经制定的互联网法规进行调整，对相关法律责任作进一步落实，使之更具操作性；最后，要严格执法。要对造成危害的不诚信者和不诚信行为，依法进行惩处，迫使其为不讲信用行为付出高额成本，付出惨痛代价，从制度上保障讲信用成为人们一次性博弈的最佳选择。

2. 加强网络管理，推进公共信息建设

必须通过多种手段加强虚拟生活的信用管理，以弥补互联网离散结构导致的无控制中心这一管理缺陷。首先，要加强对网络运营商、服务商的管理。通过网站备案等手段，规范网站运营，加强责任监督。其次，要规范网民上网秩序。通过 IP 身份认证技术、分配个人上网安全账号、网吧和小区局域网设定管理监测点等手段增强网民身份的透明性。网络实名制不可能在互联网上真正实行，因为容易导致更大的安全隐患，也抹杀了网络给人们带来的相对自由，不利于人们的网上交往，但是，增强网民身份的透明性，使得网络犯罪案发后能查出犯罪人所在地点，无疑对网民有一定的约束作用。最后，加强公共信息建设。信息不对称是造成许多人受骗上当的重要原因，而公共信息建设滞后则是公众不能及时获悉不良信用记录，导致许多不讲信用的人屡屡得逞的重要原因。一方面，政府要设立信用管理专门机构对社会各界的信用进行集中管理，努力突破企业和个人信用记录的相对封闭、分散状态，设立信用数据库供公众查询，或利用新闻媒体对有不良信用行为的人和单位进行曝光，以提高公众对欺诈行为的警惕性；另一方面，要大力发展信用评估、信用中介服务机构，鼓励成立行业信用协会、联盟，并以法律的形式规范公共信息、征信数据的取得和使用程序。

3. 进行信用道德教育，提高网民信息素养

良好信用的产生、维系自然离不开法律等外在力量的监督和约

束，但互联网实际上是一个无控制中心的信息共享空间，这就导致网民常常能游离于法律等力量的监督、控制之外。因此，互联网上良好信用的产生和维系关键在于网民自身的道德自律。因此，我们一方面要完善网络法律法规，加强网络管理；另一方面还要倡导网络道德规范，开展网络道德教育，提高网民信息素养，唯有如此，方能做到自律和他律的统一，使网民自觉遵守信用道德，从根本上减少不讲信用行为的发生。

首先，倡导网络道德规范。在具体的网络道德规范制定方面，可以参考国外一些计算机和网络组织为其用户制定的一系列的契约规则。这些规则中有不少涉及网络信用问题，如美国计算机伦理协会为计算机伦理所制定的十条戒律，具体内容是：（1）你不应用计算机去伤害别人；（2）你不应干扰别人的计算机工作；（3）你不应窥探别人的文件；（4）你不应用计算机进行偷窃；（5）你不应用计算机作伪证；（6）你不应使用或拷贝没有付钱的软件；（7）你不应未经许可而使用别人的计算机资源；（8）你不应盗用别人的智力成果；（9）你应该考虑你所编的程序的社会后果；（10）你应该以深思熟虑和慎重的方式来使用计算机。此外，美国计算机协会为其成员制定的八条职业行为规范也有较高的参考价值，具体内容为：（1）为社会和人类的美好生活作出贡献；（2）避免伤害其他人；（3）做到诚实可信；（4）恪守公正并在行为上无歧视；（5）敬重包括版权和专利在内的财产权；（6）对智力财产赋予必要的信用；（7）尊重其他人的隐私；（8）保守机密。①

其次，要利用各种手段和资源开展网络信用道德教育。

既要充分利用互联网上丰富的可用教育资源，又要努力挖掘中外传统文化中的信用教育资源，借助网络本身这一信息技术的优势，进行丰富多彩的网络道德教育。尤其要注意“慎独”这一传统道德的教育，所谓“慎独”是指一个人独自居处的时候，也要谨慎地注意自己的内心和行为，防止出现有悖道德的念头乃至不道德的行为。《礼记·中庸》强调：“道也者，不可须臾离也，可离非道也。是故君子戒慎乎其所不睹，恐惧乎其所不闻。莫见乎隐，莫显乎微，故君子慎其独也。”这一传统道德对身处无控制中心、缺乏社会监督的

---

① 参见王正平：《西方计算机伦理学研究概述》，载《自然辩证法研究》，2000（10）。

互联网中的网民尤为重要。

最后，提高网民自我保护意识和信息素养。

信息素养是指人们对信息活动的态度以及对信息检索、获取、分析、处理、利用等方面的能力，主要包括信息情感意识、信息科学知识、信息处理能力以及信息道德等四个方面的内容。信息素养已成为现代公民素质的一个重要部分，更是信用建设的一项重要内容。不但要教会网民尤其是青少年如何正确使用互联网，培养他们查找、评估、有效利用、传达和创造各种信息的能力，同时还要进行网络人身安全与信息安全教育，提高防患意识，从而最终提高他们的信息素养。

第四节　高校生活中的信用

高校素有“圣殿”、“净土”之称，是教书育人和科学研究的重要机构，也是先进性道德的重要发源地，肩负着文明传承、人伦教化和科技创新的重要使命。高校不但不能随波逐流，而且还要充分发挥“教育先锋、文明堡垒、知识殿堂”之功能，起到扭转社会风气，引领社会大众的作用，并应成为支撑国家民族和谐稳定、繁荣发展的重要精神基地。其实，早在八十多年前，蔡元培先生在就任北京大学校长时的演讲中就曾说：“人言有良社会斯有良大学，吾谓有良大学斯有良社会。”高校师生不但要“博览群书、求实创新”，而且还应当加强德性修养做到“学高身正”，成为“国民表率，社会栋梁”。可是近年来，随着市场经济的发展，利益竞争机制的引入，工具理性的高扬，社会不良风气的不断侵蚀，各种失信行为也充斥着象牙塔。高度重视和认真研究高校生活中的各种信用问题，成了事关国家兴衰成败的大事。

一、高校生活信用失范的主要表现

1. 教师信用失范的主要表现

“百年大计，教育为本”，教育在现代社会越来越受到人们的重视。教育工作被誉为“阳光下最灿烂的事业”，教师更是被人们称作“人类灵魂的工程师”。韩愈在《师说》中曾将教师的职责直接概括为“传道、授业、解惑”。教师不但有着传授知识的职责，同时还担负着对学生人格教育的重任。“学为人师，行为世范”既是教师自身的崇高追求，更是人们对所有人民教师的厚望。教师队伍的道德水平对整个社会的道德风尚无疑起着领头雁的作用。

教师不但要热爱教育事业、乐于奉献，忠于职守、严谨治学，关心学生、诲人不倦，更应严于律己、以身作则，举止文明、为人师表；不但要在三尺讲台上做好“经师”，更应在三尺讲台下做好“人师”。“以身教者从，以言教者讼”（《后汉书》卷四十一《钟离宋寒列传》），“亲其师，信其道”，唯有做到言教与身教的统一，方能成为学生眼中的优秀教师，方能发挥教育的最佳效果。但是，有不少教师却漠视教师的神圣职责，冲破道德底线，做出种种有背教学信用、学术信用的事，导致了文凭贬值、学术退化，败坏了教育和学术作为社会之公器的声誉。

第一，教学活动中的信用失范。

教师群体在教书育人活动中的信用失范主要表现在以下几个方面。

课堂教学不敬业。“教书育人，诲人不倦”本是教师信用的基本表现，可是当前却有不少教师不认真备课，或照本宣科，或用发黄讲稿数十年不变，这种情况在目前尤为严重。有的教师甚至无视教学纪律，上课迟到，提前下课，课堂上随意接听手机，随意调课，个别老师甚至缺课且不事先通知教务秘书和学生；还有一些教师为谋取更大的经济利益，在教学期间，热衷于到自考、成考、考研及各类证书考试的辅导班上授课、讲学，从事一些与自己专业提高关系不大的工作，而对本职、本专业工作投入严重不足，导致教学科研水平急剧下降。

指导学生不专心。研究生导师制本来是为了更好地培养学生的科研能力，达到因材施教的效果。可部分研究生导师为完成工作量，每年招很多研究生，而实际上由于教学科研任务重等原因并没有时间去指导这么多研究生的专业知识，有的学生半年才能见导师一面，有些导师则干脆让学生干些与专业不相干的杂活，将学生当做免费劳动力使用。虽说“君子不器”，研究生将来要立足社会必须要有多种技能，但总让学生干杂活，不给学生以专业上的指导，结果弄得研究生专业知识不扎实，科研水平得不到应有的提高，专业研究工作无法深入开展。有些导师甚至连学生的毕业论文也没时间认真指导，毕业论文答辩时，答辩委员会成员往往心照不宣，“不看僧面看佛面”，降低要求，网开一面。从某种程度上说，研究生导师教学上的失信是目前研究生贬值的重要原因。

文凭把关不严。各类注水文凭的蔓延则更加体现了教师信用的缺失。文凭是证明其持有者完成学业情况及衡量学术水平的凭证。我们坚信城市天桥下贩卖的假文凭以及《围城》中的方鸿渐持有的那类假文凭已难以进入高等院校，但是目前不少高校却颁发了大量的注水文凭，这些注水文凭的持有者不乏大学校园中的教师群体。注水文凭不同于假文凭，假文凭通过官方网络很容易辨认真伪，注水文凭是“真的假文凭”，所谓“真”，在于其的确是正规院校正式颁发的证书，所谓“假”，是指这类文凭反映的并不是其持有者的实际学业情况和学术水平。在各高校普遍重视本校教师的学历层次、职称等级的情况下，学校教师本应努力从各方面提高自己的水平，但是却有不少教师投机取巧，通过包括“钱学交易”、“权学交易”等各种途径轻易获得高学历文凭。这类文凭的获得者可能根本没有到文凭颁发学校听过课，有些甚至连毕业论文都是雇人写的，“枪手”广告甚至冠冕堂皇地出现在不少高校的布告栏上。注水文凭一方面反映了大学导师们在教学管理中信用的缺失，另一方面也反映了持有注水文凭的高校教师缺乏脚踏实地的信用道德。

第二，科研活动中的信用失范。

教师群体科研活动中的信用失范主要体现在以下几个方面。

科研创新上的弄虚作假。现代社会越来越重视教师的科研创新能力，几乎所有高校都将科研水平直接与教师的职称、待遇挂钩。理论上这无疑有利于激励教师科研创新，但在现实中，不少教师摒弃科研创新的求实精神，冲破学术信用道德，为谋取较好的学术地位和待遇，铤而走险，投机取巧，于是出现了种种学术腐败行为。少数教师为完成学术任务，谋取课题经费，不顾教师形象，撰写论文时急功近利地粗制滥造，做低水平重复研究，或采取伪造数据、剽窃、抄袭等手法堆砌论文，更有甚者将别人的研究成果稍微加工便包装成自己的成果。

学术评价上的失真。学术评价本应坚持客观、公正、公开的原则，以学术积累和创新程度、社会效益或经济效益等尺度对学术成果的价值做出适度衡量。可在现实中，小到研究生的毕业论文评阅，大到国家重点课题的评审都出现了暗中操作、面子大于原则、人情高于实情的状况。

科研经费的滥用。科研经费本是国家的专项投资，可部分老师却取巧立项，骗取经费，而课题经费实际上不过被用在与课题研究无关的吃喝招待上，或者用于购买轿车、照相机、录像设备等与课题无关的电子产品上，不少教师甚至将之作为出国旅游经费，出国后并没有认真考察研究，只不过是在国外的科研机构搜集了一些现成数据而已。

各类申请、评审、验收中的不正之风。在事关学校利益、声誉的各种评审、申请，如高校学位点、国家重点学科、研究基地、导师资格、科研项目的申请以及各种达标验收中，部分教师将社会上的“攻关”不良之风带入“象牙塔”，不但自己暗中操作，还指使学生做出包括采取剪切、复制等手段伪造数据在内的各种弄虚作假的违纪行为，这不但扰乱了学术竞争的正常秩序，还给学生的信用道德造成了恶劣的影响。

第三，人才流动中的信用失范。

教师队伍合理有序的自主流动是经济和社会发展的客观要求，也是教育专业化改革的必然趋势；不但有利于教育资源的合理布局和优化配置，促进校际人力资源均衡，同时也有利于人尽其才，激发教师的主动性、积极性，促进学术交流，提高教育质量和学术水平，但无序随意的人才流动势必给学校声誉和教学工作带来不良影响。人才流动中的信用失范主要体现在以下两个方面。

为私利弃约攀高枝。随着市场竞争原则的引入、教育政策的放宽和人才自主意识的增强，出现了部分教师在合同期内违约的行为，造成了严重的人才信用危机。这些教师大多是中青年骨干教师、学术带头人、资深教授，他们不顾教师形象，在某些高校的“不要档案、不要户口、不要人事关系”的“三不政策”和“高工资、高福利、高待遇”的“三高政策”诱惑下，断然弃约另攀高枝，“孔雀东南飞”，对原工作学校的教育造成了严重影响。

人才聘用中的近亲繁殖。高校是国家人才培养和科研创新的重要公共机构，教师招聘应本着公开、公正的原则，面向全社会广泛筛选德才兼备之人，可某些教师却将私人领域的作风带入高校这一“圣殿”，凭借自己的权力和威望暗中操作，强行录用自己的学生、学生的学生、亲戚等与己关系密切之人。如此行为，不仅不利于高校教师队伍的优化组合，还给高校之间不同学术流派、学术思想和不同学风的交流带来了严重障碍，极易导致高校教学和科研水平整体下滑，同时也大大削弱了高校的公信力，并给学生带来了不良示范作用。

2. 学生信用失范的主要表现

高校学生信用失范主要体现在以下几个方面：

第一，学习生活中的信用失范。

考试作弊。考试风气直接反映着一个学校的校风、学风的好坏，同时也是大学生信用道德的重要表征。目前，大学生中不少人为了在毕业时的就业双向选择中取得优势、拿奖学金或害怕不及格等原因，甘冒成绩归零、退学等危险，铤而走险，采取各种手段作弊。据《中国青年研究》报道，在史志英对 892 名大学生的抽样调查中，有 82.74% 的大学生有过作弊行为（包括帮助同学作弊者占 8.86%），而且成绩中等以上者有作弊行为的也不少，占 80.66%。[①] 考试作弊使得教学效果无法得到真实检验，不但影响教学质量的提高，而且对于守信用、遵守考场规则的同学来说也是一种不公平竞争。考试作弊得逞还很容易致使作弊者养成侥幸、虚伪心理。大学生考试作弊现象引起了教育部的高度重视，新出台的《普通高等学校学生管理规定》（2005 年 3 月 29 日颁发）明确指出，对由他人代替考试、替他人参加考试、组织作弊、使用通信设备作弊及其他作弊行为严重者，学校可给予开除学籍的处分。

论文造假。近年来，尽管高校、教育主管部门及报刊、电视等媒体一直在呼吁大学生、研究生要遵守学术道德规范，杜绝论文抄袭、剽窃等学术造假行为，可论文造假现象在象牙塔里却似乎有愈演愈烈的趋势。部分懒于思考，急于求成，投机取巧的大学生、研究生，小到课程论文，大到毕业论文都抄得不亦乐乎。有蒙混过关者还戏言“天下文章一大抄，看你会抄不会抄！”目前高校学生群体中的课程论文抄袭现象最为常见，不少学生对自己的专业课和喜欢的课程的论文还会下点工夫认真写，对不喜欢的课程、公共课、选修课尤其是上课人数超过百人的大课的论文则往往复制粘贴，草草了事，不同的只是有些学生抄得谨慎，将多篇论文凑在一起，而有

① 参见任慧英、张英：《大学生考试作弊心理探析》，载《中国青年研究》，2005 (6)。

些学生心知老师普遍比较忙，不会认真查看，于是干脆只换个题目，改个名字就往上交了。论文造假现象在硕士、博士研究生公开发表的毕业论文及期刊论文中也比较严重。不少研究生撰写论文时动笔过迟，到学校要求交稿之际，在严峻的就业压力之下越发心浮气躁，于是铤而走险，剽窃完事。

暑期社会实践和实习作假。高校出于开阔视野、磨炼意志、锻炼能力和提高综合素质等目的，普遍要求大学生暑期参加一定的社会实践活动。实践也证明，多数大学生的暑期社会实践有利于他们走出校园，深入社会，了解国情民意，激发他们的使命感、责任感和紧迫感，培养他们自强、自立、艰苦奋斗的奉献精神；有利于他们及时发现自身的不足，明确自身的努力方向；有利于提高他们的专业技能，为将来的社会工作打下一定的基础。但是，近年来，却出现不少大学生不遵守信用道德，在暑期社会实践乃至毕业实习中作假的现象。不少大学生将暑期社会实践和实习等同于到单位“盖章”，实践记录和报告则自行瞎编乱造。其部分原因与找不到理想实习单位和升学压力大有关。目前很多单位都不愿意接收实习大学生，尤其是政府的重要部门和技术性要求高的企业。好多大学生能找到的单位与专业结合不紧，所谓的社会实践或实习不过是充当免费劳动力干些简单乏味的工作。随着社会对学历要求的提高，本科生就业形势越来越严峻，许多人都将目光投向考研，忙于考研的学生多数不愿在社会实践或实习上花费时间。

课堂无序。遵守课堂秩序是每位学生的基本行为要求，上课不迟到、不早退，不逃课，不在上课期间使用通讯设备是学生信用的重要体现。可历经十余年寒窗苦读，好不容易挤过独木桥，摆脱炼狱般苦难的“天之骄子”们却出现无视课堂秩序，冷落课堂的现象。上课铃声过后，不少同学姗姗来迟，暗发、接收短信声音不断。逃课人数随着年级递增。部分老师点名时还发现，有时候第一次叫一个同学的名字没回音，第二次叫居然听到好几个人叫“到”，显然是同学们出于哥们儿“义”气替逃课同学假报到。有同学则事先写好假的病假条让同学带上，若老师点名则马上递给老师。高校学生如此费尽心机逃课，其中原因主要有三：老师不认真备课，照本宣科，讲课内容陈旧乏味，专业设置不合理，学生宁愿通过网络学习或到图书馆自习，寻找自己真正感兴趣的知识；为了复习各类考试，如考研、四六级考试、出国留学外语证书、职业证书等；少数人则纯粹是懒散惯了，终日沉迷烟酒、网络游戏，学业上毫无追求，满足于混日子。但无论理由多么冠冕堂皇，不守课堂纪律，欺骗老师、家长，实为信用缺失的表现。

第二，求职升学中的信用失范。

注水简历。个人简历是关于个人学习、生活和工作经历的简单描述，根据不同的用途通常有所侧重。学生的个人简历主要用于求职、升学，一般包括学业成绩、工作经历、担任的职务、兴趣爱好、获奖情况等内容，其目的无非是想让用人单位和招生院校的工作人员从众多竞争者中选中自己。无论是求职简历还是升学简历都应该是个人情况的真实反映，但面对激烈的竞争，不少大学生为让自己"脱颖而出"，竟不惜采取私自修改成绩、编造经历、添加学生干部职务和私造获奖证书等"注水"方法。据《中国劳动保障报》报道，有近三分之一的求职者，对他们过去的业绩夸大其词，其中，超过10%的人在他们的教育背景和工作经历中严重"注水"。[①] 据报道，在一次北京地区毕业研究生供需双选会上，一位在简历中说自己曾参与国家级课题"863"计划的学生，曾引起清华同方人力资源部的一位负责人的浓厚兴趣，可是经过核实发现这位毕业生不过是给"863"某一部件写过 2 000 字的说明，结果就没有录用她。[②]

就业违约。近年来，随着就业市场的日益严峻，不少高校毕业生在就业过程中出现了违约行为。有些毕业生害怕找不到工作，急于求成，一有单位愿意接收便签约，等了解实际情况后发现签约单位并非自己所求，便立刻违约另找新单位。有的毕业生参加了研究生入学考试和国家公务员考试，但为了保险起见，先找个单位签了，等考上研或被录用为公务员后再违约，这类毕业生往往能得到学校老师的支持，通常也能得到签约单位的理解。但这类学生中也有不少毕业生在签约前被问及是否准备参加研究生入学考试或公务员考试时往往撒谎，显然是缺乏信用的表现。还有很大一部分学生在就业过程中无视就业协议的约束，先找个自己基本能接受的单位签下来"保底"，然后继续寻找，碰到更好的再违约攀高枝，有人戏称为

---

① 参见祝振强：《"注水"简历：你是信还是不信》，载《中国劳动保障报》，2004-11-20。

② 参见张建坤：《别让"注水"简历"打湿"前程》，载《光明日报》，2005-03-02。

“骑驴找马”。从法律角度上看，无论是签了正规劳动合同，还是就业协议，毕业生都有权力解除，但必须提前征求培养单位和用人单位的同意。《劳动法》第二十四条规定：“经劳动合同当事人协商一致，劳动合同可以解除。”《劳动法》第三十一条规定：“劳动者解除劳动合同，应当提前三十日以书面形式通知用人单位。”就业协议中也明确规定三方中有一方要变动协议，需提前一个月征得另外两方同意，并按有关违约规定处理。但合法并不等同于合乎道德，不少就业违约行为实际上是缺乏信用的表现，在某种意义上甚至是一种只顾个人利益的自私行为。在当前严峻的“买方市场”上，找一个待遇高、发展前景好的单位，实属不易，因此对于个人而言，就业违约可能只是一种规避风险的策略，但就业违约往往会对用人单位和培养单位造成不良影响。毕业生违约打乱了接收单位先前的用人计划，不但使其之前筛选人才时所费的精力付诸东流，还可能会使其为此错过聘用合适人才的机会。就业违约还容易造成用人单位在以后很长一段时间内不再信任违约学校的毕业生，使得违约学生所在学校的毕业生就业形势日益严峻。

第三，学费、贷款中的信用失范。

骗贷逃贷。近年来，国家为了推进高校教育改革，保证教育的公平性，使家庭经济困难的学生能顺利完成学业，本着不让一个学生因经济困难而辍学的原则，推出国家助学贷款。国家助学贷款实际上是一种政策性信用贷款，其最大特点是无担保、无抵押，还款主要依赖于学生的信用。这一政策自2000年全面推行以来，的确给许多贫困家庭的学生带来了福音，使得他们摆脱了经济上的困扰而能安心学习。但国家助学贷款在实际推行中也遇到了难题：一是贫困证明作假。国家助学贷款由国家承担50%的利息，一些家里并不贫困的学生便设法出具假证明，得到贷款后却用来吃喝、买奢侈品，使得一些真正贫困的学生享受不到国家的优惠政策。二是拖欠贷款。大学生、研究生毕业后流动性大，银行无法掌握其走向，催还贷款成了十分棘手的工作，不少学生乘机拖欠贷款，给银行造成了巨大的损失。2002年，因违约率高达50%，西安某大学成为第一所被银行叫停国家助学贷款的高校。

拖欠学费。按时缴纳学费，既是高校学生应尽的义务，也是一种遵守信用道德的表现。但由于种种原因，高校学生拖欠学费相当严重，这一现象成了高校普遍遇到的难题，在一定程度上影响了高校学生管理和教学秩序的正常运转。据《21 世纪人才报》2005 年 6 月报道，贵州大学学生拖欠的学费达 3 000 多万元，不交、欠交学费的学生人数竟达学生总数的 35%。重庆某大学除去研究生和成教生外，有 7 778 名学生全部或部分欠交学校费用，占此类学生总数的 24.3%，欠交经费总额达 3 631 万元之巨。海南大学学费欠款已达 1 000 多万元。海南师范大学学生欠费数额高达 1 800 多万元。湖北民族学院 2004 年 9 月开学两周后，有 67.4%的老生欠缴学费，欠费额达 1 100 万元，占应收学费的 64.7%；到 10 月 9 日，未交费学生还有 1 600 人，占老生总数的 34.8%，欠费 512 万元，占应收学费的 28.4%。山东财政学院欠费学生占在校生的 9.2%左右，欠费额占应收学费的 9.3%左右。[①] 学生欠费大致有以下几种情况：一是家庭经济困难，实在难以按期缴费。据报道，我国在校贫困生的比例为 20%，约 240 万；特困生则为 5%～10%，约 160 万。2004 年我国城镇居民年平均纯收入和农民年平均纯收入分别为 9 422 元和 2 936 元，如果按照每名贫困大学生每年平均支出 7 000 元计算（含学费、生活费和住宿费），一个人本科四年最少花费 2.8 万元，相当于贫困县一个农民 35 年的纯收入。[②] "从支付能力看，我们的大学学费已经比号称世界最高学费的日本还要高出 3 倍。"[③] 二是家长已经给足学费，但学生将之挪用于购置电脑、更新手机、买名牌衣服、请客吃饭等不切实际的高档消费项目中，还有的则用来进行各种投资，如炒股、谈恋爱、"创业"等。三是故意拖欠。有些学生学习成绩不理想，或对所在高校不满，在他人怂恿、影响下，将学费存入银行，心存侥幸故意拖欠学费。应该说，高校学费高于农民支付能力是造成目前学生欠费的主要原因，但是《高等学校收费管理暂行办法》中已经规定了包括奖学金、学生贷款、勤工俭学、特殊困难补助、

① 参见黄强、钟鹤：《各地高校欠费情况》，原载《21 世纪人才报·大学周刊》，搜狐网：http://campus.sohu.com/20050621/n226028783.shtml 更新日期：2005-06-21 。

② 参见张剑锋、刘英才、张太凌：《我国首次调查特困生 大学学费相当农民 35 年收入》，原载《新京报》，新华网：http://news.xinhuanet.com/fortune/2005-08/10/content_3334403.htm 更新日期：2005-08-10。

③ 舒圣祥：《中国大学办得"很成功"吗》，载《江南时报》，2005-08-16，第 3 版。

学费减免和“绿色通道”等各项制度，在一定程度上已经减轻了学生们的压力。在这样的背景下，居然出现如此之多的拖欠学费现象，无疑反映了不少大学生信用意识的淡薄。

第四，学校公共资源利用中的信用失范。

公共图书是高校教学科研的重要公共资源，公共图书阅读完毕应当马上归还，可是有些学生看完书后便将其搁在一边，个别学生甚至过了借阅期也不归还图书，这不但大大降低了公共图书的利用率，也给他人的查阅造成诸多不便。有些年代久远的书在市场中很难买到，个别学生并不是借去复印，而是干脆据为己有，宁受罚款。还有一些学生在公共图书上乱涂乱画，添加批注，甚至撕毁重要内容页。读书时勤做笔记，及时记下瞬间产生的想法本是好习惯，但在公共图书上如此行为便是一种不讲信用的表现。

“占座不到”和“隔夜占座”是自习室信用失范的重要表现。学生占座是高校的普遍现象，甚至成了校园里的潜规则，体现了学生好学与公共自习室资源的不足，这种现象在目前看来很难避免。但“占座不到”造成了公共资源的浪费，“隔夜占座”则明显是公共资源利用中的不公平竞争，二者无疑体现了学生信用意识的淡薄。自习室的失信现象还体现在部分学生手机铃声不断，在自习室进餐、聊天、随地吐痰、乱扔纸屑，在桌椅上涂写刻画等。

二、高校生活信用失范的原因

1. 学术、人才评价机制与人才聘用、晋升机制的不完善

高校生活信用失范的原因除了部分师生本身道德素养不高外，还有一个非常重要的原因，即学术、人才评价机制与人才聘用、晋升机制的不完善。在高校生活中，学术成果与人才聘用、工资福利、职称评定、资格认定、工作条件、学习进修等事关师生切身利益的问题挂钩。对教师过于重视其科研成果而忽视对其教学活动的监督，对学生过于重视所谓的科研能力，而忽视对其学科基础知识的考核，有的高校甚至明确规定本科生发表论文在保送研究生时可以加分。学术成果在实际操作过程中往往高于个人道德品性而成为人才评价、人才聘用、升学和晋升的标准。目前，尚未形成健全科学的学术成果评价体系，单纯重数量轻质量的现象非常严重。这就造成不少心浮气躁的教师、学生为谋取好工作、好待遇，急功近利、铤而走险地抄袭论文或捏造实验数据。不少高校还硬性规定教师、学生在规

定时间内在核心期刊公开发表若干篇论文，但核心刊物的种类和数量毕竟有限，一些教师、学生面对这个压力便投机取巧、弄虚作假。

2. 社会不良风气的侵袭

高校并非“世外桃源”，社会的信用危机必然会影响到高校师生。目前，社会上存在着各种各样的欺诈行为：商场中大大小小的假冒伪劣商品骗你没商量，上市公司信息披露失真，公司财务造假，企业剽窃专利，个体户偷税漏税，推销人员坑人骗人，医生开大处方药，个别地方政府官出数字、数字出官，公职人员以权谋私，广播、电视、报纸等大众媒体传播虚假广告等。学校周边的环境也不例外，凡是到过北京著名高校的人大概都会碰到一件尴尬的事：当你正要接近心仪已久的重点大学时，你的身旁便会多出一些叫卖文凭、假证的人，他们还会非常热心地告诉你身份证、毕业证、学生证、结婚证等应有尽有。欺诈之风在社会大环境中如此盛行，高校师生想要在象牙塔内“独善其身”，“出淤泥而不染”，非有强劲的定力不可。只要守规矩、讲信用、有道德会让人吃亏，那么欺诈失信行为必然会形成恶性循环殃及社会的每一个角落。

3. 缺乏强有力的监管力量

高校具有相对的独立性，高校的教学服务和学术成果很难像普通商品一样接受全社会的共同监督，社会大众对高校也持相对信任的态度，这就使得部分高校师生乘机轻易失信。高校的内部管理也存在着许多问题。许多学校对于教师的管理存在单纯重视科研成果的情况。对其论文的发表没有进行严格把关，完全依赖期刊杂志社、出版社的市场化运作；对教师的上课内容缺乏有效的监督，导致不少老师多年使用同样的教案。有些高校虽然在学习期末对教师的教学表现在学生中展开调查，但很多学生碍于自身成绩和情面的缘故，打分时往往宽厚处理。有些学校为了学校的利益，大搞扩招却疏于管理，为提高毕业生的就业率，甚至默许、纵容学生作假。部分高校管理人员将教育当做产业来经营，在各种评估、检查、招生宣传、师生评优等方面存在种种造假现象，这不但严重削弱了高校自身的管理功能，还给普通师生在信用问题上做了不良示范。

三、高校生活中的信用建设

1. 构建科学合理的人才评价指标体系

人才评价指标体系不科学、不合理容易在制度上诱导人们失信。

科学合理的人才评价指标体系既有利于人才的培养和人才的正常发展，又有利于抑制人们急功近利地违背信用道德。应当根据不同职业特点、岗位要求和不同类型人才的成长规律，将品德、知识、能力等相结合，制定出科学合理的人才评价指标体系，做到不唯学历、不唯职称、不唯资历、不唯身份，不拘一格选人才。目前，高校和社会对人才的评价往往存在重视学历、能力，而忽视个人德性修养的倾向。虽然全社会一直呼吁“德才兼备”，但在人才考核、聘用时却往往出现重智不重德的现象。高校教师这一职业具有特殊性，对教师的要求应当是综合性的，既要有教学、科研和人才培养业绩的定量考核，也要有对教师综合素质的定性分析，尤其要注重教师的道德修养。只有将教学与科研、教书与育人、学问与道德等方面有机地结合起来，才能形成一个比较全面、客观的教育人才综合素质考核评价体系。人才考核评价应兼顾“短期与长期”、“数量与质量”的关系，鼓励科研人员尤其是人文社会科学工作者通过较长时期的艰苦劳动创造出高质量、高水平的成果。目前，不少学者心浮气躁、急功近利，丝毫没有“板凳须坐十年冷”的科研精神，三四十岁便著作等身，观其成果也往往不过是为国家和人民制造了一堆“会聚百家之言”的学术垃圾而已。近年来，论文著作堆积如山，呈现出一片繁华景象，然而学术大师、学术精品却寥寥无几。究其原因，主要在于人才评价指标体系的不合理。不合理的人才评价指标体系，从制度上容易造成人们“耐不住寂寞，挡不住诱惑”。

2. 建设人才信用档案体系

建设人才信用档案体系是高校信用建设的有益措施。采取科学、合法的方法将教师和学生的学术信用和生活信用记录在案，如教师在任职期间的工作表现、单位变迁、岗位变动、职位晋升、学习培训、奖励惩罚及离职交接情况等，学生学费交纳情况、在校期间的奖惩记录、助学贷款偿还记录、学生银行卡的使用情况、手机消费是否有恶意欠费记录等记录在案，以供高校管理部门和用人单位参考。高校针对师生信用应采取相应的激励措施，如教师的岗位聘任、职务晋升、职称评定和学生在校期间的评优、奖学金发放、毕业工作推荐等方面都可以参考其信用情况。人才信用档案的建立，有利于提高师生失信成本，增加师生的自我约束力，避免因一时冲动做出违背信用的行为。良好信用记录可以提高自身的可信度，给学校管理和用人单位的人才聘任带来方便。良好的信用记录不但给自己带来更大的发展机会，也可以避免出现应聘人才泛滥而用人单位虽然人才紧缺却不敢用的情况。个人信用往往涉及个人隐私问题，所以人才信用档案建设需要完善相应的信用管理法规，健全社会征信体系。人才信用档案还要电子化，使用人单位凭特定手续或被授权便可上网查询了解个人的信用信息。

3. 加强师生信用教育

信用意识薄弱是信用失范的重要原因，高校信用建设首先应当利用岗位培训等手段加强教师队伍的信用教育，引导教师做好学生的信用表率。其次，应当充分利用各种手段加强学生的信用教育。在具体教育过程中，应摒弃“假、大、空”的教育恶习，要特别注意培养学生的事业心、责任感、平等竞争意识和遵规守法的习惯。可以尝试把信用道德教育的内容融入有关专业课程之中，还可以借鉴国外大学的做法。美国大学的做法就值得借鉴。美国是世界上高等教育最发达的国家之一，现有高校四千多所，各大学都非常重视对学生的信用教育，美国大学发放的新生手册中就有明确的信用条例，对考试作弊、论文抄袭等学术失信行为，从定义、表现形式到处罚规则和申辩程序，都做了详尽的规定。对学术论文引用文献资源时所应遵循的规范也做了明确的规定并举例说明。美国的许多大学，比如普林斯顿大学，还建立了荣誉守则制度，新生入学时被要求在荣誉守则上签名，做出学术信用的保证，若不签署则不能注册入学。美国不少大学还专门开展“学术诚信周”活动，告诫学生失信行为给自己带来的危害和后果，加强学生对信用规范的理解。除此之外，美国大学还充分利用互联网和图书馆等途径加强学术信用教育，不少美国大学都将学术信用规范放到本校主页上供教师和学生随时查阅，有些大学的图书馆每年都要对新生进行如何正确引用文献的培训。总之，高校信用建设需要营造一个诚实守信的环境氛围，而这有赖于师生的共同努力。我们尤其要高度重视教师的信用表率作用，应当让每位教师明白他们的任何失信行为都可能因其特殊的角色而给学生带来不良的示范作用。

第六章 经济信用研究

市场经济的运行需要信用来维系。信用并非纯属道德领域，它的存在能够与市场经济形成良性互动，它的缺失会阻碍市场经济的正常运作。信用作为一种经济要素是市场经济发展的内在要求，国家信用、企业信用、个人信用等共同构筑起市场经济运行与发展的信用平台。在市场经济条件下，传统的计划经济所适用的“圈层”及“熟人”信用被打破，非人格化交易日益频繁，原来等价交换的基本原则在市场经济条件下，必须附加不可缺少的现代意义上的信用，交换才能得以完成。建立起互相依赖、互相制约的信用关系不仅是维系错综繁杂的交换关系和正常有序的市场秩序的必然要求，也是经济可持续发展、构建和谐社会的理论基石和实践导向。

第一节　经济学视阈和社会经济生活中的信用

作为伦理范畴的信用是约束人与人之间的关系最基本、最普遍的行为规范之一；作为经济范畴的信用是商品生产和商品交换的产物，商品生产、货币流通、市场贸易等经济活动是经济信用存在的基础。在市场经济中，人与人之间的信用关系产生于商品交换。信用是人们在共同社会生活中应该普遍遵守的伦理和行为准则。在市场经济条件下，信用关系反映着不同商品生产者之间的经济利益关系，对市场各参与主体都具有特别重要的意义和作用。

一、经济学视阈中的信用

从一般意义上看，信用同时具有经济、伦理和法律等方面的属性及功能，因此，要准确地把握信用的经济、伦理和法律属性，需要从不同的角度对信用的内涵进行分析和考察，以明确其不同的意义。

1. 经济学意义上的信用内涵

从对经济主体信用评价角度看，信用是指在商品交换过程中，交易一方以将来偿还的方式获得另一方的财物或服务的能力。[①] 信用的根据是获得财物或服务的一方所做出的给付承诺。具体而论，信用是以某种经济需要为目的，在两个主体或多个主体之间建立在诚实守信基础上的承诺与心理预期，在实践中表现为一种意志或能力。

马克思在《资本论》中，将借贷货币资本运动概括为价值运动，他认为信用是价值运动的特殊形式。随着商品经济的迅速发展，货币作为一般等价物成为价值的主要表现形式，并因此而使得信用透过货币的借贷及交换与商品经济紧紧相连。政治经济学意义上的“价值”是指凝结在商品中的无差别的劳动。信用这种价值运动则是有别于再生产过程中劳动价值的价值运动。比如，“货币的借贷是二重支出和二重归流。这种二重支出和二重归流，反映信用这种价值运动既要以商品生产过程中价值的创造和实现为基础，又不表现为价值的创造和实现；只转移价值的使用权，不转移价值的所有权；在价值运动中，只有一种价值形式出现，而没有多种价值形式出现”[②]。

然而，“有偿有息”不能概括信用这种价值运动形式的特殊性，“有偿有息”是资本运动的共性。在市场经济条件下，除货币借贷这种信用形式外，资产证券化、货款预付、商品赊销、实物租赁等都表现为信用形式。价值在货币形式上的二重支出和二重归流均难以说明如上信用形式之信用是价值运动的特殊形式。所以，要给出经济学中的信用定义，还需要剖析信用的特征。

---

① 参见曾康霖：《信用论》，25页，北京，中国金融出版社，1993。

② 谢旭：《企业赊销与信用管理》，48页，北京，中国经济出版社，1999。

经济学中的信用与一般社会关系中所谓的信用不同。经济学中的信用，总是在两个或多个参与者间，在相互信任的基础上从事商品交换或资产权的转移，通常状态下这种转移又会在不同的地方以及不同的时间段内完成。从社会再生产过程即人们的经济活动去考察，无论是货币借贷、实物租赁、商品赊销、还是货款预付都是如此。为了在不同的地域及一定的时间间隔中，能够保证权利及履行义务，参与者各方必须缔结契约。因而，信用可以定义为："建立在授信者对受信者未来偿付能力的预期以及受信者对拟获得资产效用的预期基础上，以协议或契约为保障的不同时间间隔下资产使用权相对转移的经济交易行为。"① 就商品经济发展运行机制来看，信用绝不只是经济活动的一种形式，而是商品经济的基本前提和基础，是一种应有属性，一种行为准则，一种内在理念。

经济学中的信用，从内容上看是有偿让渡资产使用权；从本质上看是在保留所有权的同时让渡使用权，是一种跨期等价的交易行为，是一种价值运动。经济交易的产生依赖于市场参与各方客体的存在及客体意识的存在。在这种交易中，交易品是授信方的资产，它或者表现为商品，或者表现为货币，又或者表现为证券；它通常以有形资产的形式或无形资产的形式存在着。总之，信用交易贯穿商品经济的方方面面。在市场经济条件下，虚拟产品、跨期交易、非人格化交易若脱离信用活动，几乎无法进行，市场经济也就会土崩瓦解。

2. 不同经济视野中的信用

人们对信用的理解，既有经济学、管理学的意义，又有伦理学、法学的意义。基于不同的研究视野，既可以把信用理解为人们经济交往中债权、债务的履约形式，也可以把信用理解为约束人们社会生活的一般行为准则，还可以把信用上升为一种社会管理制度，等等。

（1）经济伦理的视角。

在中国传统文化中，信用或者更确切地讲是诚信被视为人本身固有的道德品性，是衡量人与人之间关系的行为准则，与谋利等功利性行为毫不相关。信用是一种基于信任、信念等道德和心理因素产生的对行为的伦理要求。而在西方，信用则属于一种工具理性伦理，富兰克林、韦伯等人认为道德定义上的信用"就是金钱"。在这

① 孙常翔：《信用概念的经济学分析》，载《辽宁工程技术大学学报》，2005（1）。

个层面上，信用观进入到人们的实际经济生活中，获得了生存与发展的空间。信用从而成为各市场参与主体经济交往行为的道德伦理准则，它包括三个层次：

其一，真实、准确、完整地给予对方关于此项交易的任何信息，这是交易行为得以成立的前提条件，除非你从头至尾就没打算公开交易。

其二，对交易双方的人格认同，这是经济交往的前提。若在经济行为中，双方没有基本的人格认同，彼此不信任，对交易行为缺乏安全感，那么交易行为就难以完成，即便完成也一定会付出高额的交易成本。

其三，自愿互惠，恪守承诺。在市场经济条件下，非人格化交易及跨期交易的大量进行，都建立在交易各方的自愿以及对预期承诺可实现的基本认同上。

可以说，经济伦理信用是经济行为主体的一种信用行为过程、道德实践过程。经济交易行为的完成及完成结果，完全取决于各方的道德约束。①

（2）经济行为的视角。

信用交易的出现，基于人们对交易双方相互的承诺以及对承诺的信任。信用此时作为一般等价物具备了货币媒介和支付职能。信用是商品经济发展到一定阶段后所产生的经济现象，属于商品货币关系的特定经济范畴。信用交易通过授、受信活动来完成，使得非人格化交易及跨期交易诸如商品的赊销、货款的预付、实物的租赁、货币借贷等交易行为得以实现。

在不同的信用交易方式中，信用活动的实质是相同的，不同的交易同样都体现的是权利与义务的交换，都是一种买卖方式。信用交易的买卖方式较初始交易方式（即钱货两清）内涵更为丰富、层次更高。如某制造商出售产品，其产品发送给购买方后，取得的不是货款，而是商业票据，这时制造商在出售产品时所收回的便是对对方信用的认同，购销的同时，产生了债权与债务关系。交易内容也因此变得更为丰富。

（3）经济制度的视角。

制度是为人们在社会交往中提供确定的行为规则，指导人们行

---

① 参见孙常翔：《信用概念的经济学分析》，载《辽宁工程技术大学学报》，2005（1）。

动而制定的一系列政策、规章、规范等，用以防止社会混乱和任意行为的发生。制度的最大功能在于保障人们的正当、合法权益得以实现。人们可以在一定程度上相信，他们与别人的交往将在制度的保障下按他们的预期进行。当信用成为经济制度的一部分时，它将使人们在经济交往中减少对交易双方的确认成本，如调查对方法人实体的真实性、产品质量的可信赖性等，从而减少交易摩擦，使交易顺利进行，降低交易费用。信用在交易中同时作为一种经济要素在经济主体间存在，是一种利益的必然选择，同时也是道德规范的选择。在这种意义上，信用反映出几个层面的含义：

其一，信用是经济制度安排的道德基础。在现代社会经济生活中，市场经济的迅猛发展使得经济交易行为日益复杂，交易双方由原来的熟人转化为陌生人，交易地域不断扩展，交易的成功越来越依赖于相互之间的信任，经济活动同时需要良好的社会环境。信用作为制度的道德基础，贯穿于整个经济活动之中，可以进一步促进经济发展与创新。

其二，信用在调节人与人之间的利益关系时，通过经济主体的长期博弈形成一种相对稳定的行为规范。当信用使得交易双方从中受益时，便会在市场交易中形成规则并不断强化和完善。久而为之，信用便自觉内化为市场交易准则和秩序，外化为法律等规章制度。

其三，信用作为经济制度的组成部分有利于构建和谐的经济环境。在经济交往中，只有形成信任基础，诸如信贷、预付、赊销等业务才能得以完成，经济才能持续发展。

（4）经济法的视角。

从经济法角度看，信用乃是以偿还和付息为条件的价值运动的一种特殊形式，主要体现在货币的借贷和商品交易的赊销或预付两个方面。[①] 任何经济活动都会形成人与人之间的经济关系，产生相应的权利和义务。信用涉及交易主体间的权利与责任、债权与债务关系，这是行为关系的法律表现。因此，交易的任何一方所立的诺言，不论这种交易是以商品、货币还是以服务的何种形式出现，都是由一方立约人立下承诺，产生责任，另一方受约人通过等价给予回报。特别是这种承诺如果借助于合约的形式，就具有法的强制力

① 参见黄运武主编：《市场经济大辞典》，458页，武汉，武汉大学出版社，1993。

并要求双方共同遵守。

二、社会经济生活中的信用

随着市场经济的发展，信用交易方式也在发展。在社会经济生活中，信用的种类不断增多，信用的作用范围不断扩大。按信用提供者和信用接受者（即授信人和受信人）以及信用的行为方式的不同，可以划分为多种不同的信用类型。依据受信对象性质的不同，主要有国家信用、银行信用、商业信用、保险信用，此外，还有消费信用、租赁信用、民间信用等。

1. 国家信用

国家信用（也称财政信用）或公共信用，是以国家（中央和地方政府）为主体，按照信用原则筹集和运用财政资金的一种再分配形式，其基本形式为发行政府债券。国家信用包括两方面的内容，一是国家运用信用筹集资金，如发行国库券、地方政府债券、财政统借统还外债等；二是国家运用信用供应资金，如以某种有偿方式安排的某些财政支出等。在这里，不管是筹集资金还是分配资金，起主导作用的都是国家。筹集资金时，全体投资人作为债权人，国家作为债务人与债权人发生信用关系；提供信用时，国家又作为债权人为债务人提供资金（通常是放贷资金）。国家信用既可以是以公债方式为主，也可以是以有偿投资方式的支出信用为主。

国家信用是以政府为主体所发生的信用关系。其中，公债是国家财政信用最普遍的形式。公债包括内债和外债。“内债”，通常也称作“国内公债”，是指在国内发行的公债，债权人仅限于国内的机构和个人；“外债”，是指国家向国外举借的债，包括在国外发行或推销的公债和借自外国政府、经济组织或私人的债。根据债务主体进行区分，公债又可区分为国债和地方公债。在我国，由于长期实行统一的预算管理体制，公债收支全部纳入国家预算。

2. 商业信用

商业信用是指工商企业之间进行商品交易时，以延期支付或预付形式提供的信用，即以赊销商品的方式提供信用。[①] 商业信用一般以商品和劳动的交换为载体，在一定时限内，承担一定责任、履行一定义务。在整个经济活动中，双方形成授信与受信的关系。

---

① 参见《马克思恩格斯全集》，中文1版，第25卷，450、542页。

在当代现实经济生活中，商业信用形式多种多样，表现为预付货款、分期付款、委托代销、补偿贸易等，归纳起来主要是赊销和预付两大类。

（1）企业赊销是最常见的商业信用形式。

在激烈的市场竞争中，企业为了提高自身的竞争能力，往往凭借信用采取赊销的交易方式。在赊销活动中，赊购者凭借信用获取赊销者的商品，赊销者凭借商品授信给赊购者。按商品交换原则，赊购者应按商品价格及时支付等额货款，但在赊销活动中，赊购者能够应付未付，这意味着赊销者将应收的货款贷给赊购者。虽然信用的对象具体体现为商品实物，但商品仍然是以货币计量，因而商品赊销活动既可以说是买卖，也可以说是借贷，赊销活动产生了债权和债务关系。其目的是为了扩大销售。

（2）预付货款主要是卖方市场下的商业信用形式。

当某种商品处于卖方市场时，因为商品的紧缺，买方需要与卖方订立契约并以货币形式的信用去订购卖方的商品，以信用的方式授予卖方资金回收权。依据契约的约定，预购定金具有提前支付货款的性质，预付货款者应以预付货款的形式交纳预购定金。由于多了一层信用关系，预付货款就不只是单纯的提前付款，而是被赋予了商业信用的性质。

3. 银行信用

商业银行实质上也是企业，是经营货币资金的企业，银行信用主要指商业银行信用。银行信用标志着一个国家信用制度的发展和完善，在商业信用发展到一定水平时才产生，政府机关、社会团体、组织、个人等构成商业银行的客户群体。所以，商业银行与客户（债权人或债务人）之间的信用关系涉及社会政治经济生活的各个领域，贯穿于社会再生产过程的各个方面。在我国，商业银行的信用对国家信用的依赖程度非常大。

从我国现阶段的实际看，商业银行与客户（债权人/债务人）之间的信用形式，主要是存款、放款和组织办理货币结算。

首先，存款是客户（存款人/债权人）提供给银行的信用方式。客户（存款人/债权人）可以借助于对银行的债权抵消其债务，这种抵消通过银行信用方式来完成，同时也因其本身的信用而被其之外的债权、债务人所认可和接受。商业银行在市场中的信用度越高，其存款总额在同等条件下（存款期限与利率等）就会越多。

其次，信贷是银行提供给客户（借款人/债务人）的信用方式。对客户（借款人/债务人）而言，取得信贷意味着获得信用认同，可以提升自身的声誉和实力。通常情况下，向银行取得贷款的难易程度是衡量一个组织或个人信用好坏、实力强弱的指示器。

马克思说："银行家提供的信用，可以采取不同的形式，例如：向其他银行开出汇票、支票，开立同样的信用账户，最后，对拥有钞票发行权的银行来说，是发行本行的银行券。"① 现阶段，银行与客户之间的信用方式越来越多，如信托、代理、承兑、保管等。

4. 消费信用

消费信用是企业、银行和其他金融机构向消费者个人提供的、用于生活消费的信用，是信用交易方式中的一种高级形式。消费信用与商业信用和银行信用相比，除授信对象和授信目的有所不同外，并无本质区别。从授信对象来看，消费信用的债务人是使用生活资料的个人与家庭，其举债目的是消费。

消费信用的发展经历了两个阶段。② 第一个阶段是企业与消费者之间直接发生的消费信用；第二阶段是有银行媒介的企业与消费者之间的"三位一体"的消费信用。在现代市场经济条件下，以银行为媒介的"三位一体"的信用消费形式因较好地解决了信用资金、商品、担保、支付风险等一系列信用规范管理问题而普遍发展，随着商品经济的发展，专业信用消费的中介服务体系将不断完善，并向广度和深度发展。

（1）消费信贷。

消费信贷是消费信用的最主要形式也是最高级形式。一般情况下，消费者鉴于自己未来的收入预期及目前的消费需求，在需求预支具有预期偿还能力的条件下，会通过银行贷款来提前满足消费需求，这种经济行为构成消费信贷。消费信贷主要与个人信用相关联，消费信用可以采取几种形式：一是消费者个人直接向商业银行或金融中介机构申请贷款，如旅游消费信贷；二是消费者个人以银行为中介，通过分期付款的方式获取信贷，如购房消费信贷；三是消费

① 《马克思恩格斯全集》，中文1版，第25卷，454页。

② 参见孙智英：《信用问题的经济学分析》，120页，北京，中国城市出版社，2002。

者个人在日常生活消费中所采用的信用卡消费及透支。

（2）信用卡消费。

信用卡消费实际上是消费信贷的一种形式。信用卡有广义和狭义之分。广义信用卡，包括商业信用卡、旅游信用卡、银行借记卡和狭义信用卡等，它能够为持卡人提供个人信用及支付能力的证明，持卡人可凭信用卡购物或享受特殊的服务；狭义信用卡，是由商业银行发行的，拥有消费信贷功能与透支功能。这里主要指狭义的信用卡。

三、货币的信用本质

在人类漫长的历史发展过程中，货币作为一般等价物，使不同商品得以交换，并发挥着信用介质的作用。由此可以得出，货币关系体现的是信用所反映的人与人之间的利益关系，货币在交换过程中只是信用的载体。

货币之所以能够充当交换媒介和支付手段，取决于人们对货币具有购买某种使用价值的能力的信任，取决于货币所代表的信用。商品—货币—商品的交换，实际上是借助于货币形式的信用进行的交换。马克思指出，在商品流通中，商业信用使货币的支付手段职能发展起来，而货币一旦充当了支付手段职能，“就为发展不同形式的信用制度和信用货币形成了自然的基础”①。当货币作为支付手段和交换媒介发挥职能的时候，货币就成为信用的载体。

马克思指出，货币作为一般价值形式，体现的是人与人之间的社会经济关系，商品交换关系事实上就是人与人之间的经济利益关系。“随着商品流通的发展，使商品的让渡同商品价格的实现在时间上分离开来的关系也发展起来……一个商品占有者出售他现有的商品，而另一个商品占有者却只是作为货币的代表或作为未来货币的代表来购买这种商品。卖者成为债权人，买者成为债务人。……货币成了支付手段。”② 这其中有两层含义：其一，人与人之间的信用关系是商品流通中的货币支付关系的本质；其二，由于商品交换中存在时间差和地域差，不同商品所有者之间就出现了买卖的跨期交易行为。这种跨期交易行为不是一手交钱、一手交货，货款两清，

---

① 《马克思恩格斯全集》，中文1版，第49卷，325页，北京，人民出版社，1982。

② 《资本论》，第1卷，158～159页。

而是买卖双方根据约定，到期支付约定数额的货币，这时信用及其表现形式就执行了支付手段的职能，因而，当货币作为信用支付手段出现和普遍被接受时，货币信用也就由此形成。

通过信用货币的媒介作用，不同地区的商品可以相互交换，不同时间的商品可以相互融通，使以信用货币为媒介的交易从时间上和空间上得以分离。这样，货币能够在交换过程（传统意义上的交换过程）断裂的同时又保障了交易的完成。从而，货币在流通领域就成了一种象征信用，能够履行支付职能的价值符号。

货币的社会性所体现的是货币在作为一般等价物的过程中所包含的人与人之间的信任或信用关系。在经济交往中，人们进行商品交换时往往要订立契约，从客观而言，这是因为货币代表着一定的偿付能力；从主观而言，这是因为货币代表着一定的权利，它反映了一定的经济利益关系和社会信任关系，使货币具有双重属性。

四、信用对商品交换的决定作用

随着商品流通的日益发展，商品交换日益频繁与复杂。商品交换是商品所有者凭借着商品本身所固有的劳动价值与不同的使用价值而进行的不同所有权的交换。商品交换能够进行，是因为交换双方希望获取它所具有的能够满足某种需要的使用价值属性。交易双方相互认可和信任对方商品之使用价值，是商品交换中发生信用的前提。信用在商品交换中所起的作用，主要表现为规范交易主体的行为和降低市场交易成本。

1. 信用能够规范交易主体行为

“在市场经济社会中，利益最大化决定了经济主体的信用行为，而信用的本质就在于调节、规范经济主体行为，维护市场经济的和谐秩序。当每一个经济主体的信用行为要求成为一切交易或整个市场的客观要求，并形成一个联系紧密的信用关系链时，信用本身就被提升为一种行为规则即信用秩序，就成为市场秩序或市场法则。当信用被社会广泛认同时，每个市场参与者为了获得最大的利益，都必须注意规范自己的经济行为，不断提高自身的信誉，以获得可持续的长期利益。”①

市场秩序是一种规范与约束体系，道德自律与利益驱动是这种

① 孙智英：《信用问题的经济学分析》，127 页，北京，中国城市出版社，2002。

约束得以实施的内在机制；市场秩序是人们在市场活动中逐渐总结并提升出来的，各市场参与者约定共同遵守的行为规则。信用是市场秩序中的一种潜规则和制度安排，具有伦理与利益的双重特性。市场信用主要体现在契约条款中，依据法律效力，强制双方按约守信，从而实现经济关系的有序与和谐。这不仅符合市场经济对人们行为的客观要求，同时保证了交易的顺利进行和经济的健康发展。

2. 信用能够降低市场交易的成本

信用在经济行为中的运用与发挥，体现在交易过程中的诸多方面。首先，交易双方在相互信任的基础上，可省略相互了解的时间，防范风险、减少费用，缩短谈判过程，降低交易活动的摩擦力，提高交易行为的确定性，降低交易成本。可见，信用与交易成本成反比关系。交易双方所处的外部环境越和谐，信用制度越健全，信用意识越强，信用交易行为就越普遍，交易成功率就越高，交易成本就越低。

信用对降低交易成本的作用表现在事前、事中和事后。首先，交易发生前降低调研成本，表现为在交易前可以减少为获得交易机会而收集信息的人力、物力和财力。其次，交易过程中降低成本。交易主体基于相互信任，使交易过程避免相互猜疑，节约互相摩擦与谈判的时间。最后，交易结束后降低成本。基于信用交易，客观上可以避免因货物质量问题而引起的相互牵制现象以及负债事项。

五、信用经济发展的特性

信用经济和其他事物一样，也存在一个产生、发展、演化的过程，它是由信用关系的演进决定的，具体来讲，信用经济的发展具有阶段性、区域性和层次性。①

1. 信用经济发展具有阶段性

在人类社会早期，人们从事生产主要是为了满足自身的消费需要，商品交换主要以物物交换为主，交换的目的单一，交换产品的种类有限，只是为了交换产品本身的使用价值，其价值也因为当时产品生产的简单程序而易于估算。事实上，那时的信用关系仅限于

① 参见骆玉鼎：《信用经济中的金融控制》，42页，上海，上海财经大学出版社，2000。

熟人之间，圈层之内，信用结构不健全，这种经济也称不上是信用经济，即便其中含有信用的成分，也处于原始阶段。随着经济的发展与货币的出现，原来的物物交换逐渐被人们对货币的信任所取代，货币成了公认的商品等价物，信用关系深化了，交换关系简单了。以货币为主导地位的这个时期通常称为货币经济时期。货币的发展促进了金融市场的进一步发展，各种金融衍生品不断产生，借贷形式更为丰富，以信用为核心的各类证券发展迅速，进入了发达的信用经济时期。因而从历史发展的角度看，信用经济具有明显的阶段性。

2. 信用经济发展具有区域性

信用经济发展的阶段性表明，信用经济发展有赖于经济本身的发展，处于不同经济发展阶段的地区，其信用的发展程度一定不同。信用经济因地域经济差异表现出不同的区域性特征。经济发达地区和经济落后地区对以信用为核心的金融衍生品抱有完全不同的态度，有些落后地区，甚至认为用现金购买国债（通常被我们称之为“金边债券”）或股票都是难于理解的，在他们看来，用真金白银去换一张“废纸”那是何等的不安全！越是经济不发达的地区，人们越是沉浸在原有的传统文化中，用计划经济时代的信用观念去评判各种经济行为。经济发达的地区则不同，人们对一般等价物甚至是虚拟产品及非人格化交易的接受与认同程度都比较高。随着经济的发展与人们之间联络的日益频繁，原有的熟人社会或圈层结构会日益扩大，信用经济发展的区域性差异会日渐缩小。

3. 信用经济发展具有层次性

信用经济具有不同的历史发展阶段和区域差异的同时，其自身的发展还具有一定的层次性。不同的历史阶段与地域，存在着不同的信用经济形式。在信用经济发达地区，同样会有易货贸易，它与国家债券、企业债券、商业票据等并行存在；熟人担保的民间借贷与信誉担保的银行借贷同时并存。这充分体现着信用经济发展的层次性特征。

信用经济发展的阶段性特征、区域性特征及层次性特征，产生于不同的信用结构的交互作用。不同的历史发展阶段，有着不同的信用观念与信用结构，不同的地域区间有着不同的信用评判体系，不同层次的信用结构为不同的需求主体服务。信用总是在发展中不断地完善与提升并形成新的信用体系。

第二节　经济与经济信用

信用是人们在社会交往和商品交换的过程中逐渐建立起来的，它是约束和规范人们行为的重要准则。在发展市场经济的过程中，价值规律的等价交换原则要求所有经济主体都必须诚实守信地进行生产和经营，这是市场经济发展的应有之义。但是，通过考察历史和现实，可以发现，事情并不像我们想象与期望的那样，违反契约、背弃诺言乃至蓄意欺诈的现象大量存在，这些问题严重阻碍了市场经济的进一步发展。从这个意义上说，研究经济信用、加强信用建设、构建信用体系具有十分重要的意义。

一、经济与市场经济的历史审视

深层次地理解信用这一重要行为规范，了解信用的历史演变会对我们有所帮助。信用作为一种道德要求和行为规范，是在人类的社会实践——特别是在商品交换活动中产生的，随着商品经济的发展又不断得到提升和发展。审视信用的发展历程，我们会清楚地看到，信用由原始社会、农业社会到市场经济社会经历了不同的发展形态。信用由原来的个人诚信、道德诚信逐渐扩展，现代信用已经渗透到政治、经济、文化等各个层面，形成了以信用意识、信用规范、信用制度以及各种信用工具为表现形式的社会信用体系，在社会生活中发挥着极为重要的作用。

1. 人类市场经济的发展阶段

商品生产与商品交换离不开市场，商品经济的发展与市场经济的发展休戚相关，商品生产与交换越发达，市场经济也就越发达。在历史上，商品经济的发展经历了三个阶段，相应的市场经济也经历了三个发展阶段。①

单一市场经济阶段。这一阶段是在奴隶制社会和封建社会的自然经济基础上形成的。由于奴隶制社会和封建社会的商品经济才刚刚萌芽，所以经济形态原始而单一，处于市场经济的初级阶段。单

① 参见罗开福：《市场经济的历史、属性和结构》，载《社会科学研究》，1994（3）。

一市场经济阶段只有商品市场，没有要素市场；商品生产主要为了自给，交换则处于次要的地位。

近代市场经济阶段。随着资本主义生产方式的普遍确立及社会化大生产的到来，社会分工进一步细化，产品生产逐步演化成以商品生产和交换为目的，商品交换变成了人们在社会生活中最普遍、最必需的活动。与此相适应，市场经济也随之迅速发展，在自由资本主义时期形成了近代市场经济。处于自发阶段的近代市场经济较单一市场经济有了很大的发展，形成了多层次的市场体系，市场在社会经济中占主导地位。

现代市场经济阶段。与近代市场经济相比，现代市场经济层次更多、结构更为复杂，市场规模更为庞大、发展程度更高。现代市场经济不再是自发的、盲目的、无政府的，而是由政府主导、计划与市场相结合的新型市场经济，是一种更为有效的经济运行形式。十一届三中全会以来，我国经济的迅猛发展充分展现了现代市场经济的魅力。

2. 市场经济发展不同时期的信用特征

如前所述，人类经济的发展经历了单一市场经济、近代市场经济和现代市场经济三个阶段。不同的发展阶段赋予了信用不完全相同的内涵，对信用自身的要求也呈现出不同的特征。

表 6—1　　人类经济发展各个阶段对信用的不同要求

单一市场经济阶段	生产规模小，以自给自足为主。人们只用很少部分的产品进行交换，交换范围狭窄，常常是物物交换。人们对交换产品的信任来自于对产品本身的直观感受，信用要求程度相对较低。
近代市场经济阶段	商品生产规模不断扩大，市场经济得以发展，生产目的从原来的自给自足转化为交换，交换的完成主要以货币为介质，买卖行为分离，对信用的要求程度相对于自然经济阶段高得多。
现代市场经济阶段	市场经济的迅猛发展，改变了社会资源的配置方式，市场逐渐成为社会资源配置的主要手段，商品交换出现跨期交易、跨地域交易，信用货币及信用证券等大量出现并使用。信用已经成为社会经济生活中必不可少的要素，成为商品交换顺利进行的重要保障之一。市场经济变成信用经济。市场经济对信用的要求转化为对社会信用体系的要求，要求程度更高。

从上表的对比中不难看出，信用是市场经济的必然要求。市场经济的飞速发展对信用的要求越来越高——市场经济对信用全方位的、深层次的要求使得信用已成为市场经济的内化本质。市场经济的跨期交易、跨地区交易以及虚拟交易的产生，越发依赖信用来完成，信用成了现代市场经济的灵魂。

信用体现了市场经济对行为主体价值观的要求。市场经济的形成与发展，势必产生与其相适应的价值理念。在市场经济环境下，社会产品日益丰富，多层次的市场日益发达，可替代同类产品的大规模生产使企业间的竞争日益激烈。在不同商品的买方市场或卖方市场中出现了形式多样的结算方式，赊销与预付使市场参与者在很大程度上依靠信誉生存；同时由于商品的极大丰富，选择成为一件极为费时、费力的事，依据他人使用后的评价购买产品成为一种简单的购买路径，品牌与商誉由此产生。品牌与商誉实际上是信用作为一种经济要素参与社会生产与交换的体现，经济主体对信用的依赖程度不断加大。

信用是公平竞争的基本保证。公平竞争是市场机制的核心，竞争作用的发挥需要公平交易的市场秩序，规范的市场秩序是保证市场环境的必备要素。现代市场经济的发展，使得筹资、投资、收益、分配等各种市场活动频繁发生，市场活动中的关系需要信用来维持，只有交易双方重承诺、守信用，才能形成公平竞争的秩序，各种市场规则才得以遵守，市场活动才得以有序进行。

信用是市场经济的客观需要。市场经济是一种合同与契约经济，是以等价交换为特征的经济形态。交易双方只有在平等自愿的基础上本着互利互惠的原则，交易才能够得以完成，因而市场经济是一种以人为主体的寻求利益需求的社会实践活动。交换双方只有恪守契约条款、信守承诺、结成相互信任的经济关系，才能交换成功，从而达到获取利益之目的。反之，如果交易双方互不信任、相互猜疑，势必在交易前加大调查力度，耗费时间、增加成本抑或损害双方利益甚至错失良机。

信用是市场经济可持续发展的基础。虚拟经济的飞速发展，使得市场经济空间不断扩大、交易行为完成的时间不断缩短，但虚拟交易同时也使看起来简单的交易行为变得越来越隐蔽。事实上，在交易行为背后是复杂的交易规则与限定，这就更需要良好的交易环境加以保障。由于交易行为从头至尾都在虚拟环境中进行，非具体人格化的交易使得失信行为增多。然而失信的获益必定是短期的，失信者的客户资源会日渐衰竭，最终使得自己无法立足。和谐社会、可持续发展越来越成为市场经济所追求的理念，信用成为支撑这些理念的重要基石。

二、“信用经济”的源流和发展

信用经济是将信用作为资源配置的一种方式来支配和调节社会资源的经济形式，是市场经济发展到一定阶段的产物。在信用经济中，信用贯穿于整个社会的生产、交换、分配和消费等各个环节。它的产生需要一些特定的条件，并且具有不同于其他经济的一些特点。以下就信用经济概念的不同界定来梳理其源流与发展趋势。①

布鲁诺·希尔德布兰德提出“信用经济”概念。

“信用经济”一词最早由德国旧历史学派代表人物布鲁诺·希尔德布兰德提出。他把社会经济的发展划分为以物物交换为主的自然经济时期、以货币媒介交换为主的货币经济时期和以信用媒介交换为主的信用经济时期，他的划分标准是交易方式。马克思不同意这种划分方式，他认为信用经济并非随着信用的产生而产生，信用经济是市场经济发展到一定阶段的产物。

魏克塞尔眼中的“信用经济”。

魏克塞尔采用了布鲁诺·希尔德布兰德的“信用经济”概念，他还进一步提出，在信用经济中，影响价格和经济周期的不是货币而是信用；提出了“纯现金经济”、“简单的信用经济”、“有组织的信用经济”、“纯信用经济”等四个概念。魏克塞尔认为，在“纯现金经济”中，货币数量论成立。在“纯现金经济”中，信用不是货币的替代，只是偿还债务的手段，起着交易润滑作用。在“简单的信用经济”中，货币数量论还可以基本适用。在“有组织的信用经济”中，数量论很难成立。“纯粹的信用经济”是一种“纯想象的情况”，所有交易以“信用”为媒介，货币在经济生活中完全没有地位。

希克斯遗著中的“信用经济”。

① 参见骆玉鼎：《信用经济中的金融控制》，38～42页，上海，上海财经大学出版社，2000。

希克斯认为，在信用经济中，不附息货币只是交易的零钱。货币作为价值尺度计算表示债权或债务，但债务具有不同的品质，在债权人眼中，唯有债务的品质重要。只有货币代表的债务赋予了信用才易于被人们接受。希克斯在魏克塞尔的“纯信用经济”的基础上发展了“单中心模式”和“多中心模式”。“单中心模式”信用经济相当于一国境内的经济，而“多中心模式”则类似于开放经济条件下的世界经济。

综上所述，除希克斯以外，西方学者均把“信用经济”视为与“货币经济”相对立的概念，这是由他们对“信用”和“货币”这两个概念的狭义理解所决定的。但是，随着现代市场经济的发展，信用已经成为经济生活中不可或缺的因素，它不是经济发展到某一阶段才出现的现象，而是商品经济的共同特征，从这个意义上说，信用不仅成为交易的媒介，而且生产、分配、消费也都离不开信用的作用，它是商品经济赖以生存和发展的制度基础与内在准则。

三、中国传统经济中的信用分析

如前所述，信用是基于平等主体双方的自愿互利而形成的，而我国传统经济体制以国有制和计划经济为典型特征，各种财权的配置是自上而下的，基本上不存在真正意义上的信用形式。虽然存在国家信用，但在传统体制下是“大财政、小银行”格局，国家信用从属于财政，只是一种“虚拟”的信用形式。这一现象的存在是与当时我国经济体制发展阶段的制度特征相联系的。

产权制度是信用制度的前提与基础，信用危机在经济上的根源是原有的产权制度不适应市场经济的发展要求。布坎南指出：“规定一组产权，可以在进行所有权交易的人们当中强制实行契约。在这种被限定的权利结构内，人们可以促进自己的私人价值观，而不会与他人发生冲突。在市场交易的相互作用中，人们的利益是不同的，但由于法定权利的结构不允许不受惩罚地越过非自愿边界而进入公开的冲突。在正确设计的法律和制度约束内，市场中追求个人利益的行为产生出一种自然秩序。”① 布坎南的这一论述说明产权制度与市场信用秩序存在密切的关系，研究信用不能回避产权问题，我国

① ［美］詹姆斯·M·布坎南：《自由、市场与国家》，70页，北京，北京经济学院出版社，1989。

传统体制下的产权制度特征可以概括为如下几方面：

其一，我国传统国有制的最典型特征是国家几乎掌握了全社会所有的经济资源或社会财产的所有权。[①] 国有制是传统产权制度的核心，国家是财产的所有者，国家拥有广泛的政治权力，并通过政治权力来行使其财产权利。在传统体制下，由于法制不健全，在某种程度上国家的政治权力不受法律的约束或限制，因此，国家作为财产所有者所拥有的财产权力也是不受任何限制或约束的，因而个人的财产权利是极小的。国有制具有绝对性和非市场性的特点。

在传统的计划经济体制下，财产权的划分也分为集体财产和个人财产，但集体所有的财产在不量化的情况下，事实上是准国有财产，属于国有财产的一部分。在法律体系尚未完善的情况下，个人财产权得不到充分的保护。

其二，传统体制下的大型生产企业均为国家所有，国家是非人格化出资代表，无法行使经营权，而企业经营者因受政府指派没有独立的经营自主权。因而大多时候，国有企业总是陷于行政管制或内部人控制的怪圈，不能真正成为“企业”和市场主体。

由于传统产权制度的上述特征，导致其本身就是排斥信用活动的。原因在于传统体制下，国家在社会经济活动中的多重身份，即作为政府的行政主体和作为出资人的投资主体。由于财产权集中在国家这个唯一的所有者手中，除了国家这个唯一的产权主体外，不存在其他的信用活动主体。（1）由于没有独立的财产权，国有企业就不能成为信用活动的主体，即成为授信人或受信人，商业信用也就不可能产生。（2）由于个人也没有真正意义上的财产权利，且个人的财产极为有限，个人并不是真正意义上的资金盈余单位，因此，在个人之间也不可能进行信用活动，从而民间信用也不可能产生。也就是说，在传统体制下，即使不禁止商业信用或民间信用，但由于这些信用形式并没有保证其生存的产权基础，因而也是不可能发展起来的。因而，张春霖将计划经济中国家筹集和分配资金的体制称之为国家融资，在这种融资制度安排中，国家承担着双重职能：在经济职能上是国有财产的所有者充当社会资金流动的中介；在社

---

① 参见林毅夫、蔡昉、李周：《中国的奇迹：发展战略与经济改革》（增订版），36页，上海，上海三联书店、上海人民出版社，1999。

会职能上又充当社会行政管理者。①

因此，在以国有制和计划经济为典型特征的传统经济体制下，“人与人之间，机构与机构之间，人与机构之间，社会关系简化得如同一台由某个中心控制的机器，信用的理念被完全的计划设计所排除，就连人们到银行储蓄存款，也被冠上‘支援国家经济建设’的大道理而丧失了信用活动的基本内涵，利息收入的信用色彩完全消失，相应的理念当然没有生存的空间，也没有生存的必要”②。

四、经济转轨时期的信用分析

在传统的计划经济条件下，我国的经济信用表现为单纯的政府信用或国家信用。因为政府是经济中唯一的产权主体，企业只是政府经济意志的延伸，企业的生产经营活动不能体现其独立自主的决策。在这种产权安排下，所有的企业行为都表现为政府信用下信用资源的内部调剂，而政府通过对统一的信用资源的掌握、信用制度的安排、信用违背的处罚，也能够充分保证政府计划经济的统一安排和执行。换句话说，这一时期的信用形式适应了当时的产权结构和经济制度，是有效率的。

随着经济体制的转换，我国经济正逐步由计划经济向市场经济转型，这集中体现为产权结构日趋多元化，原有的以单一国有经济为主体的产权结构正逐步向以公有制为主体、多种所有制并存的产权结构转换。产权制度的变革带动了相应的信用制度的演变，由原有的制度体系所规范和整合的信用制度随之逐渐解体，建立在新体制和法律规范基础上的信用制度正在形成之中。然而，新旧体制转换过程中的多重规则、多重秩序和制度冲突导致了信用制度的扭曲。这主要表现在以下方面：

第一，产权改革进程中的制度缺陷导致国家信用受到损害。为适应市场经济体制的需要，我们的产权改革进程是以多元化为导向的，在实施经济结构调整、“国退民进”、“抓大放小”、“有所为有所不为”的战略指引下，产权改革正以较快的速度进行。产权结构的多元化催生了信用形式的多元化，而信用制度的完善反过来又需要

① 参见张春霖：《国有企业改革与国家融资》，载《经济研究》，1997（4）。

② 陈彩虹：《从文化根性认识中国股市信用重建》，载《证券时报》，2001-09-28。

产权制度的完善作为保障。但在目前的国有产权改革的进程中，国有产权主体缺位导致了国有信用主体的丧失，在私有产权日益壮大的进程中，国有产权得不到有效的保护，在市场交易过程中国家的利益反而呈现弱势，这是我们经常听到学术界和社会上对“国有资产流失”的批评，也是以郎咸平等为代表的经济学家坚决反对“国有企业改制”，而国资委也紧急叫停国有企业 MBO 改制行为的原因。

第二，失去约束的信用多元化反而加剧了信用秩序的混乱。在国家信用、企业信用和个人信用多重格局并存的转轨时期，由于国家信用的弱化，作为国有信用的隐形契约就不再对企业和个人行为构成约束，加之目前信用制度尚未建立，缺乏有效约束的企业信用和个人信用在经济扩张的冲动下对信用秩序带来相当严重的危害。中国的改革是以“摸着石头过河”的渐进式方式进行的，这种改革方式的一个结果往往是行为在先、制度滞后，在经历了较长时间的信用约束后，一旦放开，则导致制度出现真空。在企业信用、个人信用和信用制度反复博弈的过程中，彼此都不守信用显然成为当前制度下的最优解。这一状况的不断加剧必然会导致信用价值观念丧失，各种缺乏契约精神、信用观念淡漠的行为被不断放大，这更进一步加剧了信用制度的扭曲及信用秩序混乱。因而，我们看到，在最需要信用的市场经济中，信用却成为一种稀缺资源，各种不诚信的行为因为得到不相应的制度约束最终损害了市场经济的制度基础。

因此，转轨时期信用的缺失、信用制度的扭曲有其深层次的制度原因，它带来的不仅是违背市场经济“公开”、“平等”、“诚信”的交易原则，更进一步的是带来交易成本的上升和巨大的交易外部性。要健康、可持续地发展社会主义市场经济，必须要求我们重塑转轨时期的经济信用体系。

五、社会主义市场经济的理性精神与信用意识

市场经济在本质上是一种理性经济，同时也是一种信用经济。理性是经济人的行为基础，信用使不同经济人之间的交换关系得以成立。当理性与信用一致时，经济活动变得简单；当理性与信用不一致时，经济活动中的当事人往往会陷入两难的境地。我们必须意识到，信用经济单靠自我约束是很难维系的，它需要强大的社会信用体系、法律法规等外界环境因素的支持。在市场经济条件下，各市场参与主体的个人诚信固然重要，但是制度的建立与健全、外部约束的内化对杜绝经济活动中的种种失信行为、保证理性与信用的一致、个体利益与整体利益的趋同、改善经济运行环境会更为有效。

1. 经济理性与信用的选择

理性与信用既不是同一回事，也不是截然对立的。这是两个不同的维度，但却可以相交与重叠。从理性的方面来讲，可以有信用的理性和不信用的理性；从信用的方面来讲，可以有理性的信用和不理性的信用。所谓信用的理性，就是用道德的手段实现利己的目的，不能为了自己而牺牲他人；所谓不信用的理性，就是用不道德的手段实现利己的目的，为了自己的利益可以不择手段。理性的信用认为道德上的任何行为应该有益于主体本身，不能为了他人而牺牲自己，拒绝牺牲更高的价值而屈从于低的价值和无价值；不理性的信用则意味着按照盲目的奇想、心情、冲动或即刻的感觉来决定行动。考虑到理性的有限性和信用的相对性，理性与信用二维分析模型中的四种类型在人的行为中都可能出现。我们更希望市场经济中的人的行为能够既是理性的又是信用的，而事实上我们的生活中却发生了和正在发生着许许多多的失信行为。从美国华尔街一连串的公司财务造假丑闻到中国上市公司中的“郑百文”和“蓝田股份”之举，从制假贩假、偷税漏税到发布虚假广告和欠债不还，这当中有些属于违法犯罪的行为，有些恐怕只属于违反道德伦理的行为。但有一点是共同的，那就是这些失信的行为无一例外地给社会和他人造成了损失和伤害。即使失信者最终受到了惩罚，但已经造成的损失和伤害却并不因为其受到惩罚而消失或者变得像从来没有发生过一样。更何况在很多情况下，失信者受到的惩罚还远远没有达到其应受的程度，甚至还会从中得利，因此，信用没有受到应有的鼓励，而失信行为却屡禁不止甚至愈演愈烈。显然，只要无法把失信的外部不经济百分之百地内化为由失信者来全部承担，那么就一定会存在着一种诱惑，使得行为人甘冒风险去投机取巧、选择不信用。

2. 市场经济：经济理性与信用的融合

失信行为并不仅仅发生在市场经济形态下，其实在各种经济形态下都存在着失信行为，只不过从来没有哪种经济形态下的失信行为像市场经济形态下的失信行为这样突出和引起人们如此的关注。

自然经济是一种情感经济，带有明显的地缘与血缘关系等感情色彩的特征；计划经济是一种权力经济，它主要依靠行政手段进行资源配置。这两种经济形态显然都不是理性经济形态，市场也不是衡量其经济活动成功与否的尺度。市场经济是一种理性经济，它通过价格信号来调节资源的流动、实现资源的配置，市场成为衡量人们经济活动成功与否的客观尺度，追求利润成为目的、天职和美德，以利己主义为基础的经济理性的旗帜在一个优胜劣汰、适者生存的竞争环境中高高飘扬。于是，因为有了经济理性，也就有了信用与经济理性的冲突与矛盾。失信行为再也不被看做是纯粹的道德问题，而是被看做与经济理性乃至与市场经济相关联的一种伴生物，也正因为如此，人们就很容易在道德滑坡与市场经济之间画上等号。其实，市场经济既是一种理性经济、竞争经济，同时也是一种信用经济。市场经济的交易秩序基础必须是普遍主义的信任。从某种意义上讲，理性本身原本既包含了利己的动机，也包含着信用的要求，即动机上的利己性和实现动机的手段的道德性。然而，经济理性中的利己主义因为符合人们的天性而被自然地接受下来，而信用则沦为从属于利己目的的一种工具。从此，理性与信用开始发生分离。在市场经济活动中，人们本能地表现得非常理性，自觉地追逐着自身利益或效用的最大化；而对于信用的选择，则取决于是否有利于自身的利益最大化这一目的的实现。也就是说，经济人不可能总是自觉地遵循信用的原则而不管对自己是否有利。他时时都在算计着是选择信用带给自己的利益大还是选择不信用带给自己的利益大。当原本既是一种理性经济又是一种信用经济的市场经济演变为一种普遍的信用缺失乃至为了私利而不择手段的经济形态时，人们就开始了对市场经济的反思，开始了对新古典经济学的重新解读。就像弗兰西斯·福山所指出的那样，最高的经济效率不一定能由理性的利己行为来达成，反而由个体所组成的群体共同努力才容易达成，原因是这些社会成员之间存在着共同的道德观，使他们合作起来更见效率。① 市场经济在呼唤着信用的回归。

理性人的个人理性行为可能导致集体非理性，但解决的办法不是去否认个人理性，而是要设计一种机制，在满足个人理性的前提

① 参见［美］弗兰西斯·福山：《信任——社会道德与繁荣的创造》，32页。

下达到集体理性。市场经济中存在着失信行为，但解决的办法不是去否定市场经济，而是要通过完善市场经济和重构制度规则去限制和约束各种失信行为。当经济人不能以一种自律的方式去选择信用时，制度就必须作为一种有强制力的外在约束而存在，以防止经济陷入一种无序的状态。因此，在最早进入资本主义自由市场经济的国家，在那些最具有马克斯·韦伯所说的“资本主义精神”的国家，或者说最富有理性精神的国家，往往是市场经济制度最完善、最严密、最成熟的国家。显然，这是因为他们最早经历了理性与信用的碰撞，最深切地感受到了道德风险对市场经济本质的危害。这也同时凸显出市场经济的另外一个特征，即市场经济是一种契约经济。西方社会早就认识到道德应该是自由因素和强制因素的调和一致，制度建立、决定和改变着道德规范、社会秩序以及意识形态。由于更多地强调制度的重要性，从而导致西方社会成为契约化社会。这里，契约就是一种外在的强制约束，是作为维护市场经济稳定与繁荣的必要条件而存在的。

市场经济的建立与完善是一个长期的过程，市场经济的建立与完善又是一个系统工程。我们在享受市场经济带来好处的同时，又不得不承受市场经济带来的不利影响。信用问题不是市场经济的必然产物，但毕竟在市场经济形态下表现得非常明显和突出；经济理性中的利己主义倾向虽然并不意味着损人利己，但毕竟为不择手段提供了一种动机上的借口。市场经济要求理性和信用，但并不能自动实现理性和信用。要解决信用的问题，不是去否定经济理性和市场经济，而只能是从制度重构和道德建设两个方面入手，去打造完美的市场经济条件，去维护稳定的市场经济秩序，从而促进经济的繁荣和社会的发展。

六、信用是经济尤其是市场经济良性发展的基石

现代市场经济主体扮演着不同的角色，有投资者、筹资者、债权人、债务人、客户、供应商、社会责任履约者，不同的市场主体行为之间形成了错综复杂的信用关系，凸显出信用的魅力。信用对现代经济运行具有深刻影响，信用活动直接决定经济活动的特征。

1. 信用是市场经济运行的制度基础

信用是随商品经济的发展而发展起来的。在自给自足的原始社会，没有社会剩余，没有商品的需求者，也就不可能产生交换，因而也就没有相应的商品交换；没有商品交换的需求，也就不存在交换者之间的信用往来。在计划经济社会，产品的生产和供给是按计划进行的，各种消费活动也由政府统一配给，因此也不存在企业之间，以及消费者和企业之间的信用拆借。即使出现临时性的各种原材料和商品的不足，也是通过政府的调剂和补贴来平衡，因此，信用活动也没有实质性的发生。但是在市场经济体系中，各种市场主体不断增多，市场主体之间的行为特征和利益诉求也千差万别，各种寻求利益最大化的交换活动频频发生。因此，市场经济是交换经济，信用是商品交换的前提和核心内容，是市场经济运行的前提与制度基础，是市场关系的基本准则。

从资本主义的发展历程看，资本主义经济从一开始就是信用经济。在马克斯·韦伯的代表性著作——《新教伦理与资本主义精神》一书中，充分地揭示出资本主义发展进程中所依赖的信用制度和伦理精神，西方发达国家经历的正是以这种精神为核心，在信用制度和伦理精神的约束下，不断完善和优化信用环境与信用秩序，从而促进了经济的大发展。

在当今社会，信用已不再被认为是资本主义的特征，而是人类社会经济进步的必然趋势。信用的建立和发展，已成为现代市场经济发展的内在规律，成为现代文明的重要基础和标志。我国自确立市场经济的发展取向以来，虽然也普遍出现了信用活动发展的倾向和趋势，但是由于我国市场经济体制尚未成熟以及历史与传统等多方面、深层次的原因，致使信用活动的发展速度受到影响，并在一定程度上影响了经济的进步。尽管如此，从社会发展进程来看，以历史唯物主义思想方法判断，无论是发达国家还是发展中国家，绝大多数都会自觉或不自觉地进入信用活动大发展的时代。

2. 信用是市场经济健康发展的重要保障

信用制度的确立和信用活动的规范可以消除市场失灵现象，有效地提升市场的运行效率。市场经济活动虽然内含了信用活动，但同样也离不开信用制度的保障。在正常的情况下，市场活动似一只“无形的手”，可以自主地调节交易主体的行为，实现资源的有效配置；但市场经济活动中也存在普遍的失灵现象，典型的是市场中存在的信息不对称。由于不同的交易主体拥有不同的信息，在交易中必然要耗费相当大的成本进行信息的收集、信息的辨别、信息的处理，这无疑会加大整体经济的运行成本。在缺乏自律和诚信的经济体系中，交易主体可以利用信息的不对称进行故意隐瞒或故意欺诈，产生各种机会主义行为，因而导致市场主体行为扭曲，市场异化，发生“逆向选择”和“道德风险”，市场的监管成本增加，价格机制也无法自动实现资源的有效配置。反过来讲，如果信用制度健全，信用活动规范，市场经济活动就会在一种有序的状态下不断延续，市场的交易成本就会降低，市场效率将得到有效提升。

良好的信用制度与信用管理体系能规范市场行为，提高交易的真实性，确保市场的健康发展。市场的健康发展需要信用作为支撑，一方面，在市场中，要大力提倡诚信公平的自律精神；另一方面，更要从制度上确保信用经济的有序发展。在现实的交易中，由于存在信息不对称，交易双方都追求实现利益最大化，因此会尽可能地使用一切手段，包括隐瞒、欺诈、违约等行为，获取目标利润。如果没有信息传播的渠道与途径，信息是不完全和不对称的，没有信用制度与信用管理体系的约束，那么在一次性的交易中，在偶然的交易中，或者在以后的交易中再次相遇的概率极低的情况下，存在欺骗的可能性就会很大。因此，从交易者的动机来看，在存在市场缺陷的情况下，各种机会主义行为会不自觉地涌现，在提倡交易者自律的同时，我们一定要健全信用制度，通过他律的方式来保障市场秩序的顺利运转。

3. 信用是市场经济有序发展的推进器

市场经济的发展离不开金融的支持，企业的不断做大、做强离不开信用的支撑。任何一个企业在发展的过程中，都不可避免地面临融资和投资的需求。一方面，企业在扩大再生产过程中需要不断补充资金，资金成为企业发展的重要投入要素；另一方面，在企业生产过程中，也会出现暂时的闲置资金，因此也会产生投资需求。因此，市场上的投资融资行为是现代经济的核心活动，这也是信用经济的重要体现。所以，发展信用经济，实际上面临着如何将有限的资源优化配置的问题，通过良性的信用机制，最终促进实体经济的进一步发展。

市场经济是以等价交换为特征的经济形态，互惠互利、诚实守信、公平竞争自然成为市场经济内生的道德律令和“游戏规则”。体现这种道德律令的社会信用是实现市场主体间商品、货币及劳务等价交换的保证。信用制度是人在市场活动中表现出来并由人加以规定或约定的，是一种规范与约束体系，是市场的每个参与者必须注意规范的经济行为。通过遵守信用制度、注重信用形象，市场参与者也可以不断提高自身的信誉，获取更多的市场交易机会，最终实现企业效益和社会责任的双赢局面。因此，市场参与者不应该把信用制度、信用约束作为一种负担、一种压力。在市场经济条件下，信用是市场行为的基本准则，信用秩序是市场秩序的关键，人们只有按信用制度这一“游戏规则”从事市场活动，才能实现市场和企业的共同有序发展。

第三节　经济转轨时期的信用缺失及其引发的经济秩序混乱

信用作为市场经济的基石，渗透在经济活动的运行与经济关系的协调之中。在市场经济条件下，经济活动越频繁，经济关系就越复杂，对信用的要求就越高；而社会的道德信用程度越高，社会的经济运作成本就越低，外部性就越小。因而，信用道德不仅是一种社会规范，也是一种社会道德资本。信用危机不是一朝一夕形成的，信用道德这一社会资本是转型时期的中国最需要而又最稀缺的资源。

一、转轨时期的经济行为与理性

经济转轨是 20 世纪最为重要的社会经济现象之一，世界各国在转轨进程中既有共性，也存在差异，改革中深层问题的暴露折射出人们的认识的演化。从 1978 年进行改革开放以后，我国经济就步入了渐进式的经济转轨时期。转轨时期的国家信用主体不断演化，由原来唯一的国家信用主体逐渐分化为国家信用主体、企业信用主体和个人信用主体。这一时期的经济行为特征，可以通过不同的行为主体表现出来。

1. 转轨时期政府的经济行为特征

政府经济行为的变化是转轨时期最重要的和决定性的因素。从政府的表现看，其变化主要体现为对经济活动直接影响的范围逐渐缩小，在市场经济过程中，有所为有所不为，在直接生产过程中由直接调控为主向间接调控转变，放权让利的趋势越来越明显，运用

“看不见的手”——市场经济机制的行为特征越来越明显。

第一，政府的决策逐渐由计划经济的“集权型”向市场经济的“分权型”转化。政府决策由无所不包逐渐转向那些事关全局、具有战略意义的问题，如国有资本的优化与布局、社会总产值的增长速度和效益的关系、国民收入的规模及其结构、产业结构的调整与改造、科技开发方向、国民经济的重大比例关系等，即从宏观经济战略目标、战略重点、战略步骤和方针、政策、原则、措施等去制定时间跨度为五年至十年的中长期发展战略。在中央决策权下放的过程中，地方决策权限日趋扩大，决策过程的民主化、科学化程度有相当大的改善与提高，并逐步成为主流，决策程序有一定的简化，决策内容也从无所不包中摆脱出来。

第二，政府的运行更加遵从市场经济的规律，国有经济的管理方式日益科学，逐渐建立起符合市场经济要求的国有资产运营机制。国有企业经过 20 世纪 80 年代的放权改革，已经转变为自主经营、自负盈亏、自我约束和自我发展的独立实体，企业的权限逐渐扩大，成为独立的商品生产经营者。进入 20 世纪 90 年代，以产权关系为核心的国有企业改革成为解决国有经济的体制性、结构性问题的根本手段。

第三，政府对经济的调节日益市场化，逐步由直接调控为主向间接调控转变，对生产过程中的直接干预力度逐渐减弱，市场调控的软性手段成为主导。在政府对经济的调控过程中，综合运用了财政政策、货币政策、税收政策、产业政策等多种手段，对经济的驾驭能力显著增强，经济取得显著的进展。国家调控手段的组合搭配艺术有了很大的突破，当经济疲软、市场需求严重不足时，国家主要采取财政政策手段。改革开放以来，我们成功抑制了 1988 年和 1992 年的经济过热、通货膨胀，也战胜了 1997 年的通货紧缩，即扩大社会需求，促进经济适度增长。

2. 转轨时期企业的经济行为特征

随着我国市场经济体制的建立与不断健全，市场中的企业日益独立，竞争、风险、价格等市场机制要素对企业行为的约束作用也日趋加强，企业的生产经营行为也日益规范。但由于国有企业还占有较大比重，经营者的观念还不能完全适应竞争环境，因此在经济体制转型过程中，企业行为还具有体制转轨的特征。

第一，企业面临的环境更加市场化，加大了企业间的竞争。随着市场经济体制的建立，原有的消费品和生产资料的“双轨价格”已基本退出，大部分的生产资料价格被市场价格所取代，劳动力、资本等要素配置的市场化程度也不断提高。这样，市场价格成为企业经营决策的基本因素，市场约束逐渐增强。企业的大部分活动，包括计划的制订、信贷资金的取得、生产要素的采购、产品的销售以及广告宣传、市场份额的占有等，更多地考虑市场需要加以决策。

第二，企业的投融资行为在市场约束下趋于理性。由于经济市场化程度的提高，投融资体制改革的深化，一方面，银行的放贷行为由市场来决定，政府的干预逐渐减少；另一方面，企业在投融资过程中更要注重收益和成本的核算，过去那种无风险意识的盲目扩张不再成为企业的选择。盈利动机的增强，预算约束的硬化，本身表现了市场化所取得的成效。每个市场主体，无论银行还是企业，都必须面对某种自负盈亏的预算限制，而不可能再像过去那样无约束或软预算地进行生产经营。

第三，企业分配形式日益多样化。很长时间以来，我国的分配理论以单一的按劳分配为主，十四大明确提出了要发展按劳分配为主、其他分配方式为辅的多种分配方式。从目前看，在企业分配中逐步结合了按要素分配等新方式，随着知识经济的发展，各种智力资本和人力资本及技术资本都将成为企业分配的要素，实质上是引入了市场经济的激励和竞争机制，这是对以往的分配观和分配方式的一大突破。

3. 转轨时期居民的经济行为特征

告别短缺经济，进入转轨时期，消费者行为发生了明显的变化，呈现出一些新的特征，主要表现在以下几个方面。

第一，消费行为的理性化。在改革开放初期，由于商品的短缺，消费者的心理也非常不稳定，在1988年和1992年的几次通货膨胀中，我们看到消费者买涨不买落的从众行为。但随着商品供不应求的局面逐渐改变，供大于求的总量格局不断强化，尤其是从1997年10月开始，社会商品零售价格指数出现持续降低，消费品市场上厂家和商家展开残酷的价格战，居民消费心理逐渐趋于平稳，表现也相当成熟。

第二，消费行为主权化。在市场成熟和完善的过程中，消费者心理趋向于成熟、稳定、理性，消费者自身的保护意识不断加强，这反映出消费者自身的成熟，也反映出市场结构的改变和市场制度的日趋完善。

第三，消费结构逐渐升级。随着经济水平的逐步提高，我国城乡居民消费，也从建国初期的“低水平的贫乏期消费”发展到目前完全解决温饱，以奔赴小康和实现小康为目标的消费。新中国成立初期居民拥有的“三转一响”到现在被“汽车、住房、旅游”等新的消费观所代替，也反映出我国经济实力的显著提高。

从上面我们可以看出，随着传统的计划经济向市场经济的过渡，政府、企业、居民的经济行为逐步具有市场经济的特征，功利意识、效益意识、自主意识、竞争意识都在不断增强。在市场主体日益分散和独立发展的趋势下，市场主体的利益也相应地呈现出多元化、个体化和对立化的特点。因此，由对经济利益的追求，导致经济利益的对立，必然会多少引起或带来道德对立，从而导致社会各领域潜在的道德风险的产生。

二、一般商品市场的信用问题及其引发的后果

信用作为经济行为的伦理道德要求，反映着一定的经济利益关系，演化为一种道德与利益的博弈，当这种博弈处于均衡状态时，便带来秩序；一旦失衡即利益绝对化则导致无序，失信行为便有发生的可能。在我国市场机制的运行中，一方面需要信用作为提升经济质量的重要手段，另一方面信用却大量缺失，导致经济发展的后劲不足；一方面追求利益最大化，另一方面又加大利益成本，构成了市场经济运行的一个悖论。

1. 商品市场信用缺失的表现

商品市场是企业经营活动的主战场，在企业追求经济效益最大化的过程中，也产生了大量失信、违约现象，严重侵蚀了市场经济的健康发展，主要表现为以下几方面：

（1）企业之间恶意拖欠债务。

在现实经济生活中，三角债成为一种普遍现象。企业对于债务能拖则拖，交易主体双方也习以为常，遇到拖欠往往想办法转嫁到其他企业身上，使三角债愈演愈烈。国家经贸委统计数据显示，1996 年底，全国 39 万户工业企业应收账款达到 9 269 亿元，比上年增加 1 273 亿元，增长 15.9%，远远超过了企业同期销售额的增长幅度。① 有关

① 参见谢渡扬：《我国信用秩序与法制保障》，载《管理世界》，2000（1）。

部门对全国部分省市的一些企业调查表明，近几年企业的互相拖欠货款现象不但没有缓和，反而有上升趋势。据有关资料统计，企业逾期的应收账款额比重这一指标，在完善的市场经济国家中仅占贸易总额的0.25%～0.5%，而我国目前则超过5%，其水平是发达市场经济国家的10倍到20倍，一些企业应收账款高达50%以上。① 根据《中华人民共和国企业破产法》规定，到期不能偿还债务，企业就得破产，因而有的企业虽然账面上存在赢利，但由于拖欠债务，现金短缺，不得不宣告破产。

（2）规模化制假售假。

一些企业以追逐利润最大化为目标，造成毒大米、黑心棉、过期药物泛滥，严重影响了人民的生命健康，在国内外引起了强烈反响。据《中国工商报》报道，2000年，仅工商行政管理系统就查处假冒伪劣案件23.05万起，比上年增长95.61%，全国共捣毁制假窝点5.61万个，是上年的4倍多。② 市场经济条件下，为了逐利，人们丧失了做人的基本底线，经济活动的每一个环节都可能渗透着信用风险。

（3）利用合同进行欺诈。

经济合同本是保障交易双方权利与义务的书面证明，具有法律效应。但据资料显示，在经济活动中有50%的经济合同带有欺诈性，市场交易行为中的信用危机十分严重。2000年上半年，我国合同违约案件共有5 338起，涉案金额达到16.3亿元，这种现象在经济较为发达省份更为突出；2000年上半年，广东省共立案查处利用合同违约案件37宗，涉案金额达14 398万元③，利用合同的合法外衣进行诈骗已经成为市场经济的顽疾。

据中国外经贸企业协会信用评估部和北京国商资信评估公司《2001年中国企业经营者问卷跟踪调查》显示，目前我国企业之间存在的信用问题主要是"拖欠货款、贷款、税款"（76.2%），"违约"（63.2%），"制售假冒伪劣产品"（42.4%），"披露虚假信息"（27.3%），"商标侵权、专利技术侵权"（13.3%）等。

---

① 参见连升：《企业违约的经济学分析》，载《福建论坛》，2004（2）。

② 参见《我国信用问题现状》，网易商业报道，2004-09-15。

③ 参见陈福湘：《浅议信用危机》，载《文史博览》，2005（12）。

2. 商品市场信用缺失的后果

企业信用缺失直接造成两种后果。其一，企业信用缺失，降低了企业自身的竞争力。信用是企业重要的无形资产，信用缺失后企业很难得到银行的贷款支持，使其资金更加紧张，难以实现规模扩张和跨越式发展，不利于企业的技术创新，不利于资源的优化配置，会在激烈的竞争中处于不利地位，因此降低企业的竞争力；企业在经营过程中采用信用结算方式，可以先凭借其自身良好的信用充当交易媒介，先收货后付款，从而降低成本，提高竞争力。然而信用缺失使得企业无法更多地采用信用结算方式，使赊销活动难以进行。其二，企业信用缺失，增加企业之间的交易成本。任何一个企业在生产经营中都要付出相应的时间、精力和金钱，这就是企业的交易成本。信用与交易成本成反比，守信会减少交易成本，不守信必然会增加交易成本。企业信用缺失现象的普遍存在，增加了企业之间在交易过程中的谈判成本、信息搜集成本和执行合同中的监控成本；增加了由于失信而产生的打假成本、讨债成本及诉讼成本。信用缺失在使企业的交易成本提高的同时，还造成了社会成本的提高，使社会资源遭到浪费，降低了经济运行的速度和效益，最终阻碍经济增长。

三、资本市场的信用问题及其引发的后果

信用是资本市场融资、定价、资源配置和风险管理功能有效发挥的重要保障。中国资本市场经过十余年的快速发展，取得了巨大的成就，但是在发展中也存在许多问题，其中最突出的就是信用缺失，中国资本市场信用缺失已严重地阻碍了资本市场的健康发展。因此，构建我国资本市场信用体系刻不容缓。

1. 资本市场信用缺失的表现

上市公司是整个资本市场的基石，上市公司的信用是整个资本市场信用体系的根本，因而对资本市场的信用分析主要以上市公司为主。上市公司的信用，主要表现在上市公司信息披露的真实性，上市公司经营管理者的勤勉尽职，为所有股东和投资者尽职。与此相反，上市公司的信用缺损表现为财务数据虚假，虚增利润、报表重组等；信息披露不真实、不及时、不完整；重大决策未保护中小股东利益，如通过关联交易转移利润、为大股东违规提供担保、大股东侵占上市公司资金等；内控制度不健全，如重大决策未按“三会”运作规则进行、重大财务决策由大股东审批等；随意变更募集资金投

向、利用募集资金委托理财；重大承诺不兑现，如预测利润不兑现、整改措施不兑现等；法人治理结构不健全等，具体表现如下：

（1）违反信息披露的原则和要求。

强制性信息披露制度是上市公司治理的基本原则，也是资本市场监管制度的基石，是投资者利益和资本市场效率的根本保障。我国一直强调强制性信息披露制度，要求上市公司必须真实、完整、及时、准确地公开披露公司的重大事项和有关信息。然而，由于种种原因，我国上市公司在信息披露方面很不规范，违法违规问题十分严重。

一是监管机构要求的定期报告（年度报告、中期报告）提供不及时、披露不充分。财务报告存在遗漏及误导性信息，主要涉及资产和利润不实，虚增往来账等。二是没有及时履行重大事件的信息披露和澄清公告义务，如对公司的举债、抵押贷款、为其他企业贷款担保、关联交易、诉讼事项、募集资金用途改变等事项未能及时公告。2001年对部分行业会计信息质量进行抽查，被抽查的企事业单位资产不实比例在1%以上和利润不实比例在10%以上的分别占全部被抽查单位的50%和57%。①

（2）操纵市场，损害他人利益。

操纵市场是一种典型的欺诈行为，它以欺骗的手段诱使他人买卖证券，其目的是损害他人利益而为自己获取利益。操纵市场行为扭曲了资本市场价格，扰乱了资本市场资源配置的功能，危害很大，主要体现在虚构供求关系，误导资金流向；损害投资者利益，危害资本市场的稳定和发展；破坏市场竞争机制。

市场投机行为盛行。在一级市场上，上市公司实体经营质量有待考察，为其上市提供服务的中介机构如律师事务所、会计师事务所、资产评估所等联合作假，提供虚假证明，“包装上市”。二级市场投机盛行，部分上市公司配合庄家炒作而操纵利润，如银广厦、郑百文等上市公司虚增利润；也有上市公司披露虚假信息配合庄家欺瞒中小投资者，如蓝田股份操纵市场案；作为我国资本市场重要机构投资者的证券投资基金也用对倒等方式参与投机。实体经营与虚拟经营作为上市公司的两大活动，实体经营是主，虚拟经营是平台，由于信用的缺失，虚拟经营往往游离于实体经营之外，距真实

---

① 参见王志扬、陈鸿：《构建我国证券市场信用体系》，载《发展研究》，2003（7）。

的产品经营越来越远。

利用内幕交易，谋取不正当收益。在资本市场上，关于价格的信息应该是公开的，投资者在信息的占有上应该是平等的，只有这样才能充分发挥资本市场优化资源配置的作用，保护投资者的利益。但在资本市场上，我们经常看到一些“庄家”勾结公司内部人员，利用公司内幕信息大肆炒作，这极大地扰乱了证券市场秩序，违背了市场公平、公正、公开的原则。它使少数人利用其特殊地位，谋取不正当利益，损害其他投资者的利益，妨碍资本市场的有效运行。

（3）利益相关者缺乏信用意识。

资本市场的利益相关者包括债权人、股东、政府等，转轨时期浮躁的心理影响了人们的预期行为。首先是股东行为不规范，多数国有上市公司一股独大，按照现行《公司法》，其他股东的投票权十分有限，很难真正参与企业的经营决策，而且也无法从二级市场上购买股票、获取股权以改变其在公司经营和管理中的地位，一旦大股东将上市公司作为圈钱工具以占用资金，将影响上市公司的正常运作，但令投资者无奈的是，上市公司的“提款机”角色依然没有实质性的大改变。其次，由于激励机制不完善及对上述人员的权利、义务进行规范的法规不健全，部分经理人员和董事不守诚信、损害股东利益的行为时有发生，部分高管人员信用观念淡漠；最后，中介机构诸如会计师事务所，违反职业操守行为经常出现，除了严重的直接参与造假外，还包括在审计、咨询中发现了问题，但在利益诱惑或客户压力之下不签署保留意见或否定意见。

2. 资本市场信用缺失的后果

违规信用交易的普遍性说明了资本市场信用缺失现象的广泛性，从侧面反映了信用交易是资本市场不断发展和完善的不可缺少的一部分，但在缺乏规范化制度的情况下，这种交易活动给交易双方带来了重大损失，从而对资本市场乃至整个经济的健康发展造成了很大危害。

（1）资本市场投资者信心不足。

资本市场是融通资金的场所。市场凝聚了人气，才能凝聚财富。中国资本市场从 20 世纪 90 年代发展到今天，信用缺失的现象频频发生，经济利益的诱惑和信用机制的缺失，已动摇了投资者对证券市场的信心，从而摧毁了信息披露制度的根基，导致证券价格畸形，证券市场失灵；破坏了市场秩序，损害了资本市场的有效性，打击了证券市场信用，挫伤了投资者特别是中小投资者的投资热情，这将最终导致中国证券市场融资功能边缘化。

证券市场中的经济活动往往表现为一种非人格化交易，由于交易者的不特定，必须通过交易者之间的契约来实施，而信任是实施交易的前提和基础，只有在相信交易主体会履行契约责任的条件下，市场交易者才会订立契约，进行交易。深圳某市场调查公司在对全国60个主要中心城市的投资者进行的调查中，发现有48%的人认为投资信心受到严重影响。当更多的造假事件出现后，投资者感到不仅是对一家上市公司或中介机构失去信任，而且对证券市场产生怀疑，从而动摇整个社会的信用基础。①

(2) 资本市场竞争力下降。

经济一体化使中国的资本市场进入了全球视野。随着我国资本市场对外开放脚步的加快，越来越多的境外投资者开始关注中国。资本市场的信用环境的好坏，是国际投资者衡量我国投资环境优劣的重要尺度。资本市场的信用缺失加剧了资本市场沉积的风险，在一定程度上降低了我国对外资的吸引力度，令外国投资者困扰和担心。这种担心加大了我国吸引外资的成本，如在税收优惠、贸易条件等诸多方面处于劣势。在资本市场上，信用的缺失还会加大我国上市公司进入国际资本市场的难度，降低中国上市公司在国际资本市场上的竞争力。

信用缺失不仅对我国证券市场的稳定和健康发展构成巨大的威胁，而且其所带来的不利因素会产生一系列的“多米诺骨牌”效应，对整个中国金融业，乃至世界资本市场的长期持续发展形成新的威胁。

四、转轨时期信用缺失的总表征及其原因分析

目前，中国正处于从计划经济向市场经济过渡的转型期，面临着传统社会整合模式的瓦解，社会不可避免地会在结构分化、重组过程中出现结构冲突。一方面，传统整合模式下的模式惯性仍会顽

---

① 参见冯志文、张卫国：《我国证券市场信用缺失的成因、危害及治理对策》，载《南方经济》，2002 (9)。

强地维持其作用力；另一方面，新的结构生长点又雨后春笋般地大量出现，在这种情况下，投机行为就会显现，同时制度的缺位又会使这种行为愈演愈烈。

1. 转轨时期信用缺失的特征

伴随着转轨期的社会结构分化和结构冲突，社会各方面都发生着利益再分配以及社会成员地位、角色的变更。这些反映到社会经济层面，必然会对人们的思想和心理产生强烈的冲击，导致价值观念、价值标准的相互冲突，使整个社会心理混乱、失衡，人们的行为选择陷入迷茫、失范状态。这种新旧整合模式引发的冲突、动荡，又会加深结构冲突本身，深刻体现在社会结构的裂变中，阶级、阶层、组织、群体、社区、家庭等，形成社会共同体的碰撞与分化，主要表现在以下几个方面。①

（1）信用主体缺失现象普遍。

如前所述，信用主体包括国家（政府）、企业和个人，作为信用主体的个人、企业乃至政府都存在不同程度的信用缺失。2002 年初，国家审计署对 1 290 家国有企业的审计结果显示，企业会计报表不能真实反映财务状况和经营成果的占 60.46%；2000 年底财政部发布的会计信息质量抽查公告更为惊人：在对 159 家企业进行的抽查中，发现资产不实的有 147 家，失真比例高达 92.45%。

个人缺乏信用监管机制，如为了自身的利益不惜代价、不择手段，故意赖债或恶意逃债，故意偷税、漏税、骗税等现象时有发生。同时，各级管理者本应更加遵守信用规则，却恰恰在这方面存在诸多问题，且长期得不到解决，甚至寻找借口，把后果转嫁给社会，如竭力封锁与隐瞒已发生的恶性事故、中途停办正式批复的经济活动、擅自更改合同，甚至调用社会法人单位的财物、逃债、赖债、废债等。社会各个层面都存在着不同程度的信用缺失。

（2）信用缺失涉及领域广泛。

信用缺失从纵向来看，包括国家、企业、个人；从横向来看则渗透到了生产、流通、分配与消费、投资等各个领域。在生产领域里，假冒伪劣商品泛滥，假冒伪劣广泛涉及第一、第二、第三产业。农业有假种子、工业有“豆腐渣”工程、服务业有假中介等。其种

① 参见桂花：《我国信用缺失的特点与原因》，载《生产力研究》，2005（5）。

类之全，数量之大，范围之广已组成一个完整的假冒经济体系。在流通领域里，各种经济组织之间拖欠贷款和债务，甚至故意逃废债务；在分配领域里，偷税、漏税、骗税和行政垄断现象严重；在消费领域里，欺诈哄骗现象普遍；在投资领域里，财务会计信息严重失真、上市公司虚假、欺诈、内幕交易案件之多、涉及金额之大，给社会带来严重的负面影响。“劣币驱逐良币”效应使原本守信用的人产生信用缺失有利的判断，针对“社会需求”对自己的行为做出调整，从而形成普遍的信用缺失现象。

(3) 信用缺失导致经济损失严重。

信用缺失不仅给转轨时期人们的意识形态带来了震动，更为直接的是导致了严重的经济损失。1991 年企业债务链规模为 2 500 亿元，1994 年为 6 000 亿元，1997 年则为 15 000 亿元。由于企业不讲信用，使正常的信用观念遭到破坏，企业间赊销、预付难以进行。据统计，中国每年因为逃废债务造成的直接损失约 1 800 亿元，因为欺诈造成的直接损失约 55 亿元，因为产品质量低劣和制假造成的直接损失至少有 2 000 亿元，因为“三角债”和现款交易增加的财务费用约有 2 000 亿元，信用缺损造成的直接损失高达 5 855 亿元。可见，信用缺失已成为完善我国市场经济体制的最大障碍，由于信用秩序混乱，各种市场信号受到严重扭曲，经济政策和金融工具无法正常发挥作用，极大地阻碍了我国市场经济体制向高级阶段演进。

2. 转轨时期信用缺失的原因分析

从传统计划经济向市场经济转轨，带来社会的三大变革。经济上，人们成为独立经济行为人，其利益表现出多元化特征，市场的利益最大化原则成为处理经济行为的原则；思想上，人们从“大公无私”的政治理念转向讲求个体利益的经济理念，由此产生了利益最大化原则与伦理道德原则的冲突与矛盾，使社会信用遭到冲击；体制上，由于转轨期间旧有制度被取消，而新的法律制度还未健全完善，留下了体制上的缺位空间和漏洞，给“唯利是图”者带来钻空子的机会，出现了市场经济中各种机会主义行为及违约、失信现象，由此带来了经济活动领域的信用危机。其范围之广，程度之深都前所未有。我国社会信用危机的产生，不是一朝一夕的事，它既有外在的原因，也有深层次的原因。主要有以下几个方面：

（1）传统意识形态的惯性。

首先，我国当前的信用危机与传统文化观念有一定的关系。靠超越私人联系的法律以及其他“支撑体系”维系，还是靠血缘亲族或其他私人联系方式来维系，对信用的建立及其有效性至关重要。确实，我国的社会信用在很大程度上还是靠血缘亲族或其他私人联系方式来维系的，或者说是建立在关系经济基础上的。关系这种“网”很容易使法律制度、契约、信用失灵。其次，在改革开放之前，中国长期实行计划经济，企业和个人都是凭借政府信用办事，出门要开介绍信，个人没有信用可言。实行市场经济后，政企分开，企业不能直接借用政府信用，其间便产生了空缺，出现了不讲信用的现象。而且随着私营企业、合伙企业、集体企业、合资企业、合作企业以及外商独资企业等不同经济实体的涌现，市场主体更趋多元化，难免会出现鱼目混珠现象。

（2）经济转型期的负面作用。

第一，经济转型期间信息普遍不对称。在从传统经济转向市场经济的过程中，以往信息的传递和处理基本上是垂直的、封闭的，尤其是在集中计划经济体制下，整个经济活动是根据中央下达的各种计划指标进行的，自中央以下各级地方政府及企业，主要是执行上级指示，资源配置是根据计划指标等数量信号垂直调控。因此，一般来说，决策者与执行者之间，监督者与被监督者之间，领导者与被领导者之间，在信息垂直传递中，决策者、监督者、领导者的信息是较富裕的，对执行者、被监督者、被领导者的情况是较容易掌握的，因为他们横向之间一般不直接发生更多往来，所以来自底层的欺骗不易发生，当然付出的代价便是微观单位和各级被领导者、被监督者的能动性受损，进而使效率受损。在现代市场经济中，信息主要是横向产生、横向传递，经济活动主要通过市场经济行为者互相交易而进行。因此，一方面信息量空前增大，另一方面市场信息变化莫测，任何中央集中的信息中心均难以掌握。这种情况导致了发生利害冲突的当事人之间，包括社会成员之间、上级与下级之间、政府与企业之间、企业与企业之间、管理者与劳动者之间、债权人与债务人之间等方面，所了解的信息不相等，总有一方了解的有关信息多于另一方。因而就可能发生欺骗，只要欺骗有利可图，并且由欺骗带来的收益大于为进行欺骗所付出的成本，失信就会自然发生。

第二，经济转型期间普遍缺乏市场经济条件下的信用意识和信用道德规范。市场经济以信任的文化道德为基础，这种信任不仅是对人格、人品的信任，更重要的是对能否担负与其权利相对应的责任——特别是对能否担负财产责任能力的信任。但是，改革开放以后，随着经济的发展，在巨大的物质利益诱惑下，原有的义利观以及传统文化中的恪守信用的理念却被挤出了交易的舞台，交易行为在观念上和精神上都出现了自我约束的真空地带，交易行为的信用也由此处于涣散状态。目前我国社会正处于传统的伦理道德面临崩溃、新的道德体系尚未随之建立、新旧道德规范发生断层的阶段，市场主体普遍缺乏现代市场经济条件下的信用意识和信用道德观念，在社会上没有树立起以“诚实守信，败德可耻”的信用道德约束和道德评价机制，信用缺失现象较普遍。

第三，社会信用环境不佳、某些政策措施不到位。我国社会信用环境的恶化是经济转轨时期的一种特殊经济现象。在经济体制转轨时期，计划经济时期遗留的企业之间、银企之间产权界定的不明确，容易使企业信用观念淡化，产生信用缺失的风险。产权的模糊使国有企业的经营管理者认为，企业是国家的企业，银行是国家的银行，所有者或出资者都是国家，不存在谁欠谁的问题，从而产生逃废银行债务的冲动。目前我国的信用问题也是和国有企业的困难纠缠在一起的。由于我国社会保障体制不健全，企业破产之后的员工安置存在极大困难，政府为了维护社会稳定，一般对企业采取相应保护措施，通过各种形式推动企业进行企业改制和债务重组，使得一些企业得以借机逃废银行债务。即使是一些企业依法进入破产程序进行处理，由于《破产法》在清偿顺序上采用了债务人主导的方式，银行等债权人的利益没有得到有效保障，也使逃废债务行为大量发生。这使得许多企业认为，守信失利，失信得利，偿债意愿普遍下降，导致了社会信用环境的恶化。另外，许多交易主体可以不负责任地决策，没有产权的约束是不可能建立社会信用的。

目前，我国的产权制度或市场主体的财产制度的特征是：其一，作为我国经济主体的国有企业和国有银行没有真正独立的财产；其二，私营企业的财产权还没有得到法律的平等保护和普遍的社会尊重，问题的关键就在于，我们目前的改革思路恰恰是在不从根本上触动传统产权制度的前提下，试图通过让没有独立财产的国有企业和国有银行以及财产权还没有得到普遍尊重的私营企业成为市场主体，以此来搞活国有企业和国有银行，并加快私营企业的发展，从而试图在此基础上建立市场经济体制。由于这样的改革思路并没有真正理顺建立市场经济机制的合理顺序，因此带来了信用不规范的问题。究其原因：一是市场主体没有独立的财产，就没有真正的能力讲信用；二是这些市场主体也没有动力讲信誉、守信用，在我国，一些市场主体并不因为守信用而得到好处；三是这些市场主体没有守信用的内在压力；四是市场主体对其财产权没有信心，就必然会产生不讲信用的短期行为；五是市场机制不完善使得我国的一些市场主体没有讲信誉、守信用的外在约束。

(3) 制度约束的软化。

我国在经济活动中对交易主体的约束，尤其是对那些违规人的制度（包括法律制度）约束缺乏刚性。现在我们的制度环境似乎可以用通俗的语言归纳为，违约的人无所谓、违规的人受不到惩罚、违约了还可以照样高消费。用经济学的话来讲，就是违约、不讲信用行为的收益大于守约、讲信用行为的收益。在市场经济条件下，信用是建立在法律制度基础上的，需要将法律和制度作为强行履约机制予以保障。目前，我国在信用方面的立法、司法和执法都存在严重不足。

在立法方面，首先，我国在征信数据的开放和使用等方面没有明确的法律规定。其次，虽然我国的《民法通则》、《合同法》和《反不正当竞争法》中都有诚实守信的法律原则，《刑法》中也有对诈骗等犯罪行为处以刑罚的规定，但是由于缺乏相应的实施细则，尚缺乏可操作性，不足以对社会的各种失信行为构成强有力的法律规范和约束。

在司法方面，我国当前的地方保护主义十分盛行，由于经济民事案件的审理由债务人所在地法院管辖，所以就导致一些基层法院受当地企业与政府影响，在司法过程中有意偏袒地方企业，损害债权人利益，司法的公正性被严重扭曲。

执法不严的问题也十分严重，在经济民事案件的审理中，重审判轻执行的现象较为普遍，即使胜诉，案件的执行率也很低，使债权人处于十分尴尬的境地；对违约债务人不起诉，债权无从保护；

提起诉讼，却只见加大收债成本，而难见债务清偿。这就使得整个社会缺乏严格的失信惩戒机制，正当权益得不到有效保护，实际形成了对失信方利益的反向维护，在“劣币驱逐良币”机制的作用下，赢了官司输了钱的事情大量存在，使得失信行为愈演愈烈，极大地破坏了社会信用环境。

（4）社会心理的因素。

从社会心理来分析，信用是现代市场经济健康运行的灵魂，但同时又是一种稀缺的社会资源。由于趋利避害是人的本能和天性，再加上道德束缚的软弱无力，一些人便想当然的去作假，以追求自己的最大利益，实际上这也是自私心理的一种表现。另外，还有社会心态的障碍。有时候我们把保护弱势群体的心理用在了信用概念上，银行等债权人不得不做一些社会保障方面的工作，加之个人信用意识淡薄，社会信用系统也就无法建立起来。

五、转轨时期信用缺失治理的伦理选择

伦理是在社会活动中产生并用以约束和调节人们的经济行为及其相互关系的价值观念、行为规范和道德精神的总和，它既是调节人们之间利益关系的一种行为规范，也是主体把握社会金融活动的一种实践精神。

作为一种观念和意识，伦理随着人类社会经济活动和交换关系的发展而产生，但在自然经济条件下，由于经济活动的封闭性、简单性和个别性，使得伦理未能作为一种相对独立的意识形态充分发展起来。现代伦理是随着市场经济的发展逐步形成和发展起来的，是市场经济的一个内在规定和健全发展的一个基本条件。市场经济作为一种社会经济运行方式，一方面是以人们利益的分离和自利的追求为基础的；另一方面，市场经济又是一种高度社会化的交换经济，人们的利益都是相互联系、相互依存的。这种利益追求、自利和利益实现上的依存、互利，是市场经济的一个内在矛盾。协调和解决这一矛盾，从根本上说，要有一套有效的社会规范体系来约束人们的行为及其相互关系，使人们在追求自己利益的同时，尊重他人的利益，在互利的基础上去实现自利。这既需要法律来维护，也需要伦理来支持，仅仅靠其中之一都不可能建立起良好的信用秩序。

在现实的社会生活中，由于法律等正式制度对信用秩序建立和发展的作用是显而易见的，因而也是被高度关注和重视的。而以伦理道德为核心的非正式制度对信用缺失的治理作用却常常被遗忘或忽视，至少是还未引起足够的重视。其实伦理道德不仅是保持信用经济有效运行的最基本的调控力量或"本质要素"，而且也是确立和实现包括制度法律调控在内的其他"非市场规制"的价值基础和社会基础。可以说，伦理道德对信用体系的有效运作，不仅是不可或缺的，而且是极为重要的。

1. 伦理对信用缺失治理的可能性

伦理作为信用缺失治理手段的前提是经济与伦理的辩证统一。马克思主义认为，经济是基础，伦理道德是由经济基础决定的上层建筑，即经济关系决定伦理道德关系。但同时又指出，经济与伦理道德二者并不是对立的，也不是分离的，而是相互促进、相互协调、相互融合的。恩格斯早就指出，社会的经济关系首先是作为利益表现出来的。所以，经济行为目标和动力实质是利益和利益追求问题。利益和利益追求的实现是具备先决条件的，即经济活动主体的人际关系尤其是利益关系的协调共促。经济的发展是实现社会进步和人的全面发展的基础；人的全面发展又为经济的发展注入了强大的动力源。由此可见，经济和伦理道德是人类生活的共同空间，在这个空间里经济现象和伦理道德现象是共存、共生、共融的。

伦理作为治理手段主要有以下三方面的理论根据。

认识根源。恩格斯说："人们自觉地或不自觉地，归根到底总是从他们阶级地位所依据的实际关系中——从他们进行生产和交换的经济关系中，获得自己的伦理观念。"①道德作为一种社会意识形式，是经济基础的反映。经济人在长期的经济实践中反复碰到的各经济主体间的利益矛盾与冲突，必然反映到其意识中，于是唤起经济人道德意识的觉醒，并形成一定的道德观念，以规范和约束自己的谋利行为，这是符合人类认识发展规律的。

社会根源。经济人的谋利行为是以特定社会条件为背景的，虽然社会由人组成，但任何社会作为一个有机整体，都具有超越于其成员自身利益之上的整体利益，这是其生存和发展的需要。为此，社会必须运用各种手段以形成和维护稳定而良好的社会秩序，道德便是其中不可或缺的重要手段之一。社会通过加强道德价值导向、

① 《马克思恩格斯选集》，2 版，第 3 卷，434 页，北京，人民出版社，1995。

教育、舆论等多种方式，来影响人们的道德观念和行为，进而对经济人自利行为形成有力的内部约束和外部约束。

人性根源。我们知道，经济人并不是现实的人，而仅是现实人在经济领域活动的人性本质的抽象，当然它并未涵盖人性的全部。作为现实的人，他还具有社会属性和精神属性。人作为社会的一分子不能离群索居，必须与他人和社会交往，而且在这种交往的过程中有一种依据某种行为规范而行事的倾向，此即人的道德性。人的道德是适应人的自我肯定、自我发展的需要而产生的。精神属性是人性的一部分，人之为人，更需要丰富的精神追求和精神生活。所以在一定的物质需要得到满足之后，人将追求更高层次的精神需求的满足，期待着过一种真正有价值的人的生活，而道德修养、道德生活则是其中重要的目标之一。因此，在一定的物质条件具备的情况下，人性的社会属性和精神属性对经济人本性具有一定的制约和导向作用。在一定的条件下，经济人的行为有升华为更高层次的道德境界的可能性。由于任何事物的发展本质上都是自我发展，所以很显然，经济人道德行为升华的根本途径只能是经济人本身内在道德观念的进步。

2. 伦理对信用缺失治理的作用

把握伦理对信用缺失的治理，不仅要看到伦理作为相对独立的要素发挥的作用，而且要看到伦理作为经济中一切正式规则的文化母体和基础发挥的作用。

首先，伦理对信用缺失治理的直接作用。

伦理对信用缺失治理的直接作用是通过形成一定的道德共识、道德观念和道德习惯来实现的。市场经济在其本来意义上是交换经济，从这一角度看，信用的重要内涵就是交易秩序，即所谓等价交换、平等交易、自由交易、公平交易等。在市场交易活动中，由于交易双方的信息是不对称的，因而容易发生破坏秩序的各种欺诈行为和投机取巧行为，其中包括故意或恶意的违约行为。由于市场经济活动实际上是双方或多方的一系列契约行为，因而违约行为无论是故意的还是非故意的、是恶意的还是非恶意的，它对交易秩序都会带来不同程度的危害。由于垄断意味着丰厚的利益回报，因而垄断行为也会时有发生；由于各种强制性的权力也会介入市场活动，因而会出现各种形式的强制性交易行为。要建立和维持正常的交易秩序，没有法律制度固然是难以想象的，但没有道德共识、道德观念和道德习惯的作用也是不行的。这不仅是因为法律制度的维持要以人们的道德共识为基础，大量日常的交易行为要靠人们的道德观念和道德习惯来调节，而且还因为不可能有完美和万能的法律制度。

为了防止欺诈行为和违约行为的发生，伦理道德的作用尤为突出。博弈理论的研究证明，当有交易关系的两个人经过多次博弈发现相互欺骗不如相互合作好时，他们就会放弃欺骗行为而选择诚实合作。这虽然不是道德使然，但他们一旦选择合作，彼此尊重、诚实守信和相互信任就会成为他们共同依赖的伦理道德规范。这些伦理道德规范一旦升华为他们的内心信念，变成他们的行为习惯，就能有效防止欺诈在他们的交易活动中再度发生。履约理论则证明，人们的道德可靠性和道德一致性，不仅可以使交易合同由强制履行变成“自我履行”，而且可以起到协调合同纠纷以及防止由纠纷引起的违约行为。所以，伦理道德不仅是维持良好交易秩序的一个基本元素，而且是影响交易成功与失败的一个重要变量。对于各种权力介入市场和垄断霸道行为以及严重欺诈行为和恶意违约行为，伦理道德所能发生的有效约束作用尽管是十分有限的，但是，在一定法律制度的配合下，道德的教化和修养却能够通过克服人们人格上的弱点和机会主义倾向，以及由此形成的良心自律，防止和抑制上述有害交易秩序中诸多行为的发生。

其次，伦理对信用缺失治理的间接作用。

伦理对信用缺失治理的间接作用是通过影响正式规则的制定和维系来实现的。第一，人的道德共识、道德认同和道德素养是正式规则得到维持和执行的前提。也就是说，正式规则的维持和执行，离不开在诚实、正直、合作、公平、正义和守信等方面有伦理观念的经济主体的认同和尊重。第二，具体就经济活动领域的正式规则而言，它们实际上都是伦理原则如产权、自由、正义、公平和信用等原则的制度化确认和具体展开。也正是因为伦理道德原则是制定正式经济法则的规则，所以，正式经济法则的维持和执行具有很大的道德依赖性。因此，伦理道德对正式经济规则就有定性选择功能、批判评价功能、调适修正功能、支撑维持功能和辅助执行功能。

第四节 经济信用体系建设

社会的整体信用水平，不可能随市场经济的发展而自然提高，为此需要建立起规范、统一的社会信用体系，以此来维护社会的良好信用。关于社会信用体系建设，中央已经从宏观上明确提出，要“建立健全社会信用体系，形成以道德为支撑、产权为基础、法律为保障的社会信用制度”，这是“建设现代市场体系的必要条件，也是规范市场经济秩序的治本之策”。同时，“增强全社会的信用意识，政府、企事业单位和个人都要把诚实守信作为基本行为准则”①。尽管理论框架已经提出，具有原则性的指导意义，但还缺乏具体建设措施，因此，本部分结合市场经济实际，通过深入和系统的研究分析，提出社会信用建设的具体路径。

一、建立健全经济信用管理制度和管理体系

从西方发达国家的实践经验看，信用制度建设都是作为市场经济的一项基本制度。信用制度具有准“公共产品”的特点，如果由企业出面来建立不仅投入大，而且效果也不好。因此，各国政府都将信用制度和设施建设作为政府的一项基本投入而由政府财政支持。我国现在处于建立社会信用体系的初级阶段，经济体制、法律体系及市场基础与发达国家相比有很大不同，企业往往还没有意识到信用的重要性，或者是对信用制度的建设无能为力。长期以来，计划经济的影响使得目前我国有关企业和个人的信用信息大多还是由政府部门掌控，而我国信用信息商业化、社会化的法律环境和市场条件还不具备。在这种情况下，要使我国的信用体系尽快建立和完善起来，我们不能单纯依靠市场的力量，而仍然要坚持政府为主导的思路，以打破既得利益的传统格局，缩短建设时间和节约社会成本。

1. 建立统一协调的信用管理体制

一方面，信用体系建设是市场经济体制的一项基本制度，其涉

① 《中共中央关于完善社会主义市场经济体制若干问题的决定》，载《人民日报》，2003-10-22。

及面广，影响力大，任何一个单一的部门都无法将其建立起来；另一方面，信用体系本身涉及市场主体各方面活动的信息集成和集中处理，一项完善的信用体系将把市场主体的各种行为纳入评价之中，并将结果和市场主体的其他行为再联系起来，因此可以说，信用体系是一张广阔的“网”，包罗万象，所以在建设过程中必须打破各种利益壁垒，协调各部门关系。而只有一个超越部门利益的管理机构和管理体制，才有利于进一步整合信用数据资源，避免重复建设和资源浪费，才能促进经济社会的协调发展。

2. 加快建立完善信用管理法规

在信用体系建设的过程中，法规的建立和完善处于核心地位。从目前看，我国在信用法规建设方面还非常欠缺，仅有的少量法规往往局限于某个行业内部，因此从社会层面上建立相应的信用法规亟须进行。我们建议，当前应该从几方面来加强法规建设：一是信用资料的采纳和集中汇集，这需要全社会各部门高度认识信用的重要性并积极配合。二是要对信用数据的开放、使用和管理立法。建议首先抓紧研究制定《信用信息公开条例》，规定有关行政机关和社会部门以及金融机构向信用中介机构无偿或有偿开放信用信息数据，同时规范信用信息资料的公开、合法、正当的收集与使用。三是信用的处罚条例，建立违背信用的监督和惩罚机制，以保证信用秩序的良性循环。

3. 积极培育市场主体，大力发展信用信息服务业

要将信用的完善、信息的流动作为产业来发展，以产业来带动信用体系的良性运行，只有推动信用行业的长足发展才能使市场对信用的有效需求不断增长。征信体系的规范化开放和市场化经营，是信用管理行业得以发展和建立社会信用体系的物质基础。一是要大力培育信息中介机构。信息中介机构是信息产业的主要经营者和服务者，它起着建设信息基础设施、提供信息服务的基本功能，这是我国尽快培育起信用市场的关键。二是出台相应的政策促进信用信息行业的发展。受资金瓶颈的限制，我们应该在坚持以市场化运作为主的大原则的指导下，采取政府引导、社会多元化投资、市场化运作的方式积极培育信用信息行业，并从相关方面给予政策支持。

4. 增加财政资金投入，支持信用体系基础设施建设

由于信用体系是一种“准公共产品”，是一项制度性、社会性的系统工程，政府应该拿出专项资金支持信用体系基础设施的建设。由于信用基础设施投入资金大，建设时间长，社会效益明显，用财政资金支持信用基础设施建设正好体现了政府的推动作用，也能缩短社会信用体系的建设时间，还可起到防止各部门、各地方垄断信用信息资源的倾向，便于联合征信。①

二、加强行业信用管理和企业信用管理

企业信用活动是市场经济信用活动的核心，信用体系建设主要表现为行业和企业的信用管理体系建设。这是一项复杂的系统工程，必须积极推进、协调联动。

1. 企业要转换观念，树立信用意识

我国的部分企业历来对信用的重视程度不够，甚至视信用为企业风险的来源。而西方的绝大多数企业却在企业经营中把信用放在很重要的地位，甚至提出了“信用就是企业竞争力”的口号。大多数企业把赊销当做主要的销售手段和竞争手段，也产生了专门从事信用管理的管理业务。因此，企业在发展中要转换观念，树立信用意识，深刻认识到对信用缺乏有效管理带来的是竞争地位的丧失，要加强客户信用管理的力度，保护和开发重要客户资源，利用优秀的信用管理为企业赢得核心竞争力。

2. 建立企业内部完善的信用管理体制和机制

建立科学的企业内部信用风险管理体制是建立企业信用管理体系的核心。首先，从企业组织结构上讲，应该在企业内部建立专门的信用管理部门。从西方企业的实践看，企业的信用管理部门应该是一个权威性较强的部门，它兼有企业财务部门和销售部门的职能，而又超越了这两个职能部门。信用主管部门的负责人也往往由企业的高层管理人员兼任。其次，要在企业内部建立信用管理机制。企业信用管理机制由三个机制构成，包括前期管理的企业资信调查和评估机制、中期管理的债权保障机制和后期管理的应收账款管理和回收机制。同时，企业须建立以信用销售与应收账款监控流程为主线的价值链管理制度，基于内部风险和客户风险的两条控制链管理

① 参见陈新年：《政府在信用体系建设中的定位和作用》，载《中国物价》，2005（4）。

制度，以及三套风险控制制度，即用于控制签约前风险的资信管理制度、用于控制签约风险的客户授信制度、用于控制履约风险的账款监控制度。①

3. 加强信用保障体系建设

风险常常会诱发失信。因此，在信用管理的过程中也要注意风险的防范，信用的保障体系也是信用经营过程中的风险防范体系。风险管理的方法有很多，其中最为重要的有：（1）通过外部力量转移风险，如银行提供的担保，保险公司提供的信用保险，担保公司提供的信用担保等；（2）自身控制风险，比如采用客户抵押、第三方担保等；（3）采用市场手段控制风险，比如通过期货交易、互换交易等；（4）从制度上防范风险，采用规范的客户信用管理制度，明确交易风险责任，才能对管理决策进行事前、事中和事后控制，最大限度地降低风险。

4. 建立企业信用信息的汇集、跟踪和评价体系

从企业信用信息管理的全过程看，首先是信用信息的汇集，其次是信用信息的跟踪，然后是信用信息的评价。信用信息汇集是整个流程的第一步，其汇集的渠道有：一是企业内部渠道管理，包括通过直接或间接客户交往途径获取客户情报、通过交易记录和档案长期提取并积累客户情报、收集和审查客户的必要文件资料或证明、与同行进行信息交流等渠道；二是公共信息渠道，包括从公共传媒、行业管理部门、政府部门（如工商、税务、统计、司法等部门）获取；三是订购客户资信调查报告，特别是在初次交易时、客户要求扩大交易额度或改变交易方式时、订单异常时，订购资信调查报告就非常必要，企业还应定期进行客户资信调查，拓展不同客户信用情报收集渠道，以保证信息的获取真实、准确、完整、及时。

由于客户的信用也会不断变化，因此信用的跟踪和实时调整就非常重要。通常采用的做法是，建立客户数据库、信用分析模型、建立应收账和债务监控及预警系统。通常，要有专门人员负责一些大型客户的信用跟踪，并将结果定期进行报告。对规模较小的中小客户，则采取调查和抽查相结合的方式进行跟踪，保证信用状况随

---

① 参见张楚文：《我国企业信用管理体系构建研究》，载《湖南商学院学报》，2004（7）。

时处于掌控之中。

信用的评价体系同样重要。企业可以借助外部的力量如一些大型评级机构参与客户的信用评级，也可建立企业自身的评级体系，对客户的资信评级要按照全面动态的原则实时跟踪评估。

5. 优化企业信用管理模式，以信用管理提升企业价值

企业信用管理是个系统工程，涉及多个业务部门（如供应、销售、财务等）的工作。因此只有在现有的组织结构和职能基础上，建立跨部门有效的控制链信息系统，包括销售部门、分销渠道、财务会计、采购供应、生产制造、客户信息管理部门的控制链管理，打破单个部门对客户情报的独占，避免由于各部门缺乏信息交流和沟通所带来的重复调查和资源浪费，降低管理成本和交易风险，实现信息的集中共享。

另外，供应链管理的资源整合模式一定要围绕提升企业价值的总体目标展开。采用增值链的模式，将供应商、制造商、分销商、零售商，直到用户最终连成一个整体。要充分利用信息技术，实现企业信用管理的信息化，其目的是强调价值链上的每一个环节的满意度，在彼此满意的前提下提升企业的核心竞争力。

三、强化个人诚信意识

个人诚信的缺失来源于道德与价值的背离，来源于道德认识与道德信念的背离，来源于道德知与行的背离，这与当今社会的环境、教育本身和个人自身的素质密不可分。独立的个体是信用体系最重要的主体，强化个人诚信意识、建立诚信社会，是社会成员义不容辞的责任。

1. 提升个人诚信意识要与传统文化和传统美德教育相结合

培育和提升个人的诚信意识，首先要继承民族的优秀传统文化和发扬传统美德。中华民族具有五千年的灿烂文明，其传统文化和传统美德源远流长。从先秦诸子百家到宋明理学，诚信的道德精神无不浸透在其中，伦理精神成为中华民族悠久历史文化和传统美德的积淀与升华。所以，在当今价值多元化的社会中，我们要通过学习和了解中华民族的优秀传统文化和传统美德，加强个人的伦理道德修养，使个人的诚信意识在改革开放和社会主义市场经济条件下得以大力提升，让传统伦理与现代精神高度融合。

2. 提升个人诚信意识要与时代和个人的发展相结合

时代培育了诚信意识，时代也发展了诚信道德。我国已经进入建设中国特色社会主义的新时期，道德建设要与时俱进，要从改革开放和发展社会主义市场经济的实践中，从同世界各国的经济联系和文化交流中吸取营养，不断丰富其内涵。在道德建设中，我们要有开放性的眼光，要有海纳百川的胸怀，要将世界文明变为我之所用。当前，在经济全球化进程中，信息、资本、观念都在随之流动，不断传播，如果闭关自守，故步自封，我们最终面对的只有失败的结局。诚信道德建设将在时代的变迁中获得新的内涵。

3. 提升个人诚信意识要与国民教育相结合

提升个人诚信意识，就需要从个人抓起，从小抓起，从每一个地方和细节抓起。因此，个人诚信意识的培育不是一朝一夕之功，而是一项庞大的社会工程。要以抓好全民教育之精力，投入到诚信建设之重任。从幼儿园到小学，到中学，直至大学，诚信教育应该贯穿到全过程中去，应该贯穿到学校各类学科的课堂教学之中去。要让素质教育在学校生根、发芽，要让学生了解、熟悉并接受诚信道德，成为世界观、人生观、价值观的重要组成内容。

在日常生活中，要把诚信教育作为社会主义精神文明建设的一个重点，渗透到各种群众性的精神文明创建活动中去。要以群众为主体，以各种形式广泛开展诚信教育，争取多出成果，不断提高群众的诚信意识。

4. 提升个人诚信意识要与社会舆论相结合

诚信是每一个人的社会责任，社会舆论宣传对个人诚信意识的培育、提升和弘扬至关重要。要在社会上形成鼓励诚信、奖励诚信、宣传诚信的风气，让不诚信的行为不能在社会上立足，让不诚信的思想不能在社会上生根。各级新闻出版单位、影视部门和大众媒体都要运用现代化传播手段对群众进行诚信教育，宣传富有诚信道德的先进人物和先进事迹，宣传中华民族的传统美德，宣传社会主义道德规范，要将提高全民的道德素质作为新闻媒体之责任，以独特的形式和艺术魅力，唱响社会主义文化主旋律，弘扬时代精神，陶冶人们的道德情操，塑造人们的美好心灵，为全民诚信意识的培育、提升和弘扬创造良好的社会氛围。

四、完善信用信息的归结和管理

在信用制度建设过程中，信用信息的归结和管理是最为基础的一项工作，也是最为重要的一项工作。在当前信用制度建设千头万绪的时候，完善信用信息的归结与管理显得必要而迫切。

1. 企业信用信息的归结和管理

企业信用信息，是指企业在生产经营过程中，在与政府部门、合作伙伴、竞争对手、消费者等进行的相关活动中与信用有关的行为记录，它是判断企业信用状况的重要信息。随着社会主义市场经济体制的不断完善，信用越来越成为企业生存和发展的必要条件，特别是在我国加入世贸组织以后，所有的大中小型企业都将面对国际市场，竞争会越来越激烈，没有良好信用的企业将越来越难以生存。竞争越激烈，信用的价值就越高。所以，企业的信用度将成为企业生存发展的制约因素，信用信息也将发挥其潜在的经济价值，成为企业、组织、个人在经济活动中的行动指南，加强企业信用信息的采集、管理必将会促进社会经济的发展。

一个丰富、充实的企业信用数据库，是实现信用评价和信用监管的前提和基础。在许多国家，收集企业信用信息主要靠中介组织来完成。但在我国现阶段，应主要通过三个渠道完成。一是从工商部门的业务工作中形成，此类信息比较客观、真实、可信性强；二是由企业主动申报，这部分大多属于对企业有利的信息，对企业不利的信息，企业不会主动申报；三是通过政府的指令或有关部门的协作形成的企业信用信息，如纳税信息、银行信贷信息、海关进出口商品信息等。

其中，通过工商行政管理机关的注册登记、市场巡查、合同监管、商标监管、广告监管、当事人举报投诉、年检回访等途径进行收集企业信用信息是主要渠道。这就要求各级工商行政管理机关务必将工作中形成的各类原生性、再生性等信息适时录入数据库，并及时更正有错误的数据。对企业主动申报和有关部门提供的信息，也要及时收集、录入，以保证企业信用信息的时效性、真实性和完整性。

2. 个人信用信息的归结和管理

相对社会信用体系建设而言，个人信用系统建设更加滞后。当前，加强个人信用体系的建立，必须理顺个人信用信息监督管理体制。

在我国，对于个人信用征信监督管理存在着不同的管理体制。过去，个人信用产品的使用者主要是金融机构，人民银行从金融业务和金融机构的管理出发，承担了信用管理的直接责任。而随着诚信社会的建设，信用征信管理的涉及面越来越广，人民银行管理的体制越来越显示出较大局限性。特别是在征信环节，大量涉及个人信用的基本资信，如行政部门、行政事务执行部门以及司法部门等，均为政府所掌握，较为分散，而人民银行的管理职能无法将这些信息集中、统一，构筑资源共享的信息平台，因此从未来的发展趋势看，个人信用信息管理由各级政府部门来进行管理更符合现实。建议在目前格局下，尽快明确个人信用信息的政府监督管理部门，完善信息化管理体制，尽快推进全社会的信息化工作。

五、扩大信用产品的需求

我国目前信用体系不发达，最主要的原因是还没有培育出市场化程度比较高的信用产品消费群体。在现实生活中，很多人对信用产品还不熟悉，市场中的信用交易还不发达，现金交易、实物抵押仍非常普遍，极大地制约了市场组织和规模的扩展与升级，效率低下。因此，引导需求、创造需求，十分重要和紧迫。

1. 创造良好的信用环境

要扩大信用产品的需求，首先必须优化信用环境建设。要优化信用环境建设，就必须要把当地信用环境的建设作为行政官员政绩考核的重要内容。这里主要有两个方面的原因。一是只有信用环境建设好了，市场行为才会规范，社会经济发展才会获得良性循环，信用行业才会获得较大发展；二是可以充分发挥政府官员的示范效应。诚信是为官之根本，为政之枢要。诚信是国家公务员的行为准则和应具备的基本道德品质。把诚信情况作为考核领导干部的重要内容，才能在全社会形成求真务实、踏实肯干的浓厚风气，才能在社会上形成良好的榜样和广泛的示范效应。

2. 加快信用产品创新

信用产品可以根据需要面向消费者服务，或者是面向企业服务。我国目前还没有形成独立的信用产品市场，信用产品的生产和消费依附于其他的金融商品和普通商品。而在信用发达国家，信用产品已经形成一个独立的市场，常见的信用产品与服务包括企业信用类报告、消费者个人信用调查类报告、国家风险和行业现状调查报告三类。我国应借鉴西方先进经验，大力开发信用产品，积极推进信用服务，提供普通企业资信调查报告、深层次企业资信调查报告、专题问题调查报告、后续报告、“公司家谱”和付款分析报告等一揽子信用产品，根据信用主体、信用交易额度的大小和交易种类来量身定做“信用服务包”。

3. 要加快培育信用市场主体

要培育一批经营信用产品的专业机构。要积极培育与国际接轨的大型信用评级公司，政府有关部门的信用信息可以首先对这些企业开放，同时给予信贷、税收等方面的优惠政策，帮助这些企业建立信息加工处理能力较强的商用数据库，提高信用评级企业的国际竞争力；建立消费者信用评级服务公司，由政府引导推动，委托公司经营，条件成熟后与政府完全分离，实行市场化、商业化运作；由于我国关于信用体系的法律还尚未健全，消费者信用服务企业的市场准入的门槛应相对较高，以保证质量；要加快建立企业信用调查评级公司，先由国家投资建立数据库，把工商、税务、质检、海关、交通、贸易、公安、银行、证券、保险、法院、药监、环保等方面有关企业信用的信息和数据作为重要信用资源搜集起来；同时加快培育从事信用调查评级服务的公司，条件成熟后有偿向公司转让数据库或数据资料。

六、营造信用环境

市场经济是建立在错综复杂、千变万化的信用关系之上的经济，而信用关系的变化与信用环境的优劣，将直接影响市场经济的发展。因而强化信用意识，整治信用秩序，建立严格的信用制度，是当前市场经济发展中必须解决的重要问题。当前，应通过培养和树立信用意识，净化和重建信用环境，规范信用行为，建立多层次的立体化信用模式，不断改善信用环境，来促进市场经济的健康、有序发展。

1. 加强宣传教育，营造良好的社会诚信氛围

诚信机制的建立需要有一个良好的社会环境，关键就是要加强公民的道德修养和公民的道德建设。首先，要认真学习《公民道德建设实施纲要》，通过培训、讲座等形式，深入开展诚信和社会公德、职业道德、家庭美德的宣传教育，努力提高全民的文化水平和素质修养，培育“信用至上”的全民意识和高尚的社会道德情操；其次，要善于开展群众性的公民道德实践活动，树立正气，抑制邪

气，使失信者为社会所不齿，让不讲信用的人无立足之地；第三，营造有利于公民道德建设的社会氛围，重视大众媒体、文学作品、舆论宣传对公民道德建设的作用，形成“守信光荣，失信可耻”的道德评价标准，在全社会形成一种浓厚的信用意识；第四，加强法制教育和法制宣传，使人们的信用意识受到法律的制约和保护；第五，加强学生的诚信教育工作，学校是进行诚信教育的重要阵地，从基础教育开始，直到高等教育，坚持不懈地开展关于诚信意识的教育工作。加强师德建设，培养诚信的老师，营造良好的学校氛围，将诚信教育贯穿于国民教育的始终。

2. 加强培训教育，提高公民道德修养

人的诚信品质和信用意识不是天生就有的，而是受制于周围环境的影响，而周围环境的形成，也是多个人诚信状况的集合。这是一个循环，但同时也说明了教育的重要性。通过培训教育，可以增强人们内心对信用价值和信用规范的认同感，提升人的信用意识，从而实现对行为的自觉控制和约束。通过后天的教育，我们能改变个人的道德品质，也就能改变社会的诚信环境。在培训教育中要坚持多样化的方法。

（1）要加强常规教育。

常规教育就是依靠传统的教育，通过摆事实、讲道理，以理服人的方式，来达到教育的目的。这种方法普遍适用于学校教育。思想政治课是开展诚信教育、树立信用意识的主要阵地。根据学生的年龄和心理特点，通过老师在课堂上剖析现实生活中失信的反面例子，让学生认识到诚实守信是立身之本、生存之道，是人在社会生存中的最基本的伦理道德，帮助他们树立信用意识并内化为自身品德，引导学生树立正确的质量意识和消费行为，用信用意识指导经济行为。

（2）要加强社会宣传。

要充分发挥社会的影响力，多渠道、广泛地开展社会宣传。一是可以通过社区进行宣传。社区是人们生活的主要场所，可以积极发挥社区基层组织的作用，在社区内开展各种丰富多彩的诚信宣传教育活动。如通过宣传栏公示现行的各种信用制度及信用法律法规，开展社区活动让人们在日常生活中自然而然地接受教育和引导，等等。二是充分发挥网络的影响力，使宣传的效应迅速扩散。目前网络具有越来越大的影响力，尤其是在年轻人群体中，网络的传播效力无与伦比。因此，要充分占领网络宣传阵地，实施宣传。比如说公布企业“黑名单”，披露失信企业及其伪劣假冒产品信息；表扬诚信企业和诚信个人等，这些信息都可在网络上公布，通过舆论的监督来树立和提高公民的信用意识。

（3）要树立典型榜样。

典型示范法就是通过先进典型来教育群众、鼓舞群众、提高群众思想觉悟和积极性的一种方法。典型能反映时代精神，代表时代发展方向。通过典型的示范作用在公民心中树立真实的、鲜活的榜样，而不是我们过分渲染的、美化的形象。这样可以给人们以亲切感和立体感，弱化过去宣传典型给人们留下的高、大、全的印象，缩短公民与典型之间的距离感，使人们内心产生一种崇敬和模仿的心理，从而增强其信用意识，自觉指导其日常行为。典型人物可以是勤政廉明的优秀领导干部，他们的表率作用可以影响和带动一大批干部群众；也可以是社会公众人物，他们的守信形象可以感化和教育更多的普通人。尤其是对于青少年信用意识和行为的塑造，社会公众人物的影响力则更加突出。

（4）加强案例警示和反面教材宣传。

在当前市场经济的发展中，大量失信现象令人深恶痛绝。由于市场经济自身的不完善性和信用法律制度建设的滞后性，给了企业和个人以可乘之机，严重扰乱正常的经济秩序。如美国的安然事件、日本三菱事件，以及银广厦事件、南京冠生园事件等众多反面案例都警示人们，要树立信用意识。这是市场经济行为所必需的，也是企业和个人长远发展的必然选择。通过案例分析，也可以起到警示和反面教育作用，强化信用意识，提高企业和个人的信用自律性。①

第五节 信用、生态经济与和谐社会

生态经济与市场经济是现代经济的两个基本特征。生态经济与市场经济都各自具有自身的发展规律，同时二者又相互联系、相互

---

① 参见项燕：《市场经济与信用伦理》，首都师范大学硕士论文，2004。

促进。市场经济中以利益为中心的诉求与生态经济中可持续发展的诉求在一定的情况下，在某个特殊的时段又会形成矛盾，而信用作为有效的润滑剂，可以促使二者求同存异。因此，可以以信用为契机，建立和完善现代市场经济条件下的生态经济管理体系，利用生态经济与市场经济的一致性实现构建和谐社会的可持续发展目标。

一、生存意识下的生态经济

尽管人们对生态知识的了解由来已久，但是许多国家为了争夺资源和寻求利益还是不考虑自然界中很容易受到破坏的各种平衡，不考虑生态系统本身固有的可持续产量，而随心所欲地扩大他们的经济活动。

“在过去的半个世纪，全球经济规模已经扩大了6倍，这使得人们对当地生态系统的需求在一个又一个国家中突破了可持续发展的限度。我国各种农产品产量2001年与1949年相比，粮食产量增长了4倍，棉花产量增长了11倍，油料产量增长了8倍，水果产量增长了55倍，大牲畜头数增加15倍，水产品产量增长了95倍，这使得人们对大自然的需求超过了它们可持续产出的能力。不仅我国，全世界对纸张的需求量增长了5倍，这使得全世界的森林面积在一天一天地缩小。自1950年以来，全世界的牛羊饲养量翻了一番，这种情况也使各地的牧场一天天地遭到破坏，它们正慢慢地变成荒漠。”①

人类沙文主义一直以来都是助长人类向自然疯狂掠夺的心理依赖和根据。近年来，经济的迅猛发展和科技的不断进步，扩展了经济需求，过度的资源开发冲击着自然系统的极限。工业污染使全球气温上升，过度砍伐使土地沙漠化，过度的捕猎使很多生物灭绝……我们不再能够充分感受大自然的季节轮换，看不到蓝天和白云，呼吸不到清新的空气，听不到清晨小鸟的歌唱，不能目睹小鱼在水中自由嬉戏……我们面对的是飓风的频繁光顾，泥石流飞天而下，沙尘暴的肆虐，因淡水资源枯竭而干裂的土地、渴死的生灵……这并不是危言耸听，我们人类正在面临这样一种选择，即人与自然是相互依存，和谐共生，还是过度掠夺后等待惩罚。

人类必须清楚，不是所有问题都能够依据科技的发展而得到解

---

① 沈贵生：《用生态经济观念重新架构未来的经济》，载《吉林省经济管理干部学院学报》，2004（6）。

决，完全以人类为中心，不考虑人类所处的环境，那就无所谓中心。不断向自然系统的极限施以重压，竭泽而渔，在某种程度上简直就是人类自身走向死亡的选择。

正确处理经济建设与生态伦理之间的关系，需要人类确认其生存环境是一个生态体系，它并不独属于人类。保护生态环境事实上就是促进人类的可持续发展。大自然与人类一样，都需要一个健康的肌体，我们在从大自然中获取人类经济发展与利益诉求所需要的资源时，同样要让大自然得以休养生息。人类必须克服急功近利的短期行为。世界是残酷的，大自然更是残酷的。当经济以一种扭曲的方式对自然进行戕害时，自然支持系统就会坍塌，人类就会失去赖以生存的环境。诸如清新的空气、肥沃的土壤、充足的地下蓄水、繁茂的森林、边际的湿地、广阔的草原等。

每个人都清醒地知道，生存是第一位的，只有生存了，才会有需求、有发展。为了人类能够在更好的环境中生存，我们必须限制自己的行为，以一种审美的方式看待自然，以一种呵护的心态对待自然，自然系统有机运行了，就会为经济发展提供充足的资源，经济发展了，人类就会更好的生存。

二、信用是生态经济的前提

经济建设为人类带来了富足的生活，美味的饮食与华丽的服饰，充足的商品与便利的交通，等等。经济建设是我国社会主义现代化建设的重要组成部分，是社会发展进步的必然要求。但是，经济建设需要不断从自然界获取资源，它在为富国强民提供强大动力和物质基础的同时，也带来了过度掠取、环境污染、生态破坏甚至使人类的生存环境受到威胁等严重的社会问题。经济建设与生态伦理由此产生冲突。要解决这种冲突，就必须改变某些过往的传统观念与价值取向，确立现代的、文明的生态信用观。

从本质上说，生态经济形态的确立与维持需要生态契约的保障，生态契约可以有效反映并限定社会与国家、个人与人类群体、个人与他人以及当代人与后代子孙之间的资源占有与利益关系。在经济活动中，每个理性的"经济人"都会选择尽可能多地占用资源与寻求利益，而自然资源是有限的，在资源占用与使用上，势必存在利益冲突。加之资源使用过程中的不定因素和意外突变，要使自然资源和社会经济资源在交换中获得增值，顺利达到当事人的预期目的，制止对方当事人或第三人的恶意行为，防范违约，人们必须事先自愿签订平衡利益的契约。在法律层面上，契约条款作用于当事人的权利义务关系，使交易获得具体规制，最大限度地排除发生各种纠纷和意外的可能性，排除可能发生的机会主义行为和未能预料的突发事件，使契约得以实现。

生态契约中最为重要的履约因素，不是利益条件，因为利益条件是双方事先约定好的，契约得以完全履行主要依赖于契约双方的信用。信用作为一种蕴涵道德因素的经济习惯，主要的经济作用在于保证交易安全，交易安全本身有着重要的经济价值，交易安全的经济价值不实现，交易就不能完成，交易条款中的利益就无法实现。这些利益是多层面的，它甚至包括物种的优化与繁衍，生态的平衡，社会经济的发展，文化的繁荣，文明的发达，等等。有些时候，由于自然生态规律的约束，使资源利用当事人的利益随时可能发生倾斜，出现不公平的后果。信用可以对它随时提供救济，从可持续发展角度来有效配置社会资源与生态资源，降低交易成本，追求公平运行的状况和结果，平衡当事人以及相关主体之间的利益。

信用是生态经济的前提。生态信用制度的建立，能促进人类利益的拓展、有利于自然生态环境的改善，实现整个生态系统的良性运作。信用理念因其能够满足人们的道德心理需求以及协助完成经济利益追求而在人类社会中散发着经久的魅力，促进着人类自由的理性发展。

三、生态经济—现代市场经济的取向

近二十年来，各界学者从不同角度对生态经济进行了广泛的研究，生态经济的概念也逐步得到了各国政府和公众的认同。人类社会发展的历史，就是人类依赖自然、不断开发利用自然资源，不断进行资本增值的经济发展过程。经济增长是人类社会生存与发展的基础，生态经济是促进可持续发展的必经之路。

1. 生态经济的内涵

生态经济就是经济的生态化，就是经济所处的一种可持续发展的状态。生态经济首先有别于其他经济状态，是一种新型的经济；生态经济的增长和发展前提限于自然界所能承受的范围之内；生态经济是一种良性运行的经济复合系统。

生态经济不是一种局部的经济现象，不是狭义的旨在注意环境保护的条件下发展的经济。生态经济作为一种新型的经济状态，它的一切经济活动必须本着安全、节能、低耗、无公害的原则，至少不能有害于人类的身体健康，不能危害其他生物的生存，同时保证高效可持续增长。人类发展经历了狩猎经济、农耕经济、工业经济时代，实践证明它们无法充分满足实现可持续发展的要求，而生态经济理论上为经济的可持续发展奠定了基础。可持续发展的本质内涵是讲求当前效益与长远效益、经济效益、社会效益和生态效益的统一。人们现在越来越将把眼光投入到生态经济这一形态。同时由于世界知识和信息的发展为经济发展提供了良好的便捷路径，为保护生态和环境，促进人与自然协调与和谐创造了原动力。

2. *生态经济是当今经济发展的必然选择*

生态经济要求人们必须把经济发展方向定在一条维系环境永久不衰的道路上，它需要高新技术产业的支持与配合，需要融合人类的现代文明，力求促进人与人的平等竞争发展，使人与自然和谐相处。“从经济发展史规律分析，人们相信，伴随人类绿色文明的觉醒，这种既利于生态环保、又提高经济效益的经济，环境合理性与经济效率相统一的生态经济，将是本世纪的主流经济。”①

经济发展的国际化趋势表明，生态经济形态得到了全球范围内国家及公众的认同，并逐渐成为国际社会追求的目标。环保、高效、可持续发展在各国日益成为经济发展的强制标准，生态环保是企业的生存条件。在国际市场上越符合生态环保标准的产品，附加值越高，越有效益。“据有关资料显示，77％的美国人表示，企业的绿色形象会影响他们的购买欲望；94％的意大利人表示，在采购商品时会考虑绿色因素；82％的德国人和67％的荷兰人在超级市场购物时会考虑环保问题。在供大于求的今天，产品的效益不是来自其量，而是来自其质，是绿色的品质带来了高附加值。”② 国际贸易的“绿色壁垒”越来越高。我国作为WTO的成员国，多层次、多层面的对外开放承诺，使很多国际大财团、跨国公司、大型企业纷纷进军我国市场，在相当程度上占领了国内的市场份额。国内企业若想与之竞争并立于不败之地，就必须适应国际大环境的发展，全力提升企业内涵、增强企业的可持续发展能力。

---

①②李韧：《试论我省发展生态经济的意义和对策》，载《福建环境》，2002（2）。

可以说，生态经济理论如同化学肥料的应用创造了人类社会的农业文明、科技进步推动了工业革命建立了灿烂的现代工业文明一样，也必将酝酿和推动一场新的革命——生态革命。生态经济理论将作为这场革命最有力的思想武器，推动和建设21世纪人类社会的新型文明形态——生态文明。生态经济是人类社会在经历了农业经济和工业经济后所必然选择的一种新型经济形态。

四、生态经济为和谐社会创造条件

党的十六届四中全会提出了“构建社会主义和谐社会”的要求。这表明我们党对人类社会发展规律的认识进入了一个新境界。和谐社会理论是我国社会主义建设理论的又一重大突破，也是我们亟须研究的重要课题。社会主义和谐社会的建构，是我国实现富强、民主、文明的社会主义强国的目标，也是社会主义发展的主要标志。和谐社会的建设是一项复杂的系统工程，其中，经济与自然和谐发展是党中央提出的“和谐社会”理念的重要内容之一。只有政治、经济、文化的发展，没有生态系统的平衡，是无法建成和谐社会的。维护生态平衡、实现生态经济，是建设和谐社会系统的基石。

综上所述，生态经济理论主要研究和处理人与自然之间的协调发展问题、经济发展与生态保护的问题。生态经济以可持续发展为核心，关注和处理自然环境、自然资源、人类经济发展、人类整体进步之间的关系问题。它坚持在不破坏自然生态平衡的前提下协调经济发展与生态进步的关系，在不损害子孙后代生存环境的前提下协调当代经济发展与后代经济发展的关系。生态经济理论以促进人的全面发展为目的，是全人类应共同追求的经济价值观，人类的一切经济活动都应在它的检验下获得价值判断。生态经济能够满足人的生态、物质和精神等多方面的需要，可以改善和提高人的生活质量。生态经济的核心理念是实现社会经济发展与自然之间的“和谐性”与“可持续性”。

生态经济主张资源不是人类获取财富的手段，而是财富之源，而且这种财富不是取之不尽、用之不竭的，它也有一个实际的限度。这就是说，资源不仅要求人类的经济和社会发展不能超越资源的实际承载能力，而且也要求人类必须正确处理眼前发展和长远发展的关系。资源的存在和演化并不像过去人类所想象的那样，是以人的意志为转移的，而是按照自然生态平衡规律进行的。生态经济要求我们从更高的层面考虑人们到底应该如何运用资源，如何生产、生产什么以及怎样生产，生态经济理论为自然资源永续利用提供理论指导和实践动力。

生态经济理论认为，人类社会经济的发展，应该考虑生态环境和自然资源的持久、稳定，应考虑到子孙后代的利益，应该维护生态平衡，以审美的心态对待自然环境，把环境与经济发展作为一个整体来加以考虑。经济发展必须以可持续发展为基本原则。生态经济理论拓展了可持续发展理念，为可持续发展提供了理论支持。

可见，生态经济是一种这样的经济状态，即它可以有效将社会的经济体系与自然生态有机结合并规律化运转。探索可持续发展的生态经济，寻求生态平衡型社会复合系统的规律性，能够为经济可持续发展和构建和谐社会提供理论基础和实践导向。

第七章 政治信用研究

“政治”这一概念含义广泛而充满争议，在一定的意义上，它指的是合法强制的权力关系，包括政治制度、政治活动和政治观念三个层面。就政治活动而言，可以把它概括为如何确立现存的社会制度和过程以及这一制度的运转的活动。政治信任是一个政治领域里的交往主体的关系性概念。就国家作为一个政治主体而言，任何一个处于某一国家政府之下的国民，都是作为政治主体而生存着，国家政府与其存在着政治信用的关系。在政治信用关系中，二者不仅可以说是互为信用主体的交往关系，同时也可以说是主体与客体的关系，信用客体指的是信用主体的对应者，即与信用主体在交往互动中构成信用行为关系的客观对象。一般意义上的信用关系中的平等的权利与义务关系，在政治领域里也同样有效，即民众虽然是在政府的领导之下，但政府不可能做无信用的事，即任何一个政府都需要取信于民。民众只有对政府保持一定的信用度，政府的领导才能有效进行，才能禁令行止。

从一般意义上看，政治信用是关键性的政治机制之一。民众的支持与信任是一个政府的生命所在。换言之，人心的向背能够决定一个国家政府的命运。政治虽然不可避免地以强大的暴力为其后盾，但是，再强大的暴力也没有民心强大。古人有云，得民心者得天下，失民心者失天下，讲的就是政治信用的重要性。如何维持权力的正常运作，如何防止民众信用资源流失，历来是人们所关注的焦点之一。在不同的社会历史条件下，人们所提出的不同政治学说，或者是涉及这一问题，或者是以这一问题为核心。换言之，怎样维持民众对政权权力或政府的一定程度的信任，历来就是政治哲学研究的重心之一。

第一节　政治信用的本体：合法性与合规范性

对政治信用可从政治权威与民众这样两个层面进行研究。政治信用是在两者的关系中建构起来的。政治信用的形成和维持有它内在的机制。在一定意义上，我们可以把民众看成是政治权威的受体，政治权威是政治活动或政治运作中的主体。政府或政治人物是政治活动中的关键性因素。政治权威怎样才能在民众中建立起它的政治信用？或者说，政治权威具有政治信用的关键性因素是什么？在一定的意义上，可以说，政治权威的特性决定了政治信用赖以存在的依据。从理论上看，政治信用的本体在于政治权威的合法性和合规范性。换言之，政治权威并非没有制约性的权威，合乎其制约性才可产生其信用。

一、合法性与合规范性的一般理论解释

政治本身涉及权威的存在，人们承认政治权威，服从政治权威，从而建立起一种民众与权威之间的信用关系。政治权力是指处于社会关系中的行动者排除抗拒其意志的可能，而不论这种可能性的基础是什么。政治权力与民众之间存在着一种命令与服从的关系。在这种命令—服从关系里，服从者的动机可能是多种多样的，或出于习惯，或出于利益的权衡，或出于不可屈服的强制力。但是，如果不包括任何真正自我意愿的服从，就不足以构成真正的统治。马克斯·韦伯认为，凭借纯粹强力的控制，可以通过信仰体系而转变为合法性统治。所谓信仰体系，就是说明为什么某人或某些人应该服从某种统治的理论体系或意识形态，它为统治的合法性提供理论依据。这种理论体系或意识形态提供了为什么人们应当服从的理论，也为信任权威提供了依据。而由自愿服从和信仰体系所构成的就是统治系统或权威系统。在社会生活中，它表现为某个人或一些有权力发布命令的人和一些有责任的人组成的组织，可以是一个小的群

体，如车间、班组或公司等；也可以是大的群体，如部落、民族、国家。韦伯认为，信仰体系对于权威系统起着关键性的作用，它决定了什么是合法的或非法的，因而也决定了权威系统的根本性质。换言之，没有合法性，也就没有信任或信用存在的前提条件，而合法性是为一套解释性学说信仰所提供的。

那么，具体地说，韦伯是怎样说明这种合法性的？他说："显然，社会学所要讨论的统治系统的合法性，只能是［符合命令—服从关系的］相应态度以及由此引发出与之相符的实际行为二者相关程度的可能性。"① 韦伯在这里所说的是与一定的统治关系相应的态度，是这种被统治者的相应态度决定统治的合法性，而这种态度在于达到这样一种程度："重要的是这一事实，在特定情况下，个别对合法性的主张达到显著意义的程度：按照这一主张行动的类型被认为是'正当的'（valid）；这一事实更加确定了主张拥有权威的人的地位，同时也就决定了对他行使统治的方式的抉择。"② 但韦伯并不认为仅仅是被统治的当事人的态度决定统治的合法性。在被统治者的后面，还有更深层的东西，这就是那套信仰或理论体系。而"行为真正受到支配的可能性称为这个秩序的'正当性'"③。韦伯作为一个社会学家，他把历史上发生过的稳定的政治秩序都看成是合法的秩序或正当的秩序，这些秩序真正地影响了人们的社会行动，造成了社会学意义的事实。如果没有形成稳定的秩序，也就没有真正地支配人们的行动的秩序，就不是正当的秩序。韦伯以"正当性"来界定他的合法性，而正当性是个规范性概念。

在韦伯看来，任何一种合法统治的正当性都来自于以下五种中的一种：（1）服从于情绪情感的正当性；（2）相信伦理、美学的或其他的终极价值体现的一个秩序的绝对正当性，这是一种价值合理性的正当性；（3）相信救赎必须服从一定的秩序，这是一种宗教的正当性；（4）习惯的正当性，在信仰这种正当性的社会里，偏离习俗可能受到非难和责备；（5）法律的正当性，它以可能的肉体和心

---

①② Max Weber：*Economy and society*，ed ，Guentber Roth and Glaus Wittich，Berkeley ，University of California Press，1968，p. 214，转引自苏国勋：《理性化及其限制——韦伯思想引论》，190页，上海，上海人民出版社，1988。

③ Max Weber：*Economy and society*，p. 31.

理的强制迫使人们屈服，否则将受到制裁。但在这里，韦伯把价值的正当性与法律的正当性混同，没有看到两者的质的不同。在韦伯看来，这几种理由引发的社会行动是不同的，第一种是情感型的行动；第二和第三种正当性是价值合理性的行动，是对伦理的、美学的价值以及宗教价值正当性的信念；第四种是传统型的行动；第五种是目的合理性的行动，是对法律的正当性状态的期望。

在这个基础上，韦伯提出了统治形式的合法性的三个基础，或合法统治的三种形态。这为我们认识不同统治形态下的信用关系提供了一个哲学的基础。

第一，法理型统治的形态。相信法令、规章必须合乎法律，以及握有权力的人在法律规则下有发布命令的权利。法律具有至高无上的地位，对于社会的管理而言，一切应以法律为依据。这是现代社会的统治形式。在这种统治形式中，法律代表一种大家都要遵守的普遍秩序，因此他相信握有权力的人是他相信法律的结果，人们服从命令是对法律的尊重。而服从仅限于对这个职位上依法所享有的权威的服从。政治信用主要表现为对制度的信任，而不是对人的信任。

第二，传统型统治。传统型统治的权力来自于历代相传的神圣规则与权力，统治者获取权力的方式是根据沿袭下来的惯例。他把众人视为他的子民，要求臣民效忠于他个人，实行的是人治，统治者与他的政府机构人员的关系并非是组织成员之间的关系，后者只不过是统治者的家臣。在这种类型的统治形式中，统治者因具有传统所承认的统治地位而享有他人服从的权威，但这种统治也仅限于传统所认可的范围；在这里，服从表现为习惯所规定的义务范围内对个人的效忠。

第三，卡里斯玛型的统治。卡里斯玛型的统治主要靠个人的魅力。卡里斯玛式的人物具有把他的追随者、他的信徒吸引到他的身边，追随他的能力。同时，在这种统治类型中，追随者对其统治者十分忠诚。被统治者对卡里斯玛式的人物十分崇拜和敬仰，被统治者对握有权力的统治者充满信任。韦伯把政治历史上和宗教史上的先知、救世主以及现代政治运动和宗教活动中的“最伟大”的英雄、领袖、救星都纳入到这种卡里斯玛概念中来考虑。卡里斯玛人物的出现有一定的历史条件，或是在充满愚昧与迷信的前现代、非理性占主导地位的时代，或是社会处于危机时期，人们出于对摆脱困境的渴望和对未来美好前景的憧憬，而追随和向往有着非凡领导才能的人物。卡里斯玛式的人物可以在人物的焦虑、渴望和期待的痛苦中造成一种内在的突发性的转变，使人们以全新的观点去看待各种问题，从而转变一个时代、一个历史的价值观念和行为。

以上三种类型的统治都是具有合法性的统治，依据历史的不同而不同。这三种类型的政治统治提供了不同类型的政治信用关系。尽管这些关系是不同的，但有一个共同点，即只有具有正当性的统治类型才内在地具有信用关系。但韦伯对法理型的正当性解释存在问题。因为合法性的依据在于正当性，而正当性的依据在于法律本身。实际上，这是一段回文，在逻辑上并没有回答正当性何在。韦伯意识到了现代法律的形式主义特征，即政治权威的统治是依法进行的统治，法律在形式上主张人人平等，法律在形式上是正确有程序地制定出来的。这种形式法律为使社会关系和社会行动成为可预测性的提供了可能，为合理的社会组织和经济组织的形成提供了理性法律的保障。这种统治是既合理而又合法的统治，而对理性法律的信念是这种统治的合法性的来源。但现代法律除了形式主义的正当性，就没有实质性的特性吗？

我们再看看哈贝马斯。与韦伯注重历史中存在的正当合法性不同，哈贝马斯则从学理上深入讨论了合法性与合规范性之间的关系。

哈贝马斯的合法性概念与规范的内在关联。不过，我们还得先回到韦伯。韦伯就不同类型的合法性信念对不同社会类型的合法性的分类是当代西方社会学领域讨论合法统治的出发点。韦伯对现代社会的合理统治，是从法律产生与按照程序确定的权力意义上看待其合法性的。但韦伯这一形式主义或“价值中性”的合法性信念引起了人们的不满。哈贝马斯认为，如果仅仅从形式合法的意义来看待合法性问题，那就难于理解动因危机产生的意义丧失问题。也就是说，仅仅从法律看待合法性的来源，我们怎么看待合法性危机呢？当合法性产生危机时，法律体系仍然存在。哈贝马斯说：“如果合法性仅仅意味着与一种事实上存在的法律秩序相一致，并且如果这种一致又作为任意规定的法律而与一种实践的道德的辩护不相适应，那么，合法性的信任应该从什么地方吸取合法的力量呢？只有当确立合法秩序的合法性预先作为前提已经具备，合法性信任才能创造合法性。从这种循环中，人们找不到出路。”[1] 也就是说，现代社会的合法性不能仅仅从秩序合法本身来探讨，它必须另有根据。合法性深层的依据在于规范表现出来的社会世界。

在《合法性危机》里，哈贝马斯把规范有效性看成是一种合法性与“真理”的关系问题，这里的“真理”表明合法性的某种客观性而不是只有心理学的存在基础。他说：“至少得具备下述两个条件，才可以认为某一权力是合法的：第一，建立的规范制度必须是有充分根据的；第二，由法律纽带联系在一起的人们相信这一制度是合法的，也就是说，相信当局是按照正规的程序来制定和使用法律的。这样，合法性信念便缩小为法制信念，只要做出决策的方式合法就行了。但是在合法性信念建立在依赖于真理的情况下，仅依靠国家制定和使用法律的垄断权显然便不够了。程序本身即处于需要合法性的压力下。所以至少还得具备一个更深一层的条件：使这种正规的程序合法化的力量必须具有法律根据（例如，法律程序的合法性和有效性取决于按照宪法建立的国家的权力）。”[2] 仅从决策合法化的意义来看，正规的程序规则已经足够，它本身不需要进一步的合法化。合法性信念背后所隐藏的是规范有效性问题。哈贝马斯在谈到正统的合法秩序时说：“不管人们怎样变化，只有以肯定的规范为基础的合法性才可以表明一种基本的正统性。”[3] 哈贝马斯认为，韦伯完全按照一种形式合理性的观点即一种价值中性的观点看待法律的合理化，而忽视道德实践，反映了现代法的一个特性[4]，“然而，作为机制体系的社会整合的法律，与它本身的道德实践价值领域相脱节，这也应该是一种危险”[5]。

哈贝马斯认为，合法性问题本身应当是一个规范有效性问题。哈贝马斯说：“一种规范诞生的无可指责的方式，即一种程序的法

---

① Jurgen Habermas：*Theorie des kommunikativen Handelns*，Bd. 1，Frankfurt am Main，1988，S. 359，参见中译本［德］哈贝马斯：《交往行动理论》，第1卷，338页，重庆，重庆出版社，1994。

② ［德］哈贝马斯：《合法性危机》，129页，台湾，时报文化出版企业有限公司，1994。

③ Jurgen Habermas：*Theorie des kommunikativen Handelns*，Bd. 1，S. 361，S. 364.

④ 关于法与伦理的现代分离（法的非伦理性）的观点，还可参看川岛武宜所著《现代法与法》（中国政治大学出版社，1994）一书。

⑤ Jurgen Habermas：*Theorie des kommunikativen Handelns*，Bd. 1，S. 364.

律形式，其本身只保证政治系统所提供的、有能力的、公认在该系统内称职的权力为有效的法律承担责任。但是，这种权力只是权力系统的一个组成部分，如果单纯法制能称得上是合法性的一种象征的话，那么整个权力系统必须合法化。例如，在法西斯统治下，行政管理行为的法律形式至多只能具有一种掩饰功能。这就是说，假如不管行使权力的法律形式如何，整个权力系统不能合法化的话，那么，从长远观点来看，仅仅技术性的法律形式——即法制本身——是不可能确保得到认可的。"① 在哈贝马斯看来，决策主义的法律理论的主要误解在于，认为法律规范的有效性只是建立在决策基础上，"但是，单纯的行为规范有效性假说在任何情况下（至少是隐约地）都与论述基础的可能性有关。假如有约束力的决策是合法的，也就是说，假如可以不管如何行使权力，不顾受到制裁的明显威胁，照样做出决策，即便触犯当事人的利益，决策照样实施不误，那么就必须认为，公认的决策得到了贯彻。这种非强制性规范的有效性建立在这样一种假设的基础上：必要时可以为规范进行辩护，使之免遭批判。而这一假设并非自动产生的，它是一种解释的产物，这种解释可以使人们达成共识，并且具有辩护功能；换言之，它是一种使权力合法化的世界观的产物"②。

在这个意义上，哈贝马斯就把合法性问题直接安放在规范有效性上。对于规范有效性问题，这里简明地讨论两个与危机理论相关的基本观点，一是交往共同体；二是普遍利益。哈贝马斯认为，如果人们不能合乎情理地相信在某一规范上可以达成共识，就无法说明规范有效性假说。人们相信规范有效的原因，在于交往沟通的可能。他说："恰当的模式是当事人交往共同体（Kommunikationsgemeinschaft），作为实际讨论的参与者检验规范的有效性假说。一旦他们理智地接受了这些规范，他们便会相信：在特定条件下，所提出的规范是'正确的'。规范的有效性假说不是建立在缔结契约双方的非理性的意志行为基础上，而是建立在对规范的合理认可的基础上，任何时候都可对这些规范提出质疑。这样，规范的认识成分便

① ［德］哈贝马斯：《合法性危机》，132页。
② 同上书，133页。

不限于规范化的行为期望的命题内容。假定（无论多么反事实的假定）规范有效性假说可以用论述的方式加以证明，就是说，可以建立在参与者通过争论达成一致的基础上，那么规范有效性假说本身就是以实际经验为根据的。”① 也就是说，参与者共同或一起来确定规范的有效性，为有效性假说提供合理根据，或可靠的论据。使这种交往或话语共同体能够确立规范的有效性的先决条件，不仅在于这是一种认知性的活动，更在于这是对一种普遍利益的共识。哈贝马斯在《合法性危机》中说：“通过论述性方式所形成的意志‘合理性’在于，相互之间产生的对达到规范标准的行为期望，使毫不欺诈地确立的共同利益具有有效性。这种利益之所以是共同的，因为这种既有约束力又是自由达成的共识只容许所有人都能想望得到的东西；这种利益之所以毫无欺诈，是因为即使对需求的阐释——通过这种阐释，每一个人都必然能认识他想要的东西——也成为论述性的意志形成的对象。论述性形成的意志之所以称得上是‘合理的’，是因为：讨论以及审议情境的正规性足以确保，只有借助于恰当解释的普遍化利益才能达成一致。所谓普遍化利益，我指的是可以通过沟通（交往）而共有的需求，只要论证可以用来检验利益的普遍化，而不是成为貌似最高价值取向（或信仰行为或态度）的难以理解的多元论的奴仆，就可克服决策主义处理实践问题的局限性。”② 交互主体不受压制的沟通与交往，使人们能够对普遍（共同）利益达成共识，从而形成共同有约束力的规范。没有这种达成交往的话语，人们也就难以达到对共同利益的共识，也就难以形成有效性的规范。

这里还须指出，一种在社会上通行的规范是否就是正当的呢？哈贝马斯认为，由此不能推论说，规范的通行就意味着有效。哈贝马斯身为从纳粹统治下过来的一代人，对此深有感触。他认为，我们不能因规范“存在”或流行则就说这种规范是“有效的”。哈贝马斯说：“我们必须区分得到交互主体性承认的规范和得到承认的规范的价值。有充足的理由把一种为社会所接受的规范的有效性要求看做是不公正的。相反，一种事实上具有可实行的规范有效性的规范

① ［德］哈贝马斯：《合法性危机》，145～146页。

② 同上书，143页。

并不必然得到实际的认可和赞同。就规范而言，获得接受交织着一种双重性模式，因为我们对于规范性有效要求的动机既根植于信念也根植于制裁性认可。即它是合理的见解和力量的交织物。典型地看，由于受到武力或财物的影响，合理的动机性同意将与经验性的默许相结合，从而形成一种合法形式的信念，而它的组成成分是难以分开的。这样一种交织物是有趣的，它表明，一种规范的明确实施并不能确保它的持续的社会性接受。一种规范的持续接受，也取决于，在一种特定的传统背景条件下，服从的理由是否可以流动，那使得具有有效性的那种充分的理由，至少在那些相关者的眼里看来是合理的。把它运用到现代社会，这意味着，没有大众的忠诚，就没有合法性。"①

规范有效性的实现要求普遍化利益原则能够得到贯彻，而普遍化利益即为大众的利益，由此才可说法律体系可得到大众的忠诚和信任。政治信用通过法律体系这一中介，所体现出来的是法律对民众利益的保护。那么，合法性危机又意味着什么？哈贝马斯认为，意味着普遍利益受到压制。哈贝马斯在批驳图根哈特把规范有效性与权力制裁相等同时指出：他犯了涂尔干所警告的把规范的义务特征还原为追随者在命令的权力和制裁的权力面前所表明的服从性的起始性错误（genetic fallacy）。哈贝马斯认为，从经验性事实来看，"规范的有效性是可错性地被同化进了权力的命令"②。但这并不意味着权力命令或通行的规范就是有效的。如果失去了有效性，权力命令只是掩饰了合法性的丧失。

然而，失去合法性的权力为何还有效力？哈贝马斯认为，这是意识形态的作用。在他看来，意识形态是虚假意识、颠倒性反映，其功能在于维护现存的社会关系，顺应既定的社会存在，当社会的一个严肃而听话的乖孩子。资产阶级的统治主要是一种意识形态统治。在资本主义社会中，"占统治地位的是意识形态形式的辩护。这种意识形态形式的辩护要不是坚持就是反事实地设想利益可以普遍化。在这种情况下，合法性包括解释、叙事性陈述或

---

① Jurgen Habermas: *Moral Consciousness and Communicative Action*, MIT, 1990, pp. 61-62.

② Ibid., pp. 73-74.

（如在自然法中）系统的说明和一系列论证，它们具有双重功能：一方面证明规范系统的有效性假说是合法的，另一方面避免验证论述的有效性假说。这种意识形态的具体成果是以不引人注目的方式系统地限制沟通（交往）”①。在意识形态的控制下，人与人之间的正常交往、沟通受到控制，导致扭曲，交往的压制也就意味着普遍利益的压制。哈贝马斯在这里体现的是马克思的论点，即统治阶级把自己阶级的利益虚幻化为社会的共同利益。在哈贝马斯看来，资本主义的统治是一种“压制普遍化利益的模式”，意识形态的这种压制功能使得统治阶级的统治具有表面合法性。因此，社会批判理论“以压制普遍化利益的模式作为出发点，并把存在于特定时期的规范结构与通过论述方式形成的（假如其余情况相同）规范系统的理想状态加以比较。这样一种反事实地提出的重新构想……可以用下一问题作为指南（在我看来，从普遍语用学的角度来思考，这一问题是有道理的）：处于生产力发展特定阶段的社会系统的成员，如果能够并且愿意借助论述的意志形成，用有关他们社会的限制条件和功能规则的确切知识，来组织社会沟通（交往）的话，那么，他们将如何集体地和负责地解释他们的需求？哪些规范会被他们认为行之有效而加以接受？”②哈贝马斯认为，通过公共领域（传媒领域）里的公开性的话语论辩，将被压制的普遍化利益展现出来，才能凸显意识形态的虚假性作用和不公平的社会利益状况。在这个意义上，哈贝马斯所提出的话语伦理学实际上是一种理论性假说，是一种反事实性的理论假说。

哈贝马斯在为《公共领域的结构转型》所写的“1990版序言”中，再次强调了话语商谈交往与规范有效性或合法性的关系。在这个意义上，他提出了“商议民主”的概念。他赞同科恩（J. Cohen）对“商议民主”概念的定义：“商议民主这一概念植根于民主交往的直觉理想中，根据这一理想，交往的条件是否合理，通过平等公民的公共辩论和批判来决定。这样，在解决集体事务的过程中，公民凭借公共批判，承载了一定的责任。因为基础机制建构了自由公共

① ［德］哈贝马斯：《合法性危机》，152页。

② 同上书，152页。

讨论的框架，公民肯定，这些机制是合法的。”① 哈贝马斯认为，话语商谈伦理学不仅要求从辩论必要的实际前提所包含的规范成分中，获取一种普遍的道德准则，“而且，这一准则就与实现规范的有效性要求的话语方式紧密相连。因为，只要一切可能的当事人担负辩论参与者的角色，那么，他们是否赞同，就会制约规范的有效性。这样在涉及政治问题的道德内核时，对这些问题的解释就依赖于公共辩论的实践机制”②。在哈贝马斯看来，规范有效性是与话语讨论机制相关的，因此，必须在法治国家的机制程序上“阻止利益集团特有的优先权”。也就是说：“只有当意愿形成过程（此过程最终导向决策，并以团体组织形式出现）对围绕它的政治交往的自由的价值、观点、贡献和辩论是开放的，它才能实现共同寻求真理的目标。”③也就是说，“政治交往必须实现”，否则，解决合法性危机问题就没有实际可行的方案。

从合法性到规范的有效性，从规范有效性到合法性危机，哈贝马斯的全面论述提出了政治信用存在的根本前提。政治信用或政治权威的建构首先需要合法性的支持，但仅仅有合法性是远远不够的，合法性的深层本质在于其政治运作得到规范有效性的支持，而要得到规范有效性的支持，则必须使得政治起着保护普遍大众利益的作用，否则，就会失去规范有效性，同时也意味着失去合法性，即导致合法性危机。

政治权威的合法性根源并不在于它是现存的统治者，历史上无数的政治权威或政治统治被其他的政治权威和政治统治所取代，所表明的就是合法性的丧失。合法性的丧失表明对于该政治权威或政治统治而言，已经失去了它的政治信用了。为什么具有法律正当性的统治会失去其合法性呢？为什么反对的力量能够动员起来呢？说到底也就是一点，这就是任何政治权威仅仅具有法律形式的合法性是远远不够的，它还必须要有实质性的合法性，即合规范性。如果失去了合规范性，形式合法性（统治者的法律赋予的合法性）不具有任何实质性的意义。丧失了实质性的合法性（合规范性）实际上

---

① ［德］哈贝马斯：《公共领域的结构转型》，24 页，上海，学林出版社，1999。

② 同上书，26～27 页。

③ 同上书，27 页。

也就是丢掉了政治信用，同样也就是丧失掉了政治权威存在的理由。因此，合法性和合规范性是政治信用存在的本体。

二、传统政治的合法性与合规范性

人类社会发展到原始社会末期，开始有了一定规模的氏族、部落和部落联盟的社会制度，人类最初的社会制度是由血缘氏族组织发展而来的。恩格斯在《家庭、私有制和国家的起源》一书中，对原始时期的美洲大陆的氏族部落以及古希腊和古罗马的氏族部落进行了广泛而又深刻的考察。在这些时间跨度巨大而且地域广泛的氏族社会中，存在着广泛而持久的原始的平等与民主，所有的氏族或部落首领都由民主选举产生，"我们知道，每一氏族都有自己的首长；但是，任何地方都没有说过这一职务是在一定的家庭里世袭的。在野蛮时代结束以前，不大可能有严格的世袭制，因为这种世袭制是同富人和穷人在氏族内部享有完全平等权利的秩序不相容的"①。在氏族部落里，所有的重大事务都要经过民众大会或氏族部落大会。在民众大会或氏族部落大会上，每个男子都有发言权，而这类大会是最高的权力机关。远古时代的社会政治制度的权威性，来自于部落民众的赋予。换言之，它的合法性和合规范性在于民众的赋予。而部落民众对他们所推举的首领或酋长，也可随时进行监督。这里的政治信任与政治民主本身是合一的。恩格斯赞美道："这种十分单纯质朴的氏族制度是一种多么美妙的制度呵！没有大兵、宪兵和警察，没有贵族、国王、总督、地方官和法官，没有监狱，没有诉讼，而一切都是有条有理的。一切争端和纠纷，都由当事人的全体即氏族或部落来解决，或者由各个氏族相互解决……家户经济是由一组家庭按照共产制共同经营的，土地是全部落的财产…… 丝毫没有今日这样臃肿复杂的管理机关。一切问题，都由当事人自己解决，在大多数情况下，历来的习俗就把一切调整好了。不会有贫穷困苦的人，因为共产制的家户经济和氏族都知道它们对于老年人、病人和战争残废者所负的义务。大家都是平等、自由的，包括妇女在内。"② 不过，恩格斯指出，这种组织是必然要随着社会生产力的发展而灭亡的。它的前提是生产力极不发达，人类差不多完全受到陌

---

① 《马克思恩格斯选集》，2版，第4卷，99页，北京，人民出版社，1995。

② 同上书，95页。

生的、对立的、不可理解的外部大自然的支配，部落始终是人们的界限。

在原始社会末期，由于父权制家庭的出现，子女对财产的继承，促使了财富积累于家庭中，并且使家庭变成了一种与氏族对立的力量，它摧毁了原始而古老的氏族共有的财产制度，由于不断加速的财富积累和财富分化，使得原有的社会机构不能再起着保护和维护社会秩序的机制作用，古老的社会制度就开始打破了。恩格斯指出，雅典国家的产生是这一过程的一个典范。雅典国家的产生首先在于经济的发展和贸易的需要，使得不同部落的成员不分地区地杂居起来，按照原有的部落制度，外地人员既没有权利，也不受法律的保护；并且，原有的部落首领已经无从管理这种多部落的居民，从而需要一种超越于氏族、部落之上的公共权力机构。这种新的超越于社会之上的公共权力机构对所有公民起着保护作用，它不依亲属集团而依共同居住的地区来划分民众。同时，它以财产的多寡来决定公民的权利与义务，因此，随着有产阶级的上升，旧有的血缘亲属团体也就日益受到排斥。这里需要指出的是，雅典国家实行的民主制，是直接从氏族的民主制发展而来的。雅典废除了氏族的民主制，而给予了所有公民以平等权利。雅典国家产生的合法性在于它比氏族制度更为优越，因为它能够对于所有公民给予保护，而氏族制度已经不适应已经变化发展了的社会形势，从而也就失去了它的合法性。

中国传统社会从原始社会进入国家状态，则走了一条与雅典社会完全不同的道路。中国的国家形态是从原始血缘氏族集团直接进入的。或者说，它是从原始氏族集团直接生长出来的。与雅典国家产生仍继承氏族式民主制不同，中国进入文明的国家状态，则是以不断得到强化的氏族首领和家庭、家族首领的权威为前提的。氏族与部落的首领直接上升为国家的权威人物，而在社会生活层面，则是家庭、家族的权威即宗法制度的权威起着至关重要的作用。氏族与部落的首领在上升为国家权威之后，则借助卡里斯玛效应，把自己以及自己的祖先神化和神圣化，从而成为神圣不可侵犯的人物。中国从原始的氏族部落社会进入国家状态，之所以走了这样一条道路，可能与中国的先民们在进入国家状态前的无数的氏族兼并与融合的战争有关。中华古老传说的黄帝族、炎帝族，都是经过无数次的部落战争融合而成的。部落战争强化了部落首领的权威，而有过英雄业绩的死去的部落首领，则被人们敬崇为祖先神。

中国最早的夏商周三代中，商代就是一个以祖先神（上帝）为崇拜对象的历史朝代。其统治的合法性来自于神圣的天神，而这类天神就是他们的祖先。他们统治的神圣性是其合法性的来源。《礼记·表记》说："殷人尊神，率民以事神。"从甲骨文、金文等留下来的卜辞中可知，帝或上帝是殷人的至上神，上帝是至高无上的，具有绝对的权威，它统管一切自然现象，风、雨、雷、电等都由上帝主宰。例如，"贞，帝令雨弗其足年?""贞，今三月帝令多雨"。帝除管自然现象外，还主宰人世间的一切事物，如征伐、狩猎、生产、建邑、灾害等。如"我伐马方，帝受我又（佑）一月"。帝不仅掌管人世间的事物，还掌管阴间世界的事物。总之，商代的帝或上帝具有至高无上的地位，同时也是整个世界的统领者。帝是商族的至上神，更重要的是，它是殷王的保护神和象征。从卜辞中我们可以看到，殷王的一行一动都要向帝问卜，问一问吉凶，而不论结果是吉是凶，都是保护殷王的。殷王与他的大臣和民众的关系，有一个发展变化的过程。即在商族建国之初，还保留着原始民主制的某些遗风，对大臣的意见还能比较重视，大臣敢于反抗，甚至放逐殷王，如大臣伊尹放太甲；但到了后来，即使是进谏言，也可能招来杀身之祸，如比干剖心。《尚书·商书·盘庚中》有一殷王与民众关系的论述："予迓续乃命于天，予岂汝威，用奉畜汝众。"这句话的意思是：你们的生命，是我从天那里请求接续下来的，我哪里是用势压你们，是为了畜养你们。既然万民的生命是王从天那里请求来的，并由王畜养着，那么，子民的一切都得听命于王了。统治者与民众之间的关系是一种命令与服从的绝对关系，王的权威由上帝来担保，子民的性命为王请求而得，并为王所畜养，民众只能听从王的命令，而不可另有他图，不可违反王的意旨。殷王把自己上升到了宗教教主的地位，身上布满着神圣的光环，他可依持上帝对他的保护而对他的子民为所欲为。

殷周之变是中国历史上具有决定意义的重大历史变化。一个得到上帝如此保护的殷国，为什么会失去政权？为什么在牧野之战中，一个小国能够打败大国？据考据，这次战争之所以能够取得胜利，在于殷人在前线的反叛。周人从殷王的失败汲取教训，认为"天命靡常”，即上帝所赐予的天命并不是固定不变的。那么，上天根据什么来定吉凶呢？这主要看表现，看统治者本人怎样对待他的国民。殷王胡作非为，奢靡无度，故被天所抛弃。因此，与殷人仅仅依靠上帝来保佑他的政治不同，周公提出“敬德保民”的政治主张。在这个意义上，周代的政权不仅考虑到它从天那里继接过来的神圣性，或神所授的合法性，而且强调了它的规范性内容。如果仅仅只有宗教性的合法性，统治权力仍然有失去的可能性。“天命靡常”并不是说天不关心由谁来掌权，而是说天要根据统治者的情况来决定统治者的去留。这个情况，也就是统治者身上的德的情况。周公以“德”来说明天的意向，天唯德是择，用“德”的兴废作为夏、商、周的历史更替的深层理由，有德者而得天下，无德者而失天下，有德而民和，无德而民叛。没有德，也就会失去民众对统治者的信任，民众不再支持统治者，统治者也就失去了天下。周公还提出以民情作为天意的表现，认为“天畏棐忱，民情大可见”（《尚书·周书·康诰》），认为上天的威严与诚心，从民情上可知，民情是摆在眼前的，不知民情也就不可妄论天命。这体现了周公的更为世俗化的理解。周公提出的“德”的概念含义广泛，如敬天、敬祖、尊王命、虚心接受先哲遗教，怜小民、慎行政、无逸、行教化等。“保民”是周公提出的新概念，“保民”是畜民即养民的观念的发展。“保民”首先强调的是治民的态度，周公提出要把民的苦痛看成是自己的苦痛，加以重视；同时，周公一再告诫他的群臣子弟，不要作怨于民，如自己行为不轨，必然上行下效，而酿成大乱。因此，要谨慎从政，体察民情，对民众的疾苦不可置之不理，要给予关怀，只有这样，才能做到“保民”。周公是中国历史上第一个提出以德治国的人，他的这一思想，虽然具有宗教性的内涵，但主要是从规范性意义上讲的。自从周公开始，中国政治进入一种自觉反思的历史时期。周公意识到，仅有神圣的天意赐予的合法性是不够的，还必须从民众那里得到规范的合理性。只要有规范的合理性，才可得到民众的信任。

尽管周公对怎样得天下有他自己的深刻理解，但周代的统治者并没有放弃对周代政权的天命观的理解。周王的权力是哪里来的？这涉及权力的合法性问题，我们在上面指出周公提出的敬德保民的思想时，已经指出了天唯德是择的观点，但要看到，在那个历史年代，上天的意志仍然具有最大的权威性。《大盂鼎》称："丕显文王，受天有（佑）大令（命），在武王嗣文王乍（作）邦。文王始受天命，武王承嗣而有天下。"因此，虽然周代的政权是通过武力夺来的，但从观念上看，与事实并不是一回事。周王的权力与地位是由天授予的，这在当时是最神圣和最有权威的观念，同时也最有说服力。同时，王权神授与天子独尊是共生体。周王除称为王外，还称作"天子"。"王"是政治权威的标志，而"天子"则是将其地位神圣化的标志。自从周代君王自称天子以来，中国的帝王没有不称为天子的。中国封建社会直到清朝，仍在祭天，以示其政权的神圣性，从神圣性来表明其合法性。

周公对权力运行规范性的理解，得到了儒家学派的继承与发展。孔子把周公的重德思想进一步发挥，提出了以仁为核心的政治伦理思想。在孔子那里，周代的秩序、制度以及周公的敬德保民思想，可称为中国政治标准的历史王道。孔子以这种历史王道思想来衡量现实政治，提出现实政治的有道与无道的区分，并以此作为自己政治行为的准绳。孔子的思想在孟子那里得到了全面而又深刻的继承与发展。孟子继承并发展了孔子的王道观念。这个王道，在孟子那里，也就是仁政观念。在孟子那里，"王道"、"仁政"、"王政"、"先王之道"、"尧舜之道"等指称的都是一个东西，即合于孔子的历史王道的东西。孟子讲仁政，是直接面对现实的；而讲先王之道，则是以历史的方式提出的，或以历史的方式阐发自己的政治理想。

孟子的政治理想也就是王道或仁政的理想。用孟子的话来说，统治者要以德服人，而不是以力服人。即不是以自己的统治权力或暴力来使人屈服，而是以自己的王道仁政来使人心服。以德服人即是王道，以力服人即是霸道。具体来说，孟子的王道观念主要有如下内容：

第一，以孝悌为核心，孟子认为尧舜之道，孝悌而已。但是，孟子讲孝悌，并不是仅讲对自己的父母兄弟的感情，而是要把这种亲情扩充开来，"老吾老以及人之老，幼吾幼以及人之幼"，"推恩足以保四海"（《孟子·梁惠王上》）。

第二，以不忍人之心来推行政治措施。即自己不忍心去做的事，也不应加之以百姓。以自己之心来忖度百姓之心。自己不忍心无罪加害于禽兽，不忍见其死，这是对禽兽所生的仁爱之心。对于治理政事也如此，以宜乎百姓为准绳，也就是做到了仁爱。孟子说："人皆有不忍人之心。先王有不忍人之心，斯有不忍人之政矣。以不忍人之心，行不忍人之政，治天下可运之掌上。"（《孟子·公孙丑上》）

第三，民众（国民）要有基本的财产或资产，或他所说的"恒产"。中国古代是以农业为主的国家，孟子的给民以恒产的观念也主要讲的是田产。他指出，如果有五亩之田宅，植上桑树，五十岁的人就有衣穿了，家禽也有饲料了；如果有百亩之田，国家不在农时强征劳力，那么，八口之家的温饱也不成问题了。总之，他强调田产对于百姓来说无比重要，它是百姓的生活资料的来源，是百姓生活富裕的前提与保障，同时也是一个国家政治安定的经济前提。所谓有恒产才有恒心。[1]在这个意义上，孟子发展了孔子的富民政治观念，把孔子的观念具体化了。

第四，赋税徭役要有定制。赋税和徭役是以无偿和暴力征收为其特征的，徭役是无偿地占用民众的劳动，来从事以国防（如筑长城）、城防（城墙）、王宫、王陵以及其他公共设施为主的活动，赋税征收多少固然受到生产水平的限制，但数量不是固定的，征多征少，主要取决于统治者的需要与意志。战国时期的赋税和徭役实际上是民众百姓的沉重负担，严重者可以致使父母冻饿、兄弟妻子离散。所以，孟子主张轻徭薄税，并且徭役要不违农时。

第五，国家政府当局应关注天下的穷苦百姓，尤其是须关注和救济鳏、孤、寡、独者。孟子说："老而无妻曰鳏。老而无夫曰寡。老而无子曰独。幼而无父曰孤。此四者，天下之穷民而无告者。文王发政施仁，必先斯四者。"（《孟子·梁惠王下》）当邹穆公问道，为什么他的百姓没有人为他的官员们的死而卖力时，孟子指出："凶年饥岁，君之民老弱转乎沟壑，壮者散而之四方者，几千人矣；而君之仓廪实，府库充，有司莫以告，是上慢而残下也。曾子曰：'戒之戒之！出乎尔者，反乎尔者也。'夫民今而后得反之也。君无尤焉。君行仁政，斯民亲其上，死其长矣。"（同上）意思是说，如果你行仁政，关注老百姓的疾苦，老百姓是会与你的官吏们同心的，

---

① 参见《孟子·梁惠王上》。我们发现，孟子的这一思想中包含着类似于洛克式的财产权的观念的萌芽。但遗憾的是，中国古代思想有关民众的财产权的问题，没有在孟子的思想上向前迈进。民众的财产随时都处在君王或帝王的威权之下，并没有得到政治的保障。

否则，你不可能得民心。孟子认为："养生丧死无憾，王道之始也。"（《孟子·梁惠王上》）

第六，轻刑罚，反对株连，反对滥杀无辜。孟子认为"杀一无罪，非仁也"（《孟子·尽心上》）。在他看来，"无罪而杀士，则大夫可以去；无罪而戮民，则士可以徙"（《孟子·离娄下》）。历史地看，这在当时是很可贵的。孟子注重道德的作用，强调仁政，而反对滥用刑罚。他主张"省刑罚，薄税敛"（《孟子·梁惠王上》）。

孟子的王道或仁政观念，是对周公以来的德治政治思想的继承与发展，中国的政治伦理的规范性内容得到了极大的丰富。政治信任关系并不是仅仅握有权力就可以建构起来的，而是必须在遵循规范合理性的前提下才有可能实现。孟子的王道观念也是他对待现实国家统治者的思想前提。他以这样一个尺度来衡量现实的国家以及其治理的状况，并以这样一个基本观念来和君主们对话。在人民、国家和君主三者孰重孰轻的问题上，孟子的王道观念是把人民放在首位，而把君王放在最后。他说："民为贵，社稷次之，君为轻。"（《孟子·尽心下》）在他看来，君王不得民心不可能得天下，要得民心，也就必须要行仁政，即以不忍人之心爱民、保民，使民有恒产。实际上，孟子在这里指出的是公共权力的基本功能不是为当权者自己谋利益，而是为社会基本成员谋利益，如果这个权力仅为自己谋利益，并视民众为草芥，那君王也就失去了其存在的合理性。在孟子看来，君王的去留存否决定于民心的向背，水可载舟，亦可覆舟。这里所讲的是君主以民为本。我们也可以说，孟子认为最大的政治权威是民心，而不是权势者的权威。

为何民心是最大的政治权威？为何它可决定君王的去留？孟子的仁政或王道观念还有一深层次内涵，即孟子的思想中有从君主以民为本到民何以为本的思想向度。在孟子看来，君之本在民，但不可反过来说，民之本在君。不是有君才有民，而是先有民后才有君，是"天降下民，作之君，作之师"（《孟子·梁惠王下》）。民的存在，民的权利，是天赋予的，君主与师长，是后天才有的。"是故得乎丘民而为天子"（《孟子·尽心下》），这个本末秩序在孟子那里是十分清楚的。所以孟子引《尚书·泰誓》之言说："天视自我民视，天听自我民听。"（《孟子·万章上》）天意即为民意，民意即为天意。民之本何在？民之本天。正因为如此，孟子反复强调，"天子不能以天下与人”（《孟子·万章上》），是民心决定天下的向背。因此，人民的选择，是最大也是最重要的政治选择。孟子以尧崩后由人民的意志决定天子之位不归于尧之子而归之于舜来说明他的观点。不仅如此，孟子还认为，君主治理国家，不仅应行仁政，尊重人民的利益，而且应以国人的意见来决定重大的政治决策。如果君王要杀某人，一国之人皆曰可杀，然后察之，见可杀者才杀。从这样一个观点来看，普通人的权利，普通人的尊严，普通人的意见，应当得到尊重也是自然之理了。正是在孟子这里，我们看到了一个类似于西方的“天赋人权”观念。

对于君、臣、民众之间的关系，在孟子看来，都是平等的对应关系，这种关系决定了它的相互性。“孟子告齐宣王曰：‘君之视臣如手足，则臣视君如腹心；君之视臣如犬马，则臣视君如国人；君之视臣如土芥，则臣视君如寇仇’。”（《孟子·离娄下》）君臣之间不存在那种片面的后者对前者的服从关系。同时，孟子以他的民为君之本的思想来看待君臣关系，认为如果一个君主不是保护他的人民，而是残害他的人民，那他就不是一国之君，而是一个“独夫”，国人是可以诛杀他的。他说：“残贼之人谓之一夫。闻诛一夫纣矣，未闻弑君也。”（《孟子·梁惠王下》）这里讲的是这样一个道理，即权力的合法性来自于它的合规范性，而不是来自于权位本身。政治信任关系是对等性的关系，而不是片面的忠诚与服从关系。在一定的意义上，我们也可以说这是一种反权威主义的精神，或者说，孟子的王道观念内含一种反权威主义的态度。这是一种以道的担当来蔑视那种不仁的权贵的态度。这种反权威主义的精神应当看成是儒家思想中十分可贵的思想资源。它在几千年儒家思想的发展中，一直是历史上的儒家对政治权威进行正义抗争的精神动源。我们可在东汉末年的太学士那里看到它的高扬；我们可在明代的东林党那里看到它的崛起；我们可在韩愈的《谏迎佛骨表》中读出孟子的士大夫精神；我们可从朱熹的尊王道贱霸道的历史观中看到他对孟子思想的继承；我们可从历代冒着死罪谏奏帝王的臣下那里看出孟子的身影。

先秦儒家的这种历史王道观念以及孟子的民之为本的观念虽然可以在儒家思想的继承发展中看到它的传承，但是，它没有发展出真正类似于西方那样的民权观念，或基本人权观念，没有把民放在更为基础的地位来考虑，而是仅从君主的政治立场来考虑民众的地位，强调的是君主如何为民做主的问题，而不是民本来就是国家的主人的问题。因此，儒家在后来的发展过程中，虽然高扬了士大夫的道的担当的主体精神，从而把政治的权威放在次要位置，但孟子的这种王道政治的民本主义精神却没有生发出以个人的基本权利为理念的现代个人自由的政治观念。先秦儒家的这种民与天等同的价值观念，只是流变为农民起义以及造反、反叛强暴统治的动力与精神（替天行道）。其次，孟子的仁政观念主要可看做是一种王道观念，是一种合理统治的观念。不过，仍然应看到，这种合理统治的观念包含着可贵的因素，它所追求的合理的政治关系和合理的社会关系包含着十分可贵的现代性因素。但即使是这样一种儒家的合理统治的理念，也流为一种政治浪漫主义而没有切实的制度设计，因为中国的政治演进和思想观念的演进有着背离先秦原儒的精神发展的趋势。即自秦以来，政治专制主义的实践即朱熹所说的“霸道”盛行，而在政治思想上则确立了“君为臣纲、父为子纲、夫为妻纲”的三纲原则，把孟子所提倡的君臣对等关系推向了一种全面的不对等关系，前者有着无限的权力和权利，后者只有服从的义务。所谓天下没有不是的父母，也没有不是的君王，因为“君要臣死，臣不得不死”。在这个意义上，政治信用只是被统治者本身的问题，而统治者的作为或问题不是影响信用的问题。对政治规范性的问题进行片面性的理解，只能导致政治信誉的丧失。

春秋战国时期兴起的法家思想可以看做是从形式法的意义上讨论政权的合法性问题。法家的代表人物有李悝、慎到、申不害、商鞅、韩非等人。法家的基本精神在于两个方面：一是主张以法治国，二是强化君主的专制与独裁。他们主张一切断于法，法不阿贵，人们的一切行为规范都要以立法的形式给予明确的规定，因此法要不厌其详。为了使所有人都能依法办事，法一定要公之于众。同时，法家认为，法不是一成不变的，而应因时而变。因此，法家一般都积极主张变法革新。法家的法，是对众人的法，即刑法。法家不仅仅强调要以刑法治众，同时还强调最高统治者对群臣的治理，即法要与术和势结合起来，才能建立巩固的统治。韩非是法家的法、术、势三者之集大成者。在韩非看来，帝王之所以为帝王，首先在于有势。法家的“势”，即为权势，威严之势与聪明之势。有威才有令行，而所谓“聪明”，是说在深宫之中而能知天下之事。“术”即为权术，也可说是驾驭臣属之术，术与法不同，法是公开的，术则是暗藏的，所以，“法莫如显，而术不欲见”，法为臣所师，而术则为主之用。术之所用的重点在于近臣与后宫。韩非主张严刑峻法，而法的中心是尊公废私，杜私门之便而张公门之利。为使人人都能遵守法纪，法要详细具体。韩非还有关于君主也要遵守法令的思想，他一再批评君主不按法令行事，指出这是亡国之政。但韩非的思想中心是强化绝对君权，法令是君主颁布的，君主的权威是绝对的，不受任何制度和人臣的制约。因此，寄希望于君主遵守法令，只能靠君主自己的约束。韩非也意识到了君主的非理性欲望（参见《韩非子·亡征》）对国家的危害，但他同时赋予君主绝对权威，这内在的困境他自己无从摆脱。

法家的基本思想是指向如何维持绝对君主的统治权。从法治的杜私门而张公门的意义上看，法的意义在于其正当合理性，法的价值取向在于维护国家利益和君主权力。法家在主张严刑峻法的同时，排除对仁爱道德的考虑。法家的法律主张是形式主义的法律倾向，但这种形式主义并不像韦伯所说的现代法律，因为法家的形式主义是以承认君主不受约束为前提的。因此，法家的法律正当性是一种不够格的正当性，并且由于其排除价值规范的有效性，法家的严刑峻法有伤害大众普遍利益的可能，从而失去了规范有效性对法律正当性的担保。然而失去了规范有效性的法律，无不导致政权的信用危机，或政权存在的危机。

先秦之后，不同朝代和时期的思想家都有着对政治合法性与合规范性的思考，一般来看，多数儒家思想家都没有超出孟子的思想高度，法家思想的理论高峰也是在先秦时期，即便在宋明时期还有以变法著称的政治家王安石等人。但值得指出的是，在明末清初，出现了对封建政治的合法性进行尖锐质疑，且不可多得的政治思想家黄宗羲。黄宗羲认为，被统治者与统治者的关系是主与客的关系。他说：“古者以天下为主，君为客，凡君之所毕世而经营者，为天下也。”（《明夷待访录·原君》）政权存在的合理性在于为天下万民服务，统治者只有作为客的地位而不是主人的地位。但君主专制的封建制度则直接颠倒了这种关系，“以君为主，天下为客，凡天下之无地而得安宁者，为君也”（《明夷待访录·原君》）。在黄宗羲看来，这种本末倒置的统治与被统治的关系才使得天下永远不得安宁。黄宗羲正确地指出，人类社会之所以要有人君，那是为天下万民之公利，满足百姓万民的利益需要，就是天下之公利。但正因为封建专制统治者把自己看成是天下的主人，从而使得君者“以天下利害之权皆出于我，我以天下之利尽归于己，以天下之害尽归于人”，“以我之大私为天下之大公”，视天下为我之“莫大产业”，并“传之子孙，受享无穷”。为此，专制统治者“屠毒天下之肝脑，离散天下之子女，以博我一人之产业”；黄宗羲愤怒地指出，“敲剥天下之骨髓，离散天下之子女，以奉我一人之淫乐”。因此，黄宗羲得出结论说：“然则为天下之大害者，君而已矣。”（《明夷待访录·原君》）黄宗羲实际上是早在那个时代就已经得出了类似于哈贝马斯的观点，即政治的合法性在于合规范性，而合规范性的根本要义在于人民大众的利益。如果统治者不谋人民的利益而只谋自己的利益，或以残害大众来谋自己的利益，这种统治就没有合法性。黄宗羲的这一思想是十分可贵的。不过，由于黄宗羲生长在那样一个没有其他社会制度作为参照系的社会里，所以他在否定君主专制的同时，提出“无君”论即类似于无政府主义的主张。因此，他只看到了专制制度的恶，但没有意识到人类需要社会制度或政府这一必要的恶，人类还有其他的制约君主或政府的必要制度。这是他的时代和历史的局限性。

第二节　公共权力与信用

任何政治权威都体现为政治权力，或公共权力。政治权威往往总是实际权力的权威，而实际的权力也就是政治的权力。并非不存在政治权力之外的政治权威，但这种政治权威的存在总以某种权力行使为背景、为依托。否则，这种权威只能看做是一种纯粹的思想权威，而对政治的发生、发展没有影响力量。一般而言，政治权威的合法性体现为公共权力或权力机关的合法性。换言之，政治权威是在权力行使过程中体现出它的权威性。因此，上述讨论并不意味着我们已经穷尽了政治信用的内涵。应当看到，政治权威的合法性与合规范性是在政治哲学层面上展开讨论的。哲学层面的讨论不可代替政治层面的讨论，反之也一样。而在政治层面，与信用相关的关注也就必然集中于公共权力。公共权力的行使直接与信用关联起来，或者说，直接影响到政治信用度。良好的政治或政权必须有良好的信用，而恶劣的政治或政府必然是不讲信用或丧失信用的政府，如法西斯政府的戈培尔强调谎言重复一千遍也就成为真理。一个把谎言作为真理的政府必然失信于民。公共权力机构的存在，是维持社会存在的需要。在任何一个文明的社会中，公共权力机关都处于社会的中心地位，起着管理社会的基本职能，维护着一个社会的正常生活秩序和社会生活的正常进行。只有一个有信用的公共权力机构才可正常地发挥它的基本职能。同时，我们看到，由于权力机构本身的特征，权力总是与腐败相伴随，如何解决权力腐败问题，同样是一个影响信用的至关重要的问题。

一、公共权力的特性

国家权力的本质是公共权力。公共权力或者说国家权力是社会利益矛盾达到一定激化程度的产物。公共权力所执行的是统治社会与管理社会的职能，即政治职能和社会职能。它所要达到的目标是把社会冲突维持在一定的秩序范围内。恩格斯说："这个特殊的公共权力之所以需要，是因为自从社会分裂为阶级以后，居民的自动的武装组织已经成为不可能了。"① 人类进入文明时代以来，本身意味着社会陷入了深刻的内在分裂和矛盾冲突之中，而国家权力的出现，就是一种凌驾于这些内在冲突与分裂之上的力量，国家是社会在一定发展阶段上的产物；国家的出现表明，这个社会分裂了，陷入了不可解决的自我矛盾，分裂为不可调和的对立面而又无力摆脱这些对立面，"为了使这些对立面，这些经济利益互相冲突的阶级，不致在无谓的斗争中把自己和社会消灭，就需要有一种表面上凌驾于社会之上的力量，这种力量应当缓和冲突，把冲突保持在'秩序'的范围以内；这种从社会中产生但又自居于社会之上并且日益同社会相异化的力量，就是国家"②。而要把冲突保持在秩序范围内，也就要有对立阶级双方都共同认可的社会秩序。一般而言，"只要被压迫

---

① 恩格斯：《家庭、私有制和国家的起源》，见《马克思恩格斯选集》，2版，第4卷，171页。

② 同上书，170页。

阶级……还没有成熟到能够自己解放自己，这个阶级的大多数人就仍然将承认现存的社会秩序是唯一可行的秩序”①。在这个意义上，文明时代的社会制度有着双重的职能：即社会职能和政治职能。而对立阶级共处于一个社会共同体中，只有共同体的生存条件得到满足，才能有阶级统治实现的可能。因此，“政治统治到处都是以执行某种社会职能为基础，而且政治统治只有在它执行了它的这种社会职能时才能继续下去”②。

国家的公共权力具有管理社会、维护社会秩序和促进社会发展的公共职能。公共权力机构作为整个社会共同利益的代表而存在，执行着维护社会整体利益的职能，以及调解社会矛盾、维持社会生活的正常秩序的职能。如果离开了对社会公共事务的管理，离开了对社会秩序的维持，也就无从谈起执行国家权力的政治统治职能。这是因为，任何一个社会制度的存在，它的最基本的作用就在于其对社会事务的管理，即呵护着一个社会的安宁与和平，使一个社会处于和平与安宁的生活秩序之中，这是关涉到社会全体的最基本生存条件。非暴力而和平有序的社会生活，是人类存在的正常方式。任何一个社会处于动荡、混乱或者暴力冲突之中，都意味着一个社会处于非常时期，而不论是黑暗时期还是革命时期，都只能是意味着处于一个历史阶段向另一个历史阶段的转化过程之中，意味着新的和平有序的社会生活的来临。在任何一个人类文化共同体中，如果没有一个公共权力机构来维持这样一种和平安宁的生活秩序，它终究是会通过冲突的战争或斗争造就出一个，如果这个社会群体不想因此而灭亡或冲突各方同归于尽的话。中华民族这个大的文化共同体，即使是打了几百年的战争，它最终也是走向一个至上的公共权力中心，从而结束连年的战乱。

公共权力的规范性内容所表达的就是普遍利益或社会整体利益。国家公共权力的执行者在任何时候都是以普遍利益的代表自居，我们要看到这种普遍利益在任何历史时代都存在着，在任何人类的社会中，都存在着全民利益、全民族的利益或全社会的利益，这种利益需要一个至上的权力机构来维持。但在阶级对立的社会，统治阶

① 《马克思恩格斯选集》，2版，第4卷，173页。

② 《马克思恩格斯选集》，2版，第3卷，523页。

级利益与被统治阶级利益的对立，使得这种普遍利益具有一种虚幻的特性，即被统治阶级感受不到这种利益的存在，他们的生存条件被压制到最低限度或迫使他们在生存的边缘挣扎。但即使如此，我们也要看到，那些传统社会的多数思想家们，也意识到了维护普遍利益乃至大众利益所具有的至上意义。这些内容为周公的敬德保民观念所表达，也为孟子的仁政学说所涵盖。一种公共权力如果失去了这些规范性内容，它的合法性也就随之丧失。在社会主义民主条件下，社会职能成为国家权力机构的基本职能，成为国家政治生活的主要内容，因为广大人民或普遍公民是这个国家的主人，国家的意志同广大人民的意志在根本上是一致的，在这种情况下，政治职能通过服从于社会职能为其服务。在我国，政府的公共行政权力是一种执行权，是国家行政机关执行国家法律、政策、管理国家内政外交事务的权力。这种行政执行权是行政机构依法享有的，来源于权力机关的立法、决策之权。我国人民代表大会制度规定了这种公共行政权力的执行之权来源于人民。毛泽东曾说，“我们的权力是人民给的”。公共行政权力是人民的“公共财产”。这就要求一切行政公务人员行使公共行政权力时必须对人民负责，为人民服务，做人民公仆，绝对不能以权谋私。这种主仆关系不能颠倒。我们讨论政治信用，首先是因为公共权力机构的普遍利益代表的本质规定赋予了它的决定性价值内涵。现实中的公共权力机构如果能够发挥维护社会普遍利益或大众利益的基本功能，也就维持了它的政治信用。

公共权力的存在除了其最基本的社会职能和政治统治职能外，还有诸多自身的特性。公共权力是一种体现国家权力的社会制度，包括各种强制力量如监狱、军队、警察等附属物。权力关系是人类社会普遍存在的一种社会关系，权力关系也就是命令服从关系。只要有人群的地方，有人在服从某人指挥，就存在权力关系。马克斯·韦伯把权力定义为控制他人行为的能力（甚至在别人不愿意的情况下）①，《不列颠百科全书》对权力的定义是“一个人或许多人的行为使另一个人或其他许多人的行为发生改变的一种关系”②。这

① 参见伊恩·罗伯逊：《社会学》，637页，北京，商务印书馆，1991。

② 《不列颠百科全书》，15版，第14卷，140页，北京，中国大百科全书出版社，1999。

两个定义是相互补充的。韦伯从权力行使人自身的角度界定权力的内涵，而《不列颠百科全书》则从权力关系的角度界定权力的内涵。这两个定义共同表明，只要有权力关系存在，总有人在服从某种权威。

权力关系的出现，是人类社会生存与发展的需要。只要人一来到世间，他就处在某种人群共同体中。人类社会生活的群体性，决定了人们总要处在某种权力关系之中。权力关系的需要实际上是群体行为的需要。即使是最简单的单个人与单个人的关系，为了一致行动，不是协商共同行动，就是服从某一方而共同行动。而一个大的社会群体的日常活动，如生产活动的进行，则往往不可能去和每个人进行协商。群体社会生活的进行，以及不同群体之间的交往的进行，都需要有公认的权威进行协调或指挥。离开了权力关系，人类的生活就会成为无组织、无规则的混乱生活。因而，离开了权力关系，实际上也就不会有人类社会，更谈不上社会的进步与发展。

原始社会对社会事务的管理权力是与整个氏族群体成员的身份权利融为一体的。整个社会群体的秩序主要是靠传统风俗与习惯力量来维持的。氏族部落的首领不以强制力量为后盾而进行社会事务的管理，实际上只是一种纯义务的管理，他并不以享有对等的权利（特权）为条件。文明时代的到来使得氏族社会的传统习惯力量无法调整变化了的社会关系，而在经济上占统治地位的阶级为了维护自己的经济利益，开始利用自己的经济力量和已经独立化的社会管理职能，从社会公仆逐渐转变为社会主人，上升为对社会的统治，社会性权力也就逐步脱离社会普遍成员而成为凌驾于社会之上的具有强制力量的社会公共权力。

公共权力从社会中产生而又自居于社会之上，它履行着政治统治与管理社会事务的双重职能，并握有分配社会权力与财富资源的权能。正是由于公共权力凌驾于社会之上而又有着这样的双重职能，便决定了其对行使权力者所具有的诱惑性、扩张性、侵犯性和排他性等腐蚀性特征。

任何公共权力都是由有着自身利益需求的行为主体来行使的。公共权力之所以具有诱惑性，在于它的背后存在着公开或隐蔽的特殊利益，能够给掌权者或权力部门的公务人员带来普通人所难以得到的地位、荣誉或财富。权力总伴有某种社会权利。这与原始社会（即使是原始社会末期的英雄时代）氏族首领的权力是根本不同的。

韩非在《韩非子·五蠹》中，将传说中的尧与禹的艰辛劳苦和他生活的那个年代的县令的权位之重以及荫及子孙的情况进行对比，可以看到古人就已经意识到了权位对个人利益在文明时代所起的作用。权力运行的过程也就是社会价值与社会性资源的分配过程，因而权力关系也体现为经济关系，这种条件决定了谋取权力的直接经济意义。一定的权力总是意味着一定的经济利益。任何人只要获得了一定的权力位置，就意味着他自然有了相应的经济收益的可能。对于每一个行使公共权力的人来说，都潜在地有着将权力的运用所达到的公共目的或利益转化为他自己个人的目的或利益的可能。对于公共权力的这种腐蚀性而言，如果没能有效地制约或不加制约，有权就意味着享有个人的特殊利益或特权利益，权力越大攫取的特殊利益也就越多，公共权力也就必然走向异化，从而也就衰变为得到社会强制力量保护的少数人的私权了。

公共权力的诱惑性使得行使权力的人不仅仅眷恋权位，而且在有可能的情况下还会去无限制地扩张权力，疯狂地聚敛权力。“有权力的人使用权力一直到遇到界限的地方才休止。”① 也就是说，权力的扩张本性必然要打破既定的界限和范围。而权力的扩张也就意味着权力的滥用，而“一切有权力的人都容易滥用权力，这是万古不易的一条经验”②。权力的滥用也就意味着侵犯其他权力，甚至危及民众的利益和生命财产。《礼记·檀弓下》载：“孔子过泰山侧，有妇人哭于墓者而哀。夫子式而听之。使子路问之曰：‘子之哭也，壹似重有忧者。’而曰：‘然。昔者吾舅死于虎，吾夫又死焉，今吾子又死焉。’夫子曰：‘何为不去也?’曰：‘无苛政。’夫子曰：‘小子识之，苛政猛于虎也。’”暴政伤民甚于猛虎。权力的扩张同时也就意味着权力的排他。扩张的过程也就意味着对其他权力的排斥过程。扩张与排他相生相长，而扩张的结果也就必然排他。文明时代的权力正是朝着这种扩张排他的模式向前发展，最终导致世袭制、终身制，导致权力的私有化。

公共权力的这些诱惑性、侵犯性、扩张性、排他性，意味着公共权力本性上的“恶”，它是所有社会权力腐败产生的本体性根源。而社会腐败导致的结果必然是使得公共权力的公信度下降，政府信

---

①② ［法］孟德斯鸠：《论法的精神》，154页，北京，商务印书馆，1961。

用产生危机。公共权力的这些消极特性在市场经济追求功利价值的历史条件下，可能表现得更为突出。腐败已经成为现代世界的一个难题，这说明在所有存在公共权力的地方，都不可不重视腐败问题。同时我们要看到，虽然公共权力本身意味着某种恶，但并不意味着我们可以不需要一个公共权力机构。在任何一个文明的社会中，公共权力机关都处于社会的中心地位，起着协调、指挥、管理社会的基本职能的作用，维护着一个社会的正常生活秩序和社会生活的正常进行。如果没有一个社会大众所能服从的公共权力机关，那就意味着这个社会处于动荡和混乱无序的状态之中，而在动荡和混乱无序的状态中，又终究要以强权造出一个不得不服从的公共权力。一个社会是绝不可能永远处于没有中心权力的状态中的。在任何一个社会，公共权力机构都处于社会枢纽的地位，这就决定了它的存在对于一个社会来说是不可或缺的。因此，社会权力的存在是不以人的意志为转移的，它是社会存在的必要的"恶"。将来的人类社会如果不以国家权力的形式出现，也必然要以其他形式出现。就公共权力的这种消极性以及它的不可或缺性而言，其对于权力行使人员来说，具有这样两重性，即握有权力的人既可以用手中的权力来治国安邦，也可以用手中的权力来祸国殃民，甚至使得这个制度（或朝代或社会）趋于自毁，政治信用从此也就消失殆尽了。

二、制度制约与伦理制约

面对公共权力本身必然带来的腐败等问题，以及由此产生的政府信誉和政治信用问题，自觉的统治者以及有识之士历来都给予了高度重视。总结古今中外的历史经验和思想学说，这一问题可概括为制度制约与伦理道德制约两个方面。

腐败作为一种现象虽然与当时的根本社会制度、政治体制、司法制度等宏观环境密切相关，但更多的时候落实在行使权力的主体身上。也就是说，腐败、政治腐败往往表现为官吏个人的腐败，这决定了自古以来对腐败、司法腐败的防治一般着眼于官吏个人，在我们这个以人治见长的古代社会里，尤其如此。首先，对官吏的选拔和考核是整个防腐机制的第一环。历代统治者都认识到，官吏道德品质的高低，个人素质的好坏，是清廉抑或腐败的关键。在我国的传统法律思想文化中，精选官吏和贤良执法的主张早已出现。《史记·鲁周公世家》说：周公"一沐三捉发，一饭三吐哺，起以待士，犹恐失天下之贤人”。他告诫成王，不可任用奸邪，“其惟吉士，用励相我国家”（《尚书·立政》）。只有贤良吉士才能把国家治理好，因此必须选拔贤者来管理行政与司法事务。先秦儒家从伦理主义思想出发，极力提倡贤人治国，认为只有道德高尚的人当政，才能行仁政于天下，才不至于滥用权力，贪污腐败。儒家认为“为政在人”（《礼记·中庸》），孔子说：“举直错诸枉，则民服；举枉错诸直，则民不服。”（《论语·为政》）孟子说：“徒善不足以为政，徒法不能以自行。……是以惟仁者宜在高位。”（《孟子·离娄上》）荀子也说：“法不能独立，类不能自行，得其人则存，失其人则亡。”（《荀子·君道》）这就是说，治国需要良法，但更需要良吏。没有贤良执法，再好的法律也起不了作用。儒家这种贤人治国论，过分夸大当权者个人在治国中的作用，并具有明显的道德万能倾向，但儒家重视当权者的道德品质，主张贤者当权，应用品德高尚的人执法，是值得人们重视的。

由于受贤良治国、执法的思想影响，古代中国就有发达的官吏选拔制度。在早期，选拔官吏首重个人的道德品质条件。据说，商朝的乡里选举，便有“三宅三俊”的标准，即从政务、民事、执法三个方面，要求官吏德才兼备、名副其实。西周时则有了层层选拔官吏的制度。《礼记·王制》中记载，选拔官吏，首先是“命乡论秀士”，“秀士”即有德行道艺者，然后司徒从“秀士”中选出“俊士”送入“大学”学习，学成后成为“进士”，再由“司马辨论官材，论进士之贤者，以告于王而定其论。论定然后官之”。无论选“秀士”，还是选“进士”，都要强调“德”和“贤”，足见当时统治者对官吏品质的要求。春秋战国时期，“推选”是选拔官吏的重要途径，其标准仍是“德”和“贤”。到了秦时，对官吏品德的要求已非常明确了，秦简《为吏之道》以“五善”作为担任官吏的五项要求，“凡为吏之道，必精挈（洁）正直，谨慎坚固，审悉毋私，微密韱（纤）察，安静毋苛，审当赏罚”（《睡虎地秦墓竹简·为吏之道》）。西汉选官以察举和征辟为基本途径，两者都是朝廷期望将有才干、品行好的优秀人才推荐给国家并委以官职的制度。无论是察举，还是征辟，主要依据都是被选者的道德与才干，而且道德比才干更为重要。隋炀帝时开始建立进士科，用策试取士，实行公开考试选官，首开科举制度之先河。科举制度的出现是封建时代官员选拔方式的重大进步，标志着古代官吏选拔制度的成熟，为统治阶级选任清正廉洁的人才铺设了一条较为公平、公正的道路。从推选、察举到科举制度的发展，一方面保证了入选官吏队伍者清正廉洁的素质，同时也致力于这一措施执行者的公正廉洁。

但是，把好了人才的进口关，并不能保证这些入选的官吏永不变质。因此，为了保持官僚队伍的廉洁清正，古代的历代统治者在治国实践中，都建立了一系列官吏考核制度，例如萌芽于先秦正式确立于秦汉的监察制度，就是以纠察各级官吏特别是司法官吏为主要内容的防腐治腐制度，在这一制度下，御史大夫专司纠察各级官吏。明太祖曾说："国家立三大府，中书总政事，都督掌军旅，御史掌纠察，朝廷纪纲尽系于此，而台察之任尤清要。"（《明史·职官志》）可见监察制度的重要。监察官司负有"彰善瘅恶，激浊扬清"之责。《后汉书·种暠传》载："顺帝末，为侍御史，时所遣八使光禄大夫杜乔、周举等，多所纠奏，而大将军梁冀及诸宦官互为请救，事皆被寝遏，暠自以职主刺举，志案奸违，乃复劾诸为八使所举蜀郡太守刘宣等罪恶章露，宜伏欧刀。又奏请敕四府条举近臣父兄及知亲为刺史、二千石尤残秽不胜任者，免遣案罪。帝乃从之。"（《后汉书·种暠传》）由此可见，御史大夫权力之大以及他对纠举官吏所起的作用。古代的录囚之制也包含防治腐败与司法腐败之意，如东汉时，录囚颇频，借此出现很多冤滥并惩治有关官吏的事例。"和帝永元六年秋，京都旱。时雒阳有冤囚，和帝幸雒阳寺，录囚徒，理冤囚，收令下狱抵罪。"（《后汉书·五行志》）这些对官吏的德行和政绩实行考核的制度，奖勤罚懒，褒廉惩贪，为保持官僚队伍的廉洁起到了重要的督责作用。但中国古代的政治问题在于，没有人能够保证监察官是圣贤之辈。与那些受他们监察的官员相比，没有贤与不肖之分。并且，谁来保证他们是忠于职守的呢？那只有一人，这就是皇帝。因为他们只对皇帝负责而不受民众的监督。因此，问题回到了原点，这就使得吏治最终还是归于人治。明太祖朱元璋兴大狱，严刑法，杀功臣，废丞相，严禁臣下交结朋党，谨防后宫、宦官干预朝政，可说是无所不用其极，最终反而促成了外戚专权、阉党专政的黑暗局面。同时，我们也看到，历史上惩治贪官的运动时有发生，而这些措施纵可行于一时，但结构性腐败不但无从根除，而且越到中国历史的后期，越是严重，几乎到了贪官污吏遍天下的地步。实际上，这种不时而起的打击贪官的运动只能起到掩饰制度的结构性腐败的作用。

应当看到，西方近代资产阶级革命前期的欧洲封建君主专制政体，与中国传统社会的专政政体在本质上是一致的，即君权至高无上且不受制约。路易十四宣称“朕即国家”，路易十五喊道：“我死后，哪管洪水滔天！”资产阶级革命所面对的历史任务就是结束封建专制政体的统治而建立资产阶级民主制度。资产阶级从自由平等的观念出发，从反对封建专制统治的历史经验出发，深知防止个人独裁专制统治和滥用权力对维护公民的自由平等的权利、维护资产阶级的长远利益和社会整体利益的十分重大的意义。为此，近代以来，在资产阶级革命和国家政治实践中，逐步建立和完善了一整套完整的国家民主制度，其中包括选举制度、议会制度、政府制度和政党制度等。

现代西方的普选制、代议制和多党制，一个根本的作用在于以一种民主的方式来解决国家权力的产生问题，国家权力的合法性来源不是神赐，不是世袭，而是人民。国家权力机关经过比较严格的甚至烦琐的程序，由全体公民选举产生。全体公民实行普选，与其说是由公民来选出人们所拥护的掌权者，不如说是通过大多数人参与选举，来防止个人用非法手段获得权力。当然，我们看到西方现代社会以及其他实行民主选举的地方，在选举过程中出现了许多营私舞弊的现象，甚至非法的现象，如贿赂、收买等。然而，我们必须认识到与封建专制的等级制和终身制相比，普选制的历史进步作用。一位西方学者曾这样评价说：“普选制真正的作用不在于选择代表，而在于表明代表们由于自己的权力并非一成不变，所以不能依靠神权进行统治。选举好比买彩票一样结果不能预测，这就提醒每个人，权力只能暂时交给统治者，他和作为一国合法主人的国王是不一样的。”① 因此，普选制的确立，就在权力产生方式上对至上的王权给予了否定，从而把国家最高权力置于宪法和法律的规范之下。面对普选制，任何一个候选人都难以保证自己一定上台，同时法律对任期作了严格的规定，这就使得任何人都不可能通过任职而获得

① 转引自《民主是希腊人创造的吗?》，载中国人民大学书报资料中心《报刊资料选汇》D1，1986（11），130页。

独裁专制以至世袭的权力。

公共权力机关的公权与制衡原则，是现代民主制度的重要原则。“三权分立说”是法国启蒙运动思想家在洛克的分权思想上提出来的，后来在美国的宪法中得到了集中体现。“三权分立说”产生的背景也就是专制君王对权力的滥用。洛克说：“只要有人被认为独揽一切，握有全部立法和执行的权力，那就不存在裁判者；……对于一个专制君主的臣民或不如说是奴隶来说，……当他的财产受到他的君主的意志和命令的侵犯时，他非但不像处在社会中的人们所就享有的那样享有申诉的权力，而且，好像他已从理性动物的共同状态中贬降下去似的，被剥夺了裁判或保卫他的权利的自由，从而有遭受各种灾难和不幸的危险。”① 因此，为了防止滥用权力和保卫公民的自由与权利，“就必须以权力约束权力！”“如果同一个人或是由重要人物、贵族或平民组成的同一个机关行使三种权力，……则一切都完了。……在土耳其，这三种权力集中于苏丹一人身上，所以恐怖的暴政统治着一切。”② 三权分立说把国家权力一分为三，即立法权、行政权、司法权，三权分立而制衡。以美国为例。美国宪法规定，美国的立法权属于国会，但总统对国会的立法有批准和搁置否决权。国会也可在一定条件下推翻总统的否决；行政权属于总统，但总统任命部长和缔结条约，须经国会同意，国会也有权对总统和部长的违法行为进行弹劾；司法权属于独立行使审判权的法院，而且法官只要行为公正和守法，就可终身任命。但最高法官须经总统任命、国会批准；最高法院有权审判国会弹劾的总统和官吏，乃至审查国会的立法是否违宪。因此，总统、国会与法院，三者分别享有国家的三种最高权力，三权相互反对而彼此牵制，从而协调有序地运行。“三权分立”，从政体上最终消解了至上王权，从国家权力的结构形式上杜绝了权力集中和形成独裁的可能，从而解决了几千年来没有解决的权力腐败的结构性根源问题。

从封建君主专制政体迈向民主共和政体，是西方社会在政治现代化方面所迈出的关键性的一步。然而，近代以来的政治经验表明，仅从最高权力的制约上还不能解决新型的政治体制和社会制度所面

---

① ［英］洛克：《政府论》，55～56 页，北京，商务印书馆，1964。

② ［法］孟德斯鸠：《论法的精神》，156 页。

临的腐败问题，从而也就不能解决政治信用问题。实际上，在新的制度条件下，出现了新的结构性腐败问题。新的结构性腐败问题还有待于现代文官制度的建立和完善。这种新的结构性腐败问题，就是以私人关系为中心的官职个人赡徇制和以政党关系为转移的政党分肥制。当时的英国，公职买卖司空见惯，请人代官的事情屡出不穷，一些贵族子弟纷纷钻营公职，许多政府公职人员因能力、道德品质或身体状况不能胜任，大量的贪污和腐败现象引起了社会各界人士的极大关注。1854 年的克里米亚战争进一步暴露了英国政府的无能，后勤远远跟不上前方战事因而造成大批将士伤亡，最终导致了亚伯丁内阁的倒台。美国政府在政党分肥制时期也出现了大量的丑闻。正是为了解决新的社会制度的结构性腐败问题，现代文官制度才逐步建立和完善起来。

“文官”一词是从英文的“Civil Servant”（单数）和“Civil Service”（群体总称）翻译过来的，指政府中除军人以外的工作人员。从字面意思来看，该词译成“公务员”比较更切近原意。现代文官制度，是指对文官的考试录用、考核、奖惩、晋升、培训、退休、保障在内的一整套规章制度和体制。现代文官制度的主要特点是，法治化、规范化、知识化、专业化以及功绩制。现代文官制度被马克斯·韦伯称为科层制（Bureaucracy）。韦伯认为，政府向科层制发展的程度，“给现代化的政府提供了决定性的尺度”①。他认为，现代社会性和现代政府与传统社会相比较，它的突出特点在于家长制或世袭制的行政体制为理性化和合法化的科层制所取代，传统权威为理性化和合法化的权威所取代。韦伯认为，现代化是理性化的过程，尤其是工具理性化的过程。所谓工具理性，包括对明确目标的定义和对达到的目标的最有效途径的越来越精确的计算，意味着操作的精确性和可计算性。科层制的知识化和专业化所体现的就是现代化的这一特性。另外，科层制的权威又是一合法化的权威。“合法”权威是非私人性的，包括对规则和文字的恪守。而传统权威是私人性的，包括对统治者或上司个人的忠诚。并且，科层制的合法化权威只是在原则上遵守形式程序，仍具有自由行使权力的余地。

① 转引自［英］戴维比瑟姆：《马克斯·韦伯与现代政治理论》，徐鸿宾等译，66 页，杭州，浙江人民出版社，1989。

非私人性、规范性和主动性是科层制行政的核心。“忠实于非私人性规则和正当程序是科层政府官员的标志：他千篇一律，一视同仁，并不理会每个人的私人地位，甚至坚持他并不赞同的规则。”① 正是科层制或者说现代文官制度的这种特性，才使得现代政府可以从制度结构上根除腐败。

公职人员的选拔、任用、考核历来都是各代各国政权组织建设的重点。而且，随着历史的发展演进及经验的总结积累，公职人员的遴选机制日渐成熟和完善。建立一整套严格的国家公职人员选拔任用制度，是实施以法治腐战略的先决条件。它的主要特点就是以法律的形式规定公职人员选拔任用的正常程序，以便使一批优秀人才进入国家公务员行列，保证国家机关内部的纯洁，这几乎成为大多数国家的共识。美国《文官制度法》规定：“公职人员必须通过公开的竞争性考试，择优任用。”② 公职人员的选拔任用法律制度详细规定了公职人员的任用形式、任职资格、任用程序甚至就职仪式等。我国的《公务员法》、《警察法》、《法官法》、《检察官法》也对相应公职人员的任职条件与资格以及考评、考核的办法予以明确的规定，以确保公职人员的素质与质量。

制度性治腐不仅仅在于公务员制度的建立与完善，而且在于针对腐败现象建立相应的监督机制和法规制度，实现以法治腐。许多国家除了在本国的刑法典中专门设有贿赂罪、贪污罪等规定外，还特别颁布了针对性较强的法律、法规、法令或法案。如美国有《官员道德标准法案》等；英国有《反腐化法》等；法国有《公务员总法》等；日本有《国家公务员法》等；中国有《国家公务员暂行条例》等许多防腐反贪条例。此外，各国法律文件都从不同的角度对公务人员在执行公务或日常工作交往及社会、经济活动中的行为作了严格的限制，如实行公职人员任职回避制度、职务轮换制度、政务公开制度、财产申报制度、考核晋升和奖惩制度、严禁国家公职人员兼职和经商、严格控制公职人员接受馈赠和宴请等。我国也严禁公职人员兼职和经商，禁止公款吃喝，长时间实行回避制度，公职人员考核、晋升和奖惩制度，公职人员职务轮换制度，但要实行

---

① 转引自［英］戴维比瑟姆：《马克斯·韦伯与现代政治理论》，67页。

② 转引自黄晓慧：《国外廉政措施种种》，载《行政与人事》，1992 (3)。

政务、审判公开制度和公职人员财产申报制度还需要一个过程，有赖于《政务、审判公开法》、《财产申报法》的出台。

健全与完善刑事法律体系，成立专门的反腐惩贪机构或组织，是实现以法治腐战略目标的有力手段。近年来，为了有效惩治腐败犯罪分子，各国都高度重视刑法典和有关单行法律、法规的制定、修改和完善。概括起来，其内容包括：具体规定了贪污贿赂犯罪的客体（即报酬）；确立了对贪污贿赂犯罪从事处罚的原则；规定对贪污贿赂犯罪行为采取严厉而多样化的刑罚方法；对行贿和受贿实行同等处罚的规定；普遍规定巨额财产来历不明罪并予以处罚。关于建立专门的反腐败机构，其特点有三：（1）地位超然独立，自成体系；（2）职责专一，权力广泛，专门机构工作人员享有相当广泛的权力，如调查权、获取资料权、限制被调查者及有关人员处置财产的权力、搜查与求得协作的权力、扣留旅行证件的权力、拘捕权等；（3）享有崇高的威望，其成员一般由在司法界享有较高声誉、业务非常精通且极具丰富办案经验的人士担任。

建立制度完备、组织健全的反腐倡廉法律监督机制，这是实现以法治腐战略的重要保证。当代各国的反腐倡廉法律监督机制主要由以下几个部分组成：（1）法院和行政机构的监督，这是监督的主要形式。（2）新闻舆论的监督，这在西方已被称为除传统的立法权、行政权和司法权之外的“第四种权力”，新闻记者已有“无冕皇帝”之称，其主要以采访、报道、刊载或播放群众来函，发表评论以及进行广泛的民意测验等对公职人员的腐败行为进行揭露和批判，使腐败分子很难长期腐败而不被发现，如前几年日本首相相继下台，新闻舆论就发挥了特殊作用。（3）社会公众的监督。许多国家都规定了公民举报的措施和保护奖励举报人的制度，吸引公众积极投身到监督公职人员的活动中。在形式上，我国的监督主体是相当全面的，既有权力机关的监督，又有社会团体和个人的监督。但在监督实效上，这些监督主体远没有发挥应有的作用，还有待于今后的制度建设不断完善。

严密的制度之网，是掌权者“不能贪”的客观环境，现代世界各国为反对和治理腐败所实行的上述种种法律措施，客观上对公职人员的腐败行为和腐败动机起到了重要的惩治和威慑作用，但是，不争的事实告诉我们反贪惩腐如同割韭菜一样，割掉一茬又生一茬，且有愈演愈烈之势。以法治腐这种模式的现实效果，使我们不得不对其进行理性的反思，找寻其存在的漏洞，从而探求其他模式的灵活互补，走出“唯法治腐论”的误区，设计一个综合的反腐防腐模式。

在现代社会中，法之所以在各种治腐手段中居于主导地位乃在于它的相当的权威性和控制的多层面性。它以其特殊的规范形式、严密的体系和合理的程序比较清晰地划分合法与非法的界限，这就为惩治腐败行为提供了有力的依据。同时，法律法规往往包含具体的惩罚措施，并借助国家强制力保证实施，因而对腐败分子和潜在腐败人员有较大的约束力和威慑力。但是，以法治腐模式真的是最完美的模式，法律真的是万能的吗？我们从法律的不完善性中找到了否定的答案。法律作为调整人们行为的规范，本身有一个产生、实施和发展的过程，因此说法律的不完善性包括立法和司法两个方面。

首先是立法的不完善性。由于法律都是由人制定的，世上无绝对完美的立法之人，所以也无绝对完美的法律，其主要表现为：

第一，不合目的性或不妥当性。法律的普遍性特征使法律只注意适用对象的一般性而忽视其特殊性，然而适用于一般情况能实现法律的正义目的，适用于个别情况的结果可能是不公正的。因此，法律常常在获得一般正义的同时丧失了个别正义，这种普遍的规则适用于个别情况时可能违背自身的目的而导致非正义的情况，这可称之为法律的不合目的性或不妥当性。

第二，不周延性。在法治国家里，法律对其调整的社会生活应有最大的涵盖面，国家活动均由法律规定并受到法律秩序的制约。然而，立法者不是可以预见一切可能发生的情况并据此为人们设定行为方案的全智全能的超人，虽然他竭尽全力，但是仍会在法律中留下星罗棋布的缺漏和盲区。正如我国古代思想家张来所云：“天下之情无穷，而刑之所及有限，使天下之吏操有限之法，以治无穷之情，而不得少议其中，而惟法之知，则天下之情无乃一枉于法而失其实欤。”[①] 这种因立法者认识能力非至上性造成的法律不能涵盖一

① 转引自徐国栋：《民法基本原则解释及成文法局限性之克服》，146页，北京，中国政法大学出版社，1992。

切社会关系的情况，可称为法律的不周延性。法律上的非周延性使某些领域无法可依，为一些不法分子钻法律的漏洞提供了可乘之机。

第三，模糊性。法律是以语言作为载体的行为规范，而语言本身是灰色的、贫乏的。由于语词的有限性，常常不得不使诸多客体由一个词语来表达，这就使语言具有极大的非准确性。此外，对于许多只可意会，难以言传的精细的客体运动过程，语言只能保持沉默，正如古诗所云："此中有真意，欲辩已忘言。"绝对的真理是不可言说的，正所谓"道可道非常道，名可名非常名。"在许多情况下，立法者求助于模糊语言的手段来表达只可意会的立法意图，便造成了法律的模糊性。例如，法律对"不适当的报酬"之类词语的限定无论多么精确，都会被人们视为对接受非"不适当的报酬"的允许。怎样才是适当，怎样才是不适当，其间的标准很难确定。众所周知，赠送庆典剪彩剪刀的行为最初也许只具有礼品的象征性意义，而排除在"不适当"的馈赠之外，一旦这些剪刀的制作成本日益增高而成为纯金剪刀，它是否又应划入"不适当的馈赠"之列？目前社会上流行的"收礼不受贿，大吃不大喝"之类的现象，具有很形象的讽刺意味。

第四，滞后性。法律一经制定便具有相对的稳定性。法律不能频繁变动，更不能朝令夕改，否则就会失去其确定性和权威性。因此，稳定性是法律的基本特征。而其所调整的社会关系却是变动不居的。法律与其所调整的社会关系存在或多或少的脱节现象，这可称为法律的滞后性。就我国而言，立法中存在的问题也比较突出，诸如法出多门，权力界限不明；地方、行业保护主义严重；立法价值取向滞后等，从而使法律对不断变化的社会生活的适应性不可避免地存在一定的限度。

其次是司法的局限。司法腐败、司法不公是最大的腐败。既然法律正义的源头活水都被污染了，那么以法治腐的功能和效果又何以实现？由此可见，在法律制定得良好的情况下，司法的局限是对法律的功能与价值最为严重的消解与侵蚀。

我们必须正视这些不足之处，并力图完善立法和改善司法以使法律作为惩治腐败的主要手段并发挥其应有的主导作用，同时这也从一个侧面提示我们，法律并不能单枪匹马地充当调控社会、治理腐败的唯一手段，它只有与其他社会调控手段有机地结合起来，优势互补，综合治理才会处于最佳状态。这其他的手段中就包括道德，道德作为调控社会的一种行为规范在配合法律治理腐败的过程中发挥着许多法律所无法替代的不容忽视的作用。

从道德上强化对政府的治理，提高政府的信誉，也是古今中外各代各国政府保障政治信用的基本途径之一。道德是一种自律精神的体现，而制度性制约和法律制约，是外在性制约。只有内在制约与外在制约结合起来，才可起到良好的惩治腐败的作用。

三、道德治腐：加强领导干部的道德建设

道德治腐也就是加强官员或公务人员的道德建设。在我国现阶段，国家公务员包括了各级领导干部在内的所有从事行政工作的国家机关工作人员。由于国家各级行政领导干部担负着重大的行政领导和管理的使命，对他们有着与一般干部（一般国家公务员）相区别的道德要求，因此，为了加强政府诚信建设，有必要专门讨论道德治腐问题。从道德建设本身的层次上来讲，领导干部道德建设应当成为道德建设的“重头戏”。无论从领导者个体，还是领导者群体而言，领导干部的道德状况在整个社会道德中都占有关键性的地位。因为官或领导干部处于国家政策法令的执行者的地位，承担着社会发展的科学决策、政令执行等重要使命，因此，他们的行动风范，他们的一言一行，都对广大社会成员有着有形与无形的影响。

首先，从社会学意义上看，领导干部处于社会分层的上层，对不同社会阶层的人们都有着决定性的影响力，在这个意义上说，领导干部的道德处于社会群体道德的核心地位。这是由官德的社会价值决定的。由于干部在社会生活中地位突出，手中掌握着权力，他们既是群体利益的代表者和维护者，又是群体意志的体现者和协调者，也是群体活动的组织者和教育者，还是群体关系的设计者和执行者；他们对社会的人、财、物进行全面领导、管理、协调和服务，所以，“政治路线确定之后，干部就是决定的因素”。正因为领导干部的这种决定作用，社会和人民才赋予他们以道德上的极高期望，官德在社会生活尤其是道德建设中起着举足轻重的作用。在中国实行改革开放和建立社会主义市场经济体制的今天，如果说当代中国社会发展中的道德建设已经引起人们的极大关注和忧虑，那么，领导干部道德建设就成为当代道德建设中的关键性问题。领导干部道德的价值取向直接显示着社会的道德导向。就当代中国社会的道德发展状况而言，在确定了社会主义市场经济的目标取向以后，受经济活动方式直接影响的道德建设，正处在新的定位过程中。道德规范和要求以及道德学说，被充实完善者有之，吸纳补充者有之，更新替代者有之，摒弃不用者也有之。社会的不同阶层及成员如何在这一过程中判断社会的道德导向，并决定个人的道德取舍呢？他们既不可能再去因循计划经济体制下的道德规范，又对市场经济条件下的道德要求缺乏应有的理性认识。处于社会领导职位、担负不同领域和不同社会层面领导职务的领导干部的道德取向，在这种情况下就凸现出其导向作用。一方面，人们从其道德言论中感悟社会所倡导的道德要求；另一方面，人们又从其道德行为中判断善恶是非。领导干部道德建设不仅显示了社会道德建设的主题，而且作为社会道德建设的重要组成部分，它对自身问题的解决，无疑会推动整个社会道德建设的全面开展。同时，由于领导干部道德在社会道德体系中的特殊地位，就使得领导干部道德建设取得的成效具有社会道德建设的其他内容均不可能具有的强烈示范效应，从而进一步增强社会成员的道德建设信心，推动道德进步。

其次，从政治性角度分析，领导干部道德在本质上是一种政治道德，而政治道德始终处于社会道德的核心地位。

在中国传统道德中，政治和道德是融为一体的，表现出明显的伦理政治化和政治伦理化的特征。伦理政治化就是通过把伦理所产生的一切社会功能和文化功能与政治联系起来，扩大和加强伦理的政治功能，来保证封建政治制度能够在一系列伦理原则的规范和调节下有序地运行；政治伦理化则是把封建统治的政治目的、政治权力、政治秩序等归结于伦理观念，进而从伦理的角度证明封建政治制度的合理性。难怪一些思想家把德治、政德看做是国家兴亡的重大问题。在我国最早的一部政府重要文件及政治论文选编——《尚书》中，就提出了“德惟治，否德乱”的主张，即为政以德则治，不以德则乱。孔子也强调：“为政以德，譬如北辰，居其所而众星共之。”（《论语・为政》）汉代大思想家董仲舒再三说：“以德为国者，甘于饴蜜，固于胶漆。”（《春秋繁露・立元神》）这种思想传统一直延续到近代。孙中山先生就明确指出：“有了很好的道德，国家才能长治久安。”① 但道德对国家政治的重要作用，要靠人去实践，政德要靠为政者去实践，为政在人，因此，官德是关系国家兴亡的大问题。如以周公为代表的周初统治者，总结了夏商灭亡的教训：“惟不敬厥德，乃早坠厥命”（《尚书·召诰》），为此，提出“以德配天”的理论。“皇天无亲，唯德是辅”（《尚书·蔡仲之命》）。官德成为社会安危治乱的决定因素。司马迁在《史记》中，通过对先秦的历史变迁，政权兴衰的总结得出了“有德者昌”、“饰诈者亡”、“修身而天下服”等结论。中国传统文化中的伦理政治、贤人政治与现代民主政治是相冲突的，我将在第七章最后部分详细论述，但始终强调政德、官德的主导作用是非常有益的。事实上，政治道德在资产阶级道德中也占据核心地位。1893 年，罗伯斯庇尔在建立法国资产阶级政权之际，即首先向议会发表了《关于政治道德的各项原则》的施政演说。他认为支持和推动政府的主要动力是爱祖国和法律的美德，要用美德来管理国家政治生活。当代美国政府也十分重视官德建设，并用立法的形式加强公职人员的道德责任，比如 1976 年公布的《公务公开法》、1978 年颁布的《公务道德法》、《政府道德法》和 1980 年通过的《公职人员道德法》。

最后，从我国道德建设的现状来看，领导干部道德建设也应成为道德建设的主题。

对当前我国社会道德领域出现的一些严重问题稍作分析即可看出，它们大都与领导干部道德建设存在的问题直接相关。一方面，一些领导干部本身放松思想改造和道德自律，直接引发了严重的道德问题，如官员的生活腐化堕落；另一方面，少数官员对发生在自己身边，甚至直接隶属自己管辖范围的道德问题置若罔闻，在客观上助长了严重的道德问题的滋生与蔓延。这就使得当代中国道德建设在双重意义上要求将领导干部道德建设摆在首位。其一，官员自身存在的道德问题，构成社会道德建设中的难点和重点。从主流上看，我们大多数的领导干部是比较好的，但也有个别领导干部以权谋私、生活腐化，堕落成为腐败分子和犯罪分子。早在 1978 年，邓小平同志就告诫全党：“领导干部，特别是高级干部以身作则

① 《孙中山选集》，679 页，北京，人民出版社，1981。

非常重要。”[①] “现在，不正之风很突出，要先从领导干部纠正起。群众的眼睛都在盯着他们，他们改了，下面就好办。”[②] 领导干部如果自身正了，自身的道德问题解决好了，就能理直气壮地去解决他人的问题。其二，由官员道德问题所引发的消极影响，构成社会道德建设首先需要消除的影响。尽管有道德问题的是少数，但少数的领导干部却代表了党和政府公职人员的形象，容易产生极大的社会反响，严重影响政府信用，并且在普通社会成员中造成一种连环性假象：由少数官员的道德问题推及到整个领导干部道德问题，由领导干部道德问题推及整个社会道德问题。而要消除这种假象，就必须先使领导干部在道德上亮丽起来，从而消除引发上述连环性假象的源头。只有把官德建设作为道德建设的主体性工程，才能从根本上实现从上至下的平等的道德自律，否则，道德建设只会成为只对下、不对上或只对民、不对官的管制老百姓的手段和精神枷锁。

领导干部的道德建设是政府信誉建设的关键所在，而在领导干部的道德建设中，领导干部与人民大众的关系是其关键所在。领导干部对人民群众的道德态度不仅反映了其道德的基本要求，而且是区分剥削阶级官德和无产阶级官德的分水岭。中国自古就有“民为本”、“民为贵”的“仁政”主张，这对缓解统治阶级与劳动人民之间的矛盾，促进社会发展起到了一定的作用。但是，随着现代民主政治的建立，“爱民如子”、“为民做主”等基于人格不平等的道德主张日显苍白，须以“甘为公仆”、“为人民服务”而代之。在社会主义条件下，官民关系发生了根本性的变化，官民在利益上实现了根本性的一致，“全心全意为人民服务”理应成为领导干部道德的核心。因为为人民服务是社会主义道德的集中表现，是我国政治道德价值选择的基础和灵魂，关系到领导干部道德建设的性质和方向。为民是领导干部道德的价值支点，也是廉政建设的根本出发点。毛泽东早就指出，“为什么人的问题，是一个根本的问题，原则的问题”[③]。在剥削阶级占统治地位的社会中，尽管也有过一些“清官”，

---

① 《邓小平文选》，2 版，第 2 卷，124 页。

② 同上书，125 页。

③ 《毛泽东选集》，2 版，第 3 卷，857 页，北京，人民出版社，1991。

但由于历史和阶级的局限，他们所维护的政权是代表少数人的利益，不可能为广大人民群众服务。一些封建统治者虽提出过一部分朴素的民本主义思想，但他们也不可能真正为人民群众掌握政权、治理国家，只有无产阶级政党及其领导者才能真正为人民服务。马克思和恩格斯在《共产党宣言》中指出，“至今发生过的一切运动都是少数人的运动，或者都是为少数人谋利益的运动。无产阶级的运动是绝大多数人为绝大多数人谋利益的独立自主的运动”①。邓小平同志也始终把为什么人的问题作为社会主义道德建设的根本点，他反复强调要提倡全心全意为人民服务的精神，并说：“如果一个共产党员没有这些精神，就绝不能算是一个合格的共产党员。”《中国共产党章程》总纲中指出：“坚持全心全意为人民服务。党除了工人阶级和最广大人民群众的利益，没有自己特殊的利益。党在任何时候都把群众利益放在第一位，同群众同甘共苦，保持最密切的联系，坚持权为民所用、情为民所系、利为民所谋，不允许任何党员脱离群众，凌驾于群众之上。党在自己的工作中实行群众路线，一切为了群众，一切依靠群众，从群众中来，到群众中去，把党的正确主张变为群众的自觉行动。……党风问题、党同人民群众联系问题是关系党生死存亡的问题。”全心全意为人民服务是共产党的宗旨，也是人民政府的宗旨。《中华人民共和国宪法》总纲第27条中明文规定：“一切国家机关和国家工作人员必须依靠人民的支持，经常保持同人民的密切联系，倾听人民的意见和建议，接受人民的监督，努力为人民服务。”这就是说，党和政府，党的领导干部或一般公务员，不论职位高低、资历深浅、官职大小，都是人民的勤务员，他们的职责就是为人民服务。综上所述，作为政治道德原则的全心全意为人民服务包括如下要义：第一，一切为了人民群众，人民的利益高于一切；第二，一切依靠人民群众，尊重人民的自主权；第三，廉洁奉公，与人民群众同甘共苦；第四，倾听人民群众的意见，接受人民群众的监督。

全心全意为人民服务之所以成为我国政德的核心，原因有四：

第一，从我国的政权性质来看。宪法规定，我国是工人阶级领导的、以工农联盟为基础的，人民民主专政的社会主义国家。我国

① 《马克思恩格斯全集》，中文1版，第4卷，477页，北京，人民出版社，1958。

的社会主义性质决定了我国的政权性质，即社会主义的人民政府。人民性是我国政权机关的根本属性。马克思在总结巴黎公社的经验教训时曾经指出，“旧政权的纯属压迫性质的机关予以铲除，而旧政权的合理职能则从僭越和凌驾于社会之上的当局那里夺取过来，归还给社会的负责任的勤务员”①。在这里，马克思指出了两种政权机关的本质区别，即一个是“压迫机关”，一个则是“社会的负责的公仆”，即我们所说的人民政府，是人民自己的政府，是为人民服务的政府。我国政权机关是人民政府，为人民服务是各级政府和各级官员的根本宗旨。

第二，从政治权力的来源看。人民是国家和社会的主人，国家的一切权力属于人民，人民是国家权力的真正的最终的来源。国家权力实质上是一种委托权，体现了一种委托关系。人民把管理国家和社会事务的一部分权力委托给国家公务员，国家公务员受委托代表人民进行这种管理。政府中的官员，不管是委任的、选任的，还是考任的、聘任的，都是接受人民的委托，代表人民行使国家权力，管理社会公共事务。人民“把权力委托给能够代表他们的、能够忠实为他们办事的人，这就是我们共产党人”②。可见，在这种委托关系中，受委托者必须具备两个基本条件：一是代表人民的利益和意志；二是忠实地为人民办事。

第三，从国家公职人员的社会地位看。在我国，一切权力属于人民，人民是国家的主人，政府官员则是人民的公仆。正如毛泽东所说的，我们的一切工作干部，不论职位高低，都是人民的勤务员；我们所做的一切，都是为人民服务。政府官员是社会的管理者，不是统治者，更不是压迫者，而是服务者。为人民服务是人民公仆的天职，但有些干部却津津乐道于“为民做主”，忘记了自己是“勤务员”或“公仆”。这就等于把我们的干部降低到封建社会青天大老爷的清官水平，尽管我们有的干部也许连封建社会的清官都不如，但正确的主仆关系是不能改变的。

第四，从目前官员腐败的思想根源来看。江泽民同志在《努力建设高素质的干部队伍》的讲话中指出：腐败现象的思想有根源，

---

① 《马克思恩格斯选集》，2版，第3卷，57页。

② 《毛泽东选集》，2版，第4卷，1128页，北京，人民出版社，1991。

就是有的干部忘记了为人民服务的根本宗旨。视人民为草芥，把人民当奴仆，骑在人民头上作威作福，这是旧统治者的恶习。我们的干部如果淡化了公仆观念，摆不正主仆关系，造成主仆错位或颠倒，就会脱离群众，甚至走向反面。为人民服务的精神在每一领导干部的具体行为中都表现为“公仆”意识。“公仆”就意味着对工作对象的服务性或仆役性，而不是恩赐性、施舍性或发号施令性，这是对我国干部的社会角色的客观定位，即我们的干部是人民的勤务员，是替人民群众办事、听人民群众使唤的社会公共仆役。“甘当”则意味着心甘情愿、忠心耿耿，而不是虚情假意，出于被迫，指明了干部应有的道德良心和道德自觉性，也就是对自身社会角色的合乎道德的主观认知。甘当公仆是我国干部道德的纲领性原则和核心范畴，是社会主义官德区别于以往一切官德的根本标志。社会主义国家政权代表了绝大多数人的利益，体现了多数人统治的民主原则，是人民的政权。这种政权性质就决定了其公职人员是全体人民的勤务员，人民是公职人员的“上帝”和主人。作为人民的公仆，只有珍惜权力、爱护权力并运用权力为人民服务的义务，而没有在政治上、经济上、生活上搞特殊化的权利。社会主义国家的公职人员是人民当中普普通通的一员，绝不因社会分工的不同而存在地位的高低、职业的尊卑、工作的贵贱。在社会主义大家庭中，职务再高也与老百姓在政治上、人格上是平等的。在社会主义国家，当好人民公仆是公职人员价值追求的重要目标。社会主义国家政权的建立，从根本上缓和了国家与社会的矛盾和冲突，随着社会主义国家民主实现程度的提高，实现范围的扩大，国家的很大一部分权力都归还给社会了。但是，国家的行政管理职能依然存在，而这部分职能是通过公民直接或间接地选举出来的人具体行使的。这些社会公职人员在行使人民委托的权力时，为了防止染上官僚作风，杜绝升官发财的思想，要以当好人民公仆来自勉，做到“为官一任，造福一方”。马克思主义国家学说的全部理论和实践的落脚点与归宿点，就是要全心全意为人民服务。所有公职人员当然要自觉实践马克思主义国家学说所倡导的这一深刻思想。公职人员要做好人民的公仆，就必须正确处理个人价值与群体价值和社会价值的关系。在社会主义公有制基础上，由于国家、集体和个人三者的利益从根本上说是一致的，所以，个人价值、集体利益，同不能以牺牲国家和集体利益来满足个人利益一样，在价值关系的处理和协调上，要坚持社会价值、群体价值优先，使个人价值在社会价值、群体价值中得到实现和升华。不能把个人价值置于社会价值和群体价值之上，更不能以牺牲社会价值和群体价值来实现所谓个人的价值。有了这样的正确认识和科学的价值观，公职人员就会把当好社会公仆作为自己的一种价值抉择和价值追求。

总之，做官不为己、不谋私，正确处理权力责任、权力与义务的关系，以人民给予的权力来为人民谋幸福，充分体现了为民掌权、用权的权力价值观。这是一种共产党人的权力观，一种权力上的社会主义价值取向。作为领导干部，其正确的价值定位，最重要的就是在权力观上的定位，只有牢记手中的权力是为人民服务的工具而不是谋私的手段，才能真正做一个人民的好公仆。领导干部把自己的道德修养建设好了，对政府的信用将起到不可估量的作用。

四、建设政府信用，加强公务员的道德建设

政府信用不仅需要强化对领导干部的道德要求，同时应当看到，一般政府机关工作人员的道德水准，对政府信用度的影响不仅是无形的，也是直接的。一般公务员是国家行政工作人员的主体，国家公务员的职业道德建设和职业道德素质如何，不仅关系到国家公务员能否正当地行使“公共权力”、高效地履行国家公务，而且关系到社会的道德进步和国家的兴衰存亡，其道德状况的高低，对政府信用有着直接相关的影响。因此，加强公务员的职业道德建设，不断提高公务员的职业道德素质，既是公务员制度建设的重要内容，也是社会主义“德治”的题中应有之义。

所谓国家公务员道德，是指国家公务员在其行政和履行公务的活动中形成且必须遵守的道德原则和规范，以及他们在其特定的职业实践中形成和表现出来的道德传统、道德心理意识和道德品质的总称。国家公务员职业作为一项以行使国家行政权力、管理国家公共事务为专门业务，并不是建立了国家公务员制度以后才有的，实际上它是一项非常古老的职业，自从人类进入文明时代，产生了国家以后，这一特定的职业就出现了。与此相关，国家公务员道德也有其漫长的历史演变过程。

在中国历史上，最早的公务员道德就是所谓的“官吏道德”。在原始社会末期，随着公共事务和社会生活中各种矛盾的增多，负责管理事务和协调各种矛盾的氏族首领应运而生。在古老的传说中，氏族首领不仅是勇敢、智慧的化身，而且是公正和正义的化身，是为民除害的英雄。这表明当时产生了首领道德。国家产生以后，统治阶级为了实施统治和管理公共事务的需要，不但建立了一套比较完整的行政事务机构，而且还在这些机构中配置了专事行政和管理公共事务的人员。这些在国家机构中担负各种公职的人，不论其职务高低和权力大小，都称之为“官”或“官吏”。夏商奴隶制国家已经有一支百余人的官吏队伍，并被称作“大人”、“君子”，其道德期望很高。“大人及世以为礼”，就是说官吏必须严守礼义道德。“礼义以为纪，以正君臣，以笃父子，以睦兄弟，以和夫妇，以设制度。”（《礼记·礼运篇》）意思是说，官吏要用礼义来约束自己，摆正君臣、上下级关系，孝敬父母，慈爱子女，和睦兄弟，处理好家庭事务和夫妇关系，遵守公共秩序和规章制度。总汇西周政治制度和纲纪规范的《周礼》明确提出了官吏道德的多项要求：（1）诸侯、卿大夫、士等各级官员，都必须听命于周王，并向上层层负责，诸侯每年要赴京朝拜，向周王述职。（2）所有官吏者必须做到“三官”：一是“官职”，各行其职，各负其责；二是“官成”，处理公务必须做到胸有成竹，按章办事，不得意气用事；三是“官计”，理政要有计划和措施，注意政绩考核，使部属“人知勉励”。（3）做到“四廉”：其一廉法，自觉遵纪守法，在法律范围内处理政务；其二廉善，除恶向善，端正品行；其三廉敬，态度严谨，勤劳专一；其四廉正，作风正派，克己奉公。

秦始皇统一中国后，国家的公共事务日益增多，为维护中央集权国家的统治，建立一个庞大的国家机构，由此对官吏提出了远比前代更明确、更严厉的道德要求。这主要体现在秦简《为吏之道》中。例如，秦朝法律规定，要按“五善”、“五失”的要求对官吏进行考课：“吏有五善：一曰中（忠）信敬上；二曰精（清）廉毋谤；三曰举事审当；四曰喜为善行；五曰龚（恭）敬多让。五者毕至，必有大赏。”“吏有五失：一曰夸以泄；二曰贵以大（泰）；三曰擅（裂）割；四曰犯上弗知害；五曰贱士而贵货贝。”在此基础上，秦律还规定了廉吏和恶吏的标准。廉吏有四条标准：一是能通晓法令，能办理分内的一切事务；二是廉洁、忠诚、老实，为君赤诚效力；三是秉持公正指导一曹的事务，不独断专行；四是能纠正自己的失误，与他人合作办事而不争功。恶吏有六条标准：一是不懂法令，不通晓事务；二是苟且懒惰，不廉洁，不为君效力；三是喜欢搬弄是非，口出恶言，侮辱他人，缺乏公正之心，办事喜争抗；四是靠说假话显示自己虚伪的治理方式；五是喜欢说违背事理的话，装愧悔无知，借此显示能约束自己；六是自高自大，蛮横倔强，卖弄自己的才能。

汉武帝以后，独尊儒术。儒家重视官吏道德的思想几乎成为整个封建社会的指导思想。历代统治阶级都非常重视官德建设，先后颁布过不少政策和法令来约束、考核、赏罚各级官员。汉武帝时颁布过刺察六条，对地方各级官员的道德行为做出了严格规定，其中就有奉诏守法、断案公正、赏罚分明、以公克私、不索贿受贿、不贪赃枉法等内容。晋武帝曾颁布《五条郡县令》，规定各级官吏尤其是郡县官吏必须按以下五条要求来约束自己：（1）正人先正己，注意以身作则；（2）勤于政务，了解百姓疾苦；（3）抚恤孤寡，扶贫济困，不可高高在上、养尊处优；（4）忠于职守，抓好生产；（5）维护纲纪官风，谨防违法腐败。在唐代，唐太宗多次与大臣魏徵讨论官德问题。后来唐朝制定了中国历史上第一部行政法规即《唐六典》，可以说这是一部内容完整的官吏道德法典。其中规定了《四善二十七最考课法》，所谓“四善”为：“德义有闻，清慎明著，公平可称，恪勤匪懈”，简称为德慎公勤。德义有闻就是政治品格高尚，上下公认；清慎明著就是清正廉明，办事谨慎，人所共知；公平可称就是处理问题非常公道，受到赞扬；恪勤匪懈就是勤恳守职，从不懈怠、出错。宋朝在行政上多承袭了唐制，对各级官吏的要求很严。元代曾颁布过行政法典《元典章》和维护官纪官风的《风宪宏纲》。明王朝吸取宋元末期朝纲败坏、官吏损公徇私、贪污成风的深刻教训，自建国之初就很重视整顿和修订各种行政法规。洪武七年所修《大明律》卷首就说：“治国先治吏，治吏必重礼也。”因此明确规定各级官员均不得贪污受贿，必须坚守职责，办事不得越级、不得擅离官府等。后来又颁布了《明会要》，对官员的道德行为提出了更加明确的要求。

中国在进入近代以后，可以说是进入了百年内乱时期，国家处于“国将不国”的状态，严格意义上的国家生活和国家行政活动几乎没有走上正轨，这也是中国官德并未实现从传统向现代转型的根本原因，尽管其间有过孙中山先生的“新道德”。在新中国成立前夕，以毛泽东为首的中国共产党人为取得新民主主义革命的胜利，提出了革命时期的“干部道德”就是“全心全意为人民服务”，而且还领导制定了《关于惩治贪污行为》、《陕甘宁边区施政纲领》等行政法规和文件。在这些文件中，不仅制定了许多更具体、更严格的道德准则，而且还有不少关于不道德行为的处罚条款。这些干部道德规范对中国革命的胜利起了重要的保证作用。《为人民服务》、《纪念白求恩》、《愚公移山》等革命文献，实际上是对这个时期的革命干部道德实践经验的科学总结和理论升华，形成了以“为人民服务”为核心的干部道德规范体系。当然，这些干部道德规范是对当时所有的革命者提出来的，因而还缺乏反映专门化的行政职业活动要求的特定内容，还不是严格意义上的国家公务员道德，但它的基本原则和基本精神却无疑是社会主义公务员道德的“根基”和“灵魂”所在。新中国成立以后，从民主主义革命阶段进入到社会主义革命和社会主义建设阶段。随着这一时期的到来，我们党的干部面临着新的考验。当时毛泽东同志就告诫全党，务必保持谦虚谨慎、不骄不躁的作风；要警惕资产阶级思想的侵袭、防止资产阶级“糖衣炮弹”的攻击；要继续保持艰苦奋斗的优良作风等。特别是改革开放以后，我国对国家行政人员提出了许多要求。例如，1980 年颁布的《中共中央关于禁止在对外活动中送礼、受礼的决定》；1984 年颁布的《中共中央、国务院关于严禁党政机关干部经商、办企业的决定》；1988 年颁布的《国务院关于国家行政机关及其工作人员贪污受贿行政处分的暂行规定》和《国务院关于国家行政机关及其工作人员在国内公务活动中不得赠送和接受礼品的规定》；1993 年国务院颁布的《国家公务员暂行条例》；1997 年颁布的《中国共产党党员领导干部廉洁从政若干准则》等，都包含了对国家公务员的许多道德要求。从这些文件中我们可以看出，国家公务员道德已经开始从一般意义上的干部道德中分化出来，并已初步形成公务员道德规范体系，公务员道德建设已经开始走向系统化和制度化。

在西方，国家官吏道德也同人类社会出现的国家机构、政府组织和行政职业一样古老，但严格意义上的公务员道德却是随着近代西方文官制度的设立而产生的。从 19 世纪 50 年代开始，以英、美、法为代表的少数资本主义国家开始建立文官制。随着西方文官制度的建立和发展，在西方国家中逐渐形成了一个把持国家行政工作的独立的社会集团。由于他们是代表政府或公共机构执行政策法令的人，他们当中的高级官员又经常参与制定政府的政策法令，因此，他们在社会公共行政中占有非常重要的地位。他们工作的好坏直接关系到国家机器的运转效率与国内政治的稳定性和连续性，直接影响国家根本利益的实现。所以，西方国家对其公务员不仅在业务能力、专业知识水平等方面有较高的标准，而且在道德上也有较高的要求。在这种情况下，一种专门化程度较高的现代公务员道德应运而生，并且逐渐形成了自己的制度化系统。

西方国家公务员道德在公务员制度中的地位呈越来越重要的趋势。首先，道德日益成为西方各国遴选、录用公务员的一项重要标准。1789 年的法国《人权宣言》曾明确提出，政府官吏的任用要“以才能品德为依据”。今天，西方国家在遴选、录用公务员时对报考人员均规定了“应有良好的道德品质”的资格限制。如美国近年来规定，凡因失职或渎职被解雇者，犯过罪、干过丑事或不诚实不道德的事的臭名昭著者，在考试或任用过程中谎报情况或弄虚作假、营私舞弊者及经常酗酒者取缔其报考资格。其次，道德也是西方公务员就职赴任的一个重要条件。第二次世界大战后，不少国家制定的公务员法中规定：公务员在正式就职前要进行宣誓，明确表示愿意接受各种职业准则的约束。如日本《国家公务员法》规定：职员应当进行宣誓，誓词为“我坚决宣誓：作为全体国民的服务者，应深刻认识为公共利益工作的责任，遵守日本国宪法，服从法令及上司在职务上的命令，不偏不党，公正地履行职责”。最后，道德也是西方各国考核晋升和奖惩公务员的一项重要内容。英国的《年度考核报告》在评价公务员工作表现的十项内容中，有五项内容，即个性和品行、主动性、风度和机敏、热忱、职务上的操行，都和公务员道德有关。美国 1979 年的《公务员制度改革法》所规定的“功绩制”九条原则中的第四条是：“所有雇员应保持高标准的正直、高标准的行为和对公众利益的关怀。”

公务员道德内容的日益系统化和趋同化是西方公务员道德发展的另一个特点。尽管各国对公务员道德建设的重视程度不一，但其内容基本相同，并且日益完善。（1）忠于国家，公正中立。这一规范包含两方面的内容：一是要求公务员必须服从国家需要，为国效力；二是要求公务员在党派纷争中保持政治上的中立，做到不偏不党，也即忠于国家而不是忠于某一党派。(2) 忠于职守，恪尽职责。为了确保政府工作的高效率，西方各国均要求公务员做到忠于职守，具体包括：亲自任职和处理工作；准时办公，不得无故缺席、迟到和早退；坚守岗位，不得擅自离职；讲究效率，有效地处理公务，不得在工作时间办私事；保证工作安全。(3) 服从法律，服从上级。为了保证国家机器的正常运转和行政指挥行之有效，公务员在服从法律的同时，还要绝对服从法律，服从上级。如法国的《公务员总章程》规定："无论哪一等级的公务员都有义务执行委托给他们的任务。承担一项公职的公务员应对主管部门的行政长官负责，应保证执行行政长官交给的命令。"(4) 遵守纪律，严守秘密。公务员的工作特点使他们有机会接触到各种国家机密。为了确保国家安全与利益，恪守职业保密义务就成为国家公务员所必须遵循的一项重要职业道德规范，其具体内容有：禁止向外泄露任职期间所得到的情报；禁止保存无权保存的文件或将文件转让他人保管及翻阅；非经所属部门批准，不得在发表著作和公开言论时援引政府尚未发表的资料；公务员充当证人时，如须公布职业机密，须经政府有关部门批准；公务员离退职后，仍须遵守原工作单位的保密规定等。(5) 廉洁奉公，不谋私利。公务员负有执行政府命令、维护社会秩序、促进公共福利、为公共利益服务等使命。因此，廉洁奉公、不谋私利一直成为各国公务员必须遵守的又一重要道德规范。如禁止公务员贪污受贿，禁止公务员以不正当手段为个人谋取私利。(6) 品德端正，仪表庄重。由于西方公务员被人们视为政府的代表和"一切形式的公共利益"服务者以及行使社会职责的人，所以个人的品行、言辞、举止、仪表均关系到国家和政府的尊严和威信，影响人们对政府的信任。

近三十年来西方国家为了更有效地规范公务员职业行为，都普遍制定和颁布了公务员道德法规。1973 年加拿大政府颁布了调整政府官员职业行为并涉及利益冲突的《道德法典》；1978 年美国颁布了《政府道德法》，该法将所有现行法律和行政命令中的官员道德规范和限制加以法律化，并予以补充完善；1993 年韩国通过了《公务员道德法》，并以此为契机，在国家公务员中开展了反腐败的斗争。在英国，虽说《荣誉法典》只是不成文的法律，但同时也有《防腐化法》、《官员保密法》等涉及公务员道德的法规。公务员道德的制度化和法律化是西方公务员道德发展过程中的显著特点之一，同时也反映了西方国家对公务员道德的高度重视。当然，西方国家的公务员道德并非完美无缺，也有许多的局限性。如公务员道德“政治中立”原则的虚伪性，公务员道德对公务员个性的压抑所导致的公务员工具化倾向等，都是我们在进行公务员道德建设过程中应当加以注意的。

由于公务员是国家行政权力的行使者和国家意志的执行者，有的甚至是制定国家方针政策的参与者，他们的道德素质和工作态度如何，不仅影响国内政治的稳定和国家机器运转的效率以及国家根本利益的实现，而且直接影响整个社会的道德风气和精神文明建设的状况。因此，世界各国历来不仅对公务员提出了非常严格的道德要求，而且还把公务员道德建设置于十分重要的地位，在注重职业道德建设的今天，公务员道德建设成为重中之重。不少国家纷纷制定公务员道德法或公务员道德法典，而且还成立“道德委员会”、“廉政公署”等各种监督履行行政道德义务或维系“公务员道德法”的专门机构。在我国，加强公务员道德建设也成为社会道德建设的“重头戏”。《中共中央关于加强社会主义精神文明建设指导方针的决议》明确指出：“在我们社会的各行各业，都要大力加强职业道德建设。首先是党和国家机关的干部，要公正廉洁，忠诚积极，全心全意为人民服务。”为了加强公务员道德建设，党和国家也建立了一套制度化的约束机制和公共监督机制，这都反映了我们对公务员道德建设的重视程度。

对公务员道德建设的重视不仅体现在把公务员道德引入“公务员制度”之中，而且还使公务员职业道德在公务员制度中处于突出地位。这具体体现在公务员的录用制度、考核制度、晋升制度和奖惩制度的各个环节中。在录用制度中，一般都把“良好道德品质”和“良好道德声誉”作为录用公务员的重要标准；在考核制度中，公务员的道德表现都被作为一项非常重要的考核内容；在晋升制度中，公务员是否具有职业责任感和良好的道德素质则被视为晋升的重要条件；在奖惩制度中，公务员的道德品行不仅被列为奖惩的对象而且也被列为奖惩的重要条件，尤其是对公务员的道德过失惩罚更加严厉。例如，在法国，公务员未经批准而擅自离开岗位或是不认真执行公务，要受到撤职或取消退休金的处分。这一点，在我国颁布的《国家公务员暂行条例》中也得到了充分体现。

同时，公务员的道德水平和道德状况也是社会所关注的“焦点”。由于公务员所处的特殊社会地位，其道德品质和道德行为，无论是卓越的道德表现还是公务员的道德败行，都会引起全民和全社会的广泛关注与普遍议论，尤其是道德丑闻。在西方，作为“第四大力量”的新闻舆论，会对公务员特别是高级公务员的职业行为进行广泛的道德监督，其中包括跟踪调查、揭露批评各种丑行和道德问题。不少公务员的不道德行为一旦被曝光，他们作为公务员的职业生涯就宣告完结。因此，在各党派的权力争夺中，也就利用舆论力量对对方进行道德上的攻击，以期置对方于死地。在一些国家，对政府官员的道德问题的追查尽管有时达到了猎奇的程度，但有一点可以肯定，这就是对政府官员的道德要求高，而且非常关注的表现。美国前总统尼克松因为水门事件而下台；美国前总统克林顿一度因为所谓“性骚扰”等问题而陷入舆论纠纷的困境中不能自拔，这都表明美国公众舆论对国家公职人员德行操守的重视。至于在中国，公众舆论对政府官员道德所表现的关注程度也是异乎寻常。这只须我们回顾一下“王宝森事件”所引起的舆论震荡就可见一斑。目前，我国公务员的德行，不但受到新闻舆论越来越有力的监督，而且在全国上下都受到越来越积极有效的关注和监督。

公务员道德的这种特殊地位，本身就决定了它的特殊的社会价值和作用。这种作用主要集中在提高政府效能上。在现代社会，政府效能的高低，也是影响政治信用的一个重要因素。

要提高政府效能，一方面要克服造成低行政效率的道德因素，另一方面要规范政府的行政行为，而政府行政行为的规范化是同良好的官德密不可分的。政府行为是指行政组织系统及其成员在公共行政管理活动中与外部环境的相互作用所形成的态度和行为，是政府作为一个抽象的组织的整体行为与代表政府某个机构出现的个人行为的有机结合。政府行为的规范化是市场经济发展的必然要求。

政府行为的规范化对市场经济的健康发展是非常必要的，这一点已成为共识。所谓政府行为的规范化就是政府根据特定的经济关系和经济发展的不同阶段的要求，为了实现特定的目标而在一定范围内，按一定的方式、手段来影响经济生活并使之制度化的过程。

具体包括以下内容：第一，政府行为要有确定的目的。政府行为的目的不是代替市场机制，而是为了创造市场机制更好地发挥作用的环境和条件，纠正和弥补市场失灵和市场偏差，旨在通过政府力量和市场力量的结合而实现效率、稳定和公平的目标。第二，政府行为要有确定的范围。传统计划经济的一个突出特点是政府权威无所不在和无所不能。市场经济则要把社会经济生活中的主要方面交给市场机制自发调节，也就是说市场机制可以自发调节的领域就不应当容许政府染指，只有市场机制不能很好地解决的问题才由政府出面。从这个意义上说，政府行为的范围应主要包括提供公共物品、进行宏观调控、调节收入分配和维持竞争秩序等方面。在一般情况下，绝不允许政府管理企业。第三，政府行为要有确定的方式。在传统计划经济体制下，政府对经济生活采取直接管理的方式，现代市场经济则要求政府对经济生活要以间接调控为主。政府要用财政、货币等经济杠杆来实现对经济变量的调控。第四，政府行为要有确定的手段。政府在经济生活中发挥作用的手段主要有行政手段、法律手段和经济手段。在传统计划经济体制下，政府主要以行政手段为主，而现代市场经济则要求政府以经济手段和法律手段为主。

中国社会的大变革已引起了社会各种利益格局和社会关系的变化，社会各方面旧的约束力正在被打破，新的约束机制还未健全。政府机构中的各个层面及个人也都受到变革的影响和压力，受到各种利益和机会的诱惑。一方面，社会在转型时期的运行与发展更依赖于政府行政行为的规范、有序；另一方面，由于行政权力和市场机制同时发生作用，政府行政行为在这一时期往往容易失范。政府行政行为的失范主要表现在以下几方面：一是政企不分的行政行为。有的地方政府仍直接办公司，从事微观经济管理活动；有的在机构改革中，将后勤部门转为公司，两块牌子、两个职能；有的将分流出去的机关富余人员组建成与原机关业务相近的公司或企业；有的政府职能部门仍沿用传统方法千方百计地控制企业领导层的人事权、外贸进出口权、各种审查权等，干预企业的经营管理。二是部门主义的行政行为。在政府角色转换和职能转变中，一些该下放的权力或迟迟不下放，或明放暗收。有的上级政府职能部门甚至通过各种渠道，以施加压力来干预下级政府中对口部门的职能转变；有的部门甚至以红头文件或其他合法渠道排斥阻挠公平竞争，部门垄断或行业垄断造成服务质量低下。三是地方主义行政行为。在发展地方经济的动力和利益驱动下，一部分地方政府的行政行为表现出地方主义倾向：生产原料的地方保护，商品市场的地方保护，经济诈骗的地方保护，假冒伪劣的地方保护，偷漏国税的地方保护，走私贩私及经济审判的地方保护等，严重损害了国家的整体利益，违反了国家的政策法令，导致了政令不通的无序状态。四是导致“寻租活动”的行政行为。部分地方政府通过行政手段对市场进行过度干预，使个别行业或部门从垄断或经济特权中得到了巨额“租金”，这种示范效应导致更多的人效仿，破坏了市场经济的公平竞争原则，促成官员腐败。五是严重侵害人民利益的行政行为。一些政府部门为了自身的利益制定文件向人民群众进行摊派，有的甚至层层搭车摊派，侵占了人民群众的正当利益。这些不规范的政府行政行为如任其发展，不仅导致官僚主义和腐败，损坏政府形象，误导和扭曲社会与人们的行为，而且将会给改革带来巨大的阻力，给社会的发展和进步带来严重的危害。因此，规范政府行政行为是社会运行和有序发展的客观需要和基本保证。

要实现政府行为的规范化，当然需要依法行政，进行行政体制改革，如冲破政府内部既得利益者的干扰和阻碍，重新对政府权力进行设计和定位，强化政府行为的公开性和透明度，加强对政府行为的监督等，同时，也要辅之以道德的手段，加强公务员道德建设，为政府行为的规范化提供精神动力。公务员道德在整个社会道德体系中处于主导和核心地位。在改革开放的新时期，政府的一些部门、公职人员的官僚主义、拜金主义和腐化行为都导致了职业道德失范和滑坡，败坏了社会风气。

因此，加强政府行政行为规范化建设，必须从公务员道德建设开始，从而为整个社会的道德建设提供精神动力和思想保证：第一，要树立正确的行政道德价值导向。政府职业道德价值的基点应是谋取公共利益的最大化，政府公务员对自身的权力价值、权力地位应有这一基本认识，要以承担公共责任，维护社会公正等为行政道德价值的取向。第二，要继承和弘扬传统行政道德中的精华。我国传统行政道德中一些合理的精华部分，如克己奉公、清正廉明、天下为公等，在新的形势下要继承和弘扬其合理的内核。第三，要明确并遵守政府公务员的基本行政道德规范，忠于政府、忠于职守、清正廉洁、遵法守纪、实事求是、团结协作。第四，要加强个人道德修养。政府公职人员的自律行为来源于自律的意识。所以，行政道德人格的最终形成，取决于公职人员道德品格的自我锻炼和自我教育，所谓“正气存内，邪不可干”正是如此。只有通过加强公务员道德规范教育，为公职人员的行政行为提供正确的导向，调节和控制公职人员的行为模式，激励公职人员塑造和形成健康、完善的行政道德人格，才能从观念意识上、行政人格上规范各公职人员的行政行为，使政府行政行为规范化建设通过各“个体”达到政府整体行为，达到对社会和公民行为的规范、调整。

因此，公务员道德在提高国家政府效能方面具有十分重要的意义。首先，公务员道德作为一种调控机制，它是“公共权力”健康运行的重要保证，是保障政治信用的重要条件。公务员是代表国家行使公共权力的。由于这种权力有自我扩张和可交换的特点，因而它一旦为个人所掌握，就有异化的可能，致使权力的人民性、公共性和正义性变成权力的个人性、私利性和非正义性，其实质是以权谋私。为了保障公共权力不被滥用，就必须对权力主体的权力行为进行多方面的约束和调控，其中公务员道德就是一种非常重要的约束机制或调控手段。它一方面从他律的角度规定了公务员行使权力的方向和范围，并借助监督机制形成外在约束力；另一方面又从自律的角度强化公务员行使权力的责任意识和公正意识，以及为人民掌权的道德信念，由此构成公务员的自我道德约束。其次，公务员道德还是保证“政令畅通”的重要条件。一个政府的工作效率在很大程度上取决于公务员的职业道德水平。《礼记》中有言：“大德必得其信、必得其禄、必得其名、必得其寿。”这说明只有“有德”，才能“有得”。而一个国家公务员的道德品质是其得到他人尊重、肯定和爱戴的前提，因而也必然是其有效履行公务的重要前提。“其身正，不令而行；其身不正，虽令不从。”公务员只有自己身正，才能保证“政令通行”。政府的工作效率首先来自公务员的工作态度、工作作风、工作热情，以及他们的积极性、主动性和创造性，而这种主观能动性又只能是来自于科学的管理和道德上的引导激励。

第八章

政府信用问题研究

人无信不立，业无信难兴，政无信必颓。毋庸讳言，信用乃是市场经济条件下包括个人、组织和政府机构在内的任何社会主体均须遵循的道德规则与行为规范，因此，在构建我国信用社会的系统工程中，他们中的每一个主体均应责无旁贷地加强自身信用建设，不过，也必须指出的是，在各种信用缺失的现象中，政府失信的行为无论是从其发生频率还是危害程度来看总是最为严重的，“我国最大的信用危机是政府信用危机”①，政府信用的缺失已经成为社会主义市场经济发展的严重障碍，实践生活中的各种政府失信行为几乎到了令人触目惊心的地步，因此，在建设我国信用社会的宏大工程中，政府信用建设乃是最为关键的一环。鉴于政府信用问题在我国信用社会构建中至关重要的地位，本章亦对政府信用问题做出较为深入的研究，以期有助于加强政府信用、提高政府公信力。

第一节　政府信用及其具体形态

诚信和信用是社会运行的基础。然而，人们更多地注意个人的诚信和信用问题，而比较忽略政府的诚信和信用问题。实际上，

① 李新庚：《中国信用制度建设干部培训读本》，241页，北京，中共中央党校出版社，2002。

政府是社会信用的首要主体，政府信用在社会信用体系中具有举足轻重的地位。研究政府信用，对社会信用建设具有十分重要的意义。

一、信用与政府信用

作为一个词组的“信用”，有时具有信任、使用之意，如《左传·宣公十二年》：“其君能下人，必能信用其民”；有时是“一种特定的诚实，它强调的是守约重诺”[①]。如古人云：人之道德，有诚笃不欺，有约必践，夙为人所信任者，为之信用。“信用”在英语中的对应词为“credit”，该词来源于拉丁语动词“credo”，它的意思是“crad”和“do”，“crad”这一名词的梵文解释为“信任”，而动词“do”是拉丁动词“我给予”（I place）的意思，因此，信用一词的原始意思是“我给予信任”（I place trust）。[②]《辞海》列出了“信用”的三种释义：其一，以诚信任用人，信任使用；其二，遵守诺言，实践成约，从而取得别人对他的信任；其三，价值运动的特殊形式。[③] 其中“遵守诺言，实践成约”是信用一词的最基本含义，日常生活中所说的“这个人讲信用”、“这家企业很有信用”等都是指这种含义。这种意义上的信用是一个社会道德范畴。信任使用，或者因遵守诺言和实践成约而取得他人的信任，是信用产生的结果；而作为一种借贷活动——以偿还为条件的价值运动的特殊形式，则是信用的基本含义在经济领域的展开。[④]

历史发展到今天，人类社会的形态发生了翻天覆地的变化，人类的政权形式也经历了无数次的更迭，但是，“信”或“信用”这种美德作为包括个人、企业、立法机关、行政机关以及其他机构或者组织在内的主体进行社会活动的准则并未丧失其重要性，其地位反而日渐突出。经济学家阿罗指出：“信誉是社会系统赖以运行的润滑剂，它非常有效，它省去了许多麻烦，使人们可以对他人生活给予一定的信赖。信誉及类似的价值观忠诚、讲真话等都是商品，它们具有真正的经济价值，它们提供制度的运行效率，从而能使人们生

---

① 郑也夫：《信任论》，9页，北京，中国广播电视出版社，2001。

② 参见洪玫、于天英：《法治社会中的信用体系》，2页，沈阳，辽宁大学出版社，2005。

③ 参见《辞海》，223页，上海，上海辞书出版社，1980。

④ 参见王良主编：《社会诚信论》，11页，北京，中共中央党校出版社，2003。

产更多的产品或人们所重视的东西。”① 这席话充分揭示了信用在现代社会中的重要作用。根据德国旧历史学派的代表人物布鲁诺·希尔德布兰德的观点，人类社会经济的发展经历了自然经济、货币经济和信用经济三个时期，其中信用经济就是较为成熟的市场经济。在这种经济形态下，信用不仅是主体与主体之间发生社会联系、进行交往的基本纽带，而且成为作为主体的个人或者组织行事的基本准则。在信用社会，举凡社会中的个人、企业、立法机关、行政机关以及其他机构或者组织都成为信用主体，而其中的政府信用乃是整个社会信用体系的基石。“在信用经济的链条中，政府信用是极其重要的一环。”② 政府机关是由许多承载着不同职能的具体部门组成的，它们分别实施着政治、经济、法律、军事、文化等各种各样的对社会产生重大影响的行为，它们在实施这些行为时都必须言而有信、言行一致，只有这样，才能取信于民，赢得社会成员的信任，因为权力的合法性基础实际上就是某种信任。③

不过，目前一提到信用，人们往往就将目标瞄向企业或者公民个人，似乎政府与信用无涉，但实际上，相对于其他社会主体而言，政府是最大的信用主体。政府在社会中的地位决定了政府信用对整个社会具有重要影响，政府及工作人员不讲信用，较之于自然人、法人以及其他主体具有更大的危害性。政府是整个社会的表率，是构建社会信用体系的核心，一旦政府缺乏信用，建立社会信用体系就成为一句空话。

在我国目前的社会生活中，企业所欠的“三角债”中有相当一部分是政府下属的企业、事业单位造成的；农民工被拖欠的工资中也有相当一部分是由于建筑队垫付了政府的“形象工程”款而造成的；一些地方假冒伪劣商品屡禁不止的一个重要原因就是当地政府只对当地老百姓讲信用却不对其他地方老百姓讲诚信——实行地方保护主义——造成的。政府如果自己都缺乏信用，又怎么能要求社会上的各个单位和个人也讲求信用？政府失信的代价就是失去民心，

---

① ［美］R. 科斯、A. 阿尔钦、D. 诺斯等：《财产权利与制度变迁》，405 页，上海，上海三联书店，2000。

② 李新庚：《中国信用制度建设干部培训读本》，241 页。

③ 参见郑也夫：《信任论》，105 页。

没有政府信用，社会信用体系的建立就是空谈，因此，政府自身的信用建设是至关重要的。

当然，相较于个人信用与企业信用，政府信用具有以下两方面的特殊性：第一，政府信用的主体是政府，其直接作用对象就是公众，而两者之间的关系并不是平等的契约关系。虽然按照西方的传统观念，人民是政府合法性的来源和政府权威建立的基础，但公众在实际操作中往往处于被动的地位。政府与公众关系的定位不同于商业信用中平等主体双方关系的定位。第二，企业信用或者个人信用中的主体具有一定的选择性，即使一方失信，另一方仍然有选择的余地，而对于政府的失信，公众往往只能被动接受。正是这些特殊性的存在，使得政府一旦失信，其所造成的危害必将更为严重，损失也更加难以弥补。

政府信用包含的范围也是极其广泛的，不同的政府信用类型具有不同的特征，不同类型的政府信用建设也必然具有不同的要求，因此，有必要根据不同的标准将政府信用做出分类，然后分别考察这些具体类型的不同政府信用的特征、呈现出的问题以及建设这些类型的政府信用的要求。一般来说，根据信用的内容、主体等标准，在理论上可以将政府信用区分为如下几种基本类型：规则信用与承诺信用、政府内部信用与政府对公众的信用等。

二、政府的规则信用与承诺信用

从信用内容的角度来看，信用可分为承诺信用与规则信用，相应的，政府信用也可分为政府承诺信用与政府规则信用。规则信用是一定条件下的一种普遍性的约定形式，包括由这种规则引发的关联方式、受规要求及其相应的品行。一般而言，规则信用常常是一种集体意志或社会理性的反映，如政府的政令、法律规定、道德准则乃至特定机构的规章制度等；承诺信用则是一定条件下的一种个别性的约定形式，包括由这种承诺引发的特定的权利和义务关系、受诺要求及其相应的品行。在日常生活中，人们一提及社会信用的缺失，一般就列举经济生活领域的各种具体的失信行为，如做假账、贩假货、违约、毁约等。殊不知，政府的各种政令、规章制度缺乏威信和威力，政府机关对其颁布的政策、指令置若罔闻等，也属于社会信用缺失的现象。

三、政府内部的信用与政府对公众的信用

从信用主体的角度来看，政府信用包括两个方面的内容。一是政府内部的信用，亦即政府内部各机构、部门及其工作人员之间的信用；二是政府对公众的信用，亦即政府机构及其工作人员在行使国家权力时对公民和社会组织的信用。政府信用的本质是对公众的诚信。“政府信用源于公众与政府之间的政治委托——代理关系，其核心部分就是公众对政府的信任和政府对公众的信用。”① 在民主制度下，一个内部信用的政府是对公众信用的必要条件；没有政府内部的信用，就不可能有政府作为一个整体实现对公众的信用。强调政府内部信用是为了更好地实现政府对人民的信用。

1. 政府内部的信用

第一，政府上下级之间的信用。

政府上下级之间的权力划分和具体的运行规则是由宪法和法律规定的。上下级政府及其机构之间，中央与地方之间，虽然存在着命令与执行或者监督与被监督的关系，但这种关系应当是建立在实事求是、诚实信用基础上的，上下级之间应当在法制的范围内处理问题、解决矛盾。反过来说，上级政府及其部门的朝令夕改、出尔反尔以及官僚主义和形式主义的作风，就是对下级政府及其部门不讲信用；而下级政府及其部门阳奉阴违、以“对策”对抗“政策”、虚报浮夸之风盛行，就是对上级政府及其部门不讲信用。

第二，政府中横向的各政权机构之间以及政权机构下属的各部门之间的信用。

在代议制政体下，国家的政权机关通常包括立法机关、行政机关、司法机关、检察机关和军事机关等。为保障国家权力的有序运行，这些政权机关又下设了相应的部门或机构。宪法和法律往往会对横向的国家政权机关彼此之间的权力范围做出划分。不过，任何一项国家权力的划分都不可能达到绝对的精确和分明，一些机构和部门彼此之间的权限范围难免处于一定的不确定之中，此时，就需要依靠政府机构自身的道德约束了。特别是在涉及一些具有“中间地带”性质的权力时，各政权机构及其部门之间就要从国家权力运行的宏观局面出发，以彼此信任、尊重和配合的姿态，谨慎地维护

① 张旭霞：《现代政府信任及其对策性选择》，载《南京社会科学》，2002（11）。

国家权力和宪法制度的稳定与平衡，做出尊重平行部门的选择，而不是互相争权夺利，进行权力抢摊。当在横向的政权机构及其下属部门之间，出现曲解和规避法律、竞相争夺能带来各种利益的权力、竞相推诿各自应负的职责、部门保护和部门利益盛行等现象时，这样的政权机构及其部门就是充斥了利益私心的机构和部门，在它们之间就很难有彼此的信任和道德约束，很难有相互尊重、紧密配合、服务于公众利益的协作精神和使命感，而一个充斥了私心的机构和部门是有从人民的政权机关向利益集团蜕变的危险的。

第三，政府内部工作人员之间的信用。

政府的一切工作实际都是由具体的政府工作人员来完成的，因此，政府工作人员的品质及其相互之间的关系，在很大程度上决定了政府的工作效能，反映了政府的服务宗旨、政府的形象以及政府与公众的关系。政府工作人员应当具备的最基本的品质以及彼此之间应当保持的最基本的关系就是信用。无论政府工作人员之间是上下级关系或者是平行的、横向的关系，在彻底抛弃了人身依附关系、帮派关系的现代公务员制度下，信用无疑是联系政府工作人员关系的最珍贵的纽带。只有讲求信用才有彼此的尊重和合作，才有宽松愉快的工作心情，才有工作效率和质量的提高。反之，当政府工作人员之间充斥着阿谀奉承、尔虞我诈、阴谋诡计和人人自危的恶劣作风时，则不可能达到政府的高效运转，不可能实现政府为民服务的宗旨。

2. 政府对公众的信用

第一，立法机关对公众的信用。

立法机关对公众的信用，表现在它制定一项法律、法规，做出一项决议、决定时，必须从公众的切身利益出发，由衷和真实地反映公众的意愿。当立法机关做出一项决议，与保护公众利益并无很大联系，或者与保护多数人的利益并无联系甚至是在侵害公众利益时，人们就要将这一决议斥责为“恶法”，并进而怀疑起做出这一决议的机关对人民是否忠诚信用了。

第二，行政机关对公众的信用。

行政机关是政府在管理中与公众接触最广泛、行使权力最直接的机关，它对公众的态度和与公众的关系在所有政府机构中最为直接和敏感。密尔甚至将行政机关对公众的态度如何，上升到公众是否愿意接受代议制政府的高度。他说，代议制政府能够存在的第一个条件，就是公众必须愿意接受它。“当一国人民对代议政体缺乏足够的估价和爱慕时，他们就几乎没有希望保持住这种政体。”① 而“在每一个国家，行政是政府行使直接权力的部门，并且是直接和公众打交道的；个人的希望和恐惧主要是指向它的，政府的好处，以及政府的恐怖和威信，也都是主要通过它表现在公众眼里的”②。密尔的这一论述表明，行政机关如何与公众形成一种良性关系是何等的重要。要达到这一目的，信用无疑是最好的策略。而在行政权力广泛扩张，行政活动的领域几乎无所不及的情形下，信用原则必然要“成为行政领域中的一项普遍性原则。它要求行政机关信守自己的诺言，要求行政活动具有真实性、稳定性和善良性，不得变化无常，不得溯及既往”③。

第三，司法机关对公众的信用。

司法机关对公众的信用是通过它以及它的审判人员的公正裁判体现出来的。如果说审判机关与横向的检察机关、行政机关甚至议会机关在某项权力方面出现抢摊行为，司法机关在政权体制内部的信用将受到怀疑的话，那么，一个司法机关的审判人员胆敢收受贿赂，吃了原告吃被告，进行枉法裁判，则可以断定，这样的司法行为已经完全丧失和背弃了对公众的信用，并且在无情地腐化和销蚀司法机关的人民性。因为司法是社会公正的最后一道防线，如果连司法人员都敢于欺骗公众、欺骗社会的话，那么人民将不敢相信社会上还有公正可言。在所有政府及其工作人员对公众的不信用中，几乎没有什么比司法人员对公众的欺骗更罪恶了。

在本章中，我们主要关注政府对公众的信用问题，而在政府对公众的信用问题上，它可能涉及具体的承诺层面，也可能涉及规则层面，在这两者中，规则信用方面凸显的问题更加严重，因此我们主要关注的是政府对公众的规则信用问题，具体言之，它包括立法机关对公众的规则信用（以下简称立法信用）和行政机关对公众的规则信用（以下简称行政信用）两个层面的内容。在我国，由于并

①② ［英］J. S. 密尔：《代议制政府》，汪瑄译，57页，北京，商务印书馆，1997。

③ 应松年：《全国人大常委会机关行政法律制度系列讲座》，16页，北京，全国人大培训中心，2002。

未采取例如英美法系的判例制度，司法机关不具有进行法律创造的权力，作为司法活动典型产物的法院判决仅具有个案针对性，只对具体案件具有法律效力，而不具有普遍效力，也就是说，与规则信用问题无涉，因此不属于本文探讨的范围。

第二节　立法信用及其重要意义

诚如美国著名的法学家庞德所言，16 世纪以来，法律已经成为社会控制的最高手段了①，法律在现代社会中发挥着无可替代的重要作用。法制是由立法、执法、司法和守法等各个环节构成的有机整体，其中，创制法律规范的立法活动无疑是法律产生的源泉，更是法制的其他环节的前提。如果说作为社会主义法制的不同环节的担当者，立法机关、执法机关、司法机关、社会成员等都应成为信用主体，都必须恪守信用的要求，那么，作为立法活动这一法制首要环节承载者的立法机关更是应当遵循信用的要求。在我们看来，所谓立法信用，就是立法机关通过言而有信、言行一致的行为获得社会成员的相信、信赖以建构和积累自己信用的过程。由于立法机关是以创制具有法律效力的行为规范为目的的，因此，所谓立法机关的言而有信、言行一致，其实反映在它们所创制的法律的品质上，亦即法律必须符合社会成员对法律品质的期待和要求。“立法信用往往与法律的规范性、稳定性、明晰性和可操作性有关，倘若一种法律具有伸缩性、易变性、模糊性和不可操作性，那么，在立法上就失去了信用。”② 这里特别要指出的是，在我国，有权制定规范性文件的机关不限于各级人民代表大会及其常务委员会这类本来意义上的立法机关，中央或者地方政府部门虽然是行政机关，但在行政管理的过程中也享有一定的制定规范性文件的权力，因此，这里所说的立法信用的主体范围其实是较为宽泛的，它不仅包括人民代表大会及其常务委员会这一本来意义上的立法机关，而且还包括国务院

---

① 参见［美］罗·庞德：《法律的任务》，沈宗灵译，118 页，北京，商务印书馆，1984。

② 谢晖、丁放：《论法律信用》，载《学习与探索》，1998（4）。

及其部委等其他有权创制规范性文件的国家机关。

在我们看来，立法信用具有以下几个方面的重要意义。

一、立法信用是实现法治的重要前提

法治（the rule of law）历来是人类社会孜孜以求的目标，古希腊思想家亚里士多德指出，“法治应当包含两重意义：已经成立的法律获得普遍的服从，而大家所服从的法律又应该本身是制定得良好的法律”①。法治要获得实现，高度的法律信用不可或缺，因为如果法律没有信用，法律就不会有权威，也无法赢得人们的尊重和信任，更不会有对法律的普遍遵守和服从，法治的目标也将无法实现。目前，“依法治国，建设社会主义法治国家”作为治国方略，已经被写入我国宪法，要实现依法治国的目标，真正做到“有法可依、有法必依、执法必严、违法必究”，高度的法律信用不可或缺。

二、立法信用是其他法律信用的前提

法律信用是法律作为制度规范整体所具有的信用，它涉及从法律的创制到法律的执行过程中诸如立法、执法、司法、法律监督之类的重要环节，这每一个环节都要讲求信用，各个环节的信用共同构成整体的法律信用。法律信用可分为立法信用、法律运行信用和法律矫正信用。其中，立法信用是立法者以制定公正、合理的法律赢得社会主体对立法活动的信任，它要求立法者必须从公平和公正出发，尽力、适时地制定出合理的法律，对过时、滞后的法律进行及时的废止和修改，增强法律的正义性和效用性，从法律条文本身赢得社会主体的认同和信服。法律运行信用是法律通过切实有效的实施赢得社会成员的信任，它包括执法信用和司法信用，不管是行政机关的执法者还是司法机关的裁判者，在执法或者司法的过程中，都必须不折不扣地按照法律规范办事，不得肆意解释法律、自由擅断，违法行政或者枉法裁判，要树立法律言而有信、言行一致的形象，增强和提高法律在人们心目中的地位。法律矫正信用则是通过及时矫正立法和法律运行过程中出现的失信现象，使法律信用得以恢复。矫正信用之所以重要，是因为当法律所肯定的社会关系和秩序受到冲击和破坏时，法律必须强制恢复，如果出现违法不究的现象，必定会破坏人们对法律的信仰和认同。由此可见，立法信用是

---

① ［古希腊］亚里士多德：《政治学》，199页，北京，商务印书馆，1965。

法律运行信用、法律矫正信用的前提，如果立法环节的信用缺失，又没有矫正的机制，则势必使得整个法律制度失去信用。

三、立法信用有助于社会成员树立对法律的信仰

美国法学家伯尔曼教授指出，“法律必须被信仰，否则它将形同虚设”，“没有信仰的法律将退化成为僵死的教条”。应该说，法律的信徒不是天生的，也不是仅仅靠向社会成员灌输“法律必须信仰”的观念就可以完成的，必须通过实实在在的努力让人们感受到法律值得尊重和信仰。毫无疑问，执法机关进行严格执法、普法教育等都是法律得以普遍信仰的重要与必要条件，但法律要被信仰，归根结底还是取决于法律自身的“素质”。这其实就是对立法信用的要求。法律信用是法律信仰的前提，如果法律没有信用，人们便不会相信、尊重法律，视法律为摆设，更不会用法律来规范自己的行为，法律越多，人们对它的失望感也就越强。反之，社会成员就有可能确立法律神圣、法律至上的观念，必然会出现循法守法的局面。

四、立法信用有助于在全社会范围内实现诚实信用的良好风尚

法律是否具有信用，不仅涉及法治的成败，而且关涉主体精神文明的走向、状态和程度。① 因为规则——无论是政府的政令还是法律法规和伦理准则，都是一种价值导向和规范要求，这些具有普遍指导性的价值原则和规范要求，构成了社会价值体系和社会成员的行为选择方式，并由此产生出合理的社会行为类型和行为预期。当前，正是由于这些规则缺乏应有的威信和威力，才会使人们在社会生活中因缺乏足够的价值信念而食言失信。规则作为一种行为范式，对人们的心灵和行为方向具有统摄和普遍规制的作用，因而，唯有规则真正成为人们把握世界的实践原则，社会才会有普遍而稳定的良好行为秩序。② 法律有信，不但会强化人们对法律权威的崇尚，而且必然会成为社会道德的强化力量；反之，法而无信，立法、执法皆背法而行，那么不但法治因信用危机而出现紊乱，而且社会道德会因此而沦丧。

五、立法信用有助于降低法律成本

法律成本是指法律系统运作的全部费用支出，它具体包括立法

① 参见谢晖、丁放：《论法律信用》，载《学习与探索》，1998（4）。

② 参见王淑芹：《信用概念疏义》，载《哲学动态》，2004（3）。

与法的实施等各个环节中的当事人为实现权利、行使权力、履行义务和承担责任所耗费的人力、物力、财力、时间等资源。从法的运行角度看，法律成本可分为立法成本和实施成本，前者指立法过程中人力、物力、财力和时间等资源的支出；而后者则指人们在执法、司法、守法等法律实施过程中的投入。从立法成本的角度来看，法律的稳定性越强，立、改、废的次数就越少，费用也就越低；从实施成本的角度来看，法律内容越科学、可操作性越强，则法律就越容易实施。由此看来，如果立法具有信用，制定了完善的法律即提高法律的立法质量，就有助于降低法律成本。

第三节　立法信用缺失的典型形态

将信用作为立法者的活动箴规，其实是对立法者提出了制定“良法”的要求。虽然自然法学派与分析实证法学派在“恶法是否为法”的问题上一直争论不休，但对任何立法者而言，则不能主张恶法亦法，而是要制定出良善的法律，如果存在恶法，则应从速修正或者废止，不可纵容恶法延宕作恶，危害社会。“立法者之神圣职者，不仅止于‘立法’而已，必须更进一步地对社会实质公平正义负责。故立法者之职责是‘立善法，废恶法’。”① 如果在立法的过程中，立法者不能秉持信用的精神，就难以制定出良法，会出现立法不信用的现象。我们认为，立法不信用典型地表现为法律规范之间存在着冲突，而其中法律、法规或者规章等违反宪法乃是最值得关注的法律冲突现象。此外，立法不信用还可包括法律存在着漏洞以及法律自身存在着瑕疵两种情形，以下分别述及。

一、违反宪法

1. 行政规章违反宪法和法律

国务院于 1996 年 2 月 1 日颁布并于 1997 年 5 月 20 日修正的《中华人民共和国计算机信息网络国际联网管理暂行规定》（以下简称《暂行规定》）第 13 条规定：“从事国际联网业务的单位和个人，应当遵守国家有关法律、行政法规，严格执行安全保密制度，不得

① 尹章华：《民法理论之比较与辨正》，21 页，台北，文笙书局，1992。

利用国际联网从事危害国家安全、泄露国家秘密等违法犯罪活动，不得制作、查阅、复制和传播妨碍社会治安的信息和淫秽色情等信息。”为了落实该规定，经国务院批准，公安部于 1997 年 12 月 30 日发布了《计算机信息网络国际联网安全保护管理办法》（以下简称《办法》），该《办法》第 5 条规定：“任何单位和个人不得利用国际联网制作、复制、查阅和传播下列信息：（一）煽动抗拒、破坏宪法和法律、行政法规实施的；（二）煽动颠覆国家政权、推翻社会主义制度的；（三）煽动分裂国家、破坏国家统一的；（四）煽动民族仇恨、民族歧视，破坏民族团结的；（五）捏造或者歪曲事实，散布谣言，扰乱社会秩序的；（六）宣扬封建迷信、淫秽、色情、赌博、暴力、凶杀、恐怖，教唆犯罪的；（七）公然侮辱他人或者捏造事实诽谤他人的；（八）损害国家机关信誉的；（九）其他违反宪法和法律、行政法规的。”第 20 条规定：“违反法律、行政法规，有本办法第五条、第六条所列行为之一的，由公安机关给予警告，有违法所得的，没收违法所得，对个人可以并处五千元以下的罚款，对单位可以并处一万五千元以下的罚款，情节严重的，并可以给予六个月以内停止联网、停机整顿的处罚，必要时可以建议原发证、审批机构吊销经营许可证或者取消联网资格；构成违反治安管理行为的，依照治安管理处罚条例的规定处罚；构成犯罪的，依法追究刑事责任。”我们认为，《办法》的规定存在着以下缺陷：第一，我国《立法法》第 71 条规定，“国务院各部、委员会、中国人民银行、审计署和具有行政管理职能的直属机构，可以根据法律和国务院的行政法规、决定、命令，在本部门的权限范围内，制定规章。部门规章规定的事项应当属于执行法律或者国务院的行政法规、决定、命令的事项”。该条明确规定了国务院部委的“立法”权限，公安部颁布的《办法》第 5 条本是为落实《暂行规定》第 13 条而设立的细化条款，但它超出了《规定》对适用群体的限制，将“从事国际互联网业务的单位和个人”越权更改为“任何单位和个人”，篡改了法律关系主体，这不仅直接干涉和侵犯了非从事国际互联网业务的单位和个人的基本权利，而且也违反了《宪法》与《立法法》的相关规定。第二，我国《宪法》第 33 条规定：“凡具有中华人民共和国国籍的人都是中华人民共和国公民。中华人民共和国公民在法律面前一律平等。国家尊重和保障人权。任何公民享有宪法和法律规定的权利，同时必须履行宪法和法律规定的义务。”第37条规定：“中华人民共和国公民的人身自由不受侵犯”。也就是说，我国公民有权从事任何不违反法律以及侵害他人的活动，当然包括有权以任何形式“查阅”或获取除国家机密、商业秘密以外的信息，即便这些信息属于淫秽、色情、赌博等不良信息，因为在价值多元的现代社会中，任何一个国家固然都应该提倡每个社会成员都应具有高尚的道德情操，但是，它并不能通过强制的手段来推行它自认为良善的道德观念与生活方式，浏览或者查阅各种不良信息，只要没有损害社会公共利益以及其他人的任何权益，就不能对这些行为在法律上加以惩治，否则就侵害了公民所享有的基本自由和权利。

2. 地方性法规违反宪法

2002年10月31日，上海市第十一届人民代表大会常务委员会第四十四次会议通过了《上海市房地产登记条例》，该条例第49条规定：“房屋尚未建成时，有下列情形之一的，当事人可以申请预告登记：（一）预购商品房及其转让……”第51条第一款规定，预购商品房未经预告登记的，不予办理预购商品房转让的预告登记。2004年4月14日，上海市人民代表大会常务委员会通过决议，修改《上海市房地产登记条例》，做出如下修改，“一、第49条第一款第一项修改为‘（1）预购商品房以及按照市人民政府有关规定进行预购商品房的转让’；二、第51条第一款修改为：‘预购商品房未经预告登记的，或者不符合市人民政府有关规定进行预购商品房转让的，不予办理预购商品房转让的预告登记。’”也就是说，上海市人大常委会修改《上海市房地产登记条例》，将“房屋尚未建成时，当事人要预购商品房以及转让商品房可以申请预告登记”，修改为“预购商品房以及按照市人民政府有关规定进行预购商品房的转让”可以申请预告登记；将“预购商品房未经预告登记的不予办理预购商品房转让的预告登记”，修改为“预购商品房未经预告登记的，或者不符合市人民政府有关规定进行预购商品房转让的”，不予办理预购商品房转让的预告登记。

这一规定显然是上海市人大授权上海市政府对预购商品房的转让加以管制。诚然，面对少数人以短期炒作来抬高房价从而损害老百姓利益的行为，加强政府对房地产交易的管制具有相当大的必要性，然而，这一授权却也存在着违宪之嫌。所有权是民事主体享有的一项基本权利，自然人在购买了期房以后，也就获得了该期房的所有权，自然可以行使所有权的各项权能，包括诸如占有、使用、收益、处分之类的权能，因此，他当然有权自主决定在期房交割之前对其进行买卖、出租等。民事主体享有的此种财产权是公民的一项基本权利，有关财产的制度也是国家的一项基本制度。对此，我国《宪法》第 13 条和《宪法修正案》第 22 条规定，“公民的合法的私有财产不受侵犯”；“国家依照法律规定保护公民的私有财产权和继承权”；“国家为了公共利益的需要，可以依照法律规定对公民的私有财产实行征收或者征用并给予补偿”。如果要对公民的基本财产权利加以限制，进行限制的主体只能是最高立法机关，其他机关均无此类权限。我国《宪法》第 62 条规定，“全国人民代表大会行使下列职权：……（三）制定和修改刑事、民事、国家机构的和其他的基本法律”。第 67 条规定，“全国人民代表大会常务委员会行使下列职权：……（二）制定和修改除应当由全国人民代表大会制定的法律以外的其他法律；（三）在全国人民代表大会闭会期间，对全国人民代表大会制定的法律进行部分补充和修改，但是不得同该法律的基本原则相抵触”。我国《立法法》第 7 条也做出了相应的规定，此外，第 8 条规定，“下列事项只能制定法律：……（五）对公民政治权利的剥夺、限制人身自由的强制措施和处罚……（七）民事基本制度；（八）基本经济制度以及财政、税收、海关、金融和外贸的基本制度”。第 9 条规定，“本法第 8 条规定的事项尚未制定法律的，全国人民代表大会及其常务委员会有权作出决定，授权国务院可以根据实际需要，对其中的部分事项先制定行政法规，但是有关犯罪和刑罚、对公民政治权利的剥夺和限制人身自由的强制措施和处罚、司法制度等事项除外”。照此看来，规定民事法律基本制度的规范性文件只能是法律，对于尚未制定法律的事项，全国人民代表大会及其常务委员会也只能授权国务院制定行政法规，地方性法规根本就无权染指民事基本制度。期房交易、房地产买卖关涉到物权与债权，属于基本民事法律制度的范畴，由于民事主体在购买了期房以后，就享有完全的排他的使用权和处分权，包括以自己接受的价格按照选定的时间自由出售，这是民事主体享有的财产权的基本内容之一，因此，如果要对之做出限制，即使不是由全国人大及其常务委员会以法律的形式来进行，起码也是由国务院以制定行政法规的方式来进行。根据上述分析，我们认为，上海市人大无权授权上海市政府对公民转让预购房地产的行为加以限制。

中共河北省委政法委员会于2003年12月31日颁布的《关于政法机关为完善社会主义市场经济体制创造良好环境的决定》第7条规定："对民营企业经营者创业初期的犯罪行为，已超过追诉时效的，不得启动刑事追诉程序；在追诉期内的，要综合考虑犯罪性质、情节、后果、悔罪表现和所在企业当前的经营状况及发展趋势，依法减轻、免除处罚或判处缓刑。对国家工作人员应当办理而故意刁难、设置阻力，迫使民营企业经营者行贿的，对行贿者要依法酌情从轻、减轻处罚。对法律法规未禁入的基础设施、公用事业及其他行业和领域，以及为实现投资主体多元化而进入垄断性企业的民营资本，不得以不具备权利能力而认定投资、经营合同无效，不得违法进行经济或行政制裁。"第8条规定："合理区分企业家的个人行为和职务行为、正常经营风险和违法犯罪活动的界限，提高企业家对其经营活动的法律预期，鼓励其大胆经营。对企业经营、承包、租赁等及改制过程中产生的纠纷，依法按照民事纠纷处理，不得启动刑事追诉程序；对引进的新技术、新工艺、新设备，由于不能熟练掌握而生产、销售有一般质量瑕疵的商品，作为产品质量纠纷处理；对国有企业改制过程中因清产核资、资产评估、交易收购、价款支付、债权债务、职工利益等引发的纠纷，按照民事纠纷处理；对国有企业整体承包、租赁的经营者，在收益分配、上交费用、资金使用等方面与国有资产出资人发生的争议，依法按照民事纠纷处理。"本来，诉讼程序是否发动、追诉时效何时发动与终止等问题关涉公民的基本权利，对这些问题进行规制只能采用法律的形式。我国《立法法》第8条规定："下列事项只能制定法律：……（四）犯罪和刑罚；……（九）诉讼和仲裁制度……"。

这就充分表明，效力层次低于法律的行政法规、规章或者地方性法规根本不能规制犯罪、刑罚等事项，更不能决定定罪的依据、量刑的情节等事项。诚然，在经济转轨的过程中，部分行为合法与不合法的界线有时模糊不清，是否具有违法性确实难以认定，但是，从法制的要求来说，只允许存在法院因证据不足而不予起诉或做出无罪判决的现象，却不能容许存在国家权力机关自我否定、对明显的犯罪活动也高抬贵手的做法。否则，就从根本上违反了法律的规定和精神。

二、法律发生冲突

任何法律体系都必须具有内在协调性。法律体系的内在协调性，是指法律体系内部的规范之间没有冲突的现象。人们历来对法律的普遍性与一致性有着强烈的追求和愿望。正如美国法学家卡多佐所言，如同在大自然的进程中一样，我们赋予了连续一致性以法律这个名称。① 法律体系内部的各个法律规范之间必须具有形式上的协调性和一致性。法律规范是人的意志的产物，是一定的立法机关制定的，具有主观意志性，但是，法律要在其适用之中产生立法者所希望的社会效果，就必须具有确定性，即法律许可、命令或禁止何种行为，相互之间不应发生冲突。法律规范是根据人们的行为设立的，一定的行为规范总是与一定的行为要求相联系的，如某一规范规定了甲行为，那么属于该规范管辖范围之内的人就有义务按照该规范的规定实施行为，但如果在同一法律体系中存在的另一规范规定了与甲行为相悖的行为，那么这一法律体系中就存在着相互冲突的规则，在该法律体系管辖之下的人们就会无所适从，法律就缺乏确定性，同时也给处于法律体系中的人们的生活带来了不安定的因素，司法机关所做出的法律判决，也因为失去了正当的法律依据，从而丧失了正当性。因此，法律规范之间应该避免发生冲突，或者在法律冲突发生的情况下法律体系本身应该存在解决法律冲突的机制。法律规范之间的冲突将破坏法律的确定性和行为结果的可预测性，给法律的遵守和适用带来困难，破坏法律体系的统一性。我们认为，立法者制定的法律发生冲突的现象有如下几种情况：

1. 同一立法机关在同一部法律、法规或规章中所规定的规范相互冲突

我国现行法中存在着一定数量的法律制度相互冲突的现象。如我国《合同法》第 51 条所确立的无权处分制度就与《合同法》第 150 条所确立的权利瑕疵担保责任制度冲突。我国《合同法》第 51 条规定：“无处分权的人处分他人财产，经权利人追认或者无处分权

---

① 参见［美］博登海默：《法理学——法哲学及其方法》，邓正来、姬敬武译，229 页，北京，华夏出版社，1987。

的人订立合同后取得处分权的，该合同有效。”该条所确立的法律制度就是无权处分制度。我国民法学界的通说认为，该条所涉及的“处分”是指法律上的处分，包括财产的出让、赠与、在财产上设定抵押等行为①，如在出卖他人之物的情况下，无处分权人未经权利人同意即将其标的物出卖于相对人，则处分人与相对人之间的买卖合同效力未定②。但是，如果对该条做出这样的解释，就会与《合同法》第150条的规定相冲突。我国《合同法》第150条规定：“出卖人就交付的标的物，负有保证第三人不得向买受人主张任何权利的义务，但法律另有规定的除外。”该条所确立的制度就是权利瑕疵担保责任。权利瑕疵担保责任是违反权利瑕疵担保义务所承担的责任，而权利瑕疵担保义务则是指出卖人就买卖标的物对买受人负有任何第三人不能主张任何权利的义务。权利瑕疵担保责任所解决的典型案例就是出卖人出卖他人之物的情形，当出卖人出卖他人之物时，根据权利瑕疵担保责任制度，出卖人与买受人之间的买卖合同是有效的，只是由于出卖人对出卖的标的物不享有处分权，出卖人最终无法向买受人交付标的物，因此，该出卖人应向买受人承担类似于违约责任的权利瑕疵担保责任。根据《合同法》第51条的规定，出卖他人之物的买卖合同是效力未定的，而根据《合同法》第150条的规定，出卖他人之物的买卖合同则是有效的，因此，这两个法律条文之间就发生了冲突。

再如1999年《中华人民共和国公司法》第37条规定：“有限责任公司股东会由全体股东组成，股东会是公司的权力机构，依照本法行使职权。”而第102条规定：“股份有限公司由股东组成股东大会。股东大会是公司的权力机构，依照本法行使职权。”该条与第37条相比较，缺少了“全体”二字，正是这一规定在实践中形成了极不好的后果，因为股份有限公司的几个大股东只要持股数达到法定开会比例，就属于符合公司法规定的条件，就可以召开股东大会决定公司重要事务，这往往导致大股东抛开中小股东从而损害中小股

① 参见王利明、崔建远：《合同法新论·总则》，301页，北京，中国政法大学出版社，1997；另参见乔平：《善意取得与无权处分的法律竞合及适用》，载《河北法学》，2000（3）。

② 参见梁慧星：《如何理解合同法第五十一条》，载《人民法院报》（第3版），2000-01-08。

东利益的现象。这一条款现已得到修正。

2. 同一立法机关先后制定的法律法规中规定的规范相互冲突

在我国，全国人民代表大会及其常务委员会是国家的立法机关，承担着主要基本法律的制定任务，不过，它在不同时期制定的不同法律中也存在着某些规范相互冲突的现象。

《中华人民共和国民法通则》第122条规定，“因产品质量不合格造成他人财产、人身损害的，产品制造者、销售者应当依法承担民事责任。运输者、仓储者对此负有责任的，产品制造者、销售者有权要求赔偿损失”；但是，《中华人民共和国产品质量法》却规定，“因产品存在缺陷造成人身、缺陷产品以外的其他财产损害的，生产者应当承担赔偿责任”，“由于销售者的过错使产品存在缺陷，造成人身、他人财产损害的，销售者应当承担赔偿责任”。从这两个法律关于产品制造者、销售者应承担的民事责任的规定来看，《中华人民共和国民法通则》要求生产者、销售者均承担严格责任；而《中华人民共和国产品质量法》只要求生产者承担严格责任，而销售者仅被要求承担过错责任。

《中华人民共和国广告法》第38条规定，“违反本法规定，发布虚假广告，欺骗和误导消费者，使购买商品或者接受服务的消费者的合法权益受到损害的，由广告主依法承担民事责任；广告经营者、广告发布者明知或者应知广告虚假仍设计、制作、发布的，应当承担连带责任”，“广告经营者、广告发布者不能提供广告主的真实名称、地址的，应当承担全部民事责任”。但《中华人民共和国消费者权益保护法》第39条却规定，“消费者因经营者利用虚假广告提供商品或者服务，其合法权益受到损害的，可以向经营者要求赔偿。广告的经营者发布虚假广告的，消费者可以请求行政主管部门予以惩处。广告的经营者不得提供经营者的真实名称，应当承担赔偿责任”。这两部法律在以下几个方面存在着冲突：第一，前者规定广告经营者、发布者在明知广告者发布虚假广告的情况下应当承担连带责任；而后者则无类似的规定；第二，前者规定承担责任的主体包括广告主、广告经营者和广告发布者，而后者则仅将责任主体规定为经营者与广告经营者，尚未包括广告发布者；第三，前者明确规定广告经营者、广告发布者不能提供广告主的真实名称、地址的，应当承担全部民事责任，而后者仅规定广告经营者不能提供经营者的真实姓名，应当承担赔偿责任。

《中华人民共和国国家赔偿法》第 9 条规定：“赔偿请求人要求赔偿应当先向赔偿义务机关提出，也可以在申请行政复议和提起行政诉讼时一并提出。”而《中华人民共和国行政复议法》第 29 条却规定：“申请人在申请行政复议时没有提出行政赔偿请求的，行政复议机关在依法决定撤销或者变更罚款，撤销违法集资、没收财物、征收财物、摊派费用以及对财产的查封、扣押、冻结等具体行政行为时，应当同时责令被申请人返还财产，解除对财产的查封、扣押、冻结措施，或者赔偿相应的价款。”根据前者的规定，应当由赔偿请求人主动提出赔偿要求，启动行政赔偿程序；而根据后者的规定，则是由复议机关责令被申请人做出赔偿要求，由复议机关直接启动赔偿程序。

《中华人民共和国土地管理法》第 16 条规定：“当事人对有关人民政府处理决定不服的，可以在接到处理决定通知之日起 30 日内，向人民法院起诉。”而《中华人民共和国行政复议法》第 30 条第二款却规定：“根据国务院或者省、自治区、直辖市人民政府对行政区划的堪定、调整或者征用土地的决定，省、自治区、直辖市人民政府确认土地、矿藏、水流、森林、山岭、草原、荒地、滩涂、海域等自然资源的所有权或者使用权的行政复议决定为最终裁决”。这两部法律就同一事项做出了完全相反的规定，使得有关的当事人无所适从。

3. 不同的规范创制机关所制定的具有同等法律效力的规范性文件中所规定的法律规范相互冲突

在我国，国务院各部委有权制定部门规章，这些规章大多数是在全国范围内适用的，它们往往可能调整或者规制同一事项，在这一过程中，往往可能会出现不同的部门规章中的规范发生冲突的现象。

文化部于 1993 年颁布的《营业性歌舞娱乐场所管理办法》第 14 条规定，“营业性歌舞娱乐场所使用的激光视盘（录像伴奏片）由各省、自治区、直辖市文化厅审批”，而广播电影电视部在 1982 年颁布的《录音录像制品管理暂行规定》第 2 条却规定，“各类卡拉 OK 节目由各省音像管理部门审批后才能播出”，由此可见，不同的部门对同一事项做出了不同的规定，也就是规定了不同的管辖部门，即前者规定由各省、自治区、直辖市文化厅管辖，而后者却规定由各省音像管理部门管辖。

邮电部门发布的规章，与交通部发布的规章在有关特定运输事项是否构成“邮政业务”上存在着冲突。根据国家邮政主管部门有关“邮件直寄”的规定，将用户交寄的邮包装上租用的社会车辆实行点到点、门对门服务，属于邮政业务。但是，根据 1999 年 10 月 22 日交通部的规定，道路货物运输包括汽车邮件运输，邮政企业不使用邮政标志的，可视为道路货运，必须按照交通部门的有关规定，办理有关营运手续。

1988 年《中华人民共和国水法》规定：“水费和水资源费的征收办法，由国务院规定”。由于国务院未作具体规定，电力工业部规定，“在国务院具体规定颁布前，任何单位不得自行征收和交付水资源费、库区开发费”，而水利部则规定，“水力发电也应依法交纳水资源费”。两者之间显然存在着冲突。

4. 不同规范创制机关所制定的具有不同法律效力的规范性文件中所规定的法律规范相互冲突

现代的立法体系往往是复杂的，各国法律一般是由多层次的立法机关制定的，这些立法机关制定的关涉同一事项的规范可能会发生冲突。如《中华人民共和国全民所有制工业企业法》第 18 条规定，“企业合并或者分立，依照法律、行政法规的规定，由政府或者政府主管部门批准”，但是《全民所有制工业企业转换经营机制条例》第 16 条却规定，“企业按照自愿、有偿的原则，可以兼并其他企业，报政府主管部门备案”。企业合并分为新设合并和吸收合并，吸收合并就是兼并，它只是企业合并的一种形式，该条例改变了《中华人民共和国全民所有制工业企业法》的规定，将企业合并的范围缩小至兼并。

《中华人民共和国保守秘密法》第 33 条规定：“国家保密工作部门根据本法制定实施办法，报国务院批准后施行”。该法并没有规定国务院可以再授权其他机关制定实施办法，但是《中华人民共和国保守秘密法实施办法》第 39 条却规定：“中央国家机关和各省、自治区、直辖市政府，可以根据本系统、本地区的实际情况，根据《保密法》和本办法制定实施细则。”后者显然扩大了前者规定的有权制定实施细则的机关的范围。

1989年《中华人民共和国传染病防治法》第40条规定，“国务院卫生行政部门根据本法制定实施办法，报国务院批准后施行”，该条并未规定国务院可以向省级人民政府授权，但是《中华人民共和国传染病防治法实施办法》第74条却规定，“省、自治区、直辖市政府可以根据《传染病防治法》和本办法制定实施细则”，后者同样也扩大了前者规定的有权制定实施细则的机关的范围。

根据《中华人民共和国渔业法》的规定，我国的一切渔业资源归渔业行政管理部门管理，其中，国务院渔业行政主管部门主管全国的渔业工作。县级以上地方人民政府渔业行政主管部门主管本行政区域内的渔业工作。而《中华人民共和国自然保护区管理条例》却规定，“自然保护区一切自然资源由自然保护区统一管理”，这样，位于江河湖泊的自然保护区适用不同的法律就会由不同的行政机关管理。

《中华人民共和国草原法》第49条规定，“禁止在荒漠、半荒漠和严重退化、沙化、盐碱化、石漠化、水土流失的草原以及生态脆弱区的草原上采挖植物和从事破坏草原植被的其他活动”。而国务院发布的《野生药材自愿保护管理条例》第八条则规定，“采猎二、三级保护野生药材物种的，不得在禁止采猎区，禁止采猎期进行采猎”，两者的规定就存在着差异。

《中华人民共和国城市房地产管理法》第39条规定，“以划拨方式取得土地使用权的，转让房地产时，应当按照国务院规定，报有批准权的人民政府审批。有批准权的人民政府准予转让的，应当由受让方办理土地使用权出让手续，并依照国家有关规定缴纳土地使用权出让金”。但是，按照《城镇国有土地使用权出让和转让暂行条例》第45条的规定，划拨土地使用权和地上建筑物转让时，应当由转让方办理土地使用权出让手续。两者的规定截然相反，让从事房地产交易的当事人无所适从。

在我国，国务院所属部委有权制定部门规章，该规章对其所规制的行业在全国范围内具有法律效力，而省、自治区、直辖市以及国务院批准的较大市的人民代表大会、人民政府可以制定地方性法规和地方性规章，这些法规和规章在相应的行政区划内具有法律效力。不过，当这两类规范性文件规制同一事项时，却往往可能发生冲突。如建设部、公安部制定的《城市出租汽车管理办法》第7条规定："国务院建设行政主管部门负责全国的城市出租汽车管理工作。县级以上地方人民政府建设行政主管部门负责本行政区域内出租汽车的管理工作。出租汽车的具体管理工作可以委托客运管理机构负责。"而《内蒙古自治区道路运输管理条例》（1998年）第6条规定："旗县以上交通行政主管部门负责本行政区域内的道路运输管理工作，并可以委托道路运输管理机构负责道路运输的行政管理工作和处罚工作。"《呼和浩特市客运出租汽车管理办法》第3条则规定："市和旗、县交通管理部门是客运出租汽车的主管部门，对客运出租汽车实行统一管理。"对出租汽车，建设部门依照国务院部门规章进行管理，而交通部门则依据地方性法规进行管理，使出租汽车司机左右为难。

根据《福建省房屋消费者权益保护条例》第14条规定，消费者与经营者未约定经营者交付的房屋面积允许误差的，"不足部分超过千分之六的，经营者应当加倍予以补偿，并承担房屋面积的测量费用和消费者因此而受到的其他损失。"而建设部发布的《商品房销售管理办法》第20条规定，"面积误差比绝对值在3%以内（含3%）的，据实结算房价款；面积误差比绝对值超出3%的，买受人有权退房。买受人退房的，房地产开发企业应在买受人提出退房之日起30日内将买受人已付房价款退还给买受人，同时支付已付房价款利息。买受人不退房的，产权登记面积大于合同约定面积，面积误差比在3%以内（含3%）部分的房价款由买受人补足；超出3%部分的房价款由房地产开发企业承担，产权归买受人。产权登记面积小于合同约定面积时，面积误差比绝对值在3%以内（含3%）部分的房价款由房地产开发企业返还买受人；绝对值超出3%部分的房价款由房地产开发企业双倍返还买受人。"这样，按照地方性法规和部门规章，消费者就会得到不同的待遇，经营者违约也就应承担轻重不同的责任。

因房屋买卖、交换、赠与、继承、划拨、转让、分割、合并、裁决等原因致使其权属发生转移的，根据建设部《城市房屋权属登记管理办法》第17条的规定：申请人应当自事实发生之日起90日内申请转移登记；对逾期申请房屋权属登记的，登记机关根据该办法第二十九条的规定，可以按照规定登记费的3倍以下收取登记费。不过，该办法没有规定行政处罚。而根据《南京市城镇房屋权属登记管理办法》第 19 条的规定：房屋发生权属变化，由权利人自事实发生之日起 30 日内申请转移登记；不按期申报办理非公有房屋权属登记的，根据该办法第三十五条的规定，应责令限期改正，拒不改正的，市、县房管机关或其委托的机构可以处以 1 000 元以下的罚款。

《北京市政府采购办法》第 3 条规定，“市财政局负责政府采购工作的管理、监督和指导，市财政局所属北京市政府采购办公室负责政府采购的日常事务性工作。”第 7 条规定：“政府采购应当通过公开招标方式进行，本办法另有规定的除外。”而首批列入政府采购目录的包括：小汽车、大轿车、摩托车、其他专项控制商品、微机；单价 10 万元以上的设备、劳务、服务基础以及公共工程；批量总价在 30 万元以上的大宗大型购置，会议定点场所单位、行政单位编制内车辆统一汽车保险，行政单位汽车定点维修。但是，财政部《政府采购管理暂行办法》第 7 条规定：“省、自治区、直辖市和计划单列市人民政府财政部门负责本地区政府采购的管理和监督工作。”第 21 条规定：“除第二十二条、第二十三条、第二十四条规定外，达到财政部及省级人民政府规定的限额标准以上的单项或批量采购项目，应实行公开招标采购方式或邀请招标采购方式。”这样，财政部的规章与北京市政府的规章存在冲突，令管理对象无所适从。

公安部《高速公路交通管理办法》第 4 条规定，“行人、非机动车、拖拉机、农用运输车、电瓶车、轮式专用机械车、全挂牵引车，以及设计最高时速低于七十公里的机动车辆……实习驾驶员禁止驶入高速公路。山东省《济青高速公路管理办法》第 16 条却规定，“禁止行人、非机动车、拖拉机、摩托车（公安机关执行紧急任务的除外）、电瓶车、履带车、轮式专用机械车（高速公路的养护车辆除外）以及设计最大时速小于 70 公里的机动车进入高速公路”。《河南省高速公路交通管理规定》第 5 条则规定，“行人、非机动车、拖拉机、农用运输车、摩托车、电瓶车、轮式专用机械车、全挂载重车以及设计最高时速低于 70 公里的机动车辆”，“实习驾驶员”禁止驶入高速公路。

全国人民代表大会常务委员会于 1994 年 10 月 27 日颁布的《中华人民共和国母婴保健法》第 12 条规定：“男女双方在结婚登记时，

应当持有婚前医学检查证明或者医学鉴定证明。”但是，国务院于2003年8月8日颁布的《婚姻登记条例》第5条规定的办理结婚登记的内地居民需要提交的有关证件中，却并没有包括需要提交“婚前医学检查证明”，这就是所谓的自愿婚检制度。2005年6月24日，黑龙江省第十届人大常委会第十五次会议对《黑龙江省母婴保健条例》进行了修正，保留了原《条例》中规定的“准备结婚的男女双方应当接受婚前医学检查和婚前健康教育，凭婚前医学检查证明，到婚姻登记机关办理婚姻登记”等内容，也就是说，婚姻当事人在结婚登记时，需要提供婚前医学检查证明。这样，法律、行政法规与地方性法规之间就发生了冲突。

不同的地方性人民代表大会和地方性人民政府在其管辖区域内有权制定地方性法规和地方性规章，这些规范性文件在不同的行政区划内发生法律效力，因其适用范围不同，即使它们的某些规范相左，也不能说存在着法律冲突问题，不过，如果某一或者某些社会成员辗转迁徙在不同的区域，这种法律不统一的现象势必给其社会生活带来不便。如就献血行为而言，《上海市献血条例》第27条规定：“有工作单位的不符合献血条件的公民需要医疗临床用血的，凭所在单位的完成献血计划证书用血。未完成年度献血计划的单位，其职工需要医疗临床用血的，单位应当向所在地区、县血液管理机构交纳用血互助金。”《江苏省献血条例》第25条规定：“不符合献血条件的公民需要临床用血的，免交用血互助保证金。”《重庆市献血条例》第26条则规定：“公民医疗临床用血时（献血者除外），有下列情形之一的，应向用血医疗机构所在地献血办公室交纳用血费的三倍作为用血补偿金：（一）单位未完成上年度献血计划的；（二）无工作单位的；（三）外地来本市就医的，而根据《山西省公民献血条例》第26条的规定，“公民临床用血时，只交付用于血液的采集、储存、分离、检验等费用”，该条例没有规定用血保证金制度。

三、法律存在漏洞

法律体系还必须具有完备性。法律体系的完备性是指法律体系应当包括能够充分地调整社会生活中的各种行为的法律规范，能解决可能产生的各种法律问题。法律体系的完备性是法律体系权威性的要求，也是法律信用的基本要求。当法律体系不完备时，该法律体系就存在着漏洞，无论是执法者、裁判者还是社会成员，如果欲诉诸法律来执法、处理纠纷或者寻求保护总是求而不得，那么必然对法律不会产生亲近感。当然，法律体系的完备性是一个相对的标准，它是随着社会组织和社会生产的复杂程度不同而异的，但是，在应当而且能够将有关事项加以明确规定的情况下，就没有必要保留法律漏洞，让法律存在着调整的飞地，否则，就会造成“无法可依”的局面，也就不可能做到“依法而治”，最终必将损害法律的权威。

自改革开放以来，我国在立法方面取得了长足进步，据统计，自1979年到1993年，全国人大及其常委会共制定248部法律和有关法律方面问题的决定，国务院颁布了700多部行政法规；此外，国务院各部和有关地方人民政府也制定了数以千万计的行政法规、规章。① 近些年来，立法的速度仍在不断加快，法律、法规的出台一部接着一部，特别是在近几年，立法速度更是惊人，几乎每天都有新的法律或法规出台。这股汹涌的立法大潮使得我国在市场经济条件下建设法治社会的“硬件”系统逐渐完善，但是，我国现行的法律体系中仍然存在着不少法律漏洞。

如我国现行《合同法》未确立情势变更原则就是一个显著的例子。情势变更原则就是指合同依法成立以后，因山洪、地震、战争等不可归责于双方当事人的事由发生情势变更，仍维持合同的效力显失公平，则受不利影响的一方当事人可请求法院或仲裁机关予以变更或解除的原则。我国立法一直未确立这一制度，不过，在司法实践中出现了不少这方面的案例，一些法院的法官根据民法理论做出了较为妥当的判决。在《合同法》的制定过程中，数个法律草案均规定了这一制度，如1998年8月20日《中华人民共和国合同法（草案）》第77条就规定：由于国家经济政策、社会经济形势等客观情势发生巨大变化，致使履行合同将对一方当事人没有意义或者造成重大损害，而这种变化是当事人在订立合同时不能预见并且不能克服的，该当事人可以要求对方就合同的内容重新协商；协商不成的，可以请求人民法院或者仲裁机构变更或者解除合同。但是，1999年3月15日颁布的《合同法》的最终文本却删除了这一制

① 杨解君：《立法的膨胀》，载《法学》，1996（2）。

度，因此，迄今为止，我国立法中一直不存在着情势变更原则，这就使得法官在遇到需要适用该原则处理的案例时无法可依、措手不及。

四、法律自身存在瑕疵

立法必须符合公平正义的精神，合乎民意要求，使得经由这一活动创制出的法律规范与法律制度具有正义性，以取信于民。如果法律没有达到这种要求，那么，法律自身就存在瑕疵。法律对权利义务的规定不明确，甚至混乱，对利益冲突的解决不公正等都属于法律自身存在的瑕疵，如果这种情况比较普遍，那么，就会导致人们对法律的信仰产生动摇，社会秩序发生混乱。虽然这些问题，特别是法律的不确定性与表述法律的语言的不确定性有关，且是不可避免的，但是尽量减少立法因技术原因产生的瑕疵是对立法活动的基本要求。我们认为，法律自身的瑕疵可能是一种原生性瑕疵，也可能是一种次生性瑕疵。原生性瑕疵是指法律自被创设伊始就具有的瑕疵，而次生性瑕疵则是法律在运行中因社会条件的变化而出现的瑕疵。

如我国《合同法》第 286 条所规定的建设工程承包人的优先受偿权就存在着瑕疵。该条规定："发包人未按照约定支付价款的，承包人可以催告发包人在合理期限内支付价款。发包人逾期不支付的，除按照建设工程的性质不宜折价、拍卖的以外，承包人可以与发包人协议将该工程折价，也可以申请人民法院将该工程依法拍卖。建设工程的价款就该工程折价或者拍卖的价款优先受偿。"由于这一条规定存在着缺陷，导致理论上对该条所确立的内容究竟是何种法律制度存在着较大分歧，有观点主张它属于不动产留置权，有观点主张它属于先取特权，还有观点主张它属于法定抵押权，我们认为，会造成这一分歧的一个重要原因就是该条没有规定这种优先受偿权的成立需要到不动产登记机关去办理登记。由于该条未规定建设工程承包人的优先受偿权只有在办理登记后才能成立，这就有害于交易安全，损害该建设工程的其他债权人的利益。如甲公司为了建筑高层大楼，以地皮向乙银行办理抵押贷款，后来丙建筑公司在该地皮上建起高楼，由于该条未规定丙公司享有的优先受偿权需要登记才成立，那么丙公司优先实现其价款债权必然损害乙银行的利益。而综观世界其他国家或者地区的立法，这些法律大多规定建设工程承包人如果欲使其价款债权优先受偿，则必须进行登记，从而能够兼顾承包人与发包人等其他债权人的利益。

再如我国《合同法》第 219 条所规定的“买卖不破租赁”也属于这种情况。买卖不破租赁是指出租人将标的物出租给承租人以后，如果出租人又将该标的物出卖给第三人，那么，占有该标的物的承租人有权向该第三人即标的物的新所有人主张租赁合同继续存在。法律创设该制度的宗旨在于保护居于弱者地位的承租人的利益，“立法上之所以要强化租赁权的效力，主要是认为承租人为经济上的弱者，为避免其于所有权变换时遭受权利之受损，故特设不破租赁的规定，以保障其权利”①。“承租人”的概念所涵盖的社会经济活动主体的范围是极其广泛的，从住屋承租人到表演者场所的承租人，再到录影带、汽车的承租人，是否都是社会经济弱者大可怀疑。在租赁的各种情形中，不动产的租赁，至少在大多数情形中，确实可以说涉及基本生存保障问题，假设承租一方为社会经济弱者，或在契约订立与履行上处于交易的弱势，都还不算离谱②，而动产的承租人则不存在这样的问题，因此，正是基于这样的原因，各国立法关于租赁权对抗力适用条件的规定至少都以不动产租赁为限，绝少有扩及于动产的，如《德国民法》第 571 条第一项规定，“出租人的土地在交付于承租人后，……”明确将出让不破租赁限制在土地租赁，虽然第 580 条以及第 580 条 a 将该条准用于其他类型的租赁，但仍以房屋租赁以及已登记的船舶租赁为限。而根据《德国民法》第 565 条 b 的规定，只有劳工住宅租赁才适用该条 c 和 d 对承租人的其他特别保护的规定。《瑞士债务法》第 259 条第二项规定，“租赁物为不动产的，第三人在依法律规定的预告解除契约之期限内，不得排除承租人继续占有租赁物，……”第 260 条规定，“房屋租赁合同可以办理土地登记。登记具有使各后手之房屋所有人允许承租人依照租赁合同对上述房屋继续使用收益的效力。”显然只有在租赁标的物为不动产时才有偏向于承租人的保护规定。再如《奥地利民法》第 1120 条、《法国民法》第 1743 条、《日本民法》第 605 条等皆或以房屋租赁或土地租赁为限，或以租赁物经过登记为限。我国

---

① 陈春山：《契约法讲义》，184 页，台北，瑞兴图书股份有限公司，1995。

② 苏永钦：《走入新世纪的私法自治》，380 页，台北，元照出版有限公司，2002。

"台湾地区民法"第425条虽规定让与不破租赁也适用于动产租赁，或许属于例外，但这一立法已招致理论上的激烈批评，如苏永钦先生即认为，德国、瑞士、日本均只保护不动产承租人，台湾地区民法扩大到所有承租人，政策实在难谓妥当。[①] 我国《合同法》第219条规定，"租赁物在租赁期间发生所有权变动的，不影响租赁合同的效力"。该条根本未限制承租人的范围，使得不是经济上弱者的动产承租人也得以以其租赁权对抗新所有人的所有权，显然存在着瑕疵。

以上分析的是原生瑕疵，再来看次生瑕疵。法律往往肩负着时代使命，它总是与社会发展的一定时期相适应的，立法者制定的某些法律规范原本可能是非常妥适的，但随着社会的发展，特别是在社会急剧变迁的时期，由于社会环境发生了很大的变化，这些法律可能已经难以适应新的社会环境对法律调整的需求，将其继续适用甚至会产生不妥当的后果，此时法律规范就存在着次生瑕疵，因此，我们必须充分注重法律体系的发展性。将法律有效地整合为一个有机的整体、一个被理解为具有持续发展能力的法律"机体"，这是现代法律体系的基本特征与实践模式。法律体系的发展是法律制度良性发展的重要方面。如果忽视法律体系的发展性，试图构建一个永远不变的法律体系，必然会导致严重的社会后果，不但会使既定的法律不能在生活中得到执行和遵守，变成事实的"废法"，而且更为严重的是导致"恶法"的出现和人们对法律信仰的动摇，社会秩序的混乱。因此，立法者必须高度重视法律的修订工作，使得法律能够不断适应社会变迁而有所发展。

被誉为我国民事领域基本法的《民法通则》中就存在着一些过时的法律规范。我国《民法通则》第四章第一节规定了"民事法律行为"制度，这显然具有非常重要的意义，无疑也是适应20世纪80年代中期社会发展需求的。根据《民法通则》的规定，民事法律行为是一种合法的民事行为，但并不是所有的民事行为均属于合法行为，一项民事行为是否合法，能否产生当事人所预期的法律效果，要视其是否符合法律规定的有效要件而定，如果不符合《民法通则》

---

① 参见苏永钦：《相邻关系在民法上的几个主要问题》，见苏永钦：《跨越自治与管制》，206～207页，台北，五南图书出版公司，1999。

第55条规定的有效要件，则该民事行为属于“欠缺有效要件的民事行为”的范畴。我国《民法通则》根据民事行为所欠缺的有效要件的不同，将“欠缺有效要件的民事行为”分为无效民事行为与可撤销民事行为。根据我国《民法通则》第58条和第59条的规定，除了重大误解和显示公平的民事行为以外，其余的欠缺有效要件的民事行为基本上都属于无效民事行为：（1）当事人无民事行为能力；（2）当事人为限制民事行为能力人；（3）当事人一方有欺诈、胁迫、乘人之危的行为；（4）双方恶意串通行为；（5）违反法律或者社会公益；（6）违反国家指令性计划；（7）以合法形式掩盖非法目的。由此可见，我国《民法通则》所规定的无效民事行为的范围是较为宽泛的，将多数传统民法中规定为可撤销民事行为以及效力未定民事行为的类型均纳入无效民事行为的范围。不可否认，《民法通则》对无效民事行为规定得极为宽泛，这有利于加强国家对交易关系的干预和对不法行为的制裁，但此种规定也具有明显的弊端：第一，对造成财产不必要的损失和浪费。因为民事行为一旦被确认无效，就要按照恢复原状的原则在当事人之间产生相互返还已经履行财产的责任或者赔偿损失的责任，相互返还财产意味着当事人为履行该民事行为已经支出的费用得不到补偿且会增加不必要的返还费用，从而造成财产的损失和浪费。第二，不利于尊重当事人的意志、保护当事人的利益。在意思表示不真实的情况下，民事行为的效果并非必然对受欺诈、胁迫、危难被乘的一方当事人不利，不排除对他们无害从而不愿使民事行为归于无效的可能性，若一味确认民事行为无效，可能与他们的意志相悖。不如赋予他们撤销权，是使既存的民事法律关系归于无效还是主张有效，由他们自主决定。第三，不利于鼓励交易。在市场经济条件下，民法特别是其中的合同法的目标在于尽可能促成交易，只有这样财富才得以增进、经济才得以发展，过多地宣告民事行为无效，使一些本不应被消灭的交易被消灭，有悖于此目的。因此，我国立法机关应当适时修改这一制度，以更好地适用市场经济的发展需要。

再如我国现行法中的发现埋藏物与拾得遗失物制度也存在缺陷。就发现埋藏物制度而言，发现埋藏物的基本后果表现为取得埋藏物的所有权。不过，在究竟由谁取得埋藏物的所有权问题上，现代多数国家或者地区采取发现人有限取得所有权主义，如法国、德国、日本、我国台湾地区等大都采纳此种立法主义。在此种立法主义下，发现埋藏物者取得埋藏物所有权。但是，如果埋藏物是在他人所有的动产或不动产中发现的，动产或不动产所有人与发现人各取得埋藏物的一半；如果发现的埋藏物具有学术、艺术、历史等价值，足以供学术、艺术、历史资料使用的，则由国家取得所有权。但是，我国《民法通则》第 79 条第一款借鉴了前苏联 1964 年《苏俄民法典》第 148 条的做法，规定由国家取得所有权。1964 年《苏俄民法典》第 148 条规定："埋藏于地下或以其他方法隐藏起来的货币或贵重物品，其所有人不能确定或者依法已丧失了所有权时，发现埋藏物之人应将其交给财政机关，归国家所有。"我国《民法通则》第 79 条第一项也规定："所有人不明的埋藏物、隐藏物，归国家所有。接受单位应当对上缴的单位或个人，给予表扬或者物质奖励。"我国《民法通则》采取埋藏物一律归国家所有的做法，不承认发现人可有限取得所有权，如果说这一规定在立法当时还没有什么不妥当的话，那么，在市场经济体制的目标模式已经提出十多年的情况下，它显然拔高和夸大了市民社会中的人的思想觉悟的程度，对人们提出了过高的要求。而实际上，要求发现人将其发现的所有埋藏物，即便是诸如一分钱硬币这样价值微薄的埋藏物上缴国家，显然也是脱离实际的。拾得遗失物制度也存在着类似的问题，需要立法加以改进。

第四节　行政信用缺失的典型形态

在实践生活中，行政机关失信的表现形式多种多样。我们认为，根据行政机关行为的性质，可以将这些失信行为划分为四大基本类型。一是行政机关的民事行为失信，二是行政机关的服务行为失信，三是行政机关的具体行政行为失信，四是行政机关的抽象行政行为失信。其中，行政机关的抽象行政行为失信直接关涉到规则信用问题，其他失信行为大多与承诺信用有关，不过与规则信用也具有间接的联系。

一、行政机关的民事行为失信

行政机关民事行为失信在我国典型地表现为行政机关在经济活

动领域随意许诺、不守诺言[①]以及欠债、赖账严重。政府除了以公权力执掌者的身份履行管理国家、社会事务的职责之外，还会与一般社会成员一样，以民事主体的身份从事社会交易活动，政府因公或者因私拖欠大量债务而无力偿还的现象时有发生，如以办理公事为名宴请吃喝却拖欠餐馆的餐费；打着发展经济的旗号向银行贷款而到期不还；因大搞“形象工程”、“政绩工程”而拖欠企业工程款等。在实际生活中，由于政府拖欠电话费、电费，电信局或者供电局等切断供电或者切断电话；或者由于政府机关不能按期偿还欠款，政府大楼或者其他设施被债权人申请法院查封等事例时而见诸报端，这都会给政府形象造成极大的负面影响。

1987 年 10 月，湖南省芷江侗族自治县为建设阳春滩电站，共调用劳力 391.6 万个工作日，按照当时承诺的每个工作日 0.8 元计算，工程完工后应付给民工工资 313.3 万元。但工程顺利竣工后，民工应得的工资却渺无踪影，直到 1992 年，政府拖欠民工的工资在各方交涉下才得以解决。

1992 年，湖南衡山县为修建湘江公路大桥，向全县人民借钱，并立下借据承诺五年后由县财政局委托建设银行兑付。大桥建成后，

---

① 1998 年 1 月 8 日，原陕西省西安市临潼区新丰镇人民政府（合同甲方）与美国申尼集团公司（合同乙方）签订合同，在新丰镇工业园区内投资建立顺腾液压制品有限责任公司。1998 年 6 月，一号厂房竣工，部分设备安装就位并调试成功，首批投资资金 116 万美元相继到位。合同约定，“甲方在乙方试产前 10 天，将水、电通讯拉到红线外”。由于新丰工业园区当时没有公网电，而且在其向外商承诺的开闭所没有建成的情况下，原新丰镇政府不愿为企业拉两条高压线路。顺腾公司在新丰镇政府没有履行合同的情况下，只好经镇政府同意自己出资 12 万元购置了变压器和线路，并且向供电局支付了 18 万元的电力增容费后，把临时用电挂在了农网上。但由于农网改造、线路及电器元件老化等原因，经常出现断路停电现象。据统计，1999 年先后停电 11 次，仅 2000 年 3 月至 5 月就停电 14 次，而且多次停电都没有提前通知顺腾公司，使得顺腾公司正在生产的机床设备遭到破坏。不仅如此，在此过程中，临潼供电分局还故意刁难顺腾公司，使得顺腾公司在近两个月的时间内根本无法正常生产，这给顺腾公司造成了很大的损失。临潼供电分局之所以不给通电，主要原因是顺腾公司搭建临时用电线路时，没有把十多万元的工程给临潼电力分局的人干，所以当线路搭建好之后，顺腾公司多次向临潼供电分局请求搭火供电，临潼供电分局均以种种借口予以回绝。顺腾公司董事长在接受媒体采访时公开指出，政府的诚信是我们在华投资最有力的保障，承诺兑现、履行合同是当地政府吸引外商来投资的最起码的前提条件，只要新丰镇政府能够按照合同办事，我们仍然有信心继续留在陕西，继续在中国投资。（本章所引事例均见相关媒体，鉴于本书目的在于一般的学术性探讨，故未对所引事例的具体细节及后续进展一一核实。）

大桥收费站以“收费还贷”的名义，年年收费，但修路时向全县老百姓借下的钱却迟迟未还。群众多次找银行和县财政局及县政府询问还款事宜，但他们都说“还钱不归自己管”。衡山县向群众借款修建公路大桥，促进地域经济的发展，其初衷和出发点无疑是好的，但政府当初的还款承诺迟迟不能兑现，它损害的不只是政府在群众心中的形象，同时对政府的公信力也是一次严峻的拷问。

根据《人民日报》报道，河南省灵宝寺豫灵镇在 20 世纪 90 年代中期大举借债办企业、搞开发，欠下了一亿多元的“政绩债”。根据测算，该镇目前每年只能挤出近百万元还债，还清债务得要一百年。当地的干部群众戏谑为“一届的政绩，百年的包袱”。

2000 年，山西省长治市开始兴建“村村通”工程，此工程是当地政府近年来的一项政绩，因此受到了高度重视。该项目作为政府投资兴建的项目，对当地经济具有巨大的拉动效应，很多企业对此项目抱有很大的希望，为此宁愿向政府赊销工程材料，然而令人感到意外的是政府欠债也会不还。

黎城县委县政府向邻县潞城县私营企业——宏润水泥厂赊欠了价值一百多万元的水泥，欠款却长达四年不还。在此期间，宏润水泥厂多次向黎城县委县政府追讨欠款，县委县政府都以种种借口推托。时至今日，这笔欠款依然没有偿还，而宏润水泥厂已被政府拖到了破产的边缘，不知这家企业在这种艰难的条件下还能坚持多久。

2002 年 6 月，《哈尔滨商报》披露，黑龙江省呼兰县呼兰镇泉香楼老板韩勇贴出一张启事，他要把县文化局五年间在他那里吃喝欠下的 5.9 万元“白条”六折转让。事情的起因在于呼兰县文化局从 1997 年开始到韩勇经营的酒店消费，当时的要求就是能够签单挂账，为拉住客户，韩勇答应了。从此以后，文化局领导带着客人一拨一拨地来，并在饭局结束之后签单走人。到 1999 年，县文化局已经欠下了一大笔账。三年间，韩勇多次到文化局要求结账均无功而返。2001 年 12 月 17 日，文化局、韩勇和新华书店基建办协商，决定以新华书店职工集资楼的一套房子抵债。可是当韩勇去看房子时，却发现政府的文化局又欺骗了他，本应抵给他的房子早已卖给了别人。之后，机构改革——文化局和体育局合并，这使得韩勇连讨账的对象都没有了，新成立的文体局根本就不认这笔账。韩勇无奈才想出此打折转让“政府白条”的下策。

财政部财政科学研究所的一个课题组的研究报告认为，中国乡村债务总额应不会低于6 000亿元，甚至会高达1万亿元。1998年的统计表明，全国乡村两级债务共计3 259亿元，平均每个乡镇298万元，每个村20万元。有专家惊呼，“目前乡镇财政已经陷入了政策性亏损，作为中国行政体制链条上最薄弱的环节，乡镇财政危机和债务危机的扩大，可能会演化为政府诚信危机甚至行政危机”①。

二、行政机关的服务行为失信

行政机关服务行为失信典型地表现为行政机关说谎、隐瞒真实信息或者发布虚假信息。现实中，我们必须经常面对的是政府的说谎问题。政府说谎也许是天下的通病。政府说谎的方式常常是直接向全社会实行信息封锁，隐瞒真实情况，或者是虽然向社会公开信息，但公开的是虚假信息，或者是向一部分人封锁信息而同时又向另一部分人开放信息，造成知情的不平等和竞争的不平等，特别是在恶性事故发生以后，竭力封锁消息，推卸责任，剥夺公众的知情权。我国政府的有关规范性文件中规定了如下内容：一起事故中若死亡1～3人，为一般事故；若死亡3～10人，为重大事故；若死亡10人以上，则为特大事故。在实际生活中，部分地方政府官员瞒报事故中的遇难人数，竭力大事化小，小事化了。他们视自己的“乌纱帽”重于百姓的生命，将十数人或者数十人失踪、多人伤亡的特大事故，在上报结论中写成“一人遇难”的一般事故。

2001年12月30日，江西万载发生爆炸事故，到2002年1月2日，当地官方公布的数字是死亡14人。而此前，媒体的报道数字分别是从爆炸现场已经拖出尸体20具、34具。

2001年7月17日凌晨3时许，广西南丹龙泉矿冶总厂拉甲破矿发生特大透水事故，致使在拉甲破、龙山和田角锌矿井下作业的81名矿工遇难。然而，直到当天下午17时，龙泉矿冶总厂厂长黎东明才第一次把事故报告给分管南丹矿业的县委副书记莫壮龙，此时距事故发生已经14个小时。他请求县里不要上报，由龙泉自己处理，

---

① 以上内容参见苏存编著：《信用是个大问题》，33页，北京，万卷出版公司，2005。

保证不会出事。莫壮龙授意黎东明不要再向其他任何人报告。当晚21时，龙泉总厂副总经理王国亮受黎东明指派，找到莫壮龙和分管南丹矿业的副县长韦学光，告诉他们井下确实出事了，大概有40多人死亡。莫壮龙当即向县委书记万瑞忠汇报，而万瑞忠没有立即表示组织排险抢救，而是找到县长唐毓盛，交代后者了解清楚龙泉矿是否有把握做好内部封锁消息的工作再做决定。2001年7月17日这一天就这样过去了，四名县政府负责人中竟然没有任何人提议组织排险抢救，而是忙于策划怎样瞒报事故。至此，骇人听闻的悲剧就这样拉开了序幕。

近来在国内掀起了一场沸沸扬扬的"高露洁风波"——"高露洁牙膏可能含致癌成分"。不过，美国科学家彼得·威克斯兰不久前就公开表示，英国《旗帜晚报》歪曲他的研究发布的高露洁致癌警告，是一个"不科学的故事版本"。据悉，即使在英国，《旗帜晚报》的报道也没有引起太多公众的注意，甚至没有被其他英国媒体转载。至于高露洁牙膏在英国超市下架，也属一个不实的传言。这个"不科学的故事版本"之所以能在国内掀起风波，最根本的原因在于政府公信力的缺失，因为在我国，只有食品药品监管部门和国家质检总局有权发布有关物品的安全性的信息。公众应该根据这些政府部门发布的消息，来判断某种物品是否安全，而不应该盲目听从媒体的说法。可是我们看到，当"高露洁风波"初起之时，政府部门却是不置可否。而在此之前，质检和食品部门在"苏丹红"问题上已经让社会公众非常失望，在国外早已被严格检测的"苏丹红"，在国内却一直没有被列入政府部门规定的检测项目，导致社会公众时至今日才知道"苏丹红"及其危害。如此，老百姓怎能完全依赖政府部门来保障他们的生活安全？政府部门公信力的缺失，不能赢得普通百姓的高度信赖，是"高露洁风波"的根源之一。

在政协经济界联组讨论会上，国家统计局局长李德水披露：2004年各省（自治区、直辖市）上报的全年GDP汇总数据与国家统计局公布的GDP增速相比，竟高出3.9个百分点，总量差距高达2.66万亿元。GDP造假源于政绩评价的压力，地方各级人大年初通过的经济增长预期目标，往往自上而下"层层加码"，结果就导致自下而上"层层加水"；一些地方上报的数字总是根据"需要"来的，留有"伸缩"的空间。有利的数就多报，如GDP、地方财政收入等越多越好；再如受灾情况，为了多向上级要钱要物就虚报。不利的数就大事化小，小事化了，如矿难死伤人数、“非典”情况等。

三、行政机关的具体行政行为失信

具体行政行为是指行政机关行使行政权力，对特定的公民、法人和其他组织做出的有关其权利和义务的单方行为。如税务机关决定某企业应纳所得税税额、公安机关为保护受害人的人身权利而拘留了肇事者等均属于具体行政行为。行政机关作为行政权力的执掌者，在实施具体行政行为的过程中应该带头遵守国家的法律法规，如果政府机关有章不循、滥用职权，其结果必然是“己所不正，焉能正人”。在实际生活中，行政机关违法的现象层出不穷，如有些政府部门或者官员凭借其握有的实权，“给钱”才办事，对各类经济主体“卡”、“拿”、“索”、“要”，趁机捞取钱财；有的政府部门或者官员办事拖拉、推诿扯皮、不负责任；有的政府部门的执法者为中饱私囊，与违法者“猫鼠串通”，把“打假”变成了“假打”等。

在理论上以政府机关实施行为时是否有一定的法律法规可供援引为标准，可将政府信用分为基于道德自律的政府信用与基于法制他律的政府信用。前者是指政府部门及其工作人员在行使国家权力，管理社会事务的过程中，在没有任何法规制度和具体契约约束的情况下，也能忠于职守，正确履行自己的职责，自觉做到行政公正，维护群众的利益。后者则是指政府部门在执行法律、法规、政策的过程中，因为能够依法行政，使得国家的法律、规章制度和政策真正完善地贯彻实施而取得的来自公众的信任。可是，在实际生活中，即使存在着明确的法律约束与规则指引，一些行政机关直接执法违法情节之恶劣、性质之严重都令人目瞪口呆，更不用说没有法律约束的情形了。各个地方行政机关违法实施具体行政行为的意图和目的五花八门、不一而足，不过，通过违法执法推行地方保护主义的现象倒是比较普遍。

建立和完善社会主义市场经济，首先要求在全国建立统一、开放、有序的市场。改革开放以来，由于地方利益思想的影响，在市场经济建设过程中，出现了地方保护主义行为，严重扰乱了市场秩序，造成政出多门、政策执行不力、执法不公正等不规范的行政行为，影响了市场的自由出入、公平竞争等机制，给政府信用造成了极大的损害。如有的地方政府出于地方狭隘思想，为保护本地企业，在执法中包庇甚至纵容当地企业坑蒙拐骗外地企业，对制假造假现象放任自流，导致不同地方有不同的政策。经济学家董辅礽认为，“各级地方政府利用它的行政权力对本地区的企业实行一种保护，结果使得当地的企业没有市场竞争力。地方保护不但危害经济发展，也损害了地方政府信誉，是一场没有最终胜利者的战争”。事实证明，行政执法中的地方保护主义不仅损害相关当事人的利益，败坏政府形象，而且与国家的法律规范相违背，破坏了中央权威。一些地方政府无视中央的三令五申，为了地方的经济发展和税收收入，禁止外地产品进入本地市场，保护本地企业的市场垄断地位，甚至为了本地企业的制假贩假行为充当保护伞。

如川东北某县的一份县政府的地方产品促销工作会议纪要称，保护本地产品是“工业兴县、商贸活县”的重要手段。“纪要”规定，县内各宾馆、酒店等，除世界名酒、中国名酒外，一律不得销售外地酒类产品，只许销售本地产品；凡本地具有的外地同类产品进入本县，须先经税务、工商部门收缴足额税费后才能上柜；交通、交警部门要从交通规则、装载标准、车辆性能、证照方面，对运载外地产品进入本县的车辆进行制裁；技术监督部门对外地产品要严格检查、重处重罚、绝不手软；同时还强调各执法部门要站在发展地方经济的高度保驾护航。县里实行严格的奖罚考核，并每月组织一次检查。

2001年的《经济内参》连续登载了新华社记者吴亮等在福建、浙江等地的关于信用和地方保护主义问题的调研情况，其列举出的地方保护主义的形式简直令人瞠目结舌。一是通过颁布带有地方色彩的政策、条款并通过执法“检查”将外地企业、产品封堵在域外，形成了一种“割据局面”，使外地企业进入困难重重。二是各地方、各部门实行“准销证”，抬高了市场的“门槛”。有的地方政府规定，即使获得国家发放的“准销证”的产品，也要经过当地卫生防疫等部门重新检测并发放“准销证”后才可以上柜销售。三是实施各种消极执法行为。如外地产品在本地受到假冒伪劣产品的冲击，但地方政府职能部门根本不行使职权打击这些行为；再如对外地企业实行信息封锁等。

四、行政机关的抽象行政行为失信

抽象行政行为是指行政机关制定和发布普遍性行为规范的行为，

有时也称制定行政规范性文件的行为。根据立法法和行政诉讼法的规定，我国的行政规范性文件包括行政法规、规章以及行政机关制定、发布的具有普遍约束力的决定、命令。在实际生活中，作为行政机关实施抽象行政行为产物的效力层次较低的政策、决定、命令等往往存在着比较严重的失信现象。具体表现如下：

1. 颁布违反宪法和法律的政策、指令

《宪法》是我国的根本大法，而全国人民代表大会及其常务委员会制定的各项法律大多属于基本法，它们的效力在我国法律体系中是非常高的，各个社会成员均负有遵守的义务，而各级行政机关更应予以遵循。

然而，在实际生活中，不少行政机关却违反宪法和法律颁布一些政策和指令。如 1990 年 10 月颁布的《行政诉讼法》明确规定了公民、法人和其他组织对国家行政机关的若干侵权行为提起诉讼的权利。如对拘留、罚款、吊销许可证和执照、责令停产停业、没收财物等行政处罚不服的；对限制人身自由或者对财产的查封、扣押、冻结等行政强制措施不服的；申请行政机关履行保护人身权、财产权的法定职责，行政机关拒绝履行或者不予答复的等可以提起诉讼。不过，十余年的司法实践表明，我国行政诉讼的受案范围还是太窄了，在很多情况下，公民权利受到行政机关的侵犯，却无法从司法途径寻求救济。而无论是传统的大陆法系国家的法定受案模式，还是英美法系倡导的司法最终裁决体制，都对公民起诉国家机关采取了宽容和谦逊的态度。在国际上，扩大行政案件的受案范围已经成为一种趋势。于是，最高人民法院于 1999 年 11 月 24 日通过了《关于执行〈中华人民共和国行政诉讼法〉若干问题的解释》，扩大了行政诉讼案件的受案范围，并用排除法进行表述。即除了对国防、外交等六类具体行政行为公民不得提起诉讼外，其余的行政行为都在法院受案范围之内。然而，在我国，部分地方行政机关却明确违反这些规定，制定一些土政策，不当限缩法院受理行政行为的范围。

如 2002 年 7 月 31 日的《中国青年报》刊载了一篇题为《一行政庭庭长的苦恼——土政策拖住民告官的腿》的文章，该文章指出，四川省个别县级政府规定几类行政案件法院不得受理，“民告官”告状难的现象比较突出。法律效力居于中华人民共和国法律体系最低层次的县级政府规章，居然堂而皇之地将全国人大常委会通过的国家基本法律弃之一旁，并且“命令”法院在审判时优先执行这样的政策，极大地破坏国家司法的严肃性与国家法制的统一性。

再如，河北省某县文教局下发红头文件，要求该县办学条件最好的实验小学，将当年的招生对象确定为“县城内党政机关、事业单位在编干部职工子女”，报名时必须出示父母一方的编制证原件及复印件以及由父母所在单位局长核实签字的证明书，不符该条件者一律拒收。其理由是“为了响应上级严格控制班容量的要求”。这一“红头文件”竟然敢公然践踏公平原则，违背《义务教育法》的规定，无所顾忌地向“党政机关、事业单位”献媚，简直荒唐至极；再如黑龙江省政府法制办公室近日发出的一份通报称，有11个市地和18个省直部门发布的68份规范性文件存在不同程度的违法问题，片面强化行政权力、忽视依法行政的现象普遍存在。

在社会生活中，行政机关的这些规范性文件违法问题的表现形式颇多，比较典型地表现在以下几个方面：

其一，违法设定行政处罚。在有上位法依据的情况下，有的扩展了上位法规定的给予行政处罚的行为；有的突破了上位法规定的罚款数额的上限或者下限；还有的改变了上位法确定的行政处罚主体，擅自授权城市供热领导小组办公室、文物管理所等非行政机关实施行政处罚。在没有上位法依据的情况下，有的政府机关规定，“对伪造、租借他人《再就业优惠证》的行为，处以5万元以下罚款”；“对不使用或完全不使用散装水泥的预拌混凝土生产企业及水泥制品生产企业，可以处100元/立方米混凝土或300元/吨袋装水泥的罚款”；“对未按规定进行安全生产评价的，暂扣安全生产许可证，逾期未整改的，吊销安全生产许可证”；“逾期不申请《危险废物经营许可证》年审的，吊销其《危险废物经营许可证》”。

其二，违法设定和实施行政许可。尽管法律对行政许可的设定权和实施机构已有明确规定，但有些部门仍利用红头文件，为本部门设定具有行政许可性质的“审批”、“资质审查”、“批准备案”等权限；或者仍将行政许可项目分步实施，规定某些审批项目须由其下级部门初审后，再由本部门批准。在无法定依据的情况下，有的地方和部门擅自规定对某些许可证或者资质证书实施年检、年审；有的政府机关规定一律取缔市区废品收购站和市区环路以内洗车站，而不考虑被取缔对象是否有合法手续；有的政府机关规定，因城市规划建设需要拆除户外牌匾、广告载体时，当事人应当无条件自行拆除，而不论其是否经过审批。这种不加区分一律不予补偿的“霸王”条款，显然违反了行政许可法规定的信赖保护原则。

其三，违法设定行政强制措施和收费。有的地方政府将“扣留车辆”的行政强制措施权，擅自赋予城市管理行政执法部门；而在没有行政事业性收费设定权的情况下，有的地方政府自行设定，如规定由政府煤炭工业管理部门向煤矿企业收取安全费。

其四，违法减免税费。在不具有法定的税收和行政事业费减免权的情况下，有的地方政府规定，对政府首长特别减免个人所得税；对外来投资者上缴的增值税、所得税，地方将分成部分变相“先征后返”；还有的地方政府规定，对投资达到一定数额的外来投资者发放贵宾卡，持卡者可免交部分法定费用甚至享受违法不究的超国民待遇。

2. 发布“红头文件”，进行暗箱操作

上述各级地方政府为了实施行政管理而颁布的诸如通知、决定、规定、要求之类的文件，由于用套红文字当头，因此被人们形象地称为“红头”文件。红头文件是由地方行政机关发布的规章以下的规范性文件，它属于抽象行政行为的范畴。由于它具有操作方便等特点，所以我国政府机关的工作人员在工作中也大多据此操作。在我国，红头文件所涉及的规范性文件不在《立法法》规定的审核程序之内，却又对社会公众具有约束力，所以在实际生活中，这些规范性文件就有可能成为某些部门谋取部门利益的工具，进而演化为乱收费、乱摊派、乱罚款等“三乱”和地方保护的“合法衍生地”。红头文件的这些流弊上文业已有述，这里还要指出的是，即使有些“红头文件”是依法做出因而是合法有效的，但是行政机关基于种种原因却也不愿公开。本来，行政机关与其行政相对人相比处于强势的地位，它要依法行政，就要有公开实施行政行为的依据，这不仅让社会成员做到心中有数、心服口服，而且也可以使这些行政行为能受到监督。然而，在相当长的一段时期内，看“红头文件”成为领导干部的特权与身份的象征，群众要看则难上加难。这就造成了有的机关“政策贪污”，不执行合法有效的“红头文件”，对群众隐瞒文件精神，搞暗箱操作，导致干群关系疏远，甚至引发干群矛盾。目前，随着民众呼吁公开“红头文件”的要求日益强烈，同时也是为了顺应形势发展的需要，诸如北京、上海、广州、济南、大连等部分省市已经先后允许公民自费订阅《政府公报》，即“红头文件”。然而，“红头文件”的公开远远没有达到开放的程度，部分地方的《政府公报》的发行还受到压制，发行量每况愈下。如有的地方规定，除了党报、党刊以外，其他报刊可以拒订；有的地方规定，党报、党刊没有完成征订任务，其他报刊一律不能订；有的地方限量发行《政府公报》等，这些行为都严重影响了“红头文件”深入民众之中。2002年10月8日，《法制日报》刊登了《还百姓“红头文件”知情权》一文，该文指出，江西一出版社出版了《减轻农民负担工作手册》，该手册收录了近几年党中央、国务院各部委有关减轻农民负担方面的政策法规，短短半个月就卖出了1 200册。就在编辑人员准备加印时，上面发来了一纸“红头文件”：立即停止销售，已经售出的要“不惜一切代价”全部收回。

3. 制定相互矛盾的政策、指令

在行使经济社会管理职能的过程中，不同的行政机关可能就相同的事项颁布政策、指令或者处理办法，本来这些规则应当相互配合、相互协调地处理社会事项，但在社会生活中却经常发生数个“红头文件”相互“打架”。由于“红头文件”系出多家，致使部门之间相互打架，无法保证整体协调性，这都损害着政府的威信，影响政府各项政策的贯彻和落实。

如《中国青年报》2001年8月15日报道，海南省三亚市一家度假酒店的二期工程被政府规划部门强行拆除。根据记者调查，该项工程于2000年7月获得政府规划部门颁发的二期工程建设工程规划许可证，10月得到建设部门下达的施工任务通知书，然而在2001年4月30日，政府规划部门又发出限期拆除该项工程的通知。许可建设和强制拆除两个截然相反的政令由同一个政府部门发出，前后时间不足十个月。由于业主反复申诉、不同意拆除，政府规划部门于2001年7月派拆迁公司强行拆除该项工程，给业主带来了数百万元的经济损失。为什么2000年批准建设而2001年又要拆除？规划局长的回答是：他2001年五月才上任，以前的情况不太清楚；而科长的回答则是：举行听证会、通过法院太麻烦，拖的时间太长。就这个案件而言，我们认为，政府机关不能随意撤回其所做出的决定，即使撤回也要进行补偿。政府守信最终表现在两个方面：一是有些政府政策、条例不能随意撤销、变更和废除；二是如果迫不得已要撤销、变更或者废除，也要赔偿因此给老百姓造成的损失。① 政策的出台如此轻率与随意，谁还敢在这个地方投资？

4. 出尔反尔，频频废改政策、指令

在现代社会，不管是立法，还是修改和废止法律都是要遵循严格程序的，因此，法律冲突、法律漏洞和法律瑕疵等现象确实可能发生，甚至有时会比较严重，但是法律朝令夕改的现象肯定不多见，因为如果法律的朝令夕改现象频频发生，那么这一社会肯定是动荡不堪了。然而，制定程序的复杂性远逊于法律的政府部门的政策——政府机关颁布的各种指令、政令、决定、规定、意见等——发生缺乏稳定性、朝令夕改的现象则并非没有可能，甚至在一定时期或者一定地域内成为较为普遍的现象。

政府管理社会，一般是通过对国家及地方政策的制定和执行来完成的，因此，从某种意义上说，政府管理社会的过程，实际上也就是一种制定政策并形成承诺，然后执行政策从而兑现承诺的过程。诚然，政府政策的制定首先必须反映人民的利益要求，不与宪法、法律相冲突，这是最基本的要求，但政策一旦形成，能否始终如一地被贯彻下去，则不仅从根本上影响着人们利益的实现，也直接成为衡量政府是否言行一致、是否讲诚信的一个关键因素。邓小平同志在谈到政府诚信时一再强调党和政府要保持政策的连续性和稳定性，以取信于民。他说："农村改革初期，安徽出了个'傻子瓜子'问题。当时许多人不舒服，说他赚了一百万，主张动他。我说不能动，一动人们就会说政策变了，得不偿失。像这一类的问题还有不少，如果处理不当，就很容易动摇我们的方针，影响改革的全局。城乡改革的基本政策，一定要长期保持稳定。当然，随着实践的发展，该完善的完善，该修补的修补，但总的要坚定不移。"② 我们认为，政府政策执行中的言行一致主要应遵循以下两个方面的要求：第一，从时间上讲，政府政策必须保持相对稳定，尽量做到前后执行上的连续性和一致性，避免政策多变甚至朝令夕改等问题。与法律必须具有稳定性一样，政策也必须具有稳定性，政府的政令、指

① 参见李新庚：《中国信用制度建设干部培训读本》，242页。

② 《邓小平文选》，2版，第3卷，371页，北京，人民出版社，1993。

令等一经制定、实施，就应当在一定时期内保持相对不变，绝不能朝令夕改，“不因领导人的改变而改变，不因领导人的看法和注意力的改变而改变”①。没有这种稳定性，就会损害政策的严肃性、权威性，而且政策一旦形成，对相应的社会主体而言，就意味着某种利益预期和承诺，所以，只有保持政策的相对稳定性和执行的前后一致性，社会主体才能在实现自己的利益预期的同时，建立起对政府的信任；政府也才能够从一以贯之的政策实施中，体现出它的言行一致，从而形成政府的诚信形象。

第二，从对象范围讲，政策的执行必须做到一视同仁，必须克服因局部利益至上所造成的政策扭曲，尤其应杜绝各种政策上的歧视行为。对不同的社会主体来说，政策本身通常意味着某种机会和利益，在不同社会主体之间保持政策执行的一致性，既是在体现政府的言行一致，也是在维护一种公平和公正，而只有基于这种公平和公正，人们才能形成对政府的信心和信任，政府才有诚信可言。

其实，在古代社会，有些开明的统治者或者贤臣就深刻认识到统治者出尔反尔、政策朝令夕改的危害。唐代敕令的制定，有一套严格的程序，中书省负责起草诏敕，门下省负责审核，具体由门下省的给事中署敕。给事中认为敕文不当，有权将其驳回中书省，叫作封驳；给事中在敕文上批注意见后退回的叫涂归。《新唐书·百官志》说：“凡百司奏钞，侍中即审，则驳正违失。诏敕不便者，涂窜而奏还，谓涂归。”可见，给事中官虽不大，在立法中却起着重大的监督作用。魏徵任此职时，为了不致把署敕变成走过场，经常不畏权相之虎威，甚至冒着犯龙鳞触忌讳的风险，严格把关、一丝不苟。按唐代有关兵役法的规定，男子二十一岁为成丁，开始服兵役，六十岁免兵役。有一次，简点使右仆射封德彝等人要把当年的征兵范围扩大到十八岁，这不仅跟当时的法律相抵触，也增加了人民的兵役负担。虽然唐太宗已经同意，诏敕也已经草成，但受到魏徵的坚决抵制。“敕三四出”，魏徵拒不署敕，唐太宗曾亲自出面逼他署敕，魏徵不仅未被慑服，反而严词反驳唐太宗说：“竭泽而渔。非不得鱼，明年无鱼。”并进一步批评李世民经常言而无信，自登基以来出诏敕不谨，有法不依，大事三四件“皆是不信”，如何取信于民？在

① 《邓小平文选》，2版，第2卷，146页，北京，人民出版社，1993。

魏徵的坚持下，李世民不仅取消了这次诏敕，而且承认了前几次立法无信、致失民望的错误。

目前，我国的许多地方政府在决策方面具有较大的随意性，使得民众难以形成基本的信任与认同，多年来，中国的老百姓大都形成了这样的心理：想做一件事情心里却会嘀咕："这政策会不会变呀？"这说明政策不稳定在我国已经成为较为严重的社会问题了①，此种情况在行政许可和行政审批领域表现得尤为突出。

一些政府先批准企业从事某一活动，尔后又收回成命，告诉企业不能再干了。近年来不少地方对某些娱乐业出台了"全面关停"政策，一律关闭电子游戏厅、迪吧，勒令所有桑拿浴室停业。如江西省公安厅对全省迪斯科舞厅进行停业整顿，珠海市关闭了电子游戏厅，沈阳市勒令所有桑拿浴室停业，北京市要求所有网吧重新进行登记、审批等。这些行业既经政府审批在先，且无无照经营、违法经营等事由，将其一棍子打死，不啻因噎废食，极易损害老百姓的利益和对政府的信任。

某些地方政府鼓励农民发展某种产业前，满口答应保证销路，然而等到农民真的需要他们的时候，他们却不管了，使得农民依据该项政策做出的投资无法如期获得收益。

在招商引资时，一些政府在收费、土地政策和税收等方面许诺政策优惠等好处，或者承诺安装配套设施，但事后又借口推脱、不负责任，给外商上当受骗的感觉。如1998年以来，我国政府出台西部开发政策，并给予西部众多政策倾斜，各地优惠政策也纷纷出台，开门揖贤、招商引资的态度十分诚恳。白纸黑字的优惠政策让投资者瞧着眼热，信誓旦旦的服务承诺让有意者听着心暖。然而，从实际情况看，由于一些地方政府不遵守承诺，严重影响了西部的经济政策效应，如有的地方把投资环境描绘得天花乱坠，可一旦投资到位后，所许诺的优惠政策全成为"泡影"，各种审批手续的繁琐程度令人瞠目结舌，一些部门认定投资者是块"肥肉"，都想分一杯羹，

① 2003年湖南省政协组织的有关调查显示，政府的有些部门没有很好地履行对企业的承诺，企业对政府有些部门的信用评价不高。在被调查的企业中，认为政府承诺"全部履行"的占4%，认为"很少履行"的占10%，"基本履行"的占50%，"部分履行"的占36%。如果政府的承诺变成空头支票，必然会损害公众对政府的信任，进而导致全社会信用体系的不完善。

令投资者不得不偃旗息鼓早早收场。对于投资者而言，政府的承诺是其信心的来源，一旦承诺变成“空头支票”，投资者的信心必然也会随之丧失。①

当然，也有一些地方政府严守政策的连续性从而取信于民的，这些措施产生了较好的社会效应。如毕节地区从2000年开始实施退耕还林工程，该工程被当地广大农民称为“德政工程”。该工程实施两年以来，取得了令人鼓舞的成绩。与此同时，地区政府也看到农民心存疑惑，担心退耕还林政策不能兑现，担心补助政策不能持久。该地区政府为了取信于民，及时采取一系列有利措施：针对群众担心政策难兑现的问题，他们及时公布了退耕还林的具体内容、操作办法和政策规定，让群众了解兑现政策的时间、步骤和方法，并将有关政策规定印成宣传小册子，发放到每个农民手中，派干部到村到组宣讲政策。他们对退耕还林工作做到核实图纸、丈量地块、签订合同、供应种苗、技术服务——“五个到位”，经组织验收合格以后，及时兑现补助粮、苗木费和补助费，并将兑现情况张榜公布。抓好粮食、现金的及时兑现工作，取信于民，这些都极大地调动了农民退耕还林的积极性。

第五节　加强行政机关规则信用建设的对策

行政信用的缺失弊害无穷。它不仅直接导致政府权威的丧失，极大地影响政府各项政策的贯彻实施，而且会造成社会道德的滑坡，不利于参与型政治文化的形成。更有甚者，由于政府信用缺失引致人民利益受损，必然造成人们对政府认同感的下降，增加政治的不稳定因素，这显然无助于和谐社会的建成。因此，为了真正奉人民群众的利益为圭臬，实现依法治国的目标，我们必须着力加强政府

① 中央电视台2000年7月18日的“经济半小时”节目报道了这样一件事情：陕西省兴平市拟上马一项天然气工程，苦于资金无来源，于是出台优惠政策以吸引投资者——谁能在15日以内引入资金500万元，谁就可以作为投资主体得到法人资格。一位民营企业家积极响应号召，把已经上马的某投资项目停下来，以最快的速度如数注资。谁知该地方政府拿到钱后却毅然抛开他，将天然气工程重新招商，与另外一家企业签订了新的合作协议。

机关的信用建设。要打造为民办实事的“爱民政府”，其实首先和最根本的是要打造“信用政府”。毕竟，无论对个人还是群体而言，信用都是最起码的道德前提。为了提高行政机关的规则信用，可以考虑采取如下措施：

一、确保行政决策的科学性、连续性与稳定性

政策是政府决策行为的体现，是指导人们经济活动的“指挥棒”，不管它是以法规、规章的形式表现出来，还是以决定、指示的形式表现出来，都必须具有科学性、连续性与稳定性。政策的科学性即最优政策，“在每个经济人都追求个体效益最大化的条件下，该政策规则能保证社会福利函数在每期都达到最大”。由于经济形势是不断变化的，政策科学性内含着对一定时期经济发展的预见性，政策能够适应经济发展的要求，符合社会整体利益达到预期目标并使目标最大化，这种决策行为体现了政府信用的内在要求。如果政策只体现出部分人或者群体的利益，对社会而言，政府是没有信用的，因为它违背了代表全体人民利益的承诺和约定。而政策的连续性与稳定性是保证规范后果的可预见性、行为的规律性和社会运行的连续性的重要前提，也是建设政府信用的基本要求，因为它从一定程度上反映出一个政府是负责任的政府还是一个言而无信的政府。政策的连续性包含两个方面的内容：其一，在同一条件下，是指政策对此人适用，对彼人也适用；其二，在政策有效期内，昨天适用，今天、明天也适用。政府政策随机性越大，变化越大，社会公众对政府信心与信任度就越低，政府行为也越不具有信用规范的要求。政策的稳定性则要求一项政策出台后，能在一定时期内发挥作用，保持相对稳定；否则，政府随意改变政策，没有相对稳定性，就会造成“出尔反尔”的现象。

二、建立抽象行政行为司法审查制度

要提高政府规则信用的水平，除了确保行政决策的科学性、连续性与稳定性以外，首要的是还必须确保行政决策的合法性。“如果法律被停止执行，这只能是由于共和国的腐化而产生的，所以国家就已经完蛋。”① 我国现行的《行政诉讼法》虽然明确规定了公民、

---

① ［法］孟德斯鸠：《论法的精神》，上册，张雁森译，20页，北京，商务印书馆，1997。

法人和其他组织可以对行政机关实施的具体行政行为提起诉讼，但同时也规定，对法律、行政法规、规章或者行政机关制定、发布的具有普遍约束力的决定、命令等抽象行政行为不可以提起诉讼。其实，相对于具体行政行为，作为抽象行政行为体现的各种行政法规、规章，乃至指示、命令等“红头文件”的显失公平和违法将会产生影响更深、范围更广的潜在的危害性，对公民、法人和其他社会组织的合法权益将会发生持续、反复的危害。依法行政的要义不单纯是指行政机关及其公务人员严格执法、依法办事，同时也是指行政机关制定的各种规范性文件要合法，也就是说，具体行政行为和抽象行政行为都要合法。从行政法治的原理讲，行政法的要义就是限权，限制和约束公权力，而司法审查是遏制行政机关滥用职权的重要防线，具体行政行为和抽象行政行为都应该接受法院的司法审查。仅审查具体行政行为的行政诉讼其实是一种残缺的行政诉讼。从这个意义上讲，将司法审查的范围扩大到行政法规、“红头文件”等规范性文件，实则是对行政诉讼原理和司法审查理念的科学回归，是对行政管理相对人权益司法救济机制的重要完善，是对残缺不全的司法审查制度的康复，也必将确保行政机关颁布的各种规范性文件的合法性，这不仅有助于实现社会主义法制的统一，而且也将有助于提高政府信用。

三、推行政务公开制度

人民群众是国家的主人，是政府赖以存在的基础和支撑，他们中的每一个人都有权获得与自己的利益相关的政府政策信息，包括立法活动、政策制定、法律条款、政策实施、行政预算、公共开支以及其他有关的信息，尤其在发生了涉及公共利益和安全的重大问题时，享有被告知的权利。然而，长期以来政府将行政机关决策的过程、结果，甚至一些法规、政策都对人民群众封锁，人民群众与政府之间的联系被人为地隔离开来，结果造成信息不对称，互不信任。不但利益受到损害的社会成员会否定其对政府的信任，得到利益的社会成员也会因为对政府决策过程缺乏了解而可能错误地过高设置自己的利益预期，从而误认为政府也损害了自己的利益①，政府的公信力受到了很大的质疑。有鉴于此，我们必须按照建立“行

① 参见杨凤春：《审视政府信誉》，载《南风窗》，2001（2）。

为规范、公开透明、廉洁高效”的行政管理体制的要求，采取措施，进一步增进政府与人民群众的相互信任。目前，政务公开喊了很久，但仍存在着许多不尽如人意的地方，不能很好地适应形势发展的需要。我们认为，一方面，要充分相信人民群众的觉悟和能力，公开决策过程，尽可能地邀请人民群众参与或者旁听政府机关的决策过程，使得人民群众对同自身利益密切相关的社会政策构建能有充分而真实地表达自己意愿的机会，以提高他们对政策的认可程度；另一方面，对各种政策法规、行政规定、办事程序和处理结果要及时公开，确保人民群众的知情权，以提高各种政策法规的针对性和有效性，同时最大限度地减少人民群众对政府工作的种种疑问和猜测，提高政府威信。①

四、建立守信获益、失信受罚的规则

经济学家林毅夫教授指出，社会上普遍失信的现象在于社会规范不成熟。制度安排不合理，对人们的行为有不良诱导作用，即对失信行为的惩罚不严厉，而守信行为的收益不明显。如果不讲信用所产生的实际收益大于其道德成本和物质支出时，信用就不会成为绝大多数人自觉遵守的规范。只有使不讲信用的人付出高昂代价，使其不讲信用的成本支出远远大于其收益时，才能从根本上遏制不讲信用的人依靠不讲信用获取私利的现象。政府信用也是如此，正是由于现有的政府监督机制不够健全，缺少明确的惩罚政府及其工作人员失信于民的制度，才产生众多政府失信于民的现象。因此，我国现阶段加强政府信用建设必须在制度安排上达到高度的严密性和严厉性，以促使政府工作人员在工作中必须将信用作为基本原则，假如他们做出了有违信用道德的行为，必定会得到应有的惩处。失信惩罚机制是政府信用保障体系中的最重要的部件之一，它的作用在于综合运用行政手段、经济手段、道德手段等处罚政府行为中的诚信失范者。它应该具备主动打击失信行为、在政府部门中全面渗透、具备对守信者的政策倾向性、让失信者受到应有处罚的功能。完善的惩罚制度不仅可以减少公共行政人员不守信的几率，而且也可以增加人民群众对政府信用的预期。

---

① 参见陈艳玲：《政府信用缺失的成因与对策研究》，载《河南科技大学学报》，2003 (4)。

五、遵守 WTO 规则，提高我国政府的规则信用水平

经过多年的不懈努力，中国终于加入了世界贸易组织（WTO），在我国加入 WTO 签署的三百多项协议中，绝大部分都是规范政府的。中国加入 WTO，最关键是政府的加入。政府将会面临着多方面的挑战，其中，政府如何信守承诺、忠实地执行法律法规和 WTO 规则就是最为关键的问题之一。美国认证协会主席米洛·葛若说："中国进入世界贸易组织后，人民对于中国经济的印象，首先是企业新产品的质量，其次是政府信用，然后是一个良好的法律保障，综合起来的信用是我们做出判断的眼睛。"① WTO 规则对各成员国政府而言就是法律，如果政府在执行法律的过程中不能信守承诺，就随时可能面临被制裁的危险，也会在整个贸易大家庭中失去信誉，有违我们加入 WTO 的初衷。根据 WTO 的要求，一个国家必须形成统一的法律法规体系，从中央政府到地方政府所制定的贸易政策必须统一，不能出现法律、法规、政策的多元化和多样性。特别是直接涉及国际贸易，可能对 WTO 其他成员方产生影响的有关规定，必须做到立法精神和重大规定保持上下贯通一致。不仅如此，加入 WTO 以后，所有成员方政府及其地方政府所制定的法律、法规、规章、政策性文件以及行政裁决性行为，都必须符合 WTO 的要求，并与之相衔接，不能出台与 WTO 相抵触的文件。如果我国各级政府能够严格遵守 WTO 的要求，那么，我国社会所发生的各种政策不统一、相互矛盾，政府出尔反尔、朝令夕改等现象也会受到一定程度的遏制。

历史和现实充分证明，市场经济越发达，人们就越要普遍诚实守信，这是现代文明的重要基础和标志。市场经济的一个重要特点就是信用作用范围的扩大，并渗透到社会生活的每一个方面。没有信用，社会就无法正常维系；没有信用，就没有秩序；没有信用，就没有交换的市场；没有信用，经济就不可能发展。由于缺乏信用所导致的流弊日益显露，各地纷纷开始打造信用，构筑信用大厦，形成了构筑信用的社会大潮，而在构筑信用的大潮中，政府信用无疑是信用大潮中的中流砥柱，没有这个中流砥柱，信用建设将无从

---

① 童一秋、纪康保编：《诚信中国：中国企业信用危机报告》，315 页，北京，中国盲文出版社，2002。

谈起，因为政府在推行政令中的信用度如何，与国家兴衰强弱息息相关。先秦著名思想家荀况早就指出：“政令信者强，政令不信者弱。”（《荀子·议兵》）孔子也指出：“上好礼，则民莫敢不敬；上好义，则民莫敢不服；上好信，则民莫敢不用情。夫如是，则四方之民襁负其子而至矣。”（《论语·子路》）也就是说，统治者重视礼节，则百姓不敢怠慢；为政者做事以义，则百姓不敢不从；做官的人讲求信用，则百姓不会说假话、做假事。政府带头讲信用，一层带一层，层层作表率，则信用之风必然弥漫社会；反之，则奸诈虚伪之风必大行其道。在现代市场经济条件下，政府的地位更为突出，它既是竞争规则的制定者，也是市场秩序的当然维护者；无论是社会信用体系的建立，还是适时健全各项规章制度，以及依法打击各种违法经营活动，都离不开政府，因此，政府信用在治国理政中的重要地位更是以往任何时期所不能比拟，政府信用与否从根本上决定了整个社会的信用秩序。总之，就我国而言，社会信用体系的建立和规范必然是一个长期的过程，这一目标的实现当然需要全社会的协力，不过，当务之急是需要政府做出表率，而政府在规则方面的信用建设则更是需要先行。

第九章

信任在文化领域的展开

从广义上说，文化包括人类所进行的一切活动及其产生的全部成果，但在本章中，我们仅将文化限定为这样一类现象，即它区别于物质文明成果，也非制度和机构等组织形式，而是人们出于身心完善或休闲、娱乐目的而展开的活动及成果。就此意义而言，文化与文化领域两个词是可以相互通用的，它们都不同于经济部门、政府部门这样的组织形式，主要存在于社会范围内，是介于“国家”和“市场”之间的、由民众投身其中的活动及其状态。文化的提供者主要是普通群众、文化产业界人士和政府相关管理、服务部门人员，文化的享有者和使用者则为不确定的任何社会公众。这样，在文化领域，就出现了信息、资源等的不对称，于是，就有了信任问题的产生。

对个人而言，有无文化体现了他（她）的综合素质，而且也反映了他（她）的修养程度，因此，一个人追求文化的过程（或文化塑造的过程）也就是他（她）追求完整、健全人格的过程，它表明了该人是一个注重自身行为与社会、环境之互动关系的有理性的人。虽然文化不能当饭吃，但文化可以让你拥有的知识发挥更大的作用，也能使一个人在思想意识、生活品位、行为方式等方面上升到更高的层次。对社会而言，有无文化并非问题，因为任何社会都会有其历史及其传统，以及既成的人员互动状态和行为准则，这些就会成为某种文化的符号或印记。但有着怎样的文化和文化的内涵如何才影响和决定着一个社会是否具有可持续发展的后劲和怎样向其民众昭示出足够的精神感召力？考察一个社会的文化内涵的内在方面就是要揭示出该社会中所存在的文化各要素之间是否均衡，公众是否能以非常便捷的方式分享各种文化形式和成果，文化的自我更新的动力与机制是否健全等学理性内容，从而为实际的文化建设和文化维护提供指导。从这样的思路出发，我们就不难发现，“信任”与文化具有天然的难以分割的联系，个人的文化素质可以体现为他（她）对他人的亲和力或值得信赖的品性；社会的文化品位则体现在该社会内部成员间保持了怎样的共同文化信念和基于这种信念而展示出来的、在行为和价值观上的共性，这又构成了该社会的集体象征，它可以保证该社会中的多数成员具有思想和言行的一致性，从而具有针对其未来变化趋势的相对稳定特征的期待，这就是文化所内在包含的信任因子。

第一节　信任的文化意义

从社会存在层面上看，“文化”具有更宏观的表现，文化成为了影响某一独特人群的价值观、信念和行为的社会力量。而且，不同民族之间存在着非常确切的文化差异，甚至同一个国家内部（特别是那些由多民族构成的国家）也存在巨大的文化差异。对不同人群所具有的文化差异的意识就是“文化意识”（cultural awareness），我们要保持自身的文化意识，同时又要时刻注意到应对他人所具有的不同历史传统、文化特性给予充分的尊重。对每一个现实的中国人而言，作为传统而延续下来的文化已经融入他们日常的意识和言行之中，成为其思维、行为自然而然的一部分。我们要完全摆脱传统文化对我们的形塑性影响就如同要拔着自己的头发离开地球一样不可能。所以，对我们来说更为现实和迫切的任务是，要将自身的传统文化以及其他民族的文化形式结合起来，并结合今天的现实，创生出有生命力和保持先进性的文化理念，推进文化事业的全面发展。其中，从信任特别是社会信任视角考察文化领域是富有启示意义的，信任在文化领域的全面展开可以为我们的文化生活的丰富、文化事业的繁荣提供活力源泉。本节的核心主题在于揭示出信任与文化的内在关系。为此，首先阐述与文化、信任相关的若干概念问题。

一、文化和文化领域的内涵

“文化”是个多义词，它被赋予了多重含义。最宏观的理解是把“文化”视为“人作为某个社会的成员所获得的知识、信仰、艺术、道德、法律、习惯等一切能力或习性的总体”（泰勒语）。中观的定义是“文化是思想的艺术性及其他的活动以及这些活动的产物”（《朗曼现代英语词典》）。微观的认识是“文化是社会的意识形态，以及与之相适应的制度与组织机构”（《辞海》）。虽然上述关于文化的解释差别很大，但都只是表现为外延范围的大小不同而已，本节所要阐述的“文化”与此不同，主要是从已有的、现实的社会状况出发，将文化理解为与经济、政治、司法等其他领域相区别的存在空间，又可以叫“文化领域”，主要指各种享受或创造具有思想、信仰、审美等价值之类的活动，因此，它既包括单纯的休闲时间内的文化享受活动，如听音乐、看电视、逛庙会等，也包括为此提供服务和相关条件的产业部门的活动及政府部门的管理过程，如文化产业、政府的文化政策等。

“文化”并非自然的现象，也非单纯的自发生长的结果，文化本身包含了人文的印记，特别是需要相关人群或政府的有意识的介入，这样不仅可以更有效地提供大量的文化成果，而且可以创造出允许各种文化形式存在的空间和场所。在中国古代，文化本义是“以文化之”，即教化。文化的本质在于以进步、合理的思想和知识来左右、改变我（们）的目前状态，使其自身的素质得到提高，表现出向文化靠拢的渐进过程。这表明，在古代中国人的意识中，“文化”是区别于“自然”的活动，是一种富有意义的价值再造过程。同样，在今天，广泛存在的社会文化领域也绝不是放任自流的产物，应当在尊重既定传统和规则、利用市场效应的前提下发挥好政府的积极引导作用，使“看得见的手”与“看不见的手”的双重效应得到最佳结合，使文化领域呈现出有序、和谐、文明的格局。

文化若是人化的结果，那么，为什么会有创造文化的冲动呢？概括地说，文化领域之所以产生基于如下三个原因。第一，每个人都有对文化的需要，这种需要贯穿于从生理、安全到自尊、自我实现的各个方面。文化需要并非独立的需要，多数人不会仅仅为了文化需要而去追求文化，相反，文化需要是依托其他需要，并借助其他需要而实现的。在其他需要的满足中同时获得了文化需要的满足，在其他需要的实现中体现着文化意蕴。这正是人之为人的特性，是人对自身复杂性、多样性生活状态的意识再现。例如，吃饭和睡觉本身只是生理需要，动物也有这样的需要，但吃饭的礼仪、不食嗟来之食的气节、卧薪尝胆的品质就是一种文化现象。人们借此获得了超乎生理需要之上的文化需要的满足。第二，任何组织或人群都会在其存续过程中生长出各自的文化内容，这就是人们通常说的"组织文化"，这一点早已经被现代管理学等学科理论所证实。正式的组织，如政党、政府、军队、学校等都有自己的文化；即便是非正式的组织，如俱乐部、同乡会等也会发展出自己的文化内容，这些文化内容还成为组织内在的规则，从而既为组织内的成员提供了互动、交往的平台和举手投足的规则，也为组织外的成员提供了识别符号和相互对待的凭证。不同的组织或人群所提出的文化内容既有共性，又有个性；既有一致点，又有分歧之处，因此，在同一时代或社会中，应对不同组织所培育出来的各种文化给予充分的尊重，让它们都有相对独立的生长空间，允许它们在不违背公序良俗和现有法律的前提下，得到延续，这样就可以为社会的多样性、差异性提供释放的渠道，保证社会发展的动力和组织存在的活力，也可以为个人的归属和文化满足提供多层次的渠道。第三，社会生活的分层也催生了文化领域的产生。在传统农业时代，家庭成为社会生活的核心，一个人的生老病死都是在家庭内和扩展开来的家庭间的交往、互动中完成的，这反映了农业时代的社会生活相对贫乏、单调的现实。进入到工业时代，特别是信息时代之后，社会化分工越来越取代家庭的各种职能，个人与社会的关系更加紧密，人们在家庭之外的活动时间和频率都极大增加，社会化生活的要求越来越强烈，市场的成熟也提供了满足和推动社会化生活要求的各种手段，为此而发展出来的文化产业越来越具有强大影响力，大众时代其实就是文化大众化时代的又一称谓而已。

多数人类学家和社会学家都主张将文化与社会结构区分开来。社会结构指具体的社会组织，包括家庭、民族、法律制度或国家等；文化则指那些代表意义（meanings）、象征（symbols）、价值（values）和观念（ideas）等方面的内容，同时还包括宗教、意识形态等现象。但二者的区分只是相对的，本章所分析的"文化领域"

就是介于社会结构和文化之间的形式。有时，文化领域可以被理解为直接创生了各种具有文化属性的社会组织，这样的社会组织可以作为社会结构的一部分，如政府、企业、家庭；也可以表现为游离于社会结构之外的松散形式，如传统礼仪交往、娱乐消遣活动等。这就意味着文化领域兼具结构与功能、系统与组织等多重状态。

要使文化领域的存在和发展进入到良性循环的轨道，并成为社会总体发展的有机部分，就还必须将信任注入文化领域的各个方面、各个层次。“信任”在文化领域的展开既是针对具体文化现象做出价值评价的过程，也是一种不断做出现实努力以达成理想（的文化）状态的过程。前者强调的是以是否符合信任这一道德价值为尺度来衡量我们目前文化领域内的全部活动，对其中的不良现象进行抨击，促使其改变，消除阻碍信任扩展的不利因素；后者注重的是将信任的应然要求通过各种机制建设和采取有效措施，落实到文化领域的具体方面，成为文化领域内普遍的事实状态，使文化领域充满彼此信任、相互信任的氛围，使文化领域成为社会信任生长的平台，增益我们社会的总体信任水平。

二、有关信任的问题

某种文化的形成是需要诸多条件的，如一定的人群规模、相对较长时间的互动、共同信奉的规则的存在、相互接受的背景知识等，任何一种文化都是与特定人群或社会状况相适应的产物，因此不同的文化并无绝对的优劣之分。但是，从社会学和伦理学上看，仍然可以对文化做出不同的判别。例如，社会学强调文化的复杂程度，越具有生命力的文化就越具有高度的复杂性和完善的自组织系统；伦理学则主张文化的凝聚力，一个好的文化应对其成员产生足够的吸引力，并与人类正面价值相符合。“信任”是好文化类型的重要指标，因为信任存在于文化之中就可以为其成员提供相互对待的可预期要求，从而产生合规矩、重合作的诚实行为，大大减少败德行为发生的几率，保证社会成员在日常行为中有较一致的、值得期待的行为发生。

美国学者福山曾指出，“群体是以相互的信任为基础而产生的，没有这个条件，它不可能自发形成。……因为群体的形成依靠的是信任，而信任是由文化决定的，不同的文化有不同的自发群体，而且自发的程度也不尽相同"[1]。由此不难看出，信任是文化的基核。从逻辑上看，是先有了某种程度或某种形式的信任，不同的人才可能确认彼此接受的文化内容。而且文化一旦形成后，它所创生的基于该文化的信任又可以为其内部生长出的各种各样群体之间的交往、互动、沟通等提供平台。所以，同一文化类型之中的人们更容易达成思想意识的一致和情感判断的相似。此外，多数文化都是在历史及其社会的结构中逐渐形成的，因此不同的文化在产生信任的程度和范围上就有所不同，按福山的观点，大致存在低信任度文化和高信任度文化两种类型。在低信任度文化中，人群之间的信任半径较小，只限于熟识的人或有血缘关系的人，处于低信任度文化中的人们大多对陌生人持怀疑、猜忌的态度，因此，在低信任度文化盛行的国家，家庭或亲族之外的社会生活通常不发达，各种中介组织相对萎缩，人们被局限在各自自然属性所确认的并被要求终身归属的狭小群体内，如村庄、家族、行业公会等。而在高信任度文化中，人们的信任主要基于对公共生活规则的理性确认以及广泛参与各种中介组织的经验，信任的范围可以扩大到初次见面的陌生人，信任半径被大大延长，并进而可以在宏观社会层面建立起各种发达的信任系统，传统的人格信任因素则急剧减弱，信任被平均化和普遍化。

一般来说，信任总是发生在人与人之间，从关系的主动或被动的层面上看，可以将信任分成施信于人和取信于人两个方面。施信于人是主动付出值得信赖的言行，做到言必信、行必果，表现出稳定、持续的行为品质，从而可以让对方对己方的未来行为做出合理的预期。施信可以减少未来的不确定性，降低行为的风险，从而带来顺利的交往、有效的沟通和便捷的生活环境等。取信于人则是首先设定对方是可以信赖的，给对方一定的自由度，从人性上做出善意的推测，不苛责他人。施信于人与取信于人是相互依存的，共同的基点是律己，即"法由己出"，是己方的主动付出或做出明确的表达。所以，信任不是假求他人，在责难他人失信的同时，还应反躬自省，是不是自己有令对方无法信赖的疑点或举动？

我们按当事人的关系状态，还可以把信任的程度进一步分成三

① ［美］弗朗西斯·福山：《信任——社会美德与创造经济繁荣》，29～30页。

种类型，即基于计算的信任、基于了解的信任和基于认同的信任。基于计算的信任主要是在双方并不十分了解而且缺少深度情感、理性交流的场合之下发生的，但双方对合作又有所期待，并希望从中受益，于是基于彼此互利的动因施与或接受信任。当双方都付出一致的行为，都保证收益（所得）高于支出（花费）时，信任就可以维持。相反，若一方言行不一，做出了失信的行为，或者不能保证支出（花费）低于收益（所得），信任关系就会破裂。基于了解的信任源于彼此的熟悉以及与此相关的相互交流，从而可以对对方的未来行为做出有确切性的预测，即便对方偶然有失信的行为，也可以给予宽容或谅解。但若双方不经常交流，变得陌生起来，以致不能精确地预测对方将做出什么反应时，信任就会弱化乃至中断。基于认同的信任，来源于双方具有相似的兴趣、相似的人生观或工作目标，并看重对方的人品或欣赏对方的处世风格。这种信任比较牢固，不容易被外界力量或利益得失所破坏，但当其中一方发生了重大改变，例如人生目标转移了，放弃了原有的处世原则等，双方的心理沟壑便开始出现，曾经存在的信任就会消失。①

三、信任与优良文化的互动

文化领域所传达的信息以及所营造的氛围将我们置于"生活世界"（life-world）或"日常生活"（everyday-life）之中，生活性或日常性就可以使我们获得对自己、对他人一定程度的熟悉，从而有了归属感和安全感，减少了每次交易、交往、交流时重复计算的烦琐，简化了不断学习、试错的过程，大大提高了交往的效率，满足了人们合群的需要，这也是文化的重要社会功能。从某种意义上说，我们每个人都是文化的存在者。例如，礼仪使我们知道如何对待从未谋过面的陌生人；聚会、晚会等使我们时时接触到熟识的朋友；娱乐、休闲让我们身心放松，总之，充满各种文化符号和文化信息的环境可以使我们能够生活在一个熟悉的世界之内，可以把不熟悉的东西通过推演、模仿而逐渐变得熟悉起来，减少了我们与外界的动荡和冲突。

然而，与其他发达国家存在的高度社会信任以及文化领域内的

---

① 此段的内容吸收了《信任与生意：障碍与桥梁》（尹继佐、乔治·恩德勒主编）一书的观点，119 页，上海，上海社会科学院出版社，2003。

较高信任水平不同，中国目前的状况不容乐观。文化中的失信现象大量而频繁地存在，甚至一些文化活动和文化形式本身就在传达着“不要信任他人”或“不被他人信任”的不良信号。造成这些局面的原因是多方面的。中国古代是一个小农经济社会，行业的分化与商品经济的发展都十分薄弱，因而严重束缚了构建基本社会信任和各种文化领域信任的视野；再加之特殊的历史进程，我国从半殖民地半封建社会直接跨入社会主义社会，与社会化大生产相适应的契约关系、信用关系和信任文化氛围等在公众和社会生活中都没有充分发育的机会。

一般而言，信任关系虽然主要在个体间发生，而且具体个人与他人结成怎样的信任关系也是事先无法把握的，但是，在一个良好的文化环境之中，多数个人就会相对主动地表现出基本的或起码的信任态度，未来的行为就可能往结成信任方向发展，因此实际中的大多数行为至少是基于计算的信任行为。所以，营造良好的文化氛围与增强社会总体的信任度是成正相关的，而且每个人都受到其所在的社会文化所营造氛围的深刻影响，因此，相对于文化的道德性，个人的道德性甚至处于一种从属的派生地位，个人的思想意识和实践活动的边界总是被体制或社会文化的道德所预先限定，文化对社会的广大公众而言就是先在的，文化构成了每个人的环境因素。良好的文化氛围会使多数人产生积极向上的感染力，并获得彼此信任的暗示，便较容易做出令人信任或信任他人的行为；相反，恶劣的文化氛围则会损耗社会资本，拉开人与人的心理距离，使相互设置壁垒和屏障变得频繁，超乎私人情谊之上的社会信任无从建立。因此，不仅要培育信任的土壤，更要使信任成为催生优良文化的重要辅助力量。

为了深入阐述信任与文化的内在关系，我们应对文化领域做出更加细致的剖析。

从文化的传播或影响范围看，文化可以分成家庭文化、组织文化、社会文化三种。家庭文化指家庭成员相互对待的方式以及人们普遍持有的家庭观念等的总和。家庭文化是一个社会全部文化的基础，这不仅因为每个人都是从家庭中走出来的，受到家庭的深刻影响，并带着各自家庭的烙印来认识社会和对待他人，而且还因为家庭结构、家庭功能、家庭成员关系等都直接体现着社会的文化状况和信任水平。组织文化指家庭之外、社会之中的各种机构（包括职业场所、公共活动场所、民间团体、社区、学校、教会、协会等）所表现出来的关系状态和文化氛围。组织内的人际关系、行事方式、组织间的互动等都影响着生活于其间的人们，并对他们的精神面貌、生活品位产生直接影响。我们通常所说的文化的多样性、多元性正是体现在这一领域之中；社会文化则指贯穿国家意志的整体文化状态，包括对传统文化的政策、社会教化原则、宏观价值观念等，由于有国家力量的支持，社会文化往往占据主流地位，并借助强大的宣传工具、舆论阵地和各种手段传播开来。不过，由于国际交往的扩大以及传统文化的延续，仍然会在一定层面上存在不同的社会文化类型，但这样非主流的社会文化类型很难掌握主导话语权，不可能进入核心文化圈。因此，国家、政府的意志已经占据了社会文化的主导地位，重要的是怎样通过合适渠道将社会文化有效地灌输到自发的家庭文化和相对多样且具有分离倾向的组织文化之中？我们认为，从全社会范围角度看，首先要通过制度示范，树立牢固的信任观念，建立完善的信任关系，这才是便捷的途径。

从文化的作用方式看，我们将文化领域分成群众文化生活、文化产业活动和文化事业管理三个方面。群众文化生活主要指流行于广大基层群众之间，被群众喜闻乐见并可以在日常生活中习见的各种文化表现形式及内容，例如民间工艺、民间文学、风俗表演、杂耍等活动。有些群众文化存续了数百年，有些仅仅存在了几十年或十几年，但由于有广泛的接受者或受众，群众文化大多具有极强的生命力。然而，不可否认，群众文化中也有部分内容包括了低俗、落后的方面（不仅从主流意识形态的意义上看，即便从人类通常的道德观念看也是这样），因此需要认真改造，使之获得健康发展。文化产业的兴起在中国的历史并不长，属于舶来品，但因连绵战事，文化产业引入后始终未获得充分而独立的发展。近三十年来，改革开放为文化产业的发展注入了活力，但也随之出现了新的问题，如失信频仍、过度经济化等，要使文化产业走向良性循环还须付出艰苦努力。文化事业管理作为行政活动的一部分古已有之，中国传统的儒家和法家都提出过文化事业管理的不同的政策思路。然而，现代社会的巨变，使许多传统的管理方式变得不合时宜，事实上，一些落后的文化事业管理理念和制度都严重阻碍了我们社会文化领域的发展，甚至成为文化领域失信行为大量发生的一个根源。这些都迫使我们必须认真反思历来的文化事业管理的得失，改进管理方法，提高管理效率，使文化事业管理成为文化领域信任建设的排头兵。

以下，我们将结合上述两种划分方式，从群众文化生活、文化产业活动、文化事业管理和社会文化建设①四个方面入手，具体分析信任在文化领域开展和落实的必要性及措施等相关问题。

第二节　信任在群众文化中的落实

群众文化的存在正应验了"文化无所不在"的判断，它体现了人对精神生活的追求，也反映了民众在文化创造和发展中的生命力。在中国，由于地域辽阔、历史悠久，加之民族众多，群众文化的种类也非常多样。这些群众文化既为广大人民群众的日常生活提供了丰富的精神食粮，也为中华民族传统文化的延续提供了依据，更重要的，它还为不同人群（如同乡、同民族的人）提供了相互信任的纽带，他们往往因分享共同的或相似的群众文化内容而得到一体感，进而走向熟悉和理解，建立社会信任。

一、确认群众文化的主体

毫无疑问，群众文化的具体内容十分丰富，表现形式也多种多样。就我国的情况而言，从起源上看，群众文化可以分成主创型群众文化和自生型群众文化，前者指有明确初始人、初始年代和流传地区的群众文化，例如清明节、端午节的习俗，一些特殊的民间工艺等也是这样；后者指并没有明确初始人或清楚的生成年代的群众文化，例如一些民间传说、故事，一些民间艺术形式等，它们在一些区域广为流传，却没有谁知道它们究竟起于何时，又由何人首创。

主创型群众文化虽然有初始人，但初始人也大多来自民间，不过，也不排除由官方或少数上层人士推动的群众文化。主创型群众

① 由于篇幅所限，社会文化建设部分我们只是以媒介信任为例进行分析，其他内容（包括社区信任建设、行业信任建设等）则略去不讲。

文化由于具有较明确的初始人，个人色彩较浓，所以，在这种类型的群众文化中常常会出现不同的门派，主要表现为师徒传承而形成的各自风格的差异，如中国传统戏剧中的京剧就呈现出上述特征。因此，主创型群众文化因其鲜明的个性，往往也会上升为主流文化，受到上层人士的欢迎。虽然它有群众文化的平台和拥戴者，但因其获得了上升的通道，也更容易受到重视、扶持而得以长久保存，并且因其吸引了优秀才俊、有学之士的加盟，便可以得到精致化、系统化，并向官方化方向发展。在今天，一些曾经的民间艺术、群众文化的京剧就被视为“国粹”而受到多方推崇，成为代表中国传统文化的综合性符号。

然而，不能不看到，多数群众文化是无法得到此类殊荣的，特别是那些自生型群众文化，它们中有相当一部分生生灭灭，虽留存下了不少，但更多的却被湮没以至无闻。自生型群众文化中的一部分由于扎根民间，有生活基础和地域受众的支持，生命力也很顽强，例如东北地区的“二人转”在21世纪的今天仍然表现出了充足的活力。自生型群众文化是依靠传播的广泛性和生活化的实质内容来吸引公众，尤其是借助日常生活中的礼俗、娱乐、休闲等活动而加以渗透，它逐渐成为群众日常生活的精神养料，并成为普通人从中获得社会认知、生活礼仪、日常习惯乃至个体社会化常识的一个重要途径和方式，群众文化在塑造公众欣赏口味、生活方式的同时，也培育了自身的支持力量，得到了一定的生长空间。因此，自生型群众文化越贴近生活，越具有通俗性，就越容易获得公众的理解和支持，也越能够接受新时代和新变化的挑战，赢得更多的生存机会。

群众文化的传达方式也难以尽数，但可以粗略地归结为两大类。一类是纵向式的传达，即通过口口相传或耳濡目染而在代际传承，这就是老者传授、少者接受并向幼者施加持续性、潜在性影响的过程。特别是在乡村社会，许多群众文化就是以这样的方式得到传承的。另外，为数不少的民间艺术、民间工艺等也是由父传子、子传孙而下达至今日的。纵向式传达在相对封闭的群落或环境下是非常有效的，许多群众文化的保存都得益于这样的途径。但是，在日益工业化、城市化的时代，乡村生活被打破，村民间简单双向性的人际关系被取代，大量资讯借助高度发达的通信和传播媒介（包括报纸、广播、电视、网络等）急剧涌入，改变了年青一代的生活方式和对文化的欣赏口味，许多群众文化被归入落后、乏味的一类而遭到无情抛弃，群众文化面临后继乏人、无以传薪的困境。群众文化的另一类传达方式是横向式的传达，即在一个地域内通过身临其境的参与、介入、互动等，使众多人同时感受到某种具体的文化形式，受其熏陶，因其感染而产生对它的亲近和熟悉。这样的传播是双向互动式的，群众文化的受众与施众相互影响、相互吸收，群众文化获得了更加丰富的表现。如国人爱打扑克、玩麻将（这些都属于群众文化），但具体打法或玩法在各地则有不同，同样，一些剧种在各地都获得了自己的特点等，亦是如此。与纵向传达方式相比较，横向传达方式在今日显示出更强的生命力，它已经构成中间组织或民间社会活动的平台，成为社区生活的重要纽带，从而在市场与国家之外构建出一个缓冲地带，发展为公民习得礼仪、学会交往、接受文化的重要演练场，构成公民文化的原初材料。事实上，正是通过参与群众文化，广大公民彼此间才可能形成相互的情感认同基础。所以，应充分发挥好群众文化在现代社会条件下的积极作用。

据报道，福建省一些地方政府积极扶持地方性的群众文化的新生，并引导其向积极、良性方向发展。例如南靖县近年来致力于引导农民成为农村文化发展的主体，变以往每年屈指可数的几次“文化下乡”，为农民自发组织起来常年开展的“乡下文化”，激发和活跃农村的文化生活，增进健康文化因子在村民中生根。在南靖县船场镇世禄村，由于受到积极文化观念的影响，村民们经过讨论决定，将百年古刹新溪尾寺改造成世禄村老年人活动室，将这座香火旺盛的寺庙改造成为老年人日常健身、娱乐和村民读书看报的场所。同样，被誉为“土楼之乡”的书洋镇也结合自身的特点开展了有声有色的文化活动，他们在土楼内开展“一员六进六配套”建设，即一名宣传员和时事政策、科技知识、法制教育、文明新风、理论宣传、文化娱乐进土楼，这改变了土楼人日落而息的生活方式，他们开始渴求知识、关心公共事务、了解外面的世界。

可见，要让群众文化获得生命力，就必须丰富群众文化，使群众文化充满生机，才能赢得可持续发展的动力。丰富群众文化的手段包括在政策和法规上给群众文化的展示留足充分的发展空间，行政力量应保持适度克制和宽容，较少给出直接干预。群众文化的最大优势是其群众性、平民性，因此，官方色彩越淡越好，在培育群众文化的问题上，要懂得这样一个道理，即有时什么也不做要比做了什么更好，适度的无为强于过度的有为。对具有一定历史沿革和积淀的群众文化要给予财力支持，对其初始人（及其后裔）或身怀绝技的民间人士要进行重点资助，同时对一些具有足够群众基础和一定受众范围的群众文化则要利用市场这只“看不见的手”，创造公平、竞争的环境，允许不同流派争奇斗艳，让这类群众文化学会自我更新，获得自我发展的能力。

从上述群众文化类型的分析不难看出，群众文化的主体也大致可以分成两个，其理想主体是社会精英人士，其现实主体则是广大普通公众。群众文化虽然形式多样、贴近生活，且多表现出基层群众喜闻乐见式的通俗、大众化面貌，但是其所要追求和表达的主题仍然是被官方、上流社会阶层所首肯的内容，如仁、忠、义、孝，多数群众文化并不会背离主流文化。这显示出在任何历史时期，属于社会文化下层的群众文化都不会自己创造出完全不同于官方偏好的独特内容；而且群众文化由于其受众数量多、地域广，也会产生不同的异体或支流，其间可能包含新的、预示某种价值和未来前景的文化信息，从而被部分占据主流话语权的人士敏锐地捕捉到，并加以提升，逐渐取得更精致的形式。社会分层的存在以及社会层级间合理而有序的流动也正是保持群众文化创造力的制度性支持。例如，唢呐原本是十分平常和生活化的乐器，唢呐曲目也大多是写实性、即景性的内容，如婚丧嫁娶或生活片段，但它与其他乐器，特别是西洋乐器相结合就可能创作出具有浓郁民族特色和时代感的代表性作品，于是就会被赋予更多的象征意义。

二、分辨群众文化的精华与糟粕

民间与生活化，是理解群众文化的两个关键词，它们也构成了群众文化的活力源泉。但不可否认，民间与生活化仿佛一把双刃剑，也使群众文化精华与糟粕并存。精华固然是我们应当积极吸取的有益内容，但糟粕是群众文化无可回避的阴影，视而不见无助于问题的解决，可取的态度是承认并正视它，并以合理而科学的方式解决它。

首先不妨深入考察一下群众文化的特点。概括地说，群众文化具有如下几个特点：(1) 群众文化具有地域性。即它主要在一个或几个地区流行，这样就可能会被打上不同地区的烙印，具有地区差异，例如，秧歌主要盛行于北方，南方人则不大扭秧歌；盆景艺术主要分布在福建、四川、江苏等山地地区或植被较丰富的地区。（2）群众文化大多自发而成。最初并无明显的意图，也与政治、外交等宏大叙事无关，大多出于日常生活的交往、休闲和娱乐等目的，非常贴近实际的生活场景，易于被普通群众接受，但也经常夹杂着一些在正统意识或主流文化看来不健康或消极的内容。例如，传统庙会中的祭祀活动、民间工艺中的不卫生的加工环节等就属此类。（3）群众文化具有多功能性。由于产生于民间，最初并无系统的提炼和精致的分化，群众文化往往身兼数种功能，集娱乐、艺术、技能、教化于一身，使公众在参与群众文化创作、欣赏群众文化产品、享受群众文化成果时得到了多重需要的满足。可以说，越是在早期社会，越是在偏僻地区，群众文化所具有的多功能性就越突出。许多农村和不很发达的城镇，群众文化仍然是满足人们多种精神需要的重要方式。所以，扶持群众文化，并给予足够的政策支持，也是关心群众精神生活，构建和谐社会的重要步骤。（4）群众文化具有狭隘性。群众文化在某一个特定地区的盛行，就可以逐渐构成该地区人群的“集体无意识”，形成团体压力，对与众不同的人或颇为突出的个性（主要是与这类群众文化所倡导的行为方式不同的人或事）给予打击、封杀。虽然我们在前文中说到群众文化形式多样、丰富多彩，但那只是针对整个国家的文化传统或社会文化的状况而言，具体到某种特殊的群众文化，其形式则往往相对简单，甚至其内容在很大程度上也可以说是单调的。一些群众文化缺少更新的内在动力，也较少有主动接受外界挑战的措施，目前我国许多地方的群众文化出现式微的势头就是一个很好的注脚。

然而，就像其他文化现象一样，群众文化中包含的精华与糟粕并非总是泾渭分明的，相反，经常是精华与糟粕彼此交错。当然不排除也有部分群众文化几乎没有什么糟粕，如剪纸、灯艺等，这类群众文化就应发扬光大；也有部分群众文化几乎全是糟粕，如一些低劣的婚俗就应全部弃之。更接近现实的状况是，绝大多数现存的群众文化是精华与糟粕共生的，如传统庙会就有可取的方面，但也不乏应抛弃的内容；各种民间戏剧中的传统曲目的情形也如此。因此，对群众文化要持辩证唯物主义的立场，做出全面而客观的分析。

应当根据什么原则确认精华与糟粕呢？谁又能据此做出权威的裁断以决定群众文化的去向和取舍呢？针对前一问，要求我们必须首先设立明确的、适宜的标准，这样的标准同时具有广泛性和一定的变动性，从而为理清群众文化中的精华与糟粕提供指导。在此，我们提出如下三个标准：其一是历史的标准。那些经得起历史考验，并历经波折而仍然顽强留存下来的群众文化大多包含了较多的精华，而且那些愈久弥坚的群众文化还可以逐渐沉积为民族传统文化。其二是现实的标准。只有被众多人接受的群众文化才有生命力，有较好群众情缘的文化形式就符合这样的标准。有人会说群众的欣赏口味可能有问题，他们并不能构成评价标准，这样的反驳理由是很奇怪的，群众文化本身就来自群众、服务群众，若它不能首先赢得群众支持，又如何谈论它有怎样的精华之问题呢？其三是社会的标准。即与社会通行观念相符合的群众文化就可以被认为是可取的。社会的标准可以是具体的善恶标准，也可以是一般的正误标准，前者突出的是道义性（某种意义上是道德情感性的），后者强调的是正当性（某种意义上是政治原则性的）。由于群众文化是群体性的，主体又是多元的，所以，社会标准主要取正误标准，即看其是否与主流意识形态、社会正统价值观保持一致。

群众，只有群众才是确认群众文化是否有生命力的判断者。但是，群众分布于全体国民中，群众的声音只能通过代言人或民情世风等间接反映出来，这一过程就会出现信息衰减或评价失真的可能，所以，只有在舆论公开、表达自由的社会环境下，群众的声音才能得到最有效的体现。仅仅由某些政府部门或少数行政人员来确认群众文化的精华与糟粕的做法是危险的，这很可能将少数人的个人偏好凌驾于众人之上，甚至强奸民意，导致群众不满、文化不盛、群众文化万马齐喑的局面。

虽然许多群众文化是精华与糟粕并存，一些群众文化之间的相互竞争缺乏合理秩序，还有一些群众文化的内容不太健康等，但这些都是群众文化成长、成熟过程中必然伴随的现象，不经历这些，群众文化就不能称为群众文化，为此，特别需要在群众文化中培育信任的氛围，不仅官方要信任群众的创造力，群众与群众之间彼此信任，还应当将对文化的共同渴求视为丰富群众文化的信任源泉，从而促成群众文化向健康、良性方向发展。

三、信任与群众文化的良性发展

法国社会学家爱米尔·涂尔干曾指出，文化具有无形性，它为多个个体所分享，被个体觉察到是外部于他们的，并且约束个体的行动。群众文化尤其具有这样的特性。群众文化常常并不具有完整的形式、复杂的内容和艰深的道理，但因祖辈父辈间的代代相传，家家户户的耳濡目染，具体个人的价值观、审美观、世界观等都在潜移默化中逐渐形成并获得成熟的形式。

我们也注意到，不少地方政府部门和许多基层群众开始意识到保护自身地方文化的重要性，并采取各种措施切实发挥地方文化在凝聚民心、活跃生活和促进经济等方面的功能。例如，广州市文化局表示要保护、传承、展现广州非物质文化遗产，政府扶持各种民间民俗文化艺术，举办民俗文化艺术节，组织广州地区最有代表性的民间表演艺术队伍，如飘色、舞狮、舞龙、舞鳌鱼、舞麒麟、舞鲤鱼、舞牛、舞马，并且重新整理、编排出来近乎失传的龙舟说唱、鸡公榄等。

在今天，群众文化不仅依靠社会信任，也催生了更广泛而深入的社会信任。换句话说，群众文化的生存和扩展都离不开信任，同样，丰富而多样的群众文化又为社会信任提供了更坚实的基础，使社会信任借助群众文化这个载体而更加深入人心。群众文化为什么离不开信任呢？第一，在现代条件下，群众文化越来越受到有目的的人的行为的影响，群众的欣赏口味和评价标准也在不断改变，群众文化越来越处于变动不居、难以掌控的状态之下，如服装流行走势、音乐趣味、建筑风格、消费潮流等都在发生各种各样的变化，为此，需要运用和构筑社会信任，才能推动群众文化的发展。否则，我们无法对各种层出不穷的群众文化现象抱以最起码的尊重。第二，群众文化在发展和推广的过程中也会不断产生难以预料的后果，如对传统风俗的破坏、对共有价值观的质疑、对公共理性的挑战等，为应付群众文化可能带来的弱点和缺陷，需要扩大社会信任的储备，以应对危机状态，并起到凝聚人心、化解压力的作用。第三，随着群众文化的多元化发展，人们的选择数量越来越庞大，每个人最终倾向于何种群众文化的决定就越来越难以预料，而这将可能使一些人变得怀疑一切，既然无法选择，就放弃选择，在群众文化面前随波逐流。对此，我们亟须了解群众文化的本质和特性，更需要对群众文化做出足够信任的期待，因为可能选择的方式越多，信任对我们的决策和行动就变得越重要”。

社会信任在群众文化中的体现，其思想根据是对群众的历史地位的重新确认。历史唯物主义基本理论告诉我们，人民群众是历史的创造者，是推动历史发展的根本力量，英雄人物的历史作用正是借助人民群众而展示出来的。人民群众的意志反映了时代精神和历史主题，成为社会发展的内在动力，人民群众不仅是物质财富的创造者，同时也是精神财富的创造者，大量的有生命力的群众文化正是人民群众所创造出来的精神财富的成果之体现。信任群众文化就是相信人民群众有无限的潜力，可以发挥出巨大的能动性，人民群众的积极性正是群众文化获得不断发展的活力源泉。

群众文化的良性发展，当然离不开社会信任，社会信任的形成除了来自政府和社会的外部因素之外，更主要的是参与群众文化生成和推广的全体人员，即群众文化内部因素也起着同样甚至更大的作用，换句话说，后者在参与和创造群众文化的过程中应始终展示出值得他人信任的言行，从而与群众文化的使命相符合。对群众文化的参与者而言，要做到信任并提供信任的言行就应努力做到如下诸多方面的要求。首先，要处理好“公”与“私”的关系。一些群众文化是以家族式或师徒式方式进行的，具有明显的排他性，在这样的关系中，“公”与“私”常常混同，祖辈所掌握、孙辈所习得的技艺究竟是属于公共财产还是私人财产呢？师傅与徒弟的关系是公共关系还是私人关系？从道理上讲，多数人并不难明白并且也可以在认知上接受传统工艺和技艺等都应属于公共财产，师徒关系也应纳入到客观的社会关系之中，但许多人在实际的行为中仍然继续公私不分、公私混淆，结果就可能使一些很有价值的群众文化私人化，并渐渐失传。特别是在今天，只有真正将群众文化视为公共财产，才能唤起公众关心群众文化、参与群众文化的热情。这一点尤其要成为每一个参与群众文化创造和传承者的自觉意识。其次，要始终坚持以促进社会发展为目标的群众文化指导思想。虽然群众文化往往具有地域性，我们每一个人都以一个特定身份参与到群众文化之中，但我们绝不能把群众文化中的个性或特性的方面夸大到极端，否则就会使群众文化失去更广泛的生命力。因为群众文化的地域性特点既可以使其容易获得当地群众的广泛支持，融入当地群众的日常生活之中，同时又使其变得各自为政，有些群众文化就表现出了以邻为壑的狭隘性，所以，必须超越群众文化固有的地域性，把群众文化视为整个民族文化的一部分，从促进整体社会发展的高度看待群众文化，使不同的群众文化相互理解、相互借鉴，建立彼此信任的良好关系。最后，群众文化要以追求人文价值为发展方向。中国正处于剧烈的社会变革时代，其间既有农业时代向工业时代的变革，又有传统政治观念向民主政治制度的转变，同时还伴随着熟人社会的瓦解和陌生人社会的兴起，西方发达国家在几百年间逐步经历的变革阵痛，在中国都被压缩在近二三十年间发生，造成的混乱和迷茫是多重的，也是深重的。群众文化也经受着严峻考验，究竟是以市场取向来决定群众文化的走势，还是以政府的意志来制约群众文化的发展，抑或完全听任自发力量让群众文化自生自灭？为回答这一问题，又必须回到有关群众文化存在之合理性这样的原初问题上，也就是群众文化的本质是什么的问题。只有以人文价值为导向，才能使群众文化不断获得新生力量，迎接各种挑战。政府应扶持那些与人类精神相符合、对民族整体价值最有益的群众文化，而对那些既有人文价值又有市场竞争力的群众文化则可以创造舞台，任其自由发展，让市场决定其胜败。每一个参与群众文化的人都应保持这样的人文情怀。

群众文化中还有一类比较特殊的形式，即非物质文化或文化遗产。如果说物质文化遗产是化石，非物质文化遗产则是活化石；但是，比较起前者，大家对后者的价值认同远远不够。许多非物质文化遗产项目包括一些民间老艺人的绝技，是在毫不自知的状态下，从眼前永远地消亡！值得庆幸的是，在国内，像北京这样的大都市已经开始越来越清楚地认识到保护非物质文化遗产的重要性，并采取切实有效的措施开展相关的保护工作。2006 年初公布的包括智化寺音乐在内的首批 38 个市级非物质文化遗产名录，以及年底将完成的各区县级非物质文化遗产名录的制定，是北京非物质文化遗产保护的重要成果。北京确立了非物质文化遗产“三个优先”的保护原则，即处于濒危状态且具有重大历史价值的非物质文化遗产项目将要加紧抢救；濒危门类或年老体弱传承人所掌握的知识和技艺将要尽快采取措施进行抢救性记录；授权有关单位积极征集原始资料和实物并妥善保管。但与物质文化遗产的保护有所不同的是，非物质文化遗产的保护仅有政府的重视是不够的，还需要多数民众对其具有明确的认识。

在今天，群众文化或者说民间文化总体上面临着严重衰微的惨状。“每一分钟，都有民间文化在消亡!”——中国文联副主席、中国民间艺术家协会主席冯骥才对我国传统民间文化现状痛心疾首。近年来由于缺少继承人及其他原因，一大批优秀的中国传统文化已经消亡或者正处于消亡的边缘。例如，千百年来传唱的川江号子，曾经是长江的魂魄，如今几成落寞的千古绝唱；目前所使用的八十多种少数民族语言和地方语言中，有十多种也正处于濒危衰退的状态，许多民间手艺、杂耍后继乏人。因没有“效益”，即便有人呼吁，和者却寥寥，例如2005年，中国人民大学传统文化社在学校开展了书法学习与古文晨读活动，刚开始还有二三十个同学参加，可是到了后来就只剩下一两个同学在坚持学习。群众文化和民间文化都是中国传统文化的一部分，直接地构成了中华民族存在的根本，是一个完整的多民族性与多元文化的知识体系，对社会的发展有很重要的意义。传统文化的传承一旦断代，就相当于一个民族失去了根底。在社会转型期，一些文化遗产可能退出历史舞台，它们就像濒临灭绝的动物一样，需要我们花大力气来保护。

社会信任在群众文化中落实的重要目标是实现文化认同，即一定人群借助丰富而多样的群众达成彼此之间的亲近和对共同文化载体——民族、国家的关注。一般而言，某个地域的群众比较容易在接受当地群众文化的过程中感受到地方传统文化的深刻影响，并从中接受生活常识、习得基本的价值判断，同时与周围人获得熟悉和亲近，由此突破“我”的私自性而达到对“我们”这样的共同体的接纳和融入。同样，一个国家的公民也是通过感受形式多样、随处可见的群众文化，形成了对那些原本并不了解的他人的理解，认识与自己相对遥远和抽象的历史、国家、政治、道德等概念，获得了如何解读抽象符号和价值的基本态度，具有生活意义化的能力，从而学会对待他人、社会和自然的方式，构成了市民社会以及公民文化的“背景式知识”，并由此产生意愿和兴趣参与到更加广大、更加丰富的社会生活和民族共同体之中。事实上，公民之间在诸多问题上的相互作用“是由亲戚朋友小圈子逐渐向外扩展到联系不密的较大群体。比方说，对于福利制度的意见，就是先在小群体中议论，再到较大群体中讨论而形成的，这些群体包括工作中的同事、志愿团体、教会、氏族群体等”①。所以，加强群众文化建设可以为我们的公民社会的形成和公民道德的培养提供很好的氛围。进一步地尊重群众文化并理性参与群众文化的构建，也可以成为落实和谐社会目标的重要体现。

第三节　信任在文化产业中的展开

文化产业又名“内容产业”或“创造性产业”。通常的理解是认为文化产业就是关于文化内容的创造、生产和商业化的产业，包括文化商品和文化服务。文化产业已被国际学界公认为朝阳产业，并且在许多发达国家率先进入国家经济体系的中心地带。文化产业是文化在现代社会的一个重要发展形式。文化产业的功能之一是将精神成果产品化，它利用工业化、技术化、市场化等各种有形且物化的手段将文化变成可以购买、消费并且从中获利的重要载体。这反映了市场力量的无处不在，也体现了经济原则的高歌猛进。但是，文化产业不同于文化产业化。一些产业或商业运作方式大量进入文化领域，从事文化的开发、创造和推广，这是市场有效作用的发挥，可谓“以商养文”，具有一定的合理性和历史必然性。不过，文化产业化则是主张将全部文化活动统统推入市场，或者完全以市场原则统领文化活动，这显然是有问题的。文化产业化的主张和做法没有看到一些文化活动属于“市场失灵区”，市场难以施展身手，市场介入反而会对该文化产生致命伤害。要建立可持续发展的文化产业，就应当理顺文化与产业的关系，将二者置于恰当的位置，彼此不互相吞并，保持各自的独立地位，同时还要为文化产业注入社会信任这一元素，使文化产业坚持正确的方向，走上健康的发展道路。

一、文化产业及其现代状况

人类历史上最早出现的产业是农业产业，农业产业的内容主要

---

① ［美］托马斯·雅诺斯基：《公民与文明社会》，柯雄译，123页，沈阳，辽宁教育出版社，2003。

包括农作物的栽培、家禽的圈养等，从中发展出了与农业活动相关的其他各种社会生活形式，如风俗礼仪、家庭制度、政治体制、宗教信仰等。农业产业的重要成果表现为：（1）土地的开发和利用。人类不再屈服于自然的淫威，可以利用自然条件从事生产活动，满足基本生活需要，过上了稳定的定居生活。（2）与农业定居方式相适应的文化（这样的文化大多构成了传统文化的典型形式）的形成。迄今为止，许多国家被称为传统文化的重要内容大多数都是在与农业产业阶段相伴随的历史时期而产生的，举世闻名的四大文明古国均为农业国家，人类早期灿烂文明的发祥地也都为农业产业盛行的国家或地区。（3）民族及其文化成果的凝结。现存的各个民族绝大部分都是在农业产业发展阶段形成并完善的，在共同的农业活动中，人们相互联系，发展出了各种增益合作并扩大文明成果的手段，如语言、文字的产生，交通工具的改良等。农业产业阶段的社会信任主要表现为人际信任，这也是社会信任最初始的形式，与此同时，失信则是针对具体人的、在具体行为上的食言等行径，但由于存在各种各样的人际监督，内部人之间的失信行为并不经常发生。

工业产业首先在西方出现，始于 16 世纪的“地理大发现”，成长于 17 世纪的殖民贸易，成熟于 18 世纪由纺织业引发的工业革命，它使欧洲摆脱了中世纪的神权控制，逐渐建立起市场经济体制，并确立了各种与此相适应的政治制度和社会生活方式。工业产业创造了“比以往人类所创造的全部文明成果之总和还要多”的进步，突出地表现在如下几个方面：第一，城市化成为人们生活的常态。人们告别乡村，集中居住在交通便利、资讯发达的中心地区，该地区建立起各种网络状的系统，使各种生活需要的满足变得便捷，成为生活、工作、交往等的主要场所。第二，分工日益精密化和复杂化。在工业时代，人们从事不同的且分工更加细致的职业，划分到不同的社会阶层之内，社会分化与社会流动两个趋势同样显著地获得了展示。分工的积极经济学意义在于它带来了前所未有的效率，所导致的不良道德影响则是使许多人越来越单向度发展，成为片面的人，“异化”的风险陡然升高。第三，工业产业重新审视了一切价值，全部人类活动都被换算成使用价值的大小，工业产业所创造的集约化、规模化的效益，催生了消费的平均化，产生了“大众社会”。工业产业阶段的社会信任主要是系统信任或专家信任，依据法律等强制手段或信用监控等严密措施以及借助专家队伍和专业知识等，社会信任关系在变得频繁和普遍的同时，也变得脆弱起来，商业利润、多元价值观等因素都诱导人们做出各种失信行为，失信发生的几率大大提高。

信息产业则是20世纪六七十年代才形成规模的，并逐渐取得了世界性影响。信息产业借助计算机技术，缩短了时空距离，使资源、情报的分享瞬间完成，它整合了各种技术成果，优化了人力、物力的组合，从而创造出空前绝后的成果。与农业产业、工业产业不同的是，信息产业突出强调了科学技术的重要性，它所创造出的经济被称为知识经济或知本经济，它使学习新技术、不断攻克尖端问题成为最具有竞争力的目标，信息产业下的社会带有“学习型社会”的特点。此外，信息产业还创造出了“虚拟社会”，它使人与人的联系通过人—机对话形式得到间接实现，省却了人与人之间直接接触的必要，与之相应，它所推崇的是快餐式文化，即重结果而忽视过程、重感性而轻理性，这就不可避免地在一些领域和一些人群中出现了价值观的混乱。在信息产业阶段，信息交换背后的匿名性和不对称性使社会信任经受前所未有的挑战，结果，只有那些具备坚定的自律意识并始终敬重道德和他人的人才能信守信任，而多数人可能利用各种便利条件做出或大或小的失信行为。与此同时，由于信息产业将人们及其行为高度贯通起来，个人的失信行为会产生比农业时代、工业时代严重得多的后果，所以信息时代对信任有着更为强烈、更加迫切的要求。

文化早在农业时代就出现了，但文化产业则迟至工业时代才出现。在工业时代，文化产业的发展走向了专业化、市场化和工业化，成为独立的领域。特别是到了信息时代，文化产业才获得了突飞猛进的发展，不仅突破了工业时代的局限，文化产业的文化属性和经济属性获得了初步的平衡，而且经济全球化使文化产业突破国界和时空，成为网络化和全时空的新型产业。大众传媒的急剧发展，使其影响超过了政治影响，甚至一些政治事件的解决和政治态度的表达都须借助大众传媒，大众传媒的扩张表明了文化产业的大众化更加深入人心。文化产业不仅产生财富和就业机会，而且传播价值观、思想和知识。强势文化、先进科技、先进管理和全球市场的结合，必将产生文化产业的世界强国。有学者提出，应按照文化属性和市场的关联程度把文化产业的产品市场划分为三级。第一级，初级产品市场。它是指文化资源的直接商业利用，如文化旅游、图书出版等。第二级，中级产品市场。它是指文化资源的工业化再创造和利用，如电影、电视、艺术等。第三级，高端产品市场。它是指文化资源的网络化、数字化再创造和利用，如网络游戏等。国家和相关部门应针对不同文化产业产品的特点给予区别对待，从而进行有倾斜性的扶持。

文化产业中有一个很有发展潜力的新兴领域，那就是文化创意产业。这一文化产业是指源自个人创意及才华，转化为知识产权，从而创造财富和就业机会的行业。文化创意产业可以包括广告、艺术及古董、漫画、设计、时装设计、电影、电视、游戏软件、音乐、表演艺术、出版、软件和资讯科技服务等 13 个行业。据专家分析、估算，北京文化创意产业 2005 年的产值已超过 960 亿元，目前许多发达国家和地区相继推出发展文化创意产业的政策，将其视为对未来经济增长和创造就业机会有重要贡献的增长领域。我国一些发达城市，如北京等也开始意识到这一问题，并积极着手引导文化创意产业的发展。北京具有明显的地理优势，2005 年的技术合同成交总额达到 490 亿元，软件与信息服务业实现营业收入 780 亿元，分别占全国的四分之一和三分之一。北京拥有两万多家覆盖工业、服装、广告等领域的设计公司，从业人员达到 10 万人，仅工业设计一项的年产值就高达 110 亿元，并创造了 1 000 亿元的关联效益。北京市“十一五”规划明确提出，要通过大力发展文化创意产业转变经济增长方式，尽快实现建成创新型城市的目标。在未来几年内，北京将重点扶持数码娱乐、工业设计创意、新媒体、软件等高端产业，依靠智力而不是过度消耗水和土地来创造财富。这也将成为赶超西方先进国家文化产业的重要战略。

文化产业在创造了多种新颖文化形式的同时，也产生了诸多难以避免且必须认真对待的问题。首先，它使人们的地位均平化，大众的喜好成了社会思潮，曾经的历史创造者的人民（people）或有自律合理意识的公众（public）消失了，代之而起的是没有地位、阶级、职业、收入之分的人的集合（mass）。文化产业还使文化褪去华丽或神圣的外衣，当文化变成每个人都唾手可得的消费品时，文化的深刻内涵就被挖空了。其次，文化产业将文化快餐化，其指导思想是将一切文化形式迅速传播、迅速消费，强调视觉冲击力和在尽可能短的时间内吸引众人，每个人都被迫不断追求与他人的表面一致，唯恐落于人后，而人与人的深度交流因其费时费力而被放弃。而且文化产业还使主流意识形态受到解构，文化产业因其奉行市场的商业原则，既释放了自由思想、传达并张扬了自我意识，也导致了各种思潮杂然并存的状态，文化领域中表现形式的丰富与多样同其实质内容的鱼龙混杂相伴相生，使得许多公众无所适从，文化的批判功能、教化功能严重衰微。结果，作为个人与他人的连带感在表面繁荣的文化产业泡沫之下极度减弱，弥漫着深重的被他人孤立、隔绝开来的不安，这就是弗洛姆等一些西方马克思主义者和社会批判家们所清醒意识到的一面，弗洛姆就曾经指出现代社会导致的“孤独的群众”、民主主义的空洞化等现象，人们由于被动而倾向均一、一元的精神生活，可以说，过度发达的文化产业又加重了现代社会的重重矛盾。第三，文化产业的高度渗透削弱了传统对文化的推崇态度，文化被拉下神坛，文化产业使文化成为众人的欢宴，这既为文化的推广创造了条件，也使文化有陷入媚俗的危险。第四，许多文化产业的机构或人员倾向于将文化现象仅仅视为“事实描述”、“现象陈列”，丧失了评价和导向的基本立场。社会信任也因其背负的责任、道义之沉重而被不少人轻易抛弃，失信现象层出不穷，可以说，失信是现代文化产业中最严重的道德问题。

二、中国文化产业的特点

我国发展文化产业具备许多有利因素，其中一个有利条件就是具有得天独厚的文化资源，如深厚的文化传统、丰富的文化典籍、多彩的民族文化、独特的人文景观和广阔的文化市场等；另一个有利条件是我国发展文化产业初步具备了一定的经济基础。随着人民收入和生活水平的提高，消费结构也开始发生重大变化，信息、教育、娱乐、旅游、体育等文化消费所占比重越来越大。1999 年文化消费已占家庭总支出的 12.3%，比 20 世纪 80 年代初增长 10 倍；再有就是我国人均占有自然资源相对较少，而人力资源极为丰富，充分发挥智力优势，大力发展文化产业，也是符合我国国情、扬长避短的一种战略选择。

但是，又不能不看到，中国文化产业的产生比其他发达国家差不多晚了近一个世纪。19世纪末20世纪初，当西方主要国家出现文化产业兴盛的势头时，中国才刚刚开启国门，对现代文明、工业化程序还没有太深的了解，文化产业还几乎无迹可循。即便是新中国成立后，由于长时间以来一直把文化定位为思想阵线，始终以政治教育、政策宣传为中心内容，文化产业也无从谈起。但不可否认，在社会主义初期，我们的文化也获得了令人赞叹的发展，许多传统文化得到保留，一些几乎失传的民间群众文化也得到复苏和发掘。在精神文明建设的总体要求下，各种文化形式都有了一定的进步，重要的是，由于坚持了党的领导和社会主义方向，文化领域内的价值观、是非标准被明确地建立起来，树立了良好的社会信任环境，为丰富群众精神生活、繁荣社会主义文化作出了贡献。然而，又必须看到，由于完全忽视市场的作用，群众和工商业者的积极性未得到充分调动，加之过于强调文化的阶级性和意识形态的内容，造成了文化形式过于单一和文化市场严重萎缩的状况，在“文革”期间甚至出现全国八亿人共看八个样板戏的局面，文化领域的开放程度过低，文化活动的多样性明显不足。

20世纪70年代末开始的改革开放，不仅带来了社会经济、政治等方面的变化，也为文化发展注入了活力，文化产业应运而生。起步较晚，但发展迅猛的中国文化产业表现出了如下特点：第一，文化市场仍然不够成熟。这不仅体现在文化产业工作者对文化市场规律了解不够，市场运作经验不足，而且体现在对如何参与文化市场也知之甚少，文化产业总体水平尚处于初级阶段，呈现出混乱局面，需要相当长时间的调适。第二，文化产业的发展受到双重挤压：一重挤压是国外成熟的市场化文化产业的冲击，如动漫、影视、歌舞演出等，都使其难以抵制国外文化产业巨头极具破坏力的挑战；另一重挤压则来自国内由于市场不规范、管理不到位而导致的各种内耗，这些都牵制了本土文化产业的自然成长。第三，文化是一种特殊产品，对它的明确的定位之困难也使得文化产业的发展充满变数。文化产业创造的是融精神性和物质性于一身的产品，这样的产品要充分遵循市场的规律，体现其价值和使用价值，但与此同时，文化产业又要受到国家宏观政策，特别是文化政策、价值导向等的影响，而且民众对文化产业也持有多重期待，这些都构成文化产业的社会制约因素，给文化产业的相对独立发展增添了难度。第四，由于幅员辽阔，地区发展不平衡，中国的文化产业格局也呈现出与此类似的特点，沿海地区和中心城市的文化产业起步相对较早，并且开始与国际潮流接轨，部分文化产业取得了被世界认可的地位。但是，西部和内地腹部欠发达地区的文化产业或者刚刚起步，或者尚未形成，文化产业水平非常低，因此，从全国层面看，文化产业的发展水平极其不平衡，这也对整个社会既存的共同价值观、一致的行为方式、统一的传统文化以及整合化的社会心理等产生种种冲击。文化产业的不均衡发展不仅不利于经济发展，而且破坏了迄今为止多数人所信奉的文化价值和接受的生活方式，使价值相对主义和文化虚无主义盛行。

造成文化产业诸多问题的原因是多重的，其中一个重要原因就是信任缺失、信任不足。由于参与文化产业的人仅仅将文化手段化，打文化牌以谋取一己或本部门、本集团的狭隘利益，置社会信任于不顾，文化品位无从谈起，商业原则也无人理会，剩下的只是唯利是图、苟且营生。特别是在今日中国，由于市场体制不够完善，推行商业原则所培育的信用关系也不够发达，而且传统社会所倡导的人际信任在都市生活中变得不合时宜，因此，不仅要呼唤人际信任，更需要建立起与文化产业相符合的牢固的社会信任关系，同时还应着力加强贯彻信任的机制建设。

宏观上，中国仍然是农业人口占多数的国家，而目前的农业人口大多居住比较分散，文化生活内容相对简单、匮乏，文化活动场所也十分有限。要搞好文化产业必须提高群众的文化需要水平和消费程度，这就要求中央政府和各地方政府加大投入，建设和补充必要的文化设施，保证经常性的文化活动有比较固定的场所。这些场所一旦建立起来并得到有效使用和维护，就还可能成为当地文化发展的中心，并逐渐向更加边远的山区、更加闭塞的自然村落辐射，成为科学文化知识、文明进步观念、民间文化艺术等的传播地。

三、信任在文化产业的展开机制

要将信任推广并落实到文化产业，就必须提供充分的制度保障，以使建立和维护信任成为全体文化产业从业人员的自觉行为。美国新制度经济学代表人物诺思（Douglass C. North）认为，制度是一系列被制定出来的规则、服务程序和道德伦理行为规范等。他还充分论证了制度所产生的社会后果，主要是：(1) 制度确定和制约了个人的选择集合，例如我们要设立公司就必须进行工商注册，并依法取得税务登记号等。(2) 制度相当于一个社会的游戏规则，是人类用来决定人们之间相互关系的一种制约，例如企业之间的往来不仅受制于各种明文的法律规定，也会受到许多非正式惯例的影响。(3) 制度制约了交易成本的规模和边界，一般而言，任何市场行为都会产生交易成本，有些成本是交易本身内在的，它是经由市场确定的可以衡量的成本，如获取信息、排队等候等。另一种则是制度因素造成的、无法精确量化的成本，如不良制度导致的不完全监督；健全制度则会降低道德风险，减少败德行为发生的几率，从而制止商业和交易损失。

众所周知，健全的市场经济需要两个体系的支撑。一个是社会保障体系，解决的是生存问题；另一个是社会信任管理体系，它为公民个人和企业的活动提供享受提前消费和扩大再生产的机会，解决的是发展问题。两个体系缺一不可。这两个体系的建设都可以归结到制度建设上来。当这些体系建立并完善时，社会整体的信任水平也会得到极大提高。

加强文化产业的企业，特别是行业之信任建设也是一个重要措施。要组织行业协会制定“企业信任行为规范”，开展“社会承诺”活动，加强行业自律。需要指出的是，在中国保证行业协会发挥有效作用的一个前提是让行业协会脱离官方色彩，摆脱一切都仰仗行政部门的行事风格。只有当行业协会真正为企业服务，并主要是为维护本行业的社会声誉而努力时，它才可能对企业进而对全社会产生良好感召力，它对企业信任建设的努力才会被接受并落到实处。

此外，建立失信惩戒制度也不失为重要举措。为此，亟待通过人大立法，建立一套完整的个人和团体的统一“信任代码”，让失信者留下失信记录并且将其公布于众。首先是金融系统的信任备案，其次是个人社会生活的信任记录，如交通守法、资产担保、子女教育等方面的信任行为都可以被方便地查询，使一个人在某一场合的失信行为会被及时反映到他的档案中，这就迫使他时时处处小心行事，不致轻易做出失信之举。

社会信任在文化产业的展开机制还包括以下几方面。第一，明确文化产业的定位。文化产业首先是经济部门，追求利润是第一法则，对纯粹的商业行为或企业运作，政府部门或公众不应过多干预。这就要求公众尤其是政府部门要给所有文化产业企业以同等的市场准入待遇，减少非市场化因素之干扰。这些干扰因素事实上也是导致文化产业失信的重要原因。例如，政府的文化政策的随意变化，就会对文化产业造成严重冲击，留下失信的缺口。第二，提高文化产业人员的总体素质，由于文化产业不同于其他产业，它有更高的文化含量，也会对公民的精神风貌、社会风俗习惯等产生更直接的影响，所以要提高进入文化产业的门槛，要加强从业人员的资格认可、审查和各种素质培训。文化产业的从业人员要有民族责任心，在从事产业活动时，努力做到生财有道、高度自律，不做有损民族精神和民族复兴的任何事情。第三，应加速转变政府对文化产业的政策导向，建立强有力的宏观调控，实现政府从“办”文化向“管”文化转变，由直接管理向间接管理转变，通过“服务、咨询、监督、协调”等方式把文化市场的管理纳入规范化、法制化轨道。与此同时，还应加强政府这只“看得见的手”的调控作用，通过合理的税收政策，对那些完全市场化的文化产业收取高额的税率，而对濒危或实验性的文化活动则要给予减免税收的优惠，从而引导人们对社会负责，主动与公众建立起相互信任关系。另外，政府还可以设定一些文化基金会，扶持或奖励有重要文化价值和思想内涵的文化形式。

“信任”在文化产业中的核心问题是确认文化自主，即从事文化产业的人员要有对文化本身的崇敬之心，不仅以商人的态度，更要以学人的态度对待其所从事的文化产业活动，为公众奉献有品位、有积极影响力的产品，包括影视制作、主办报刊、组织文艺演出等，都要保持强烈的文化自主意识。文化自主并非外部强加的，而是文化产业从业人员的内心独白，是向世人展示的精神风貌，他们对文化的敬重可以转化成其在实际工作中的敬业、审慎、向善等各种合乎道德的行为，这样的行为就可以构成文化产业行业普遍社会信任盛行的基核。文化产业从业人员自身的值得信任的行为将赢得公众的进一步的广泛信任，从而在文化产业中培育出较为明确和长久的信任关系。

第四节 信任在文化事业管理中的实现

文化事业管理主要表现为政府的行政行为，有时也包括行业自我管理的组织行为。但在中国，行业管理在很大程度上受制于政府管理，因此，政府行为对文化事业的管理仍然起着重要作用。作为行政行为的文化事业管理体现了政府行使社会服务、公共事业管理等具体职能。在现代社会，政府不再只是“守夜人”，政府必须积极回应公众的各种要求，担当起各种角色，其中，在文化领域的重要角色就是完善文化事业管理，制定合理的文化政策，组织丰富的文化活动，指导文化产业的合理发展，推动社会文化生活朝着健康而有序的方向前进。政府在文化事业管理方面的作用不仅是重要的，而且也是不可替代的，其他一切部门（如营利部门）、组织（如非政府组织）都难以发挥出这样的重要作用。政府要承担此责任，除了要以政府机构的效率化行为为基础，更为关键的是政府要始终维护社会信任，并将信任贯彻到全部管理活动中，成为政府人员（公务员）的自觉行动。可以说，社会信任在文化事业管理中的实现将是我们社会文化良性发展的最可靠保证，并将推动文化的全面复兴。

一、文化事业管理与社会文化发展

文化事业是一种介于国家与社会之间，并且主要发展和成长于社会①之中的活动。国内外不少学术研究成果都表明，国家、政府并不是社会信任的提供者，甚至可能成为社会信任的破坏力量，如城市改造计划就可能严重摧毁旧城区中居民原有的社会信任关系和行为模式；支助贫困乡村政策很可能仅仅强调了外力源的输入，却忽视了当地久已形成并积淀下来的内部机制。② 在构建社会信任时，政府的角色主要是看护者或贤明的裁判者，社会信任的生成则只靠民众日常生活和社会交往，在进行文化事业管理时政府及其行政人

---

① 此处所讲的“社会”是一个狭义概念，指与国家权力相对应的民间社会。

② 参见李萍主编：《公民日常行为的道德分析》，313 页，北京，人民出版社，2004。

员必须对此有足够的清醒意识。

西方近二十年间的实践显示，适度划分国家与社会的界限，保证文化事业的独立生存空间，给予文化事业参与者以充分的信任，可以使政府部门从繁重的日常管理活动中解放出来。在欧洲，国家是以政治权力和权威为媒介而统一起来的政治结合体，国家产生于社会的自发发展，政治组织直接地从影响整个民族的、经济的、人口统计的、道德的条件中孕育而成。在一些东方国家，社会组织的特点是，它完全是国家的创造物，先有国家、后有社会，国家通过权力组建了社会，国家的政治结构制约了社会的结构。国家对社会的高度控制，也可能削弱和封杀文化事业在民众中产生的信任联系，使在社会中生长的各种文化事业最终窒息。

从当代西方政治行政改革的趋势看，政府的行政目标越来越表现出公众导向，而且文化事业的振兴越来越成为考察政府行为绩效的指数。在 20 世纪 60 年代以前，人们的讨论主要集中在经济问题上，如失业、劳资关系和经济增长等；在 20 世纪 60 年代以后，一些激进青年和富有热情的社会活动家们在许多新的事务上达成了共识，如在美国有言论自由、反对越战的运动，在欧洲则有绿色环保运动。自 20 世纪 90 年代以后，宗教、文化问题上升到重要地位，引起了政府的广泛关注，例如移民的族群与归属问题、不同文化价值的对抗与融合等。政府和民间组织在解决宗教、文化冲突方面展开了既有合作又有抗衡的持续性努力。

社会信任首先体现在广大公民之间在日常行为中的信任关系，它既包含了传统文化资源，又依据现实的文化共同体。广泛存在的社会信任可以极大促进公民与政府之间的合作，并共同推动文化事业的发展，从而带动社会文化的全面提升。如果没有这种信任，不仅政治的民主化无法体现，文化的多样性也会落空。因此，要建立并维护政府（包括全体公务员）与公民（包括所有文化事业参与者）之间的默契，尊重相互间既有的规则，特别是政府部门由于占据强势，更须主动做出表率，采取有公信力的行为和举措，极力维护一整套具有普遍信任感的社会态度，创生出超于和高于具体文化形式和个别文化政策分歧之上的共同体意识。这些努力不仅将直接影响文化事业的繁荣，还可以构建更广泛的社会信任平台，政府部门中工作人员的模范行为（主要是合法行政行为）可以充当个人和政治系统之间的缓冲器，因而减少普通公民卷入不稳定的群众运动的可能性，实现社会的和谐和高效率。

文化事业管理的状况和水平可以直接影响到一个社会文化发展的程度，文化事业管理的重要性自不待言。在我国，更为迫切的是要提高文化事业管理的效率，要始终坚持为人民服务的宗旨，以推动社会文化发展为目标，来考察我们的文化事业管理，根除一切有悖于为人民服务宗旨的规定，削弱阻碍社会文化发展的各种保护主义或部门主义势力，使文化事业管理成为社会文化发展的重要推动力。

社会文化发展的水平可以用如下几项指标进行衡量。一个指标是整个社会的文化形式是否多样？如果只有高雅文化存在的空间，民俗文化无立足之地，显然是不合理的；同样，到处是民俗文化的天下，高雅文化却难以生存也是有问题的。各个人群都可以轻松而方便地得到符合自己口味的文化形式，就大致可以说该社会的文化生活是多样且丰富的。另一个指标是各种文化形式之间的借鉴是否自如、充分？在各种文化形式都可以自如、充分借鉴的状况下，传统文化就不会像草芥一样被抛弃，少数民族的文化也不会因受众人数较少而不被注意。各种文化元素，包括古代的和今日的、外国的和本国的、城市的和乡村的、主流的和非主流的等都可以争奇斗艳，获得各自的生长空间，在相对宽松的环境下得到发展。再一个指标是文化政策是否保持相对一贯和连续？文化政策朝令夕改，不仅会使文化事业工作者无所适从，而且也不利于文化事业自身的发展，难以形成积累，也就无法在积聚一定时间后取得有重要影响力的文化事业成果，并且这样的朝令夕改还会在广大民众心中造成文化虚无主义的印记，降低文化事业对公众的吸引力，最终对文化事业釜底抽薪，使文化事业无以为继，出现凋敝的状况。

随着市场经济体制的建立，中国发生了深刻的变革，在人与人、人与社会的关系层面，出现了“原子化”倾向，它促成了个体个性的张扬和个体权利与利益意识的凸显，但也同时导致了整体主义价值的消解和个体主体性的空前高涨，还释放了个体权利、个体意识与精神自我的空间，这无疑都大大增加了个体失信的可能性和社会诚信亏损的危险，也直接导致了文化事业领域中失信现象的泛滥。将信任注入文化事业活动，使文化领域的全体人员获得与信任相符合的品性，并逐渐表现出值得信赖的言行，将是我们在今天和未来相当长的时间内努力奋斗的目标。

计算机情报处理技术、通信技术的高速发展又使文化事业的管理变得更加困难，也为信任的延续渗入了消解力量。无处不在的计算机技术和网络世界，打破了传统的区间分化，将工作单位、学校、家庭、社区无间隔地覆盖，人们的日常生活，如购物、交谈等都可以足不出户；还可以通过网络实现精神追求，如由计算机作曲等，情报化给生活带来了许多便利。但是，紧张感的增加，人与人之间面对面接触的锐减，过多的情报泛滥都使人身心疲惫。计算机技术使经济活动和人类的行为日趋复杂化，这一方面使不确定性大量增加，人们的责任意识和信任关系有弱化的危险，失信行为频繁出现；另一方面它更加重视人与人之间负责任的信任关系，呼吁基于信任而结成的合作与团结式关系，从而使人们能够摆脱普遍的失信行为导致的一损俱损的最坏后果。

文化事业管理的状况和水平可以直接影响到一个社会文化发展的程度，文化事业管理的重要性自不待言，更为迫切的是要提高文化事业管理的效率，要始终坚持为人民服务的宗旨，以推动社会文化发展为目标，来考察我们的文化事业管理，根除一切有悖于为人民服务宗旨的规定，削弱阻碍社会文化发展的各种保护主义或部门主义势力，使文化事业管理成为社会文化发展的重要推动力。

二、社会转型中的文化事业管理

中国目前的状况可以归结为社会转型，即正经历着从计划经济向市场经济的转变，并由此带来了从农业生活向工业生活、城市生活的转变，从封闭的社会、政治格局向开放的状况的转变，从身份、职业劳动的固定化向高度流动、身份和职业多样化的局面转变，这为各种文化活动的兴起提供了机会，使不同文化形式都可以获得表达、展示的空间，与此同时，也对文化事业管理提出了更高的要求。

社会转型的复杂性和艰巨性也对文化事业管理提出了更高要求，这正体现了20世纪80年代以来的公共行政改革的世界性潮流，在“重塑政府”、“新公共行政”等旗帜下，政府职能发生了重大转变，即实现了由管理向服务、由控制向回应等方面的转换，公共行政的主体不再是行政官员或政治家，而是广大公众，行政官员或政治家要时刻倾听广大公众的声音，深入了解他们的实际需要，从中洞察公共利益所在，并制定出符合公共利益的具体政策和方案，真正体现“权为民所用”的行政理念。

文化自身也在社会转型中经受挑战。文化的边界和内涵都在变动的世界中变得不确定，从全球性文化个体的角度来看，当今时代的人类实际上是“生活在一个文化的万花筒之中”，现代社会的巨变几乎冲决了所有的生活方式和文化形式，每种文化都要经历一场严肃的自我反思。真正有生命力的文化是靠自身的竞争力与信服力将自己的成员吸引在一起的，它允许其成员对它进行批判性的审视，允许自己的成员与其他文化类型对话，允许他们在不同的文化中做出选择。① 为此，更加需要文化事业管理部门和人员认清现实，设计出能够应对未来变数的弹性文化政策，从而保证我们社会的文化事业获得长足发展。

在过去，文化事业管理基本上是一项行政权力或行使权力的行政活动，管理者对文化领域的从业人员缺少尊重，管理工作也大多只是推行上级的行政指令，把领导意图自上而下地贯彻下去，而且当时的文化事业比较单一，不够发达，主要由少数政府部门或企事业单位等组织或发起，上下一条线，令行禁止，管理起来比较简单。加之由于物质条件匮乏，民众的主要精力集中于解决温饱的事务上，文化生活的要求不高，参与文化事业的热情也很低，对上级有关部门的管理也不闻不问，乐于逆来顺受。

现如今不同了，一方面随着群众物质生活水平的提高，经济条件的改善，相当部分的群众开始有了丰富文化生活、提高文化品位、参与文化事业的强烈愿望，所谓“仓廪实则知礼节”，有时群众所表现出的热情和创造文化的能力远远大于政府官员的预期，文化事业管理部门不能再仅仅听从或等待上级安排，必须回应来自群众的各种现实和切近的要求，同时还要满足群众不断增长的文化生活需要；另一方面，市场经济体制的建立，等价交换、公正分配、平等竞争等观念已经深入人心，通过只讲奉献、只尽义务的方式来推动文化事业的做法已经失效，只讲命令、服从式的行政原则也正在遭到市场规律的无情嘲笑。政府垄断式的经营文化事业也被指责为有违平

---

① 参见甘绍平：《应用伦理学前沿问题研究》，223～224 页，南昌，江西人民出版社，2002。

等竞争而受到广泛的质疑，旧有的文化事业管理模式必须做出适应性的调整。

文化事业在很多人看来似乎是与自己无关的事，也有人以为文化事业很抽象、难以把握。其实，文化事业就存在于我们生活中的每个角落，每个人在日常生活中都会经常不经意地接触到，并且受到它的影响，例如，一个地区或城市的文化事业就主要表现为该地区或城市的人文精神，体现出该地区或该城市公众比较接近的精神追求。一些发达地区和新兴城市都在开始关注这个问题。例如，地处巴中的重庆，虽然是一座古城，但同样面临着新生的任务，重庆的一些决策者和关心重庆的人开始探讨应如何培植重庆的人文精神问题。2006 年 2 月，重庆市四十多位各界知名专家学者聚会展开热烈研讨，拉开了重庆人文精神全民大讨论的序幕。在讨论中，人们既肯定了重庆作为古老的文化名城的历史地位，三千多年的巴蜀文化的底蕴催生了浅滩上的纤夫的脚印，歌乐山上的红岩精神；又充分承认它的历史和积淀，即同时它还是一座年轻的直辖市，要提炼出鲜明的时代气息，比如领军西部、敢为人先、勇于创新、爱国奉献的新移民精神。

有学者指出："信任（或不信任）是一个行动者（agent）评估另外一个或一群行动者将会进行某一特定行动的主观概率水平，他的这种评估发展在他能监控（monitor）此特定行动之前（或者即使他能够监控此行动，也无法去监控），而且，这种评估在一定的情境下做出，并影响了该行动者自己的行动。"① 显然，信任首先是一种主动意愿的表达，需要己方付出友好、善意的理解和行动。如果我们不去行动，我们就永远不会结成信任关系，就不会有对他人及他人行为的起码信任；所以，信任不是被动给予的或自然生成的，而是需要当事人预先付出对信任本身的敬重和对他人值得信任的适度期待，即要想催生信任，人们必须对他人和相应的行为保持开放，必须以"好像"信任他人的方式来行动。在进行文化事业管理时，政府部门及其工作人员必须展示出符合信任的言行，才能创立和维护文化事业的总体信任水平。

① 迪戈·甘姆贝塔：《我们能信任信任吗?》，选自郑也夫编：《信任：合作关系的建立与破坏》，270 页，北京，中国城市出版社，2003。

三、文化事业管理实现信任的机制

一般来说，影响特定人群或社会关系达成信任状态的因素主要有：(1) 需求和目标的同类性。相似的需求能够使群体产生凝聚力，共同的目标能使群体的全体人员通力合作，产生“合力”。(2) 感情上的融洽性。相互间的了解和感情上的融洽能促使人们相互谅解，形成一种友善、愉快的气氛，使人们在心理上产生对对方的高度期待，深化信任程度。(3) 共同生活的互补性。人群内的分工与协作是最重要的互补方式，由于社会主义消灭了阶级对立和压迫，确立了人民主权的政治制度，使信任的性质发生了根本改变，文化事业管理就应始终坚持社会主义道德原则，贯彻“双百”方针，使信任深入到文化事业的各个领域和全部环节。

文化事业管理是一项行政活动，因此要树立充足的公信力。政府公信力的重要体现之一就是要始终在法律范围内行动，使全部的管理活动都能够获得完全的合法性，依法律的授权，不可随意扩大权力和责任的界限，也不可轻易缩小其行政作为的界限。这就要求文化事业管理活动要保证决策民主、程序公开和行政活动的透明性，同时还要设立相应的奖惩制度，重赏秉公办事的官员，严惩以公谋私的人员。

由于文化事业是多数人的事业，并且有多个集团参与其中，因此就会出现文化事业管理部门、文化产业的企业间、文化成果创作者以及文化产品消费者等人群或集团的矛盾和冲突，如企业参与文化事业时，就有对利润回报的要求，而一些民间人士出于热心和兴趣而不图个人得失投身文化事业，他们的动机不同、手段有别，但对文化事业发展而言都是必要的，不可厚此薄彼；再比如，个人设立基金奖励振兴某项传统文化事业的活动，一些单位组织开展群众文化活动，虽然主体不同，但他们各自都可以对文化事业的发展发挥不同的作用。总之，文化事业管理部门及其工作人员要努力在诸多利益集团和社会阶层之间做出适度的调控，以推动文化事业发展、繁荣文化事业为工作宗旨，不能越俎代庖，更不能歧视对待，行政机关要起到平衡论的作用。

一些地方在改进文化事业管理方面迈出了可喜的一步。2006 年 3 月初，云南省召开了加强公益性文化事业建设大会，下发了省委、省政府《关于加强公益性文化事业建设的若干意见》，详细规划了云南省“十一五”期间公益性文化事业建设的主要目标和重点工程。《意见》指出，公益性文化事业是由国家举办，不以营利为目的。省政府每年将筹措不低于5 000万元的专项补助资金，用于重点扶持县及县以下的公益性文化事业建设。此外将力争建成省博物馆、云南大剧院等省级重点项目和若干个州、市级公益文化事业重点项目；重点规划新建和改扩建县级图书馆、文化馆70个，乡镇文化站800个；实施省级文物保护维修工程20项，博物馆文管所库房建设工程9项；规划建设行政村科技文化室8 000个；创建特有民族文化保护区16个、特色文化保护区9个，省级民族民间文化艺术之乡50个；培养民族民间文化传承人100个，为实现民族文化大省的战略目标奠定坚实的基础。

为保证文化事业管理的效率并借此推广文化信任，担任文化事业管理的领导干部要首先做出表率，每个领导干部都承担了各种角色，但对他们来说，最重要的社会角色是“公家人”，就是说，领导干部应主要以“公家人”的面目出现，要处处以公共利益的代言人和维护者的身份出现。若陷入个人利益或部门利益的视线中，领导干部的角色就错位了。

文化事业管理部门要努力在广大民众中培育基于认同的信任，同时鼓励基于了解的信任，并对基于计算的信任给予其存在的必要空间。为此，应当为社会提供一整套核心的文化事业发展的价值导向，尽管具体社会成员的实际文化观会有差异，但是，一旦基本的文化格局已经确定下来，政府有关部门就应鲜明地提出适合该社会的文化政策和文化价值导向，这一导向将成为文化发展的重要指导原则。

不过，需要提出的是，在现代多元主体共同参与的文化事业活动中，信任的内涵并不是也不可能是传统“成圣成贤”的价值取向，而是对于由“合意”、公意产生的共同信念的遵守，这样的共同信念首先体现在设立各种公正制度和规则的愿望上，因此人们遵守共同信念就直接表现为对现存的公正制度的遵守，这就减少了诉诸个人良心或自我意识等方面的不确定性以及培养至圣道德境界的无限成本，只要人们共同遵守并维护公共生活的基本规则、制度，并通过各种正规、有效的教育体系将法治精神、制度理性、公民美德等传达给每一个社会成员，该社会的信任就可以得到长久、持续的体现，文化事业的发展就有了可靠后盾。

第五节　文化视阈下的传媒①与信任

正如我们在上文中所指出的，“文化”在现代社会有了突飞猛进的发展，对信任的呼唤也变得日益迫切。前面详细分析了群众文化实践、文化产业活动和文化事业管理等方面的信任问题，本节将着重阐述信任在传媒领域中的推广。一般而言，传媒领域也会跨越群众文化实践、文化产业活动、文化事业管理等方面，但我们此处主要将传媒限定在社会文化建设方面，说明传媒在发挥社会文化建设重要生力军作用时应如何维护信任或贯彻信任。事实上，传媒领域中大量出现的失信现象不仅削弱了我们社会整体的信任水平，而且严重妨碍了传媒在构建社会信任时独特功能的发挥。为此必须深入开展信任实施工程，将信任落实在传媒领域的全部环节。

一、传媒与社会文化发展

传媒产生、发展的历史构成了人类文化史的一部分，它是人类在生产劳动和社会实践的推动下，出于相互交往和了解的需要，不断发现、创造和使用新的传播媒介，这一过程本身也是人类文明进步的过程。传媒与社会文化的关系是以符号为载体的社会“精神交往”（马克思语）的互动过程。在这一过程中，文化因素起着极其重要的作用。人类文化的结晶——完整的符号体系是传媒的本质载体；不同文化间对了解的渴求及同一文化系统内不同个体的交往需要为传媒的产生、发展提供了直接动力；人类的文化生活为传媒提供了传播内容；人类的文化追求为传媒营造了竞争发展的环境；传媒从业者作为生活在特定文化环境中的个体，其思想、行为也无法摆脱文化的影响，其所进行的报道是一定历史文化的产物。

传媒离不开文化，相应的，传媒也是文化的重要组成部分，对

① 传媒（media）在本文中指从事信息点采集、加工制作和传播的社会组织，即传媒机构，主要包括通常意义上的大众媒介，即报刊、广播、电视以及急速发展的“新媒介”——互联网。“媒介”在本文中主要指传媒所使用的信息传递的载体、工具和技术手段，因此媒介又可分为纸媒介（包括报刊、杂志）和电子媒介（包括广播、电视和互联网）。

文化发展起着独特的作用。“一家报纸就是一个国家的文化的一部日记。”① 二十年前，英国学者马丁·沃克就如此形象地揭示了传媒与文化的关联——传媒是文化的“记录者”。今天，在更大范围内普及的电子媒介正在用比纸媒介更为逼真和快捷的方式记录着文化每一刻的面貌。“直播”成了广播、电视普遍使用的报道方式，传媒可以直播大型的娱乐晚会、古墓的考古发掘，甚至直播战争——伊拉克战争就被称作第一场全球“直播”的战争。互联网“宽频”的出现使“直播”也走上了网络，人们甚至可以用手机为远在千里之外的人“直播”任何事件。从某种意义上说，今日的传媒已经可以最大限度地保存文化的“原生态”了。

但是，“记录者”并不是传媒之于文化的唯一角色，传媒同时还是文化的传播者和创造者，正如马克思所说：“它是从真正的现实中不断涌出而又以累增的精神财富汹涌澎湃地流回现实去的思想世界。”②

其实，传媒所传播的并非别的什么，而是一种文化，不仅传媒的过程构成了文化的一部分，传媒的实质内容也以文化为主。其实，文化史从一定意义上讲就是文化传播史，文化总是和传播密不可分。随着传播通讯技术的发展，信息时代悄然来临，文化领域的信息传播速度因此大大提高；同时信息流也前所未有地增大了，甚至以几何级数不断攀升，文化领域的一些不为人知的角落由此引起人们的关注。例如我们在互联网上可搜索到某江南小镇某个老手工艺人的作品，因为他的孙子将其作品的照片放在了网页上，于是一种濒于失传的民间手艺可能得到拯救。

不仅如此，传媒还创造着文化。一方面，在“汹涌澎湃地流回现实”的过程中，传媒通过筛选、整理、发布信息，起到舆论导向功能，从而对文化的发展甚至整个社会的发展产生影响。如1978年《光明日报》发表的《实践是检验真理的唯一标准》就是一篇思想解放的宣言，揭开了中国文化和社会发展的新纪元。另一方面，“媒介即讯息”（麦克卢汉语），传媒并非只是做“嫁衣裳”，它也在不断创

---

① ［英］马丁·沃克：《报纸的力量——世界十二家大报》，苏潼均等译，33页，北京，新华出版社，1987。

② 《马克思恩格斯全集》，中文1版，第1卷，75页，北京，人民出版社，1956。

造着自己的传媒文化。这既包括“传媒人的文化”，也包括以传媒为核心的新文化形态。前者是指传媒人在获取、加工和传播信息的过程中就感受着文化世界、参与了文化建设，形成了传媒人特有的文化敏感、文化意识和职业道德。后者集中体现传媒在信息社会文化发展中的重要作用。例如，传媒发展带来的当代“注意力经济”及相关文化现象。所谓“注意力”，是指人们对某个信息（如人物、事件、行为）的关注及关注程度。在信息社会，人们面对的信息是海量的、几近无限的，但人的注意力是有限的，有限的注意力就成了“过剩经济”时代的稀缺品，蕴涵着巨大的商业价值，“整个世界将会展开争夺眼珠的战役，谁能吸引更多的注意力，谁就能成为世界的主宰”（英特尔公司前总裁葛鲁夫语）。传媒正是这场“战役”的主战场，因为传媒是现代人获取信息的主要渠道，传媒所吸引的关注度已经成为取得重大经济效益和社会效益的战略资源；又因为传媒所发布的信息量太大了，它选择和处理信息的方式就像超市对商品的摆位一样重要，传媒就成为各种经济、政治资源争夺和利用的舞台。传媒经济由此产生，传媒产业化趋势日趋明显，然而随着传媒经济实力的增强，它对社会文化的反作用就更大了。总之，传媒文化，或曰“传媒化的文化”，“构造了我们的日常生活和意识形态，塑造了我们关于自己和他者的观念；它制约着我们的价值观、情感和对世界的理解；它不断地利用高新技术，诉求于市场原则和普遍的非个人化的受众”①。

在我国，中国共产党领导的新闻传播事业从诞生伊始，就承担着反映社会真相、引领先进文化、促进精神文明建设的重要使命。“新闻事业，是一种活的社会事业”，“是现在新的、活的、社会状况的写真”（李大钊语）。毛泽东在《政治周报发刊理由》中提出，办报“是为了革命。……为什么要革命，为了要使中华民族得到解放，为了实现人民的统治，为了使人民得到经济上的幸福”②，阐明了报刊为革命服务的崇高使命。新中国成立后，社会主义公有制条件下

---

① 周宪、许钧：《〈文化和传播译丛〉总序》，见［美］道·凯尔纳：《媒体文化——介于现代与后现代之间的文化研究、认同性与政治》，1页，北京，商务印书馆，2004。

② 转引自方汉奇、张之华主编：《中国新闻事业简史》，219页，北京，中国人民大学出版社，2000。

的我国新闻事业代表着广大人民的根本利益，是党、政府与人民群众的联系桥梁，是“舆论监督、群众喉舌、政府镜鉴、改革尖兵”（朱镕基题词）。所以，我国传媒在文化的净化和发展上承担着更重要的责任。

密布于整个城市的地铁，不仅是便捷的交通工具，更是一个硕大的公共媒体。不久前，在“中国在伦敦”文化活动中，中国唐代著名诗人李白、杜甫、白居易的四首英译唐诗出现在伦敦地铁中。作为回应，英国诗人华兹华斯和布莱克的名句也亮相上海地铁。然而，仔细观察我们的地铁，它们大多被湮没于海量广告之中，文化气息“微乎其微”，有如沧海一粟。

综上所述，传媒在文化领域扮演着不可替代的重要角色，并且随着信息时代的发展，其“戏份”还在不断加大。事实上，传媒像空气一样弥漫在我们的社会生活当中，形成了现代人生活的“第二经验环境”①，人们深深地依赖于大众传播，“无论是社会还是个人都有这种依赖性”②，“我们的文化比人类历史上任何一个时代更为深刻地传媒化了”（尼克·史蒂文森语）。

二、信任是传媒发展的基石

然而，现代人在深深依赖传媒的同时也对传媒产生了巨大的不信任感，人们质疑传媒记录的客观性、怀疑传播过程中的信息的真实性，担心传媒为了吸引“眼球”流于低俗，为了经济利益成为金钱的附庸。事实上，信息社会的传媒就是一个举着“双刃剑”的庞然大物，它既可以传播、创造先进文化，也可以承载不良信息，造成文化的消极、堕落；它既可能是社会的“良心”、“守夜人”，也可能信口雌黄。在一直标榜新闻客观公正的美国，近期一次较权威的民意测验③表明只有21%的美国人相信记者有较高的道德素质，这个比例与民众对政客的信任度相仿，只略高于对二手车销售员的信任率。一位编辑不无痛心地说：“如果你是个记者，你很可能直接被

---

① “第一经验环境”是实实在在的现实生活。参见崔文化：《全能语言的文化时代》，121页，北京，北京师范大学出版社，1998。

② ［美］梅尔文·L·德弗勒、埃弗雷特·E·丹尼斯：《大众传播总论》，颜建军等译，4页，北京，华夏出版社，1989。

③ 即Gallup Poll，相关内容由笔者译自http：//www.worldnetdaily.com/news/article。

认为是个骗子。”我国传媒在党和政府的领导下，长期得到人民群众的信任。然而，近年来，随着改革的深入，传媒业在飞速发展的同时也暴露了很多问题。信任对传媒发展有何意义？信任这一伦理诉求如何与传媒经济相结合？如何规范、提高媒体从业者的诚信素质？这些问题亟须我们关注和思考。

2003年5月11日，《纽约时报》在头版用14 000字的篇幅自报家丑，称原该报记者布莱尔杜撰新闻的行为是“对信任的背叛”。“这是我们的耻辱，他彻底破坏了报纸同它的读者之间的信任。”——《纽约时报》主席苏兹贝格如是说。《纽约时报》对丑闻的严肃处理显示了这一有152年历史的世界报刊巨头对“信任”的极度重视，也显示了“信任”对媒体的极端重要性。

作为文化的“传播者”，传媒自诞生之日起就与信任相关。文化传播的历史大致可分为三个阶段，即口传文化阶段、印刷文化阶段和电子文化阶段。口传文化阶段的信息交流是面对面的，是双方在场的直接交流。在印刷文化阶段和电子文化阶段，文化传播不再依赖于某方“在场”，它贮存在可移动的媒介（纸媒介和电子媒介）中，使得跨越时空限制的交流成为可能，同时也动摇了口头传播中以亲缘和传统权威为基础的信任机制。由于作者、传播者和受众不在同一时空里，所以传播活动较之于面对面交流，更加带有批判和改写原本的倾向。其中，飞速发展的互联网比广播电视更容易“以讹传讹”，因为网上的信息传播门槛极低，任何一个“网民”都可以是消息的发布者和传播者；而在现阶段网络媒体又普遍缺乏传统媒体对新闻真实性严格把关的机制和经济实力，往往盲目追求信息发布速度和“眼球效应”而忽略了新闻的真实性。美国《网络新闻》杂志专栏作家米勒这样评价网络媒体：“新媒体很像野蛮的西部——无法无天，什么都敢登。”① 因此，网络媒体的公信力也低于报纸杂志和广播电视。但是，随着网络媒体竞争的激化，存活下来的往往是那些公信力较高的网站，而这些网站也在模仿传统媒体的新闻把关制度。这也从侧面证明了，公信力在媒体发展中的重要作用。在正常的竞争环境下，只有那些公信力高的媒体才能获得人们长久的关注，从而在“注意力经济”中获得持续的发展。

---

① 转引自《环球时报》，2005-05-13。

在传媒语境中，“信任”可分为两种：一是外界对媒体的信任程度——通常用“公信力”来表述；二是传媒内部工作人员的人际信任。传媒世界的“信任危机”集中表现在媒体公信力的降低。

公信力（credibility），源自拉丁语 credere ，本义为“去相信”（to believe）。简单说来，公信力就是使人相信的力量。当然，衡量一个媒体公信力的标准是很复杂的，其中比较公认的指标包括信息真实程度、受商业利益驱动的程度、对社会利益的关注度和贡献度、受众的信赖度和忠诚度等。

公信力是传媒得以常青的生命力之所在。作为“记录者”，传媒必须尽可能逼真地反映现实世界，这是人们对媒介世界的基本期待，也是媒介世界的根本属性和基本职能。和现实世界符合程度的高低，就可以体现出某一媒体传播观念的合理性和新闻传播的实证水平。马克思曾说，“把真实的情况告诉我们的读者”才能赢得读者，读者“相信的只是真正存在的东西”，因为“人民的信任是报刊赖以生存的条件，没有这种条件，报刊就会完全萎靡不振”①。马克思和恩格斯对新闻真实性的要求不只是不说假话，他们还要求真实客观地反映客观世界，不作片面报道，他们曾批评李卜克内西从事新闻工作的主要缺点就是报喜不报忧。

“公信力是一种信赖，也是一个品牌。”② 正向产业化方向发展的中国传媒业必须认识到，持续、健康运行的媒体企业都需要通过优质的新闻产品及其他内容服务于公众利益，从而达到较高的公信力指数，否则就会被社会所拒绝。“公信力”可以说是媒体经济和媒介伦理的最佳结合点。

在传媒业内部，传媒从业者之间也必须建立良好的信任关系。与其他工作领域一样，现代传媒机构庞大、组织复杂、分工细致，产业化是大势所趋。除了传统的记者、编辑外，还需要大量的媒体融资、经营、推广、广告、攻关等进行商业运作的人员，以及各种技术人员。这就要求从业者必须有良好的团队合作意识，互相信任、通力合作。一些人认为，在现代技术的武装下，“全能”记者可以背着数码相机和手提电脑走天下，随时随地将消息发布在网上，直接

① 《马克思恩格斯全集》，中文1版，第1卷，234页。

② Carin Dessauer, *What is credibility*, American Press Institute, 2001.

传播给受众，不需要与人合作。这种观点其实是只见树木不见森林——即使是最“个人化”的网络媒体，如果没有稳定的技术支持，网络怎能畅通无阻？如果没有完善的保障体系，如何最大限度地保证记者的生命安全？发布在网上的信息是免费的，如果没有系统的运营机制，记者从何处得到报酬？如果没有媒体的公信力保证，受众凭什么相信这个“记者”说的话是真的？如果所有消息都以个人名义直接发布，那么网络就会成为信息的垃圾场，“记者”也就不再是记者了，只是一般的网民而已。不要说技术复杂的电子媒介，几个人就能办报纸的时代也已经一去不复返了。由于媒体产业的规模化发展趋势，使进入媒体产业的“门槛”在迅速加高。仅从资金来看，以北京为例，《北京晨报》于1998年创刊时，仅以1 500万元的资金就成功地占据了北京报业第三的位置，而仅仅两年后，当《京华时报》要想达到这一市场目标时的资金“门槛”就已经升到了5 000万元左右；之后进入北京主流报业市场的资金门槛就进一步提升至1亿元以上的水平。如此高的投入只是一个入行基本保证而已，没有媒体内部的精诚合作是根本不可能在激烈的市场竞争中存活下来的。

需要指出的是，传媒人之间的“信任”还有其特殊性。还以报社为例，编辑和记者间的信赖是建立在一定的制约机制基础上的。负责任的媒体通常采用“采编分离”制度，即要求记者只负责采访写作，稿子必须经过编辑这一关才能发表，因此编辑也被称作新闻传播的“把关人”。需要“把关”并非不信任记者，而是为了更多负责任的记者的利益而采取的协调制约机制。因为那些虚假新闻制作成本低，而且往往更容易吸引眼球，如果为了扩大发行量和影响力，忽略了“把关”，或者记者自身片面追求独家报道以及耸人听闻的细节，而有关审查机制又不健全，就会造成假新闻的泛滥，损害坚持职业道德的记者的利益，也会损害报纸的公信力和声誉。另外，主编与下属编辑记者间也不是单纯的领导与被领导关系。因为传媒属于文化产业，输出的是文化产品，主编和下属除了人际信任外，还必须在媒体定位、理念等方面达成共识，在思想层面上达到信任，这才有助于报社的成功运作。

三、信任在传媒领域的展开

遗憾的是，在市场经济大潮的冲击下，一些传媒和传媒工作者盲目追求短期经济利益，无视传媒对社会文化和公众的责任，失信现象时有发生。一段时间以来，假新闻间或面世，混淆视听，造成了严重的社会影响与不良后果。我们今天的任务不仅是维护传媒领域的公信力，更重要的是要在全体从业人员中重建公信力。

近年来，随着我国新闻改革的深入，企业化经营和激烈竞争背景下的传媒业形象已经焕然一新。然而，市场经济中的一些负面因素也使得一些媒体和传媒工作者在金钱面前丧失了基本的职业道德，辜负了人民群众对新闻工作者“无冕之王”的盛誉。“汝州真假记者领‘工资’”事件①就可以透视出我国传媒的公信力问题，并由此探讨信任在传媒领域面临的挑战和可走的路径。

2005年7月至8月，在汝州市的一起煤矿事故中，当地政府向各大媒体记者发放“封口费”，一时引发了记者争相领取“工资”的壮观景象。在此次“工资”的发放中，共涉及了100多家媒体，有480人共领走了20万元。“工资”是按媒体级别发放的：凡是自称来自中央级大媒体的标准是每人500～1 000元；凡是自称来自省内各大媒体的标准是每人200～500元；其他市级媒体的标准是每人200元；跨行业、跨地区媒体的标准是每人100元。经事后调查，领“封口费”的人中有三分之一是“真”记者，三分之二是“假”记者。

这起事件是继“繁峙矿难11名记者受贿案”后的又一起让中国传媒人集体蒙羞的丑闻，产生了恶劣的社会影响。在搜狐网针对此事的调查中，有61.69%的网友在回答“对此事有何看法”时选择了“失望，媒体不说真话，那还有什么可以相信”——传媒的失信导致了人们对整个社会信任度的降低。在我国，有相当一部分的传媒机构还不是完全意义上的传媒企业，它们或多或少地带有政府色彩，在多数老百姓眼中，媒体还担当着社会普遍价值代言人的角色，是先进文化的倡导者，是党和政府的舆论喉舌，因而传媒机构在社会体系中具有独特地位，对社会文化和风气都具有更为重要的影响，一旦出问题，就会导致难以设想的恶劣影响。

假记者也能“领工资”，当地政府明知有假还是会给钱，这从反面显示了传媒工作所握有的巨大权力——那些腐败官员怕的不是

① 案例实事部分参见搜狐网 http：//news. sohu. com/s2005/05kncai. shtml。

假记者而正是“真记者”说真话，怕的是传媒握有的报道权，怕的是传媒的公信力。这从正面体现了媒体的力量，但也反映了现阶段中国媒体的力量是不规范的、异化的，记者甚至有了很多法外权力，似乎有超越法律的判断是非的力量。最令人痛心的是，那些领钱的“真记者”，他们早已在行为上践踏了“记者”之名，出卖职业操守，成为金钱的奴隶，丧失了记者应有的良知。这样的记者虽然人数并不多，但他们所产生的恶劣影响却是非常严重的。

与发达国家相比，我国的传媒机构具有独特地位，不可能完全私有化或全部企业化，而要发挥教化民众、引导舆论、贯彻政府精神等功能。但与此同时，随着经济改革的深入，它们还要像企业一样完成部分“创收”业绩，因为当前媒体大多采取的是“一元体制、二元运作”，媒介为国家所有，即播出权、刊发权属国有，“二元运行”就是既要国家拨款，更要利用国家赋予的权力，获取广告利润。这种二元运作在很大程度上需要更严密的制约机制，否则，国家赋予媒体的权利就会被从业者滥用，造成媒体公信力缺失。

在此条件下，约束传媒使其自觉地将自身行为纳入到信任体系之中就应包括如下具体措施：第一，建立更加激烈也更加完善的竞争机制。市场竞争是残酷的，但它有一个不变的最终评判者——受众，受众对媒体的信任度直接导致他们的购买倾向，这样，媒体为了获得长久的生命力就必须保持自己的公信力，从这个意义上说，信任是传媒经济与伦理的最佳契合点。第二，设立更加强有力的监督机制。“绝对的权力导致绝对的腐败”，媒介的权力若是缺乏有效的监督和约束，就会导致权力的滥用。传媒是舆论监督的阵地，那么，谁来监督传媒呢？我们认为除了党和政府的指导，根本有效的监督是建立正规的新闻法律体系，以法律为准绳来约束传媒的不当行为；此外要建立行业自律机制。第三，设立更为完善的奖惩机制。英美的一些新闻记者的丑行一旦暴露，则很难再在新闻界立足了，比如美国黑人女记者贾尼·库克因捏造假新闻《吉米的世界》丢了饭碗，后来再也没能在新闻界谋到一份工作。上文提到的《纽约时报》的布莱尔年仅 27 岁，但却被永远逐出了记者队伍。而在我国，因为违反职业道德而被开除的记者少之又少，这极不利于新闻机构良好风气的形成。对社会影响极坏者就应清除出新闻队伍，性质特别恶劣，触及刑律者应移交司法机关惩办，这种做法可以有效地遏制当前新闻界存在问题的不良风气的蔓延。第四，建设更为系统的新闻职业道德教育。一个合格的新闻从业者应该清楚地了解新闻这一职业道德规范的基本内容，有关新闻职业道德的基本知识应以多种方式不断地灌输给新闻工作者。对在校学生，应开设有关新闻职业道德的课程，让他们了解新闻职业道德的相关知识，了解新闻工作者应当遵守的职业道德规范，介绍优秀新闻工作者的经验，了解新闻职业精神的具体体现。

重要的是，要有中央和地方相关政府及其部门的高度重视和坚定的决心，才能严厉查处有害传媒声誉、影响社会信任的人和事，以儆效尤，收到立竿见影的成效。例如，河南省新闻出版局在对相关情况作了充分调研把握的基础上，以贯彻落实《新闻记者证管理办法》、《报社记者站管理办法》和《新闻采编人员从业管理规定（试行）》为目的，从 2008 年 12 月 1 日起开展了为期一个月的“新闻打假”专项集中治理活动，同时加强新闻队伍和新闻记者采访行为的规范管理。“新闻打假”专项治理活动一开始，即受到了河南省委主要领导的关注和重视。省新闻出版局将郑州市作为治理的重点地区，与郑州市局一道研究治理的措施、方法、步骤，并向郑州市发出二十多件有举报价值的督察函，查获了已“改换门庭”的《网络科技报》河南组稿中心、《法制与新闻》杂志记者站、《周末文化广场》人才专刊采编中心、非法出版的《耐火材料工业》杂志等。

总之，社会信任在文化领域的展开，是非常重要且迫切的现实要求。通过在各个文化领域落实信任还可以直接促成我们的社会信任水平的提高，并带动社会的全面发展。对一个人而言，文化体现在举手投足的每一个细节；对社会而言，文化表现在风俗、风尚、风貌等社会生活的方方面面，所以，我们既要充分认识到贯彻社会信任的重要性，更要以实际行动做好社会信任的落实工作，使信任成为我们社会文化领域的常态。这是一个任重道远的工程，但只要我们持之以恒并脚踏实地地去做，就可以取得辉煌成就，让信任遍布我们文化领域的各个角落。

第十章 社会信用指标体系研究

某个地区、某个单位的社会信用建设达到了一个什么样的程度，我们拿什么来评判它呢？这就涉及社会信用评价指标体系的研究。在本章我们依次提出并论述社会信用评价总指标体系、政府信用评价指标体系、市场信用评价指标体系、传媒信用指标评价体系、公共服务部门信用评价指标体系、社会风气信用评价指标体系。这几个方面的评价指标体系应该是相互协调一致且可以相互支持的。对于我们为什么如此设立评价指标，如此设定评价权重，下文做出了一定的说明。作为对这个评价指标体系的验证，我们还选取了一个县作为个案，对之进行了实证调研并做出社会信用水平评价。在这里需要指出，这个评价指标体系是初步的研究成果，还有待进一步改进和完善。

第一节　社会信用指标体系

为使社会信用建设更具可行性和操作性，特设计社会信用指标体系总表。以本表为参照，一方面可以对不同地区及不同范围的社会信用状况进行调查和评价，把握社会信用度，并为进一步提升社会信用水平提供依据；另一方面，可以在将来某一时期，对该地区的社会信用进行再次调查和评价，并将结果与以往的评价结果作比较分析，以便进一步了解该地区的社会信用演变情况，从而为该地区加强社会信用建设提供决策依据。

社会信用指标体系总表

一级指标	二级指标	三级指标	分值
政府信用26	政府制度信用	1.1.1 政府是否有专门的信用管理机构	1
		1.1.2 是否建立了失信惩罚政策法规	1
		1.1.3 该地区有无重大经济项目立项、审批的程序	1
	政府功能信用	1.2.1 行政支出占财政支出的比例	2
		1.2.2 对政府举报投诉的处理情况是否按规定公开	1
	政府信用能力	1.3.1 该地区公务员具有专科以上学历人员占政府工作人员的比例	1
		1.3.2 公务员人数占本地区人口总数的比例	2
		1.3.3 政府败诉案件在本地区的行政诉讼、行政复议案件中的比例	1
		1.3.4 检察部门查处的腐败案件涉案人数占政府工作人员的比例	1
	政府信誉	1.4.1 纪检部门查处的渎职公务员的人数占公务员总数的比例	1
		1.4.2 越级上访案件与本地区记录在案的上访案件的比例	1
		1.4.3 公众信任度	13
市场信用20	市场信用管理	2.1.1 工商部门是否制定有信用评比制度	2
		2.1.2 获得“重合同、守信用”称号的规模企业数量占本地区规模企业的比例	1
	企业信用	2.2.1 存在拖欠税款的企业数量占企业总数的比例	2
		2.2.2 因劳务纠纷被举报或投诉的本地企业数量占企业总数的比例	2
	交易信用	2.3.1 法院经济庭所受理的涉及本地企业经济合同纠纷的案件数与本地企业数量之比	2
		2.3.2 工商部门受理的投诉案件与总人口之比	1
		2.3.3 公众信任度	10
传媒信用14	传媒信用管理	3.1.1 本地广播电视对中央方针政策的报道时间占总报道时间的比例	2
		3.1.2 群众对新闻媒体投诉的总数与传媒工作人员的比例	1
		3.1.3 获县级以上的奖项占传媒工作人员总数的比例	1
	传媒信用形象	3.2.1 被查处的虚假广告占广告总数的比例	2
		3.2.2 违反新闻纪律的人数占传媒工作人员的比例	1
		3.2.3 公众信任度	7

续前表

一级指标	二级指标	三级指标	分值
公共服务部门信用20	公共服务部门信用能力	4.1.1 教育卫生部门具有中级以上职称人数占该行业人员总数的比例	2
		4.1.2 该地区的高考升学率	1
		4.1.3 本地区千人拥有病床数	1
	公共服务部门品格	4.2.1 适龄儿童的入学率	1
		4.2.2 参加义诊的人数占医务人员总数的比例	1
		4.2.3 教育卫生部门违纪案件数与工作人员总数之比	2
	公共服务部门信誉	4.3.1 被查处的教育乱收费金额与学生总数之比	1
		4.3.2 医疗卫生部门被投诉的案件数与从业人员总数之比	1
		4.3.3 公众信任度	10
社会风气20	社会风气建设投入	5.1.1 人均占有文体设施的资金量	1
		5.1.2 慈善捐款数额与该地区 GDP 之比	1
	社会风气管理	5.2.1 有无精神文明建设的具体落实方案	1
		5.2.2 志愿者人数占该地区人口总数的比例	1
		5.2.3 违反《中华人民共和国治安管理处罚法》的人数占该地区人口总数的比例	2
	社会风气状况	5.3.1 犯罪率	2
		5.3.2 离婚率	1
		5.3.3 民事纠纷案件数与该地区人口总数之比	1
		5.3.4 公众信任度	10

由于社会信用涉及面较广，我们不可能面面俱到，把每一个行业都包括进来。所以，我们只选择政府信用、市场交易信用、新闻媒体信用、公共服务部门信用、社会风气等五个具有代表性的方面作为评价对象。另外，由于这五个方面在社会信用度反映力上存在一定的差异，所以所占分值也不同，分别为 26、20、14、20、20。特别要指出的是，社会信用指标体系可以用于评价范围大小不同的社会，可以用于评价一个国家，或者是一个省、市、区等，但这个社会应当足够大到可以承载政治、经济、新闻媒体和公共服务等方面的内容。另外，我们假定社会信用水平随着社会经济发展、政府重视程度、精神文明建设的状况等因素的变化而不断发生变化，因此，某一地区的信用水平必然是该地区在某一阶段的信用状况

的体现。所以，社会信用指标体系还可以用于评价不同时间段的社会信用水平。不过，在没有特别注明的情况下，这个时间段通常指一年。

第二节　政府信用评价指标

政府信用在社会信用中起着举足轻重的作用，政府信用情况会对整个社会信用产生深远影响。一方面，政府在一个地区的社会信用体系中处于"示范人"的地位，其所作所为（不论是好的行为，还是坏的行为）很容易引起公众的注意与效仿。政府行为的模仿性使政府行为通常具有放大效果；另一方面，政府信用的建立可以对社会的信用产生约束作用，市场、公共服务部门、新闻媒体出于对政府惩罚的畏惧与回避，不得不考虑保持良好的信用。政府信用对企业行为也具有保障作用，若没有政府的保障，企业在追求自身利益的过程中，可能会产生损害公众和其他企业利益的行为。因此，政府信用评价是社会信用评价指标体系的重要组成部分。为体现政府信用的重要性，我们在这个百分制的信用评级指标体系中，给以政府信用最大分值，即为 26 分。

一、二级指标

政府信用评价指标主要由政府制度信用、政府功能信用、政府信用能力、政府信誉这四个二级指标构成。其中政府制度信用建设是政府进行社会信用管理的起点和工具，在政府信用评价指标中处于基础地位，但相对而言，政府功能信用状况、政府信用能力状况、政府信誉情况对政府信用的情况有更大影响，所以我们给政府制度信用这个二级指标的分值是 3 分；政府功能信用体现了政府是否履行了其自身职能，是否具有完成依法行政的能力，因此我们给以这项指标的分值是 3 分；政府信用能力是政府制度信用和政府功能信用的体现，也是最直接反映一个地区政府信用状况的指标，为此，我们给以这项指标 5 分的分值；政府信誉是对政府履行义务、承担责任情况的评价，体现着群众对政府信用的评价，因此我们把政府信誉情况这一指标的分值设定为 15 分。

二、三级指标及评分标准

依据二级指标的构成和政府信用评价的目的，可以进一步确定三级指标项目及分值。

1. 政府制度信用

政府制度信用是政府信用建设的基础。古语云：“没有规矩，不成方圆”，没有具体可行的制度，信用建设将无规可循、无矩可依。在信用制度建设方面，政府应当建立统一、规范、公开的征信体系，组建或者确定联合征信机构，负责对社会信用信息的征集、评价和披露；应当把信用建设作为推进体制创新、加快社会发展的一项战略性任务，加强对信用建设的组织领导和统一规划，确定信用建设的监管机构，明确分工、统筹协调、落实责任；应当加大信用体系建设方面的投入，以保障信用体系建设的正常运转；应当建立失信惩罚机制，以免出现因为没有受到及时的、严厉的惩罚而造成严重失信行为的盛行；应当制定一套透明、公开的依法行政机制，树立一个廉洁、高效、守信的政府形象，以增强公民对政府的信心，从而带动全社会形成良好的诚信风尚。据此，我们确立了三个三级评级指标，分别为政府是否有专门的信用管理机构、是否建立了失信惩罚的政策法规、是否有对重大经济项目的立项审批程序。对于具体指标的分值，我们考虑这几项具体指标具有同等重要的地位，所以给与相同的分值，即均为 1 分。

我们认为，在对一个地区进行社会信用评价、对政府制度信用水平打分考评时，这三项指标可以作如下考虑：在评分标准设定上，设定两个分值段，如果有相关制度的话，就可以给 1 分；如果没有的话，就是 0 分。

2. 政府功能信用

政府功能信用是评价政府信用的一个侧面，它反映了政府在履行义务、承担责任、遵守承诺、实践成约方面的情况，涉及政府行政工作的方方面面，很难做出一个包罗万象的指标体系，对所有政府的功能信用情况进行衡量。依据政府信用评价的目标，我们选取了政府功能中对政府信用具有较大影响的一些具体指标，以期获得以线代面的效果。我们选择了两个指标来衡量与评价政府的功能信用状况，分别是行政支出占财政支出的比例与对政府举报投诉的处理情况是否按规定公开。之所以选择这两个指标是考虑到我们的评价指标体系的可操作性和代表性。政府的行政支出能从一个侧面反映出政府机构的建设与行政执行状况，一个地区的行政支出费用如果在财政支出中能够不占太大的比重，说明该地区政府在机构建设中不会臃肿繁杂、在行政执行中不会拖沓。而一个机构设置臃肿繁杂、行政运作拖沓的政府就是一个没有好好执行政府功能的政府，也是一个政府信用有问题的政府。考虑到这个因素，我们给这项三级指标以 2 分的分值。对政府举报投诉的处理情况是否按规定公开，表明的是政府行政是否透明、公开，是否对公民依法行政的情况。一个地区的政府行政越是透明、公开，也就意味着该地区的政府信用越好。在分值设置上，我们对此项指标给以 1 分的分值。

全国政协常委、国务院参事任玉岭在提案《关于党政机关带头发扬艰苦奋斗传统的建议》中认为，25 年间（1978 年至 2003 年），我国行政管理费用增长 87 倍，目前仍以年均 23%的速度在增加，2005 年，我国行政管理费占财政总支出的比重达 19.03%；但若把预算外的收费支出、经济建设开支的行政管理费用及每年近三千亿元的全国非编制人员供养费用计算在内，国家行政公务实际支出高达一万四千二百多亿元，占财政实际总支出的 38%。我们认为可以将国家行政管理费用占财政总支出的比例，即 38%这个数值作为对一个地区社会信用水平进行评价时的参照，但是由于这一费用支出比例的特殊性，无法定下一个准确的比例作为最合适的支出比例。但不管怎样，行政支出在财政支出中的比例还是越小越好。因此，我们可以将达到或低于国家行政支出比例的给 2 分，每高于国家行政支出比例 10%以内，降低 0.5 分。“对政府举报投诉的处理情况是否按规定公开”，此项指标的评分标准可以这么设定：如果能够对政府接受的举报投诉公开的话，就可以给 1 分；如果没有的话，就是 0 分。

3. 政府信用能力

政府信用能力是反映政府履行义务、承担责任能力的分类指标。政府的信用能力越强，政府信用就越是能具备一个良好的基础。政府信用能力的理想状态是加强依法行政，弱化事务职能，强化服务职能，提高办事效率，解决好行政行为“越位”、“缺位”、“错位”等问题；规范执法行为、改进执法手段、提高执法水平，提倡严格执法、文明执法、公正执法，杜绝随意执法、多头执法、重复执法行为；实行执法责任制、执法过错追究制和行政赔偿制度，做到有权必有责、用权受监督、侵权要赔偿；大力推行政务公开，规范公开程序，拓宽公开渠道，进一步完善公众参与、专家论证和政府决策相结合的决策机制，确保重大事项决策的科学性和公正性；加快建立和完善重大问题集体决策制度、专家咨询制度、社会公示和社会听证制度以及决策责任制度，使政府的重大决策在深入调查研究、广泛听取意见、进行充分论证的基础上，由集体讨论决定。要强化政府信用意识，建立政府信用评价机制；进一步扩大政务公开的范围，增加政策透明度，严格履行政府承诺，追究政府不诚信责任，以政府信用带动整个社会信用建设。

在具体指标设置上，主要选择了四个指标来衡量和考察政府的信用能力状况。分别是该地区公务员具有专科以上学历的人员比例；公务员人数占本地区人口总数的比例；政府败诉案件在本地区的行政诉讼、行政复议案件中的比例；检察部门查处的腐败案件涉案人数占政府工作人员的比例。设置这四项指标主要是出于以下两方面的考虑。一方面，政府工作人员素质的高低决定着政府信用的执行情况，是政府信用建设的一个重要方面。对工作人员素质的考评我们设计了两项指标。其一，政府工作人员的公务员化是国家对各级地方政府人员组成的要求。为体现政府工作人员的知识化、制度化、规范化，我们以受大专以上学历教育的公务员比例来反映一个地区政府工作人员的素质状况，这项指标的分值为 1 分。其二，政府工作人员在总人口中的比例也就是通常意义上所谓的"官民比"，一个地区官与民的比例越高，既反映出一个地区政府机构的人员设置不合理，也反映出一个地区行政人员素质上的某些问题，这项指标的分值为 2 分。另一方面，对政府信用能力的评价可以从一些负面因素来反映。一是政府败诉案件在本地区行政诉讼、行政复议案件中的比例。在依法行政过程中，行政诉讼与行政复议成为公民参政的一个有效途径，在官与民的纠纷中，如果政府败诉案件比例越高，说明该政府的信用建设存在的问题越多；二是被检察部门查处的腐败案件的涉案人数的比例高低。它是反映一个地区政府是否廉洁、高效、守信的硬指标，也是一个非常有说服力的指标。这两项指标的分值均为 1 分。

公务员的学历反映了一个地区公务人员的素质，一般的，县级以上的公务员要求达到大专以上学历，市级以上的公务员要求达到大学本科以上学历。此项指标的评分标准就可以做如下设定：在县级的公务员队伍中，以100%达到大专以上学历作为满分的标准，每降低10个百分点，扣除0.2分，扣完为止。政府公务员与总人口的比例亦即通常含义上的“官民比”。依据几个主要国家公务员定义的范围进行统计，他们的“官民比”分别为：美国1∶12，法国1∶12，日本1∶28，英国1∶125。我国分两种情况：按狭义公务员（指各级行政机关工作人员，数量为500万人）的数量计算，“官民比”为1∶256；按广义公务员（指行政机关、党政机关和社会团体的工作人员，数量为1 053万人）的数量计算，“官民比”为1∶122。财政供养人员也可以视为广义公务员，或称为政府公职人员、公务人员。美国、法国的政府公务员与财政供养人员数量相同；我国财政供养人员包括行政机关、党政机关和社会团体及财政拨款的事业单位工作人员，总共为4 000多万人。我们评价指标体系中的公务员指的是各级行政机关的工作人员，亦即狭义公务员。以国家的这种“官民比”为参照，低于国家比例的就可打满分，而分母每低50人，就可以扣除0.5分，扣完为止。政府败诉案件在本地区的行政诉讼、行政复议案件中的比例越高，说明政府的信用能力越有问题。我们通常认为，一个地区的政府败诉案件在本地区的行政诉讼、行政复议案件中的比例应该是为0。所以，我们以比例为0作为满分的标准，每高出5个百分点，就扣除0.2分，扣完为止。考虑到评价指标的普遍适用性，我们在评价中并不考虑败诉的原因，仅以案件数量作为我们的考察范围。检察部门查处的腐败案件涉案人数占政府工作人员的比例越高，说明政府的信用能力越有问题。但由于腐败案件的发生不仅有制度上的原因，而且还有涉案人员自身的原因，所以在评价指标上，我们设定一个较为合适的数值比例作为给分的标志，这个比例为5‰。达到或低于这个数值比例的就是满分，每高出1‰的比例，就扣除0.2分，扣完为止。

4. 政府信誉

政府信誉旨在对政府履行义务、承担责任能力及行为进行总体评价。这是一项综合性指标，具体包括政府办事的公正性，承诺兑现度，对公民参政、议政权益的保障以及对政府所提供的公共产品和公共服务数量、质量的满意度，对生活环境、工作环境和市场环境的满意度，还包括对社会公平分配、创造就业机会、降低失业率，以及文盲下降率、文化水平提高率、公共道德普及率等人文指标的认可度。实际上，这是政府工作的全面审视性指标，反映的是“民意”，是对政府公信力打的综合分。

政府信誉的具体指标主要有纪检部门查处的渎职公务员的人数占公务员总数的比例、越级上访案件与本地区记录在案的上访案件的比例、公众信任度。纪检部门查处的违纪、违法的公务员案件多种多样，我们选择渎职案件作为考察的指标是因为渎职最能够反映出一个地区公务员履行自我责任的状况，渎职案件的涉案人数越多，说明该地区的政府信用建设越有问题，公民对这种政府的信心也就越低。越级上访说明了公民对该地区政府处理问题的能力没有信心，对该级政府不信赖。这两个指标是对政府信誉的客观反映，其分值均为 1 分。

纪检部门查处的渎职公务员人数比例反映了一个地区的政府信誉状况，如果这个比例越高，说明该地区的政府信誉状况越差。基于考虑到与设定检察部门查处的腐败案件涉案人数占政府工作人员比例这项指标相同的原因，我们同样设定 5‰这个比例作为给分的标准。达到或低于这个数值比例的就是满分，每高出 1‰的比例，就扣除 0.2 分，扣完为止。针对公民的上访问题，国家业已出台一些相关政策来解决这个问题，其中的一项措施就是及时处理公民的上访案件，避免公民越级上访。因此，可以以一个地区没有越级上访案件作为满分的标准，以此类推，每提高 5‰的比例，就扣除 0.2 分，扣完为止。

公众信任度是对政府信誉的主观反映，俗话说：“公道自在人心”，我们认为政府信用建设的最终评价就在于百姓是否满意，所以我们给以这项指标 13 分的分值。为测试出一个地区的公众信任度，我们特设计了一个入户社会调查，对一个地区公民对政府的公信度进行考量。入户社会调查的问卷涉及政府信用的问题共有十道。第 1 至第 3 题是调查公民对本地区政府行政信息是否公开、透明的态度反映；第 4 题是直接考察公民对各政府机关的信任程度；第 5 至第 7 题能够反映出公民对本地区政府的主观印象；第 8 至第 10 题通过公民解决问题方式的选择来反映公民在遇到问题时是否对政府有信心，并以此来反映本地区政府的公信度。

这10道题中有9道情景题和1道表格题。作为评分标准考察项，我们主要是以表格题中取得的数据作为评分依据。在问卷中，我们主要设计了对六个政府部门的公众信用状况的调查，分别是县政府、县委、县人大、县法院、县公安局、县检察院。我们将对这六个部门的比较信任与完全信任的比例相加得出的平均值作为评分基点，乘以评价指标体系中我们给这项指标的13分，所得出的分值就是这个地区在该项评价指标中的得分。

在对这四项二级指标分别评分完毕之后，将这四项的分值相总得出的就是一个地区在政府信用方面的得分。

第三节　市场信用评价指标

某一地区的经济信用问题是反映该地区社会信用水平的重要方面。在市场经济条件下，经济信用主要表现为各种市场信用活动。由此，这里用市场信用来标识某一地区的经济诚信状况。从总体上看，市场信用首先取决于市场的信用管理状况。市场的信用管理可以由政府来进行，也可以由企业和行业组织来进行。完善的市场管理往往是需要多方面、多主体、多层次来综合统筹的。其次，企业作为市场中最为重要的经济主体，同时也是市场信用活动的主体。从这个意义上讲，企业的信用活动就是市场信用活动。由此，企业从自身来讲是否具有信用意识、重视信用管理对市场信用建设尤为重要。再次，市场是通过价格机制进行交易的经济活动场所。交易行为是最能表征市场特性的活动之一。考察某一地区的交易信用主要是针对企业之间是否存在规范诚信的信用关系，以及消费者群体对市场的交易满意度及其总体印象。

一、二级指标

市场信用评价指标旨在衡量某一地区经济领域内的信用度，市场信用的评价是从市场信用的总体发展状况、市场信用主体（企业）的信用状况以及交易过程中的信用状况三个方面来考核的，主要分为市场信用管理、企业信用、交易信用三个二级指标，所配权重依次为3、4、13。二级指标的权重是根据三级指标的子权重而归类统计的。

从整个市场信用的总体状况来看，市场信用管理在一定程度上反映了某地区市场信用意识的自觉程度以及相关的制度建设情况与信用管理状况。这里主要考虑两个方面，即工商部门是否制定有信用评比制度和获得“重合同、守信用”称号的规模企业数量占本地区规模企业的比率。其权重依次为2、1。

从市场主体的角度来看，企业是市场领域内最为重要的经济实体与信用实体。某地区企业的生产、经营、销售、管理等各环节都涉及相关的市场信用问题。由此可见，某地区企业的信用状况较为突出地反映着该地区市场的信用度。这里主要考虑两个方面，即存在拖欠税款的企业数量占企业总数的比率和因劳务纠纷被投诉的本地企业数量占企业总数的比率。其权重依次为2、2。

从市场交易过程来看，交易过程和交易手段所存在的失信问题能够大致反映出一定市场领域内的信用状况，而这一信用状况可以通过失信案件与消费者投诉来进行衡量，并通过公众信任度来反映市场交易的总体状况。这里主要考虑三个方面，即法院经济庭所受理的涉及本地企业经济合同纠纷的案件数占本地企业数量的比率，工商部门受理的投诉案件占总人口的比率和公众信任度。其权重依次为2、1、10。

二、三级指标及评分标准

在市场信用管理、企业信用、交易信用三个二级指标中又包含若干三级评价指标，其设定理由、分值及其打分标准如下：

1．市场信用管理

这个部分的评价指标主要有两项，设立理由、分值及打分标准如下：

工商部门是否制定有信用评比制度。工商行政部门对市场信用具有监督管理的经济职能。某地区市场领域内是否存在工商部门所制定的信用评比制度反映了该地区政府对市场信用管理的自觉程度。一般来说，这种由工商部门制定的信用评比制度对市场信用具有价值导向和规范作用。制度设计和安排是否健全合理、制度执行是否能够落实并行之有效从某种意义上反映着该市场领域内信用建设的程度和信用管理的水平。考虑到它的重要性，给以2分。打分标准为：有则得2分，无则得0分。

获得“重合同、守信用”称号的规模企业数量占本地区规模企业的比率，该项指标是相对于前一项指标的具体落实。它考虑的是某地区的工商管理部门是否把市场信用管理制度具体地落到实处。该项指标不仅反映了该地区工商管理部门制度的执行情况，同时也反映了该地区企业积极参与市场信用管理的自觉性与主动性。考虑到它对前一项指标的相对重要性，这里给 1 分。从打分标准来看，获此信用荣誉称号的企业数量与市场信用管理的力度呈正相关关系。由此，我们设定，以 0 为起始，单位比率为 10%时，单位得分为 0.1 分；每增加一个单位比率得一个单位分值，依此类推，比率为 100%时则得满分 1 分。

2. 企业信用

这部分评价指标主要有两项，设立理由、分值及其打分标准如下：

存在拖欠税款的企业数量占企业总数的比率，该项指标主要考察的是企业在履行基本经济责任问题上的诚信状况。企业是否积极主动地及时报税、纳税，不仅是一种基本的客观经济要求，同时也反映了企业的责任感与义务感，是企业信用的重要表现。由此，我们给该项指标配以 2 分权重。在打分标准上，我们设定以 0 分为满分标准，单位比率为 5%时，单位扣分为 0.5 分；每增加一个单位比率扣除一个单位分值，依此类推，扣完为止。

因劳务纠纷被举报或投诉的本地企业数量占企业总数的比率，该项指标考察的是企业在内部信用管理问题上的诚信状况。如果说企业在纳税问题上反映的是对自身基本经济责任的外部履行状况，那么，我们认为，从以人为本的角度考虑，企业在劳资关系上的信用状况反映了企业在内部信用管理问题上的诚信度。考虑到它和前一项指标的同等重要性，这里配以 2 分的权重。在打分标准上，我们设定以 0 分为满分标准，单位比率为 5%时，单位扣分为 0.5 分；每增加一个单位比率扣除一个单位分值，依此类推，扣完为止。

3. 交易信用

这部分的评价指标主要有三项，设立理由、分值及其打分标准如下：

法院经济庭所受理的涉及本地企业经济合同纠纷的案件数与本地企业数量的比例，该项指标考察的是在某地区市场领域内企业交易行为的信用状况。企业经济合同纠纷案件数量的多少反映了该地区企业在当地市场交易活动中的市场诚信度的高低，它通过对交易失信行为的考察来衡量某一地区市场交易的可信度。考虑到现实的可操作性，这里仅以法院经济庭所受理的案件来衡量，并配以 2 分的权重。据《中国法律年鉴》的资料显示，2000 年，我国全年共受理经济（包括海事海商、交通运输和知识产权）纠纷一审案件 1 297 843 件，其中各类经济合同纠纷案件 1 184 613 件。该项数值与当年我国企业总数的比例约为 760 件比 1 万户，换算成百分比，约 7.6%，也即每百户企业就有 7.6 件。根据历年情况显示，该项比值在 10%左右浮动较为常见。因此，在打分标准上，我们设定以 0 分为满分标准，单位比率为 10%时，单位扣分为 0.2 分；每增加一个单位比率扣除一个单位分值，依此类推，扣完为止。

工商部门受理的投诉案件与总人口的比例。从市场交易信用来看，如果说前一个指标是从企业之间的交易行为来考察市场交易的信用状况，那么该项指标就是从消费者群体的满意度和信任度出发来考察市场交易信用。它反映出某地区在一定人口数量的条件下，交易失信行为的程度与广度以及消费者群体对市场的整体满意度。考虑到它对前一项指标的相对重要性，这里即以工商部门所受理的案件来衡量，并配以 1 分的权重。从全国的情况来看，由于全国消费者投诉网络的建设还处在完善过程中，消费者的维权意识还不是很强，因此历年的数据表明，工商部门受理的投诉案件数在总人口中所占的比例非常小。由此，在打分标准上，我们设定以 0 分为满分标准，单位比率为万分之一时，单位扣分为 0.1 分；每增加一个单位比率扣除一个单位分值，依此类推，扣完为止。

公众信任度。该项指标集中反映了消费者群体对某一地区市场交易信用的总体主观评价与公众满意度。公众的信任度从侧面反衬了一定市场领域内交易信用的状况。在问卷中，从 B11 到 B23 的 13 道题都是有关市场信用领域的公众信任度，围绕着市场信用指标主要涉及该地区的假冒伪劣商品问题、市场管理问题、交易信任度问题、劳动合同问题以及品牌信誉问题等，这里配以 10 分的权重。

在调查问卷中的市场公众信任度部分，我们设计了 13 道题。其中两道题考察了公众对市场的印象，八道题考察了人们在市场上的境遇，是否遇到过不规范的市场行为、假冒伪劣商品等，还有三道题是情境假设题，考察在某种情境下人们的行为选择。我们主要根据前10道题评价市场的公众信任度，原因在于公众对市场的印象最直接地反映了公众信任度，人们在市场中的境遇不仅直接影响了人们的态度，而且就是人们态度的间接体现。10道题中每题各1分。评分标准建立在理论假设之上，就是一个具有良好信任度的市场，应当具有比较规范的市场行为、比较完备的外部管理机制等。具体的评分标准如下：

B11. 您认为，当地市场上的假冒伪劣商品多吗？1. 非常多；2. 比较多；3. 一般；4. 比较少；5. 非常少。回答“非常多”和“比较多”的比例为0，我们就给满分1分；每增加10个百分点，我们就减0.1分。

B12. 今年您在当地市场上购买过假冒伪劣商品吗？1. 经常买到；2. 有时买到；3. 偶尔买到；4. 从来没有。回答“经常买到”和“有时买到”的比例为0，我们就给满分1分；每增加10个百分点，我们就减0.1分。

B14. 您知道消费者协会的联系方式吗？1. 不清楚；2. 知道，但没有用过；3. 知道，但打不通；4. 很清楚，并且用过。以0作为起始点，回答“很清楚，并且用过”的比例每上涨10个百分点，就增加0.1分。

B15. 您在当地大型商场遭遇过“宰客”现象吗；B16. 您遇到过“宰熟/杀熟”现象吗；B18. 您在当地农贸市场购买东西时，遇到过“短斤缺两”吗；B19. 您所属的单位有拖欠工资现象吗？1. 从未遇到；2. 偶尔遇到；3. 有时遇到；4. 经常遇到。以0作为起始点，回答“偶尔遇到”和“从未遇到”的比例每上涨10个百分点，就增加0.1分。

B17. 您对自己家中的家用电器的售后服务印象怎么样？1. 印象非常好；2. 印象比较好；3. 印象一般；4. 印象比较差；5. 印象非常差。以0作为起始点，回答“印象非常好”和“印象比较好”的比例每上涨10个百分点，就增加0.1分。

B20. 您与用人单位签订劳动合同吗？1. 从来不签；2. 偶尔会签；3. 有时会签；4. 经常会签；5. 每次都签。回答“从来不签”和“偶尔会签”的比例为0，我们就给满分1分；每增加10个百分分点，我们就减 0.1 分。

B21. 您所属的单位会按照劳动合同要求履行责任吗？1. 完全按照合同履行；2. 绝大部分会按照合同履行；3. 一小部分会按照合同履行；4. 从来不履行。以 0 作为起始点，回答“完全按照合同履行”和“绝大部分会按照合同履行”的比例每上涨 10 个百分点，就增加 0.1 分。

将所得分值相加就是该地区公众信任度的得分。

第四节　传媒信用评价体系

现代社会，新闻媒体已发展成为一个无孔不入的信息传播网络体系，不仅是宣传党和政府方针政策、反映人民群众呼声的桥梁，而且也是传播信息、提供娱乐、塑造大众文化、说服和引导受众的最佳利器，一定程度上可影响国家的稳定和发展，具有极强的权威性，其公众效应、社会影响很大。从社会信用建设角度来看，新闻媒体的信用状况是我国社会信用状况的重要表征。因此，对新闻媒体进行信用评价，无疑具有重要的意义。

传媒信用下设两个二级指标，即传媒信用管理和传媒信用形象；这两个二级指标又下设了六个三级指标，并根据各个三级指标信用反映力的大小，设定其权重分别为 2、1、1、2、1、7。

一、传媒信用管理

该项指标重在了解一个地区内新闻媒体内部信用管理的总体情况，包括本地广播电视对中央方针政策的报道时间占总报道时间的比例、群众对新闻媒体投诉的总数与传媒工作人员的比例和获县级以上的奖项占传媒工作人员总数的比例等三个三级指标。

1. 本地广播电视对中央方针政策的报道时间占总报道时间的比例

在一个地区的广播电视发布的信息中，宣传党和国家方针政策的信息所占比例，不仅能反映出该地区领导对党和国家方针政策的贯彻情况，也可体现新闻媒体作为党和政府同人民群众密切联系的桥梁、纽带作用发挥的大小，以及对党、国家和人民群众的负责程度，权重为 2。从全国县级以上城市广播电视对中央方针政策的报道情况来看，其节目播报时间比例平均能达到20%。以此为参照，我们可以将达到或高于这一参照值的给2分，每低于这一参照值5%，降低0.25分，扣完为止。

2. 群众对新闻媒体投诉的总数与传媒工作人员之比

新闻媒体的信用建设，除了新闻媒体及新闻工作者在道德上进行自我约束外，还得依靠政府、社会团体以及群众通过社会舆论、举报和投诉等对媒体形成压力，对新闻媒体进行社会监督。其中，群众对新闻媒体的举报、投诉，对其有较强的控制作用；对新闻媒体增强自身的信用度，无疑也具有重要作用。该指标反映了一个地区新闻媒体在一定范围的公信力，权重为1。我们设定5%这个比例作为给分的标准，低于这个参照比例的就是满分，每高出5%的比例，扣0.25分，扣完为止。

3. 获县级以上的奖项与传媒工作人员总数的之比

该项指标重在考察本地区新闻媒体在一定时间段内，在国家、省、县新闻类奖项以及相关奖项中的获奖情况。这项指标能在一定程度上反映新闻媒体的社会公信力，权重为1。综合来看，我们设定能达到或高于10%的给0.25分，每高于这一参照比例10%，增加0.25分，最高分为1分。

二、传媒信用形象

该项指标重在了解一个地区的新闻媒体的整体信用形象，包括被查处的虚假广告占广告总数的比例、违反新闻纪律的人数占传媒工作人员的比例和公众信任度等三个三级指标。

1. 被查处的虚假广告占广告总数的比例

媒体广告促进了市场经济的活跃，对国家的经济发展发挥着重要作用，而且也是新闻单位重要的经济来源；但在广告为新闻媒体创造巨大经济效益的同时，也出现了种种道德误区，如虚假广告、误导广告和变相广告，而且这些误区又都是违背广告法律法规的，给社会受众和新闻媒体自身带来了严重危害。其表现形式多种多样，如广告中的政治性错误；内容虚假、夸大的广告；手法虚假的广告；在广告中宣传错误价值观；利用国家领导人和国家机关工作人员的照片材料等做广告；诈骗者行骗的广告；歧视妇女、损害儿童心灵的广告；愚弄受众的广告；以新闻报道形式发布的广告，等等。从国家工商总局公布的数据看，就在刚刚过去的2005年，全国工商行政管理系统共查处虚假违法广告案件 3.02 万件，停止发布虚假广告 4.07 万件，曝光典型违法案件 2 300 件。其中比较严重的是虚假医疗广告，有资料显示，在都市生活类报纸中违法医疗和药品广告占违法广告比例高达 87%。该指标可从负面反映该地区新闻媒体及新闻工作者的工作作风和广告的可信度，权重为 2。对此项指标，我们可以设定将达到或低于 5%的给 2 分，每高于这一参照比例 5%以内，降低 0.5 分，扣完为止。

2. 违反新闻纪律的人数占传媒工作人员的比例

新闻传播事业的行政管理对增强新闻媒体的信用度具有重要作用。对新闻媒体发生的一些严重违反新闻纪律的行为，行政主管部门将对其进行行政处分，促使新闻媒体及新闻工作者严格按照国家有关规定从事新闻传播。该指标反映该地区新闻媒体及新闻工作者的违纪情况，也从负面反映新闻媒体及新闻工作者的社会公信度，权重为 1。我们可以设定对没有违反新闻纪律的给 0 分，每高于这一参照比例 10%，降低 0.25 分，扣完为止。

3. 公众信任度

新闻媒体的公众效应、社会影响很大，需要我们对其这方面的表现有所说明，特此设计公众信任度指标。该指标在一定程度上能反映其社会影响力及群众对它的信任度，权重为 7。

在调查问卷中，我们设计了 3 道题，其中 1 道为情景题，2 道表格题。作为评分标准考察项，我们主要是以表格题中取得的数据作为评分依据。在问卷中，我们主要设计了对七种信息渠道的公众信用状况的调查，分别是当地电视台、当地广播台、当地报纸、当地政府官方网站、当地政府通告、手机短信息、小道消息；同时又设计了对四种主要节目的公众信用状况的调查，分别是地方台新闻、地方台广告、当地新闻曝光节目、当地医疗卫生宣传节目。我们将对这七种渠道和四种节目的比较信任与完全信任的比例相加得出的平均值作为评分基点，乘以评价指标体系中的预设分值 7 分，所得出的分值就是这个地区在该项评价指标中的得分。

通过问卷抽样调查和进行数据统计，分析居民对新闻传媒（包括电视、广播、报纸、网络、短信等）及其信息内容的信任程度，并参照该指标的权重，决定某地区新闻传媒的公众信任度。

第五节 公共服务部门（医疗卫生与教育部门）信用评价指标体系

公共服务部门的信用评价指标体系是社会信用评价指标体系的重要组成部分。由于我国政府与民众对公共服务部门认知上的特殊性，故需对以下问题作出说明。如它的建立应当说明了公共服务部门概念的内涵与外延是什么？为什么将公共服务部门的信用评价指标体系作为社会信用评价指标体系的重要组成部分？为什么可以用医疗卫生与教育两个部门的信用评价代表整个公共服务部门的信用评价？根据我国现阶段的公共服务部门的特点及其与政府、市场之间的关系以及它的基本目标建立公共服务部门的信用评价指标体系；进而，也需要说明公共服务部门的信用评价指标体系中的具体指标、分值设定的原因以及评分标准。

一、基本问题界定

公共服务部门，顾名思义就是为公众服务的部门，是指不以营利为目的而向社会提供服务的组织，主要包括教育、科技、文化、卫生、体育、基础设施、社会保障和环境保护等部门，它在外延上基本等同于事业单位。1998 年，国务院第 252 号令发布的《事业单位登记管理暂行条例》将事业单位界定为："国家为了社会公益目的，由国家机关举办或者其他组织利用国有资产举办的，从事教育、科技、文化、卫生等活动的社会服务组织。"公共服务部门介于政府组织、营利机构之间，专门提供那些不宜由政府和市场来提供的公益产品。由于公共服务部门的特殊性，政府信用和市场信用评价体制都不能将之纳入其中，它又涉及公众的普遍福利，受到普遍的关注，因而，它的信用对整个社会的信用具有重要意义，必须将其作为衡量社会信用评价的重要指标。

在建立公共服务部门的信用评价指标体系时，并没有将所有的部门都作为考量的对象。因为不同部门除了提供公共产品之外也存在着很大的差距，每一部门都有自己的特殊问题，很难做出符合每一部门的量化指标。用医疗卫生与教育部门反映的信用状况代表公共服务部门的基本状况，有三个原因。首先，医疗卫生与教育是最主要的公共服务产品，通常二者的支出都与一个国家的GDP相适应，政府每年都要按照财政收入的固定百分比对这两个部门进行专项拨款。其次，在公共服务部门中，教育与卫生最能代表公共服务的基本目标，即公众的根本利益。对于公众来说，最为重要的利益就是生存与发展，医疗卫生部门为公众的生存、健康提供服务；而教育则为人类的持续发展提供服务。再次，在现实生活中，随着经济水平的提高，人们对生活条件的要求也进一步提高，医疗卫生和教育成为公众最为关心的话题。所以，医疗卫生部门与教育部门的信誉可以代表公众对整个公共服务部门的信用评价。需要特别强调的是，医疗卫生部门和教育部门主要是指国家所有与国有资产控股的单位及其主管部门，以营利为目标的私立医院和私立学校并不属于公共服务部门。

公共服务部门被认为是处于政府与市场中间的第三部门。一般来说，公共服务部门执行的是不产生利润的职能，专门提供不能由政府也不能由市场提供的社会服务。公共服务部门的固定资产属于国有，事业发展资金也主要由国家的财政支出提供。改革开放以来，为了解决政府在公共物品提供时的失灵现象，政府逐渐放开公共服务部门，并引入市场机制，这样公共服务部门也有了一定的赢利。由于公共服务部门的本质还是要提供公益产品，所以营利不能作为公共服务部门的目标，而必须主要用于提高公共服务的数量和质量。如果公共服务部门的盈利超过了一定限度就会将许多人阻挡在服务之外，因而也丧失了为公众服务的目的。同时，过高的利润也会降低公众的信心。

公共利益是公共服务部门的目标，所以政府在提供公共服务时不只是要满足顾客的需要，更要关注长远的利益即整个国民的生存与发展。具体地说，在医疗卫生部门中，不仅要为病人提供“花钱治病”的服务，而且更要“治病救人”，正如《医疗机构管理条例》总则所规定的“医疗机构以救死扶伤，防病治病，为公民的健康服务为宗旨”。公立医院、社区诊所等都是为公众的普遍福利而设立的，公众享有普遍的、基本平等的医疗资源是医疗卫生部门的基本目标，也是评判其信用的基本指标。教育部门也同样如此，尤其是在义务教育阶段，适龄公民能否享有充足而平等的教育资源是教育部门能否实现信用的基础。因为教育是国民素质提高的重要途径，也是社会发展的内在动力，所以学生是否接受了适合身心健康的教育也是公民信用评价的重要考量因素。

二、评价指标及分值

公共服务部门的信用评价指标体系中设立了三个二级指标，即公共服务部门信用能力、公共服务部门品格及公共服务部门信誉。这三个指标是依据公共服务部门在市场经济社会中能否实现公共服务的内在属性为原则而设定的，总分值为20分。

公共服务部门信用能力是考察公共服务部门是否具有基本的承担社会信用责任的能力。这个指标本身并不直接涉及公共服务部门是否诚实守信的状况，而是要考察公共服务部门的服务水平、竞争力以及人均拥有的公共资源。既然公共服务部门的宗旨是提供公共物品或服务，如果只能提供粗糙、低劣的公共物品或者是有限甚至不足的公共资源的话，那么即使能够诚实守信也难以实现良好甚至优质的公共服务，我们也认为其信用能力不高。所以，公共服务部门必须具有基本的能力及可供分配的资源。尤其是教育卫生部门，还需要能够提供专业性的服务。只有拥有这些基本条件，公共服务部门才能够实现、承担社会信用责任，这是公共服务部门信用的基础。根据这个原则，信用能力中设定了三个三级指标，包括教育卫生部门具有中级以上职称人数占该行业人员总数的比例、该地区的高考升学率、本地区千人拥有病床数，分值分别为2、1、1。

公共服务部门品格是指公共服务部门对其内在属性的实现状况。公共服务，顾名思义就是为公众提供服务。因此，是否实现了公共服务是公共服务部门信用评价的核心。在现代社会中，市场机制被引入到公共服务部门以提高效率，公共服务部门难免会受到利益的驱动从而偏离公共服务的宗旨。所以，公共服务部门的品格中下设三个三级指标，包括适龄儿童的入学率、参加义诊的人数占医务人员总数的比例、教育卫生部门违纪案件数与工作人员总数的比例，分值分别为1、1、2。义务教育的普及率（适龄儿童的入学率）和免费的医疗卫生的覆盖率都能反映公众是否能得到公平的服务机会，也即公共服务的实现程度。而教育卫生部门的违纪案件数则从反面反映出公共服务部门受经济利益驱动而偏离公共服务的程度。

公共服务部门的信誉是指公共服务部门的社会形象及公众对公

共服务部门的评价，下设三个三级指标，包括被查处的教育乱收费金额与学生总数之比、医疗卫生部门被投诉的案件数与从业人员总数之比、公众信任度。在当今社会，公共服务部门尤其是教育卫生部门的社会形象是最受公众关注的，因为它们提供的是与人民生活日益相关的公共物品，直接关系到人民的切身利益。公共服务部门的失责、违法及违纪行为都会从不同角度使公众对公共服务部门的信用产生负面印象。因而，前两个指标可以从客观角度考察当地公共部门的社会形象，分值各为 1 分。与以上其他指标不同，公众信任度是通过调查问卷获得的，从对象角度反映了公共服务部门的信用度，占 10 分。公众信用度在评价信用水平时具有优势，因为对信用的评价目的是为公众提供一个了解的平台，因而公众本身的意见具有非常重要的意义；另外，通过概率抽样的样本可以基本反映一个地区的公众的基本态度，因而，对主观态度的考察却具有客观性。不过，主观态度常常存在这样的危险，它会随着环境、舆论以及自身境遇的不同而改变。因此，主客观数据相结合考察可能是最理想的方式。

三、评分标准

1. 公共服务部门信用能力

这个部分的评价指标主要有三项。“教育卫生部门具有中级以上职称人数占该行业人员总数的比例”，我们希望通过这个指标考察公共服务部门的水平和竞争力，两个部门的分值各占 1 分。在教育部门中，中级以上职称包括高级职称和中级职称，“高级”是指中学高级教师、高级实验师等，“中级”是指中学一级教师、小学高级教师和实验师等。“中国教育统计年鉴：2003”的数据显示，全国普通高中专任教师 1 070 575 人，具有中学高级职称的有 191 670 人，具有中学一级职称的有 377 317 人；全国普通初中专任教师 3 466 725 人，具有中学高级职称的有 169 283 人，具有中学一级职称的有 1 119 241 人；全国小学专任教师 5 702 750 人，包括中学高级教师[①] 15 813 人，小学高级教师 2 037 609 人。[②] 根据这个数据，我们可以得出教育部

① 部分乡村中学高级教师调入县城后在小学任教。

② 当然，还有职业高中、中专教师，不过本指标意在求一个平均值，所以并没有考虑全部的状况。

门中具有中级职称以上的人数占行业总人数的28.43%。在卫生部门中，中级以上职称是指主任、副主任及主治医师、护师、药师、技师，高级会计统计经济师和会计统计经济师等。① 在评分时，我们以0作为起始点，每上涨10个百分点，就增加0.1分。

高考升学率的指标设定的缘由也同样如此。在目前的社会中，高考升学率常常被作为评价学校和地区教育水平的一个重要指标，也是学生和家长关注的一个重要问题。所以，升学率可以作为考察教育信用能力的指标，分值为1。2005年，全国普通高校招生报名人数总计867万，而全国高校计划招生475万人，其中本科230万人。② 那么2005年，全国本科的升学率为26.53%。评分标准同上，以0作为起始点，每上涨10个百分点，就增加0.1分。

"本地区千人拥有病床数"则是从人均享有公共资源的角度来反映医疗卫生部门是否能够提供有效的服务。中华人民共和国2000年国民经济和社会发展统计公报（Statistical Communique of the People's Republic of China on the 2000 National Economic and Social Development2001）显示，2000年年末全国共有卫生机构（含诊所）32.5万个，床位318万张，其中医院、卫生院的床位为221万张，千人拥有病床数为2.512床。③（2000年全国总人口共126 583万人）评分标准同上，以0作为起始点，每上涨0.5床/千人，就增加0.1分。

---

① 2001年10月底统计信息湖南省医疗卫生机构人员共有243 706人，其中获得主治医师及以上技术职称的为49 595人，其他技术人员及管理人员中获得中级及以上技术职称的为7469人。湖南省具有中级以上职称的人数占该行业人员总数的23.42%。（湖南省卫生统计资料来自 http://www.21hospital.com/wstj/index1.asp?nf=13&lx=39）另外，福建省统计年鉴（2002）显示，2001年福建省各类卫生事业机构的卫生技术人员数共99 440人，其中获主治医师及以上技术职称即中级职称的卫生技术人员为23 860人，具有中级以上职称的人员占该行业人员总数的23.99%。山东沂水县现有各级各类卫生技术人员1 494人，其中具有高级职称的64人，具有中级职称的524人。具有中级职称以上的人员占行业人员总数的39.36%。（沂水招商网 http://www.ysinvest.com/ysgk.htm）

② http://www.51test.net/show.asp?id=19209.

③ 福建省统计年鉴（2002）显示，2001年福建省人口共3 440万人，拥有病床数为89 769张，2.61床/千人。http://www.stats-fj.gov.cn/tongjinianjian/fjtjnj2002/index1.htm；山东沂水县人口112万，拥有床位1 104张，0.986床/千人。（沂水招商网 http://www.ysinvest.com/ysgk.htm）

2. 公共服务部门的品格

公共服务部门品格中也包括三项三级指标，都是为了考察公共服务部门是否能够提供基础的、公平的服务。适龄儿童的入学率从对象方面考察公共服务的覆盖率；而义诊人数就是从主体方面考察提供公共服务的频率。我们的理论假设是所有的人只要符合条件就应当得到适当的公共服务，所有的公共服务部门的工作人员在提供有偿服务之外都应当提供无偿的公共服务，这是他们对社会、对公众的一种责任。所以，适龄儿童的升学率和参加义诊的人数占医务人员总数的比例都应当为100%，我们以0作为起始点，每高出10个百分点，就增加0.1分。教育卫生部门的违纪案件数则从反面反映出公共服务部门受经济利益驱动而偏离公共服务的程度。我们以0%案件数作为得满分2分的标准，每高出10个百分点，就扣除0.2分。

3. 公共服务部门的信誉

公共服务部门的信誉也包括三项三级指标，即被查处的教育乱收费金额与学生总数之比、医疗卫生部门被投诉的案件数与从业人员总数之比、公众信任度。教育乱收费是当前教育部门存在的一个重大问题，它反映了教育部门存在的问题，也影响了教育部门在公众中的形象；医疗卫生部门的投诉案件也同样影响医疗卫生部门的社会形象。而这两方面又是当前社会中比较受关注的问题。① 我们以0作为满分的标准，每高出10个百分点，就扣除0.1分，扣完为止。

公共服务部门的信誉中还包括公众信任度，这个指标最直接地反映了公众对公共服务部门提供服务的数量和质量的信心，分值为10分。公众信任度的数据是通过《社会信用水平调查问卷》获得的。在调查问卷中，我们设计了10道题，其中8道情景题，2道表格题，但主要依据表格题进行信用评价。在问卷中，我们主要针对公众对医疗卫生部门和教育部门的不同人员的信任状况进行考察，包括公

① 据国家发改委新闻发布会通报的资料，从2003年9月16日专项检查工作开始，全国各级价格主管部门共派出3 000多个检查组，对63 484所大、中、小学和教育行政部门进行了重点检查，共查处教育乱收费案件12 634件，违规收费金额21亿多元，已经实现经济制裁1.8亿元，其中已退还学生1.6亿元。(《中华人民共和国年鉴：2004》)

立医院医生、卫生部门领导，普通学校教师、重点学校教师、学校领导和教育部门领导。① 信任程度分为五个层级，包括完全信任、比较信任、一般、比较不信任和完全不信任。我们的理论假设是如果公共服务部门具有一定的信用能力，并且能够实现公共服务的内在品质，也有良好的社会信誉时，公众就会倾向于非常信任和比较信任。所以评分时，我们将以这六类人的比较信任与完全信任的比例相加得出的平均值作为评分基点，乘以评价指标体系中的预设分值 10 分，所得出的分值就是这个地区在该项评价指标中的得分。

最后，将所有的三级指标相加就得到了公共服务部门的总的信用分值。

第六节　社会风气信用评价指标体系

一、基本概念

社会风气是指社会上或某个群体，在一定时期和一定范围内相互仿效和传播流行的观念、爱好、习惯、传统和行为。它是社会经济、政治、文化和道德等状况的综合反映，同时也表现出一个民族的价值观念、风俗习惯与精神面貌。社会风气是群体中人际关系的一种氛围，是影响群体意识、群体凝聚力和群体信用的一个重要因素。社会风气直接影响人与人，人与群体之间的信用关系。一种社会风气形成后，具有相对的稳定性和巨大的能动性。它普遍渗透于社会生活的各个方面，以舆论和社会习惯的形式影响人们的言论和行动，对人们的情感和思想起潜移默化的作用。社会风气好，能使广大社会成员精神振奋、乐观积极、勤劳朴实、道德高尚、社会安定；反之，则会使人们斗志涣散、悲观消极、道德败坏、社会动荡不安。

二、二级指标

在社会风气信用评价指标体系中，我们设置了四个二级指标，

① 问卷还包括对民营医院医生、私人诊所医生、药店的药师信任度的考察，B32 中也考察了对私立学校教师的信任度。但是我们的理论假设是公共服务部门指不以营利为目的而向社会提供服务的组织，因而不包括以营利为目的的私立医院和学校。对私立医院和学校信用度的考察，旨在对比分析上使用。

即社会风气建设投入、社会风气管理、社会风气状况，权重分别是2、4、14。社会风气投入反映了该地区对社会风气建设的投入力度和重视程度，是对社会风气建设自觉意识的反映。这主要通过对精神文明建设的经费投入和该地区的慈善捐款数额来衡量和体现。考虑到数据的易量化和易获得，我们设置了两个方面来反映这项指标，即人均占有文体设施的资金量，及慈善捐款数额与该地区GDP的比例。社会风气管理则反映了该地区对社会风气的治理状况和规章制度的建设情况，并通过以下三个方面来衡量和评价，即有无精神文明建设的具体落实方案、志愿者人数占该地区人口总数的比例、违反《中华人民共和国治安管理处罚法》的人数占该地区人口总数的比例。社会风气状况则是该地区社会风气情况的具体反映，考虑到能最具代表性地反映社会风气状况以及数据的易获得性，我们设置了以下三项作为评价指标，即犯罪率、离婚率、民事纠纷案件数与该地区人口总数之比。以上三项指标从该地区政府的统计资料中获得，从客观数据方面反映出该地区的社会风气信用度；公众信任度则代表了该地区民众的主观感受，采取等距离抽样调查的方式来考察，通过入户进行问卷调查和统计分析衡量该地区民众对社会风气信用度的主观感受，因为此项数据可以客观真实地反映出该地区民众对社会风气的信用度，因此在权重上占10分。

三、三级指标

在三个二级指标中又包含若干三级评价指标，其设定理由及权重安排情况如下：

1. 社会风气建设投入

社会风气建设投入，下设两个三级指标，即人均占有文体设施的资金量和慈善捐款数额与该地区GDP之比，该项占2分。文体设施是指该地区提供给群众和居民开展文化体育活动、展示该地区文化底蕴的平台和载体，包括文化设施和体育设施。如图书馆、文化馆、群艺馆、新华书店、影剧院、游泳池、体育馆等。文体设施的投入反映了该地区对群众精神生活基本需要的重视和满足程度。以人均占有文体设施的资金量作为评价指标，可使不同地区的建设情况具有可比性，这项指标占1分。人均占有文体设施的资金量在5元以下计0.5分，在5元以上计1分（含5元）。

慈善捐款数额反映了该地区的慈善事业情况，对形成良好的社会风气有一定的示范作用。慈善捐款数额与该地区 GDP 之比则使这一数据具有可比性，这项指标占 1 分。慈善捐款数额与该地区 GDP 之比低于 5‰计 0.5 分，高于 5‰为 1 分（含 5‰）。

2．社会风气管理

社会风气管理，下设三个三级指标，即有无精神文明建设的具体落实方案、志愿者人数占该地区人口总数的比例、违反《中华人民共和国治安管理处罚法》的人数占该地区人口总数的比例。共占 4 分。

精神文明建设需要一个地区政府的大力倡导和积极有效的推动。有无精神文明建设的具体落实方案反映了该地区对精神文明建设的落实和监督工作，也反映了该地区精神文明建设的各项规章制度健全与否，该项占 1 分。有则为 1 分，无则计 0 分。

志愿者人数反映了该地区居民的友善互助精神，反映了该地区人们之间的相互信任关系。志愿者人数与该地区人口总数的比例使这项指标具有可比性，该项指标占 1 分。志愿者人数与该地区人口总数的比例低于 10%为 0.5 分，高于 10%为 1 分。

《中华人民共和国治安管理处罚法》涉及在社会公共领域中人们在社会交往与社会生活中应该共同遵守的行为准则，维护的是社会的共同利益和全体公民的整体利益。违反《中华人民共和国治安管理处罚法》的人数反映了该地区社会治安管理的状况，直接反映了该地区社会风气的好坏，因此也能较大地影响社会信用度。所以，该项指标设计为 2 分，违反《中华人民共和国治安管理处罚法》的人数占该地区人口总数的比例使该项指标具有可比性。该项比例小于 1‰为 2 分，介于 1‰至 5‰之间为 1 分，高于 5‰为 0 分。

3．社会风气状况

社会风气状况下设三个四级指标，即犯罪率、离婚率、民事纠纷案件数与该地区人口总数之比以及公众信任度，共占 14 分。

犯罪率反映了该地区违法犯罪案件的情况，直接影响了人与人、人与社会之间的信任关系，所以在权重上占 2 分。犯罪率低于 1‰为 2 分，介于 1‰至 5‰之间为 1 分，高于 5‰为 0 分。

离婚率反映了夫妻之间的信任度，夫妻之间是否信任是人际信任的一个重要表现维度，反映了人与人之间的基本信任关系。如果夫妻关系不和睦、感情破裂，则表示夫妻之间的信任度低。因此离婚率是社会风气状况的一个构成维度，反映和影响着社会信用，权重为1分。根据民政部公布的《2005年民政事业发展统计报告》中的统计数据显示，2005年，全国办理离婚手续的有178.5万对，比上年增加12万对，离婚率为2.73‰，比上年增加0.17个千分点。离婚率低于全国平均水平的地区该项指标为1分，高于该项指标一个千分点的为0.5分，高于该项指标两个或两个以上千分点的为0分。

民事纠纷案件是指公民之间、法人之间、其他组织之间以及他们相互之间因财产关系和人身关系提起的民事诉讼，民事纠纷案件数与该地区人口总数之比占1分。民事纠纷案件与该地区人口总数之比低于1‰的计1分，每高出一个千分点计0.5分，高出两个千分点或以上的计0分。

公众信任度集中反映了公众对该地区社会风气的总体评价与公众满意度。公众的信任度从公众感受和认识角度反映了社会风气的状况。这项指标相当重要，权重为10分，考察这项指标的主要方式是问卷调查。在问卷中，我们主要针对公众对不同人群的信任程度进行考察，包括家庭成员、亲戚、朋友、邻居、同事、单位领导、网友和陌生人。信任程度分为五个层级，包括完全信任、比较信任、一般、比较不信任和完全不信任。评分时，我们将对这八类人的比较信任与完全信任的比例相加得出的平均值作为评分基点，乘以评价指标体系中的预设分值10分，所得出的分值就是这个地区在该项评价指标中的得分。

附　以平阴县为例的社会信用水平评价

社会信用指标体系建立的目的是应用于实践，检验社会信用水平，以此为宗旨，课题组进行了田野调查。一方面，以某个地区作为对象进行信用评价，检验该地区的社会信用水平；同时，这种评价也是对指标体系自身的评价，可以检验指标体系的可行性和可信度。在寻找调查地区时，我们希望能够寻找一个小型社会，且这个地区拥有自己的经济、政治、新闻传播和公共服务等完整的体系，可以自成一个系统，可以进行全方位的社会评价。同时，我们也设想这个系统又是开放的，它要与外部有充分交流，只有这样才能涉及社会信用的问题。最终，我们确定山东省平阴县为调查地区。

平阴县位于山东省济南市西南部，共辖6镇1乡，人口为36.4万，2005年的GDP为76亿元，并且拥有广播电台、电视台各1座，电视转播台4座。随着市场经济的发展，平阴县也不断扩大对外贸易，据统计，2004年1月至10月，全县出口创汇完成7 770万美元；新引进内资项目79个，新引进项目和结转项目到位内资合计7.7亿元，增长11.58%；实际利用外资286.9万美元，增长282.53%。[①] 而随着对外交往的扩大，企业信用和社会信用问题也被提上议事日程。自2003年起，平阴县就开始了以政府为主导，包括政治、经济、社会三个领域在内的诚信体系建设。平阴地区的情况符合我们的要求，再加上一些机缘就促成了我们的此次调查。

平阴县的社会信用水平具体得分如下[②]：

一、政府信用

1. 政府制度信用

对平阴县的调查结果显示，政府有专门的信用管理机构；建立了失信惩罚政策法规；该地区有重大经济项目立项、审批的程序，所以，三项指标的得分均为1分，这个二级项上的得分为3分。

2. 政府功能信用

平阴县的行政支出占财政支出的比例是50%，在此项指标中的得分为2分。“对政府举报投诉的处理情况是否按规定公开”，此项指标得分为1分。在政府功能信用这一总项上的得分为3分。

3. 政府信用能力

平阴县的公务员队伍已经100%达到大专以上学历，此项得分为1分。平阴县的公务员人数为2 144人，总人口为36.4万，以此得出的比例为1∶589。以国家的“官民比”为参照，低于国家比例的就可打满分，而分母每高于国家比例50人以上，就可以扣除0.5分，扣完为止。根据平阴县的实际情况，此项指标的得分为2分。平阴县2005年一年共有8起行政诉讼、行政复议案件，败诉1件。据此，此项指标平阴县的得分为0.8分。平阴县在2005年无一起受

① 数据来自平阴公共信息网 http://www.pingyin.cn/。

② 以下数据皆为2005年平阴县的统计数据。客观数据部分来自官方统计资料，主观态度的数据来自2006年4月在平阴县所做的“社会信用水平调查问卷”的抽样调查。

检察部门查处的腐败案件，此项指标的得分就为1分。平阴县在政府信用能力这一总项上的得分为4.8分。

4. 政府信誉

根据平阴县调查情况显示，纪检部门查处的渎职公务员的人数占公务员总数的比例和越级上访案件与本地区记录在案的上访案件的比例，这两项指标比例均为0，为此，可以每项得1分。问卷中反映出了公众对平阴县这六个部门的比较信任与完全信任的比例分别是45.1%、48.1%、45.1%、35.3%、30.8%、37.6%，其平均值为40.3%，乘以13分的权重，平阴县在政府信誉的公众信任度上的得分为5.2分。在政府信誉这一总项上的得分为7.239分。

最后，我们将这四项二级评价指标体系的分值相总得出的就是一个地区在政府信用方面的得分。以平阴为例，其在政府信用上的得分就是16.0分。

二、市场信用

1. 市场信用管理

工商部门是否制定有信用评比制度。从平阴的实际情况来看，该地区政府比较重视市场信用管理，工商行政部门在授予企业“重合同、守信用”的荣誉称号的同时，还为该类企业提供政策上的扶持与帮助，并出台了相关的管理办法，形成了相应的管理机制。因此，我们认为平阴基本符合该项指标的要求，得满分2分。

获得“重合同、受信用”称号的规模企业数量占本地区规模企业的比率。平阴的“重合同、守信用”企业考察的是本地的县级以上的规模企业，这些规模企业无论是在市场地位上，还是在纳税数额上，都是当地经济发展的主要力量，它们对市场信用的影响程度最大，也是政府在市场信用管理上最为重视的一类企业。据数据表明，平阴有县级该项指标称号的企业36家，省级称号的3家，本地规模企业共有140家，比率为28%，因此得分为0.2分。

综合统计，市场信用管理得分为2.2分。

2. 企业信用

存在拖欠税款的企业数量占企业总数的比率。从平阴县的实际情况来看，本地纳税企业共有800户，而存在拖欠税款的企业只有5户，比率为0.06%，因此得满分2分。

因劳务纠纷被举报或投诉的本地企业数量占企业总数的比率。从平阴县的实际情况来看，本地全年累计因劳务纠纷被举报或投诉的企业共8家，按照纳税企业总数800户计算，比率为0.01%，因此得满分2分。

综合统计，企业信用得分为4分。

3. 交易信用

法院经济庭所受理的涉及本地企业经济合同纠纷的案件数与本地企业数量之比。从平阴县的实际情况来看，本地法院经济庭全年并无受理过企业经济合同纠纷案件，因此得满分2分。

工商部门受理的投诉案件与总人口之比。从平阴县的实际情况来看，该地区工商部门全年共受理投诉案件76件，本地人口数共36.4万人，比率为2‰，因此得0.8分。

公众信任度。B11. 您认为当地市场上的假冒伪劣商品多吗？回答“非常多”和“比较多”的比例为51.1%，得0.5分。

B12. 今年您在当地市场上购买过假冒伪劣商品吗？回答“经常买到”和“有时买到”的比例为37.6%，得0.6分。

B14. 您知道消费者协会的联系方式吗？回答“很清楚，并且用过”的比例为6.0%，得0.1分。

B15. 您在当地大型商场遭遇过“宰客”现象吗；B16. 您遇到过“宰熟/杀熟”现象吗；B18. 您在当地农贸市场购买东西时，遇到过“短斤缺两”吗；B19. 您所属的单位有拖欠工资现象吗？回答“偶尔遇到”和“从未遇到”的比例，B15为88.0%，B16为86.5 %，B17为33.8 %，B18为58.6%，分别得分为0.9、0.9、0.3、0.6，共2.7分。

B17. 您对自己家中的家用电器的售后服务印象怎么样？回答“印象非常好”和“印象比较好”的比例为57.9%，得0.6分。

B20. 您与用人单位签订劳动合同吗？回答“从来不签”和“偶尔会签”的比例为27.8%，得0.7分。

B21. 您所属的单位会按照劳动合同要求履行责任吗？回答“完全按照合同履行”和“绝大部分会按照合同履行”的比例为36.8%，得0.4分。公信度总共得5.6分。

综合统计，交易信用得分为8.4分。在市场信用中，平阴县得14.6分。

三、传媒信用

1. 传媒信用管理

平阴县广播电视对中央方针政策的报道时间占总报道时间的比例达80%，依据评分标准，平阴县在此项指标上得分为2分。“群众对新闻媒体投诉的总数与传媒工作人员之比”越高，说明该地区的传媒信誉状况越差。平阴县的情况是群众对新闻媒体投诉的总数为0，按照我们的评分标准，平阴县在此项指标上的得分为1分。

“获县级以上的奖项的人员与传媒工作人员总数的比例”这项指标能在一定程度上反映新闻媒体的社会公信力。平阴县的情况是获县级以上的奖项的人员与传媒工作人员总数的比例达40%，按照这样一个评分标准，平阴县在此项指标上的得分为1分。

总体来看，平阴县在传媒信用管理这个二级指标上的得分为4分。

2. 传媒信用形象

在传媒信用形象这个二级指标中，我们设计了三项三级指标，分别是被查处的虚假广告占广告总数的比例、违反新闻纪律的人数占传媒工作人员的比例、公众信任度。前两项指标，平阴县的情况都为0，按照这样一个评分标准，平阴县在两项指标上的得分分别为2分、1分，共得3分。

问卷中反映出了公众对平阴县这七种渠道和四种节目的比较信任与完全信任的比例分别是：50.4%、37.3%、36.8%、29.3%、59.4%、4.5%、8.3%、65.4%、13.5%、66.2%、34.6%，其平均值为37.3%，乘以7分的权重，平阴县在传媒信用的公众信任度上的得分为2.61分。

总体来看，平阴县在传媒信用形象这个二级指标上的得分为5.61分。

最后，我们将这两项二级评价指标的分值相加得出的就是一个地区在传媒信用方面的得分。以平阴为例，其在传媒信用这一指标上的得分为9.61分。

四、公共服务部门信用

1. 公共服务部门信用能力

根据平阴县提供的数据显示，该地区的教育部门中有60.9%的人具有中级以上职称。这表明平阴县的教师水平已经超过了三年前的教育相对发达地区的师资水平①，那么可以认为平阴县具有较高的教育能力，具有能够为公众提供服务的能力。平阴县的卫生部门中有30.34%的人具有中级以上职称。“教育卫生部门具有中级以上职称的人数占该行业人员总数的比例”这项指标，平阴县得0.9分。

第二个指标是该地区的高考升学率。平阴县的高考本科升学率为32%，得分为0.3分。

第三个指标是本地区千人拥有的病床数。平阴县千人拥有病床数2.326床/千人，约为0.5分。综合以上指标，平阴县的信用能力得分为1.7分。

2. 公共服务部门的品格

平阴县适龄儿童的入学率为100%；参加义诊的人数占医务人员总数的比例为21.72%。那就适龄儿童的入学率这项指标来看，平阴县的分值是1分；而参加义诊的人数占医务人员总数的比例，这项指标平阴县得0.2分（21.72%×1分）。

教育卫生部门的违纪案件数则从反面反映出公共服务部门受经济利益驱动而偏离公共服务的程度。平阴提供的数据显示，教育卫生部门的违纪案件数与工作人员总数的比例为0%，意味着这项指标平阴县得满分2分。

那么，在公共服务部门的品格中，平阴县的总分为3.2分。

3. 公共服务部门的信誉

“被查处的教育乱收费金额与学生总数之比”，“医疗卫生部门被投诉的案件数与从业人员总数之比”这两项指标，平阴县都为0，因而得满分2分。

公众信任度，在调查问卷中，对公立医院医生、卫生部门领导、普通学校教师、重点学校教师、学校领导和教育部门领导“比较信任”与“完全信任”的比例分别是：67.7%、40.6%、63.9%、

---

① 武昌区政府官方网站提供的数据显示，截至2002年底，武昌区有在册教职员工6826人，其中，具有高级职称的1062人，具有中级职称的2784人。那么，武昌区的教育部门中具有中级职称以上的人占行业总人数的56.34%。http://www.wuchang.gov.cn/Publish/2004-6-27/2004-6-2455931.shtml.

78.9%、58.6%、57.9%，其平均值为 61.3%，乘以 10 分的权重，平阴县在公共服务部门的公众信任度上的得分为 6.1 分，在公共服务部门信誉这一总项上的得分为 8.1 分。

综上所述，公共服务部门的信誉为 13.0 分。

五、社会风气

1. 社会风气建设投入

平阴县人均占有文体设施的资金量为 2.41 元，该项为 0.5 分。依据平阴县提供的数据，2005 年慈善捐款数额为 700 万元，慈善捐款数额与该地区 GDP 的比例为 9.2‰，该项指标得 1 分。

2. 社会风气管理

平阴县有精神文明建设的具体落实方案，该项指标为 1 分。

志愿者人数反映了该地区居民的友善互助精神，平阴县的志愿者为 5 万人，与该地区人口总数的比例为 13.7%，该项指标为 1 分。

平阴县提供的数据显示，违反《中华人民共和国治安管理处罚法》的为 272 人，与该地区人口总数的比例为 0.74‰，该项比例小于 1‰，得 2 分。

3. 社会风气状况

平阴县的犯罪率为 1.25‰，离婚率为 1.12‰，两项指标各得 1 分，共 2 分。

民事纠纷案件数与该地区人口总数之比占 1 分。2005 年，平阴县民事纠纷案件为 10 件，与该地区人口总数的比例是 0.027 5‰，低于 1‰，因而得 1 分。

在公众信任度的问卷调查中，公众认为家庭成员、亲戚、朋友、邻居、同事、单位领导、网友和陌生人可以“完全信任”或者“比较信任”的分别为 94.7%、76.7%、63.2%、56.4%、50.4%、48.1%、3%和 0，平均值为 49.06%，以此平均值乘以 10 分的分值，其结果为 4.9 分。

平阴县的社会风气信用度累计得分为 13.4 分。

综合以上数据，平阴县社会信用度的总分为 68 分，拥有较好的信用水平。

客观数据如下表：

一级指标	二级指标	三级指标	分值
政府信用26	政府制度信用	1.1.1 有	1
		1.1.2 有	1
		1.1.3 有	1
	政府功能信用	1.2.1 50%	2
		1.2.2 是	1
	政府信用能力	1.3.1 52.5%	1
		1.3.2 0.175%	2
		1.3.3 1/8	1
		1.3.4 0	1
	政府信誉	1.4.1 0	1
		1.4.2 0	1
		1.4.3 公众信任度	13
市场信用20	市场信用管理	2.1.1 有	2
		2.1.2 39/140	1
	企业信用	2.2.1 5/800	2
		2.2.2 1%	2
	交易信用	2.3.1 0	2
		2.3.2 76/人口	1
		2.3.3 公众信任度	10
传媒信用14	传媒信用管理	3.1.1 80%	2
		3.1.2 0	1
		3.1.3 40%	1
	传媒信用形象	3.2.1 0	2
		3.2.2 0	1
		3.2.3 公众信任度	7
公共服务部门信用20	公共服务部门信用能力	4.1.1 60.9% 30.34%	2
		4.1.2 32%	1
		4.1.3 2.326 床/千人	1
	公共服务部门品格	4.2.1 100%	1
		4.2.2 21.72%	1
		4.2.3 0	2
	公共服务部门信誉	4.3.1 0	1
		4.3.2 0	1
		4.3.3 公众信任度	10

续前表

一级指标	二级指标	三级指标	分值
社会风气20	社会风气建设投入	5.1.1　2.41元	1
		5.1.2　9.2‰	1
	社会风气管理	5.2.1　有	1
		5.2.2　13.7%	1
		5.2.3　0.74‰	2
	社会风气状况	5.3.1　1.25‰	1
		5.3.2　1.12‰	1
		5.3.3　0.0275‰	1
		5.3.4　公众信任度	10

后记

本书是中国人民大学“211 工程”的研究成果。在研究过程中，我们得到了中国人民大学“211 工程”、哲学系和宗教学系学术委员会的指导和帮助。在社会调研过程中，我们得到了山东省平阴县县委、县政府的大力支持。他们在社会信用建设方面所取得的出色成就，他们对本项目研究所需素材的提供，对项目调研的安排，得到了调研组成员的高度赞赏。在本书的出版过程中，得到了策划编辑李艳辉、责任编辑杨宗元的大力帮助。特别是责任编辑杨宗元的耐心和细心，使本书避免了不少缺憾。她的工作精神令我们深为感动。此外，时为博士研究生的焦秀平、周蕾二位同学也参与了赴山东的调研。在此一并致谢！

焦国成

2009 年冬于中国人民大学

图书在版编目（CIP）数据

中国社会信用体系建设的理论与实践/焦国成主编.
北京：中国人民大学出版社，2009
（中国人民大学“211 工程”建设成果）
ISBN 978-7-300-11544-3

Ⅰ.①中…
Ⅱ.①焦…
Ⅲ.①信用-研究-中国
Ⅳ.①F832.4

中国版本图书馆 CIP 数据核字（2009）第 224926 号

中国社会信用体系建设的理论与实践
主编　焦国成
Zhongguo Shehui Xinyong Tixi Jianshe de Lilun yu Shijian

出版发行	中国人民大学出版社		
社　　址	北京中关村大街 31 号	**邮政编码**	100080
电　　话	010－62511242（总编室）		010－62511398（质管部）
	010－82501766（邮购部）		010－62514148（门市部）
	010－62515195（发行公司）		010－62515275（盗版举报）
网　　址	http://www.crup.com.cn		
	http://www.ttrnet.com(人大教研网)		
经　　销	新华书店		
印　　刷	北京联兴盛业印刷股份有限公司		
规　　格	150 mm×230 mm　16 开本	**版　　次**	2009 年 12 月第 1 版
印　　张	28.25 插页 2	**印　　次**	2009 年 12 月第 1 次印刷
字　　数	430 000	**定　　价**	48.00 元